权威·前沿·原创

皮书系列为
"十二五""十三五"国家重点图书出版规划项目

中国社会科学院创新工程学术出版项目

文化蓝皮书

BLUE BOOK OF CHINA'S CULTURE

中国公共文化投入增长测评报告（2019）

ANNUAL EVALUATION REPORT ON THE GROWTH OF CHINA'S PUBLIC CULTURE EXPENDITURE (2019)

主　编／王亚南
联合主编／向　勇　祁述裕　张晓明
副主编／方　彧　刘　婷　魏海燕

社会科学文献出版社
SOCIAL SCIENCES ACADEMIC PRESS (CHINA)

图书在版编目(CIP)数据

中国公共文化投入增长测评报告.2019/王亚南主编.--北京:社会科学文献出版社,2019.3
（文化蓝皮书）
ISBN 978-7-5201-4397-4

Ⅰ.①中… Ⅱ.①王… Ⅲ.①公共管理-文化工作-资金投入-研究报告-中国-2019 Ⅳ.①G123

中国版本图书馆 CIP 数据核字（2019）第 036646 号

文化蓝皮书
中国公共文化投入增长测评报告（2019）

主　　编 / 王亚南
联合主编 / 向　勇　祁述裕　张晓明
副 主 编 / 方　彧　刘　婷　魏海燕

出 版 人 / 谢寿光
责任编辑 / 张　超

出　　版 / 社会科学文献出版社·皮书出版分社（010）59367127
　　　　　　地址：北京市北三环中路甲29号院华龙大厦 邮编：100029
　　　　　　网址：www.ssap.com.cn

发　　行 / 市场营销中心（010）59367081　59367083
印　　装 / 天津千鹤文化传播有限公司

规　　格 / 开　本：787mm×1092mm　1/16
　　　　　　印　张：21.25　字　数：321千字

版　　次 / 2019年3月第1版　2019年3月第1次印刷
书　　号 / ISBN 978-7-5201-4397-4
定　　价 / 108.00元

本书如有印装质量问题，请与读者服务中心（010-59367028）联系

▲ 版权所有 翻印必究

本项研究获得以下机构及其项目支持
  中国社会科学院创新工程学术出版项目
  中共云南省委宣传部云南省哲学社会科学创新工程
  云南省社会科学院中国人文发展研究与评价重点实验室

发布机制 中国人文发展研究与评价实验室

合作单位 云南省社会科学院文化发展研究中心
      北京大学文化产业研究院
      中国社会科学院中国文化研究中心
      国家行政学院社会和文化教研部
      社会科学文献出版社
      光明日报文化产业研究中心

联盟单位 上海交通大学国家文化产业创新与发展研究基地
      武汉大学国家文化创新研究中心
      中国传媒大学文化产业研究院

顾 问 王伟光 周文彰 赵 金

首席科学家 王亚南 张晓明 祁述裕 向 勇

学术委员会 （以姓氏笔画为序）
      王亚南 王国华 毛少莹 尹 鸿 邓泳红
      包霄林 边明社 朱 岚 向 勇 刘 巍
      刘玉珠 齐勇锋 祁述裕 花 建 李 涛
      李向民 李康化 杨 林 杨正权 何祖坤
      宋建武 张晓明 张瑞才 陈少峰 范 周
      金元浦 周庆山 孟 建 胡惠林 殷国俊
      高书生 崔成泉 章建刚 傅才武 童 怀
      谢寿光 蒯大申 熊澄宇

主　　　编	王亚南
联 合 主 编	向　勇　祁述裕　张晓明
副 　主　 编	方　彧　刘　婷　魏海燕
编　　　委	（以姓氏笔画为序）

邓云斐（执行）　冯　瑞　曲晓燕　吴　敏
汪　洋（执行）　沈宗涛（执行）　张　超
赵　娟（执行）　袁春生（执行）
郭　娜（执行）　惠　鸣　温　源　谢青松
意　娜　窦志萍

撰　著

总　报　告	王亚南　方　彧　袁春生　赵　娟
技 术 报 告	王亚南　刘　婷　汪　洋　魏海燕
差距检测报告	王亚南　赵　娟　郭　娜
测评排行报告	王亚南　方　彧　邓云斐　魏海燕
增长测算报告	王亚南　刘　婷　沈宗涛
子　报　告	（以文序排列）

孔志坚　付丙峰　李汶娟　王国爱　宫　珏
李　雪　代　丽　念鹏帆　殷思华　刘娟娟
李毅亭　马文慧

主要编撰者简介

王亚南 云南省社会科学院研究员,文化发展研究中心主任,中国人文发展研究与评价实验室首席科学家,云南省中青年社会科学工作者协会会长。主要研究方向为民俗学、民族学及文化理论、文化战略和文化产业研究,主要学术贡献有:①1985年首次界定"口承文化"概念,随后完成系统研究,提出口承文化传统为人类社会的文明渊薮,成文史并非文明史起点;②1988年解析人生仪礼中"亲长身份晋升仪式",指出中国传统"政亲合一"社会结构体制和"天赋亲权"社会权力观念;③1996年开始从事文化战略和文化产业研究,提出"高文化含量"的"人文经济"论述,概括出中心城市以外文化产业发展的"云南模式";④1999年提出"现代中华民族是56个国内民族平等组成的国民共同体"和"中国是国内多民族的统一国家"论点,完成国家社会科学基金项目"中华统一国民共同体论";⑤2006年以来致力于人文发展量化分析检测评价体系研创,相继主编撰著连年出版《中国文化消费需求景气评价报告》(2011年起)、《中国文化产业供需协调检测报告》(2013年起)、《中国公共文化投入增长测评报告》(2015年起)、《中国人民生活发展指数检测报告》(2016年起)、《中国民生消费需求景气评价报告》(2018年起)、《中国健康消费与公共卫生投入双检报告》(2018年起),新增《中国经济发展结构优化检测报告》(2019年)、《中国社会建设均衡发展检测报告》(2019年)。

方 彧 中国老龄科学研究中心副研究员,中国社会科学院博士。主要研究方向为口头传统、老龄文化和文化产业研究。全程参与研创"中国人文发展量化分析检测评价系列",合作发表《中国文化产业新十年路向——基于文化需求和共享的考量》《中国文化产业发展空间：4万亿消费需求透析》《深化文化体制改革机制创新的若干现实问题透析》等论文和研究报告，参与组织撰著"中国人文发展量化分析检测评价系列"年度报告，负责文稿统改及英译审校。

刘　婷　云南省社会科学院民族文学研究所研究员，博士，美国威斯康星大学访问学者，云南省中青年学术与技术带头人后备人才，云南省社会科学院"民族文化保护与发展"研究创新团队首席专家，云南省社会科学院文化发展研究中心秘书长，云南省中青年社会科学工作者协会秘书长，中国西南民族研究学会灾害研究专业委员会秘书长，《云南文化发展蓝皮书》副主编。主要研究方向为文化人类学，代表作《民俗休闲文化论》（专著）、《休闲民俗与文化传承》（专著）、《中国西部民族文化通志·礼仪卷》（主编），主持国家社会科学基金一般项目"韧性理论视角下的哈尼族异地搬迁与社区重构研究"、西部项目"云南少数民族民俗文化保护的新思路"，在《民族文学研究》、《西南民族大学学报》、《云南社会科学》、*International Journal of Business Anthropology* 等刊物发表中英文论文数十篇。全程参与研创"中国人文发展量化分析检测评价系列"，合作发表《面向协调增长的中国文化消费需求——"十五"以来分析与"十二五"测算》《中国文化产业未来十年发展空间——以扩大文化消费需求与共享为目标》《各省域文化产业未来十年增长空间——基于需求与共享的测算排行》等论文和研究报告，参与组织撰著"中国人文发展量化分析检测评价系列"年度报告，负责人员组织和撰稿统筹。

赵　娟　云南省社会科学院民族文学研究所副研究员，《云南文化发展蓝皮书》副主编，云南省中青年社会科学工作者协会秘书处主任。主要研究方向为古典文学、民族文化和文化产业研究，合著出版《经典阅读与现代生活》。全程参与研创"中国人文发展量化分析检测评价系列"，合作发表《以国家统计标准分析各地文化产业发展成效》《中国文化产业未来十年发展空间——以扩大文化消费需求与共享为目标》《各省域文化产业未来十年增长空间——基于需求与共享的测算排行》等论文和研究报告，参与组织撰著"中国人文发展量化分析检测评价系列"年度报告，负责文稿统改。

摘　要

2000~2017年，全国文化投入总量由300.29亿元增至3391.93亿元，年均增长15.33%。文化投入增长较明显高于产值增长，但略微低于财政收入、财政支出增长；同时较明显低于教育投入增长，也显著低于科技、卫生投入增长。全国文化投入人均值地区差扩大12.14%。文化投入占财政收入比较明显低于消费占居民收入比，占财政支出比更较明显低于消费占居民支出比，公共文化投入增长明显滞后于居民文化消费需求变动态势。

同期，全国21个省域文化投入总量年均增长超过15%，其中3个省域总量年均增长超过20%，青海、北京、西藏、海南、内蒙古处于总量增长及份额提升前5位；14个省域文化投入人均值年均增长超过15%，其中1个省域人均值年均增长超过20%，青海、西藏、内蒙古、湖南、陕西处于人均值增长前5位。各省域文化投入增长综合评价排行：无差距理想值横向测评，西藏、上海、北京、青海、内蒙古为"2017年度文化投入指数排名"前5位；自身基数值纵向测评，青海、西藏、内蒙古、湖南、海南为"2000~2017年文化投入指数提升"前5位；西藏、青海、海南、内蒙古、湖南为"2005~2017年文化投入指数提升"前5位；湖南、福建、上海、青海、河北为"2010~2017年文化投入指数提升"前5位；上海、内蒙古、广东、河北、天津为"2016~2017年文化投入指数提升"前5位。

以消解发展不平衡不充分为最终目标，测算2020年全国文化投入预期增长目标：按照2000~2017年平均增速"自然增长"，可达到5203.00亿元；实现产值—财政支出—教科文卫综合投入—文化投入历年各项最佳比值"应然增长"，应达到9868.44亿元；进而实现文化投入与消费同构占比平衡"民生增长"，应达到12125.33亿元；最终实现文化投入各地人均值均

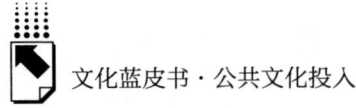

等化"理想增长",将达到23476.16亿元。以到2020年所需年均增长率衡量各类增长目标距离,分别测算各省域排行:上海、北京、内蒙古、青海、辽宁排在最佳比值增长目标前5位,青海、北京、西藏、内蒙古、陕西排在同构占比增长目标前5位,西藏、北京、上海、青海、内蒙古排在均等化增长目标前5位。

目 录

Ⅰ 总报告

B.1 中国公共文化投入综合评价及其增长目标
——2000～2017年检测与至2020年测算
………………………… 王亚南 方 彧 袁春生 赵 娟 / 001
  一 全国文化投入及其相关背景基本态势 …………………… / 003
  二 全国文化投入相关协调性态势 …………………………… / 009
  三 2017年全国文化投入纵横向双重测评 ………………… / 015
  四 全国文化投入协调增长差距分析 ……………………… / 018
  五 至2020年全国文化投入增长目标测算 ………………… / 025

Ⅱ 技术报告与综合分析

B.2 中国公共文化投入增长测评体系技术报告
——兼2000～2017年基本态势分析
………………………… 王亚南 刘 婷 汪 洋 魏海燕 / 028
B.3 中国公共文化投入应然增长差距检测
——2017年相关协调性、均衡性分析
………………………… 王亚南 赵 娟 郭 娜 / 060

001

B.4 全国省域公共文化投入增长综合评价排行
　　——2000年以来纵向与2017年度横向测评
　　…………………………… 王亚南　方　彧　邓云斐　魏海燕 / 089
B.5 全国省域公共文化投入增长的应然目标
　　——2018~2020年预期增长测算
　　…………………………………… 王亚南　刘　婷　沈宗涛 / 122

Ⅲ　省域报告

B.6 西藏：2017年度文化投入指数排名第1位 …………… 孔志坚 / 154
B.7 青海：2000~2017年文化投入指数提升第1位 ………… 付丙峰 / 167
B.8 湖南：2010~2017年文化投入指数提升第1位 ………… 李汶娟 / 180
B.9 上海：2016~2017年文化投入指数提升第1位 ………… 王国爱 / 193
B.10 福建：2010~2017年文化投入指数提升第2位 ………… 宫　珏 / 206
B.11 内蒙古：2016~2017年文化投入指数提升第2位 ……… 李　雪 / 219
B.12 北京：2017年度文化投入指数排名第3位 …………… 代　丽 / 232
B.13 海南：2005~2017年文化投入指数提升第3位 ………… 念鹏帆 / 245
B.14 河北：2016~2017年文化投入指数提升第4位 ………… 殷思华 / 258
B.15 甘肃：2017年度文化投入指数排名第6位 …………… 刘娟娟 / 271
B.16 吉林：2017年度文化投入指数排名第8位 …………… 李毅亭 / 284
B.17 湖北：2010~2017年文化投入指数提升第9位 ………… 马文慧 / 297

Abstract ……………………………………………………………… / 310
Contents …………………………………………………………… / 312

总 报 告
General Report

B.1
中国公共文化投入综合评价及其增长目标
——2000~2017年检测与至2020年测算

王亚南 方彧 袁春生 赵娟*

摘 要： 2000~2017年，全国文化投入总量由300.29亿元增至3391.93亿元，年均增长15.33%，进展十分显著。各个五年规划期以来纵向测评的综合指数最高值均出现在2017年，逐年增长检测却显得起伏不定，并非连年持续向好；横向测评距离理想值的差距一向非常明显，综合指数不时略有下

---

* 王亚南，云南省社会科学院研究员，文化发展研究中心主任，主要研究方向为民俗学、民族学及文化理论、文化战略和文化产业研究；方彧，中国老龄科学研究中心副研究员，中国社会科学院博士，主要研究方向为口头传统、老龄文化和文化产业研究；袁春生，云南省社会科学院科研处副处长、副研究员，主要从事民族文化、民族政治研究；赵娟，云南省社会科学院民族文学研究所副研究员，主要研究方向为古典文学、民族文化和文化产业研究。

降。深入检测文化投入与经济、财政相关背景，与教育、科技、卫生投入相邻关系，与居民文化消费同构关联的协调性，检测各类数据人均值演算的地区之间的均衡性，可以揭示其间进展与差距所在：①文化投入增长较明显高于产值增长，但略微低于财政收入、财政支出增长；同时较明显低于教育投入增长，也显著低于科技、卫生投入增长。②除了文化投入以外，其余各类数据的地区差皆呈现为缩小态势，而文化投入人均值地区差扩大12.14%。全国各地经济、财政"协调增长"，教育、科技、卫生事业投入"均等增长"，正在逐渐成为现实，而不再仅仅是一种追求中的理想。③文化投入占财政收入比较明显低于消费占居民收入比，占财政支出比更较明显低于消费占居民支出比，公共文化投入增长明显滞后于居民文化消费需求变动态势。

关键词： 文化投入　综合评价　差距检验　增长目标

国家早已公布《"十三五"推进基本公共服务均等化规划》，落实均等化目标必然涉及服务范围和内容、服务质量和条件等方面，任何一个方面的均等化都需要公共财政投入的均等化作为基础保障。基本公共服务为公民社会权利"国民待遇"范畴，因而属中央事权；国家应制定全国基本公共服务投入统一标准，方能切实落实均等化目标。基于《中国公共文化投入增长测评报告》分析检测成果的内参《基本公共服务目标倒逼文化投入均等化》经国务院发展研究中心《经济要参》2017年第32期全文转报，导致"国办发〔2018〕6号"文《国务院办公厅关于印发基本公共服务领域中央与地方共同财政事权和支出责任划分改革方案的通知》出台，表明这一方面已经出现值得高度关注的有益进展。

公共文化服务是基本公共服务的重要部分，公共文化投入是公共财政投入的重要方面。公共文化投入正属于文化供给侧，深化文化供给侧改革，势必涉及公共文化投入。公共文化投入是公共文化服务的基础条件，公共文化服务的均等化需要公共财政投入的均等化加以保证。实现公共文化投入与产值、财政收入和财政支出的协调增长，实现公共文化投入与公共教育投入、科技投入、卫生投入的同步增长，实现公共文化投入与居民文化消费同构协调的平衡关系，有利于积极推进、早日达到基本公共文化服务均等化目标。

衡量公共文化投入增长，首先看总量增长，总量增长具有规模扩增效应。其次要看人均值增长，在各地之间人均值才具有可比性。这两点已经成为常识，但远远不够。再次更需要放到经济及公共财政发展的相关社会背景中，放到教科文卫投入增长的相邻同步关系中，放到居民文化消费占收入、支出比的同构可比关联中加以检验，形成多重关系交叉定位。最后还应该基于产值、财政收入、财政支出及教科文卫投入各类人均值演算地区差指数，这对于检验公共财政投入、公共文化服务的均等化成效至关重要。本项研究测评已经实现这一应检测演算，基础数据来源为国家统计局《中国统计年鉴》历年卷。因基础数据未提供文化投入的城乡投向，故缺反映"中国现实"极为重要的城乡比指标，留下遗憾。城乡差距、地区差距正是我国"不平衡不充分的发展"最具代表性的方面。

一 全国文化投入及其相关背景基本态势

公共文化投入增长检测不能孤立进行，应从全国经济、财政背景分析开始。

（一）经济财政基本面背景状况

2000年以来全国文化投入总量增长及相关背景关系态势见图1。

2000~2017年，全国产值总量由100280亿元增至827122亿元，总增长724.81%，年均增长13.21%。同时，财政收入总量增长1188.49%，年均

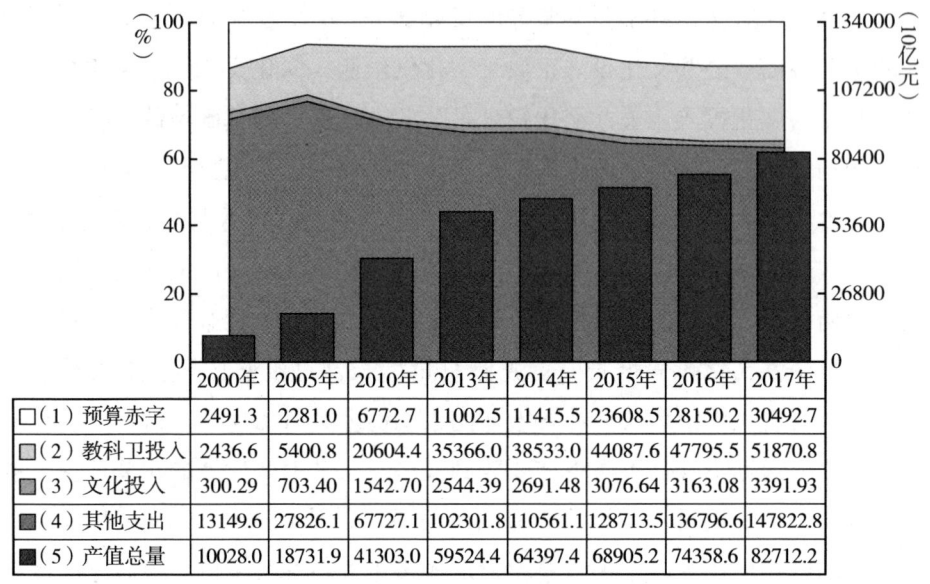

图1 2000年以来全国文化投入总量增长及相关背景关系态势

左轴面积：财政收支预算赤字（国债等）、教科卫投入、文化投入、其他支出总量（亿元转换为%），（2）+（3）+（4）=财政支出总量，（2）+（3）+（4）-（1）=财政收入总量，各项数值呈直观比例。右轴柱形：产值总量（10亿元，增长演算取亿元）。限于制图空间省略若干年度，后台演算历年增长变化包括省略年度，后同。

增长16.22%；财政支出总量增长1178.31%，年均增长16.17%；教科文卫综合投入（图1教科卫投入与文化投入之和，后同）总量增长1919.11%，年均增长19.34%；教科文卫综合投入之外财政支出统归为"其他支出"，其总量增长1024.13%，年均增长15.30%。①

在此期间，全国财政收入总量年均增长高于产值总量年增3.01个百分点。这就是居民收入增长赶不上产值（体现社会总财富）增长的一部分原因，另一部分原因在于企业利润总收益增长高于总产值增长，由此必然挤压居民收入增长应有的初次分配"蛋糕"份额。

同时，全国财政支出总量年均增长高于产值总量年增2.96个百分点。

---

① 本项检测演算数据库每一次运算均无限保留小数，难免会与按稿面整数或两位小数演算产生的小数有出入，此属机器比人工精细之处，并非误差。全书同。

这是公共财政支出持续加大的体现,其间包括公共服务投入持续加大,属于二次分配再转向民生。同期,全国其他支出总量年均增长高于产值总量年增2.09个百分点。

至此转入分析重点。同样在此期间,全国教科文卫综合投入总量年均增长高于产值总量年增6.13个百分点,同时高于财政收入总量年增3.12个百分点,亦高于财政支出总量年增3.17个百分点,也高于其他支出总量年增4.04个百分点。

如此详尽比较下来可见,"十五"以来,全国教科文卫建设作为公共服务的一个重要方面,确实处于一种极为特殊的优先发展地位。尤其应当注意到,"十一五"以来,全国教科文卫综合投入总量增长高于产值、财政收入和支出,以及其他支出总量增长的情况更加明显。

(二)文化投入总量增长状况

文化投入总量增长体现规模扩增效应,有利于宏观把握总体情况。但是,各地存在省域大小、人口多少的差异,地区经济规模、产业基础等也都有巨大差距。因此,总量数据在各地之间不具备很好的可比性。本项研究主要在全国层面考察文化投入总量增长及教科文卫相邻关系变动态势,对于各地则侧重于分析其所占全国份额变动情况。

2000年以来全国文化投入总量增长及相邻关系变动态势见图2。

2000~2017年,全国文化投入总量由300.29亿元增至3391.93亿元,总增长1029.55%,年均增长15.33%。其中,2001~2002年、2004~2006年、2008~2009年、2011~2012年9个年度超过15%,2001年、2008~2009年、2011年4个年度超过20%。最高增长年度为2009年,增长27.14%;最低增长年度为2016年,增长2.81%。

在此期间,全国文化投入总量年均增长高于产值总量年增2.12个百分点,同时低于财政收入总量年增0.89个百分点,低于财政支出总量年增0.84个百分点。检测其间历年增长相关系数,文化投入与产值增长之间为0.1688,与财政收入增长之间为0.3023,与财政支出增长之间为0.6067,

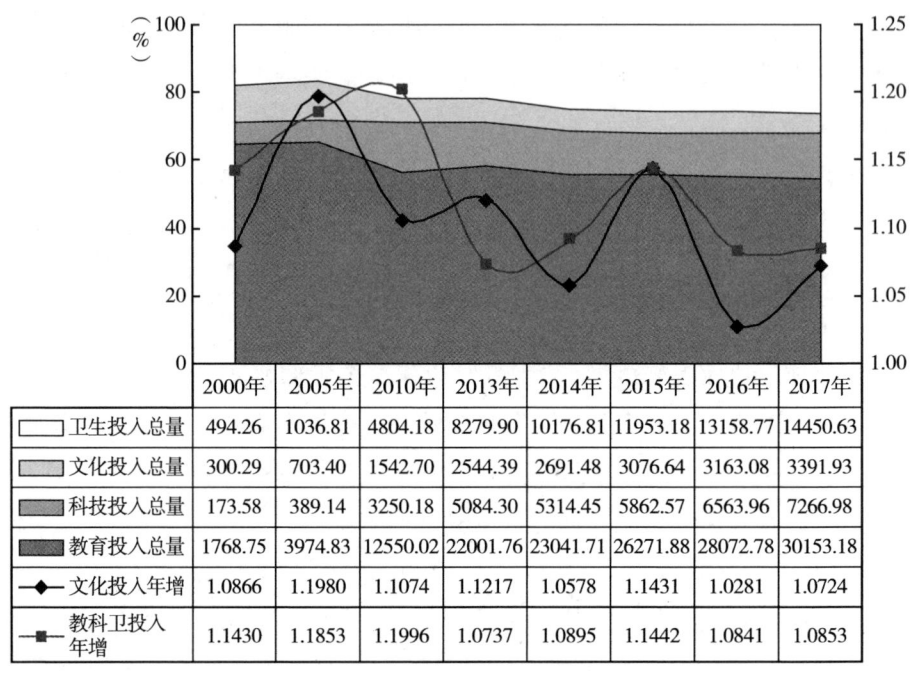

图2　2000年以来全国文化投入总量增长及相邻关系变动态势

左轴面积：教、科、文、卫投入总量（亿元转换为%），各项数值呈直观比例。右轴曲线：文化、教科卫投入年增指数（上年=1，小于1为负增长，保留4位小数，正文转换为2位小数增长百分比，后同）。后台数据库包含未出现的1999年数据，以测算2000年增长变化，后同。

即分别在16.88%、30.23%、60.67%程度上成正比，同步增长相关性很低。这表明，全国产值、财政收入、财政支出与文化投入增长之间尚未形成良好的多重"协调增长"关系。

同期，全国教科卫三项投入总量增长2028.82%，年均增长19.71%。进一步细分来看，教育投入总量增长1604.73%，年均增长18.15%；科技投入总量增长4086.06%，年均增长24.57%；卫生投入总量增长2823.45%，年均增长21.96%。

在此期间，全国教科卫三项投入总量年均增长高于产值总量年增6.50个百分点，同时高于财政收入总量年增3.49个百分点，亦高于财政支出总量年增3.54个百分点，也高于其他支出总量年增4.41个百分点。

与之相比，全国文化投入总量年均增长低于教科卫三项投入总量年增4.38个百分点。显而易见，在2000年以来全国教科文卫综合投入优先高增长当中，文化投入增长处于严重失衡状态，文化投入增长与教科卫投入增长之间的差距十分显著。从图2亦可清楚、直观地看出，文化投入所占面积呈逐渐收窄之势，表明其在教科文卫综合投入中的比例份额持续降低。

最后还需要重点检测2007年以来文化投入增长情况。众所周知，2007年中共十七大做出"推动社会主义文化大繁荣大发展、兴起社会主义文化建设新高潮"重大决策，中国特色社会主义文化建设由此进入一个新的阶段。2007年以来10年里，全国文化投入总量年均增长达到14.21%，高于产值总量年增2.37个百分点，高于财政收入总量年增1.32个百分点，低于财政支出总量年增0.89个百分点，低于其他支出总量年增0.34个百分点，文化投入增长的失衡状态出现好转，但仍低于同期教科卫三项投入总量年增2.68个百分点。

（三）人均值增长及其地区差变动状况

文化投入人均值演算结果是衡量均等化的重要基准，只有基于人均值才能检测各地文化投入高低，进而得出各地之间的地区差指数。更为重要的是，逐步缩小直至消除文化投入（人均值）地区差距，实现公共文化投入、公共文化服务均等化势在必行，唯有实现文化投入人均值的均等化，才谈得上文化服务条件和服务质量的均等化。

2000年以来全国文化投入人均值增长及其地区差变动态势见图3。

2000~2017年，全国文化投入人均值由23.78元增至244.66元，总增长928.85%，年均增长14.70%，其中2001~2002年、2004~2006年、2008~2009年、2011~2012年9个年度超过15%，2008~2009年、2011年3个年度超过20%。最高增长年度为2009年，增长26.49%；最低增长年度为2016年，增长2.25%。

与此同时，全国文化投入人均值地区差由1.4571扩大至1.6340，文化投入人均值地区差扩大12.14%。全国文化投入人均值地区差指数历年起伏

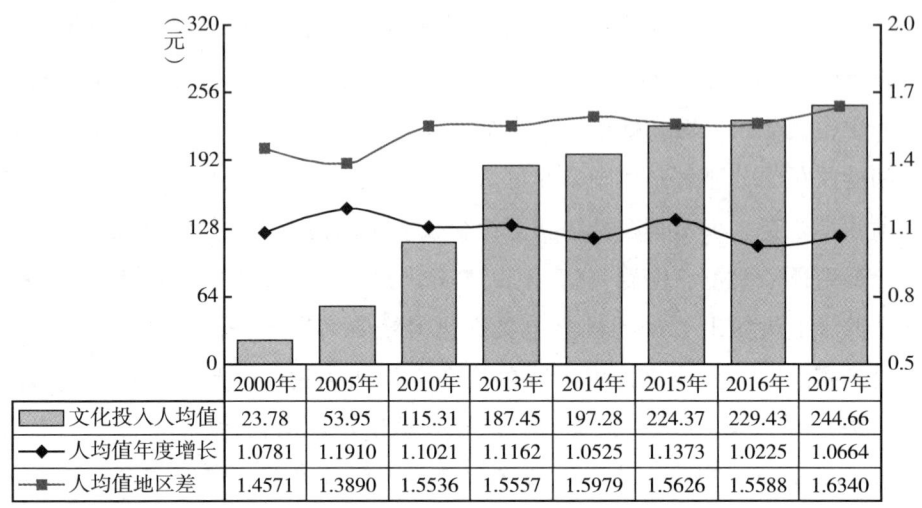

图 3　2000 年以来全国文化投入人均值增长及其地区差变动态势

左轴柱形：文化投入人均值（元）。右轴曲线：人均值年度增长指数（上年 = 1，小于 1 为负增长，由于历年人口增长，人均值年增指数略低于总量年增指数）；文化投入人均值地区差指数（无差距 = 1，保留 4 位小数检测细微差异，后同）。

变化，2000～2006 年、2008 年、2010～2011 年、2013 年、2015～2016 年 13 个年度地区差缩小，2007 年、2009 年、2012 年、2014 年、2017 年 5 个年度地区差扩大，前后对比总体处于扩大态势。最小地区差为 2006 年的 1.3748，最大地区差为 2007 年的 1.6581。

如此细致检测全国文化投入人均值地区差变动状况，并非一种奢望的空谈。实际上，自 2000 年以来，在"全面建成小康社会"进程中，国家、各级政府及其公共财政已经做出应有努力，并且取得实质性的重大进展。就以此处涉及的产值、财政收入和支出，以及教科卫投入数据展开分析。

2000～2017 年，在文化投入的相关背景方面，全国产值人均值地区差前后对比总体呈现为缩小态势；财政收入人均值地区差前后对比总体呈现为缩小态势；财政支出人均值地区差前后对比总体呈现为缩小态势。

在文化投入的相邻关系方面，全国教育投入人均值地区差前后对比总体呈现为缩小态势；科技投入人均值地区差前后对比总体呈现为缩小态势；卫生投入人均值地区差前后对比总体呈现为缩小态势。

全国产值、财政收入和支出，以及教科文卫投入各类人均值地区差变动态势全面检测结果：除了文化投入以外，其余各类数据的地区差皆呈现为缩小态势，而文化投入人均值地区差扩大12.14%。全国各地经济、财政"协调增长"，教育、科技、卫生事业投入"均等增长"，正在逐渐成为现实，而不再仅仅是一种追求中的理想。很明显，文化投入增长的差距不但表现在数量的可比性之上，而且表现在质量的可比性之上。以人均值来衡量的公共文化投入均等化尚无实际进展，而这是公共文化服务均等化的基础。

据既往历年动态推演测算，2020年全国公共文化投入人均值地区差将为1.6831，相比当前略微扩增；2035年全国公共文化投入人均值地区差将为2.0435，相比当前继续极显著扩增。这是长期预测的理论演算值，基于既往增长态势合理推演供参考。

二 全国文化投入相关协调性态势

（一）文化投入相关背景变动状况

文化投入增长的协调性检测首先在于与经济、财政相关背景关系的考察。历年文化投入到底处于什么样的位置，在文化投入绝对值及其增长的基础上，文化投入与产值、财政收入和支出的历年相对比值起到决定性的作用。

2000年以来全国文化投入相关背景比值变动态势见图4。

1. 文化投入与产值比

2000~2017年，全国文化投入总量年均增长高于产值年增2.12个百分点。由历年二者不同增长关系变化所致，全国文化投入与产值比从0.30%增高至0.41%，上升0.11个百分点。

分时期考察，全国此项比值"十五"前后（2000年与2005年）对比，上升0.08个百分点；"十一五"前后（2005年与2010年）对比，下降0.0020个百分点（用4位小数分析细微变化）；"十二五"以来（2017年与

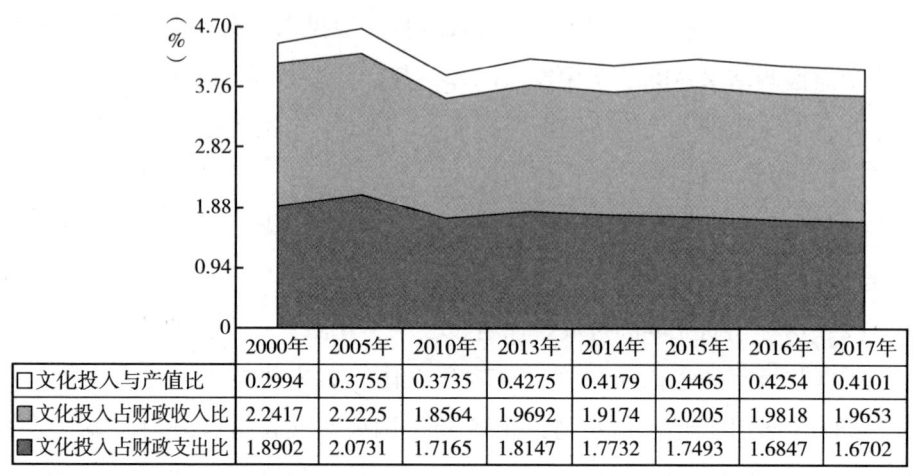

图 4　2000 年以来全国文化投入相关背景比值变动态势

左轴面积：文化投入与产值比、占财政收入和支出比（％），各项比值历年升降呈直观比例。比值过小保留 4 位小数演算，正文按惯例保留 2 位小数。

2010 年）对比，上升 0.04 个百分点。最高比值为 2015 年的 0.45％，最低比值为 2000 年的 0.30％。

2. 文化投入占财政收入比

2000～2017 年，全国文化投入总量年均增长低于财政收入年增 0.89 个百分点。由历年二者不同增长关系变化所致，全国文化投入占财政收入比从 2.24％降低至 1.97％，下降 0.28 个百分点。

分时期考察，全国此项比值"十五"前后（2000 年与 2005 年）对比，下降 0.02 个百分点；"十一五"前后（2005 年与 2010 年）对比，下降 0.37 个百分点；"十二五"以来（2017 年与 2010 年）对比，上升 0.11 个百分点。最高比值为 2002 年的 2.27％，最低比值为 2007 年的 1.75％。

3. 文化投入占财政支出比

2000～2017 年，全国文化投入总量年均增长低于财政支出年增 0.84 个百分点。由历年二者不同增长关系变化所致，全国文化投入占财政支出比从 1.89％降低至 1.67％，下降 0.22 个百分点。

分时期考察，全国此项比值"十五"前后（2000 年与 2005 年）对比，上升0.18个百分点;"十一五"前后(2005年与2010年)对比,下降0.36个百分点;"十二五"以来(2017年与2010年)对比,下降0.05个百分点。最高比值为2006年的2.08%,最低比值为2017年的1.67%。

以上分析检测表明,2000年以来,全国文化投入增长较明显高于产值增长,但略微低于财政收入、财政支出增长,文化投入与经济、财政"背景协调增长"尚未得到充分体现。

(二)文化投入相邻关系变动状况

文化投入增长的协调性检测其次也在于与教育、科技、卫生投入增长相邻关系的考察。教科文卫本身就可视为一个整体,文化投入的重要性究竟如何,与教育、科技、卫生投入的历年相对比值具有重要的参照意义。

2000年以来全国文化投入相邻关系比值变动态势见图5。

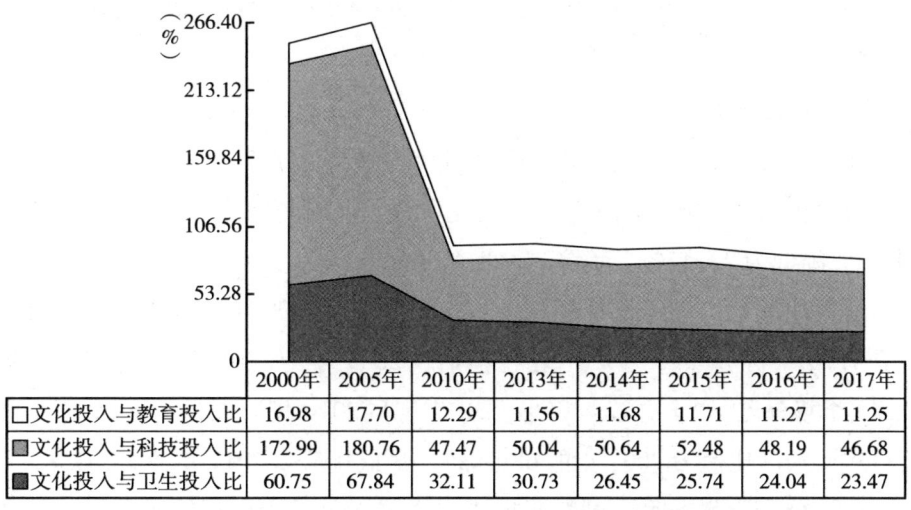

图5 2000年以来全国文化投入相邻关系比值变动态势

左轴面积:文化投入与教育、科技、卫生投入比(%),各项比值历年升降呈直观比例。

1. 文化投入与教育投入比

2000~2017年,全国文化投入总量年均增长低于教育投入年增2.82个百分点。由历年二者不同增长关系变化所致,全国文化投入与教育投入比从

16.98%降低至11.25%,下降5.73个百分点。

分时期考察,全国此项比值"十五"前后(2000年与2005年)对比,上升0.72个百分点;"十一五"前后(2005年与2010年)对比,下降5.41个百分点;"十二五"以来(2017年与2010年)对比,下降1.04个百分点。最高比值为2005年的17.70%,最低比值为2012年的10.68%。

2. 文化投入与科技投入比

2000~2017年,全国文化投入总量年均增长低于科技投入年增9.24个百分点。由历年二者不同增长关系变化所致,全国文化投入与科技投入比从172.99%降低至46.68%,下降126.31个百分点。

分时期考察,全国此项比值"十五"前后(2000年与2005年)对比,上升7.77个百分点;"十一五"前后(2005年与2010年)对比,下降133.29个百分点;"十二五"以来(2017年与2010年)对比,下降0.79个百分点。最高比值为2005年的180.76%,最低比值为2017年的46.68%。

3. 文化投入与卫生投入比

2000~2017年,全国文化投入总量年均增长低于卫生投入年增6.63个百分点。由历年二者不同增长关系变化所致,全国文化投入与卫生投入比从60.75%降低为23.47%,下降37.28个百分点。

分时期考察,全国此项比值"十五"前后(2000年与2005年)对比,上升7.09个百分点;"十一五"前后(2005年与2010年)对比,下降35.73个百分点;"十二五"以来(2017年与2010年)对比,下降8.64个百分点。最高比值为2004年的68.70%,最低比值为2017年的23.47%。

以上分析检测表明,2000年以来,全国文化投入增长较明显低于教育投入增长,也显著低于科技、卫生投入增长,教科文卫投入"相邻协调增长"尚未得到应有体现。

此外,对照图4文化投入占财政支出比与图5三项比值,分别推算其间商值百分值,即得出教育、科技、卫生投入各占财政支出比。这样就可以检测教科文卫各项投入占财政支出比历年变化相关系数:教育投入占比与科技投入占比之间为0.9160，与卫生投入占比之间为0.8617，与文化投入占比之间为-0.7808，即分别在91.60%、86.17%程度上成正比，78.08%程度上成反比。对此不妨简化理解为，教育投入与文化投入二者之间占财政支出比历年变化在78.08%程度上呈逆向关系，其余类推。这表明，全国教科卫投入各占财政支出比之间协调性较好，而与文化投入占财政支出比之间协调性很差。

（三）文化投入同构占比变动状况

文化投入增长的协调性检测最后还在于与文化消费占居民收入和支出比同构关联的考察。文化投入面向公共文化服务需求，文化消费体现居民日常精神生活需求，这两个方面形成同构可比关联。在文化投入占财政收入、支出比与文化消费占居民收入、支出比之间，构成历年比值差异变化，可以直接作为检测演算指数。

2000年以来全国文化消费与投入同构占比倍差变动态势见图6。

1. 文化消费与投入占收入比

2000~2017年，全国城乡居民文化消费占居民收入比从3.18%增高至3.24%。最高比值为2013年的4.36%，最低比值为2001年的3.04%。

文化消费占居民收入比演算与"中国文化消费需求景气评价体系"形成互动。对照图4，同期，全国文化投入占财政收入比下降12.33%，2017年比值低于文化消费占居民收入比1.27个百分点。二者之间占比倍差由1.4171增大至1.6511，增大16.51%。倍差指数最小值为2001年的1.3777，最大值为2007年的2.3980。

应当看到，文化消费占居民收入比与文化投入占财政收入比之间，不仅形式上同构，而且实质上可同比。居民文化消费占用家庭收入一定比例，正体现精神文化生活应有的位置和分量，家庭和个人如此，国家及地区亦当如此。因此，此项检验指标直接测算二者之间商值即占比倍差指数，就此衡量其间既有距离，并以其倒数值作为权衡指数。

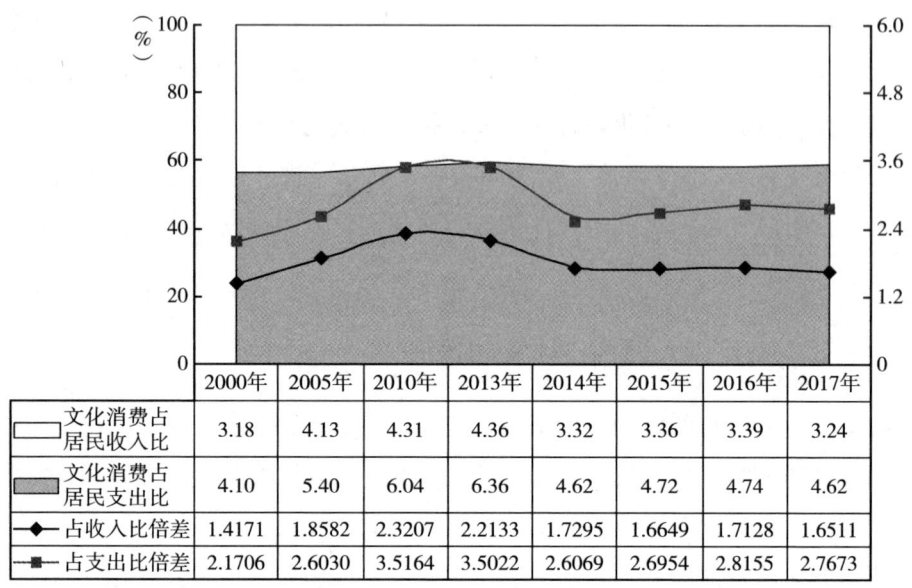

图6　2000年以来全国文化消费与投入同构占比倍差变动态势

左轴面积：文化消费占居民收入、支出比（％），两项比值历年升降呈直观比例叠加。右轴曲线：文化消费占居民收入比与文化投入占财政收入比、文化消费占居民支出比与文化投入占财政支出比倍差指数（无差距＝1，保留4位小数检测细微差异）。另需说明，近年来年鉴始发布2014年以来城乡居民收入、消费人均值数据，与总量数据之间存在演算误差，与对应年鉴同时发布的产值人均值和总量分别演算居民收入比、消费率有出入，本文恢复采用自行演算城乡人均值展开文化消费占居民收入、支出比测算，后同。

2. 文化消费与投入占支出比

2000～2017年，全国城乡居民文化消费占居民支出比从4.10％增高至4.62％。最高比值为2013年的6.36％，最低比值为2001年的4.00％。

文化消费占居民支出比演算与"中国文化消费需求景气评价体系"形成互动。对照图4，同期，全国文化投入占财政支出比下降11.64％，2017年比值低于文化消费占居民支出比2.95个百分点。二者之间占比倍差由2.1706增大至2.7673，增大27.49％。倍差指数最小值为2001年的2.0918，最大值为2011年的3.5199。

必须注意，文化消费占居民支出比与文化投入占财政支出比之间，仅在形式上同构，实质上却不同比。居民消费与收入间可能出现剩余成为积蓄，即消费总量小于收入总量，于是特定消费占支出比必定高于占收入比；而财政支出与收入间可以出现预算赤字，即支出总量大于收入总量，于是特定投入占支出比可能低于占收入比。对照图4可见，文化消费与文化投入各占收入、支出比的对应关系形成交叉，文化消费占支出比大于占收入比，而文化投入占支出比小于占收入比，其间的反差应予合理化解。理想化检测提出一种假定：财政预算赤字"超支"部分应以同等比例用于文化投入，即占财政收入、支出比可自身平衡。因此，此项检验指标继续推演，对文化消费与投入各占收入、支出比两项同构倍差指数再做平衡，测算其间商值即占收支比倍差之间再次形成倍差指数，就此衡量其间既有距离，并以其倒数值作为权衡指数。

以上分析检测显示，2000年以来，全国文化消费占居民收入比略微上升，文化投入占财政收入比却明显下降，二者同构占比倍差指数明显增大；文化消费占居民支出比明显上升，文化投入占财政支出比却明显下降，二者同构占比倍差指数显著增大。这表明，全国公共文化投入增长占比变动滞后于居民文化消费需求变化态势的差距继续扩大。

三 2017年全国文化投入纵横向双重测评

综合以上分析，2000年以来全国文化投入总量年均增长15.33%，文化投入人均值地区差扩大12.14%；文化投入增长较明显高于产值增长，但略微低于财政收入、财政支出增长；同时较明显低于教育投入增长，也显著低于科技、卫生投入增长；文化投入占财政收入比较明显低于消费占居民收入比，占财政支出比更较明显低于消费占居民支出比。这些都集中体现在文化投入增长综合指数测评演算之中。

2000年以来全国文化投入增长综合指数变动态势见图7。基于不同时间段、不同基准值的各类综合指数测评结果均落实在2017年之上。综合指数取百分制，以便横向衡量百分点高低，纵向衡量百分比升降。

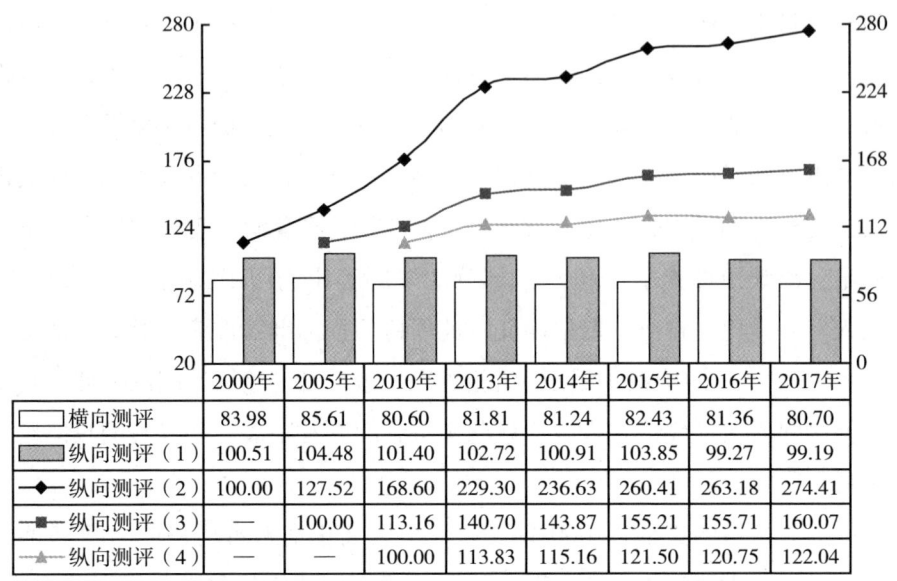

图 7　2000 年以来全国文化投入增长综合指数变动态势

左轴柱形：左横向测评（无差距理想值=100）；右纵向测评（1），上年=100。右轴曲线：纵向测评（起点年基数值=100），（2）以 2000 年为起点，（3）以 2005 年为起点，（4）以 2010 年为起点。

（一）各年度横向测评综合指数

以文化投入人均值地区无差距、文化消费与投入同构占比无差距状态为"理想值"100，2017 年全国文化投入增长状况此项综合指数为 80.70，低于无差距理想值 19.30%，也低于上年测评指数 0.66 个点。

各年度（包括图 7 中省略年度）此项综合指数对比，全部各个年度均低于无差距理想值 100；2001 年、2004 年、2008~2009 年、2011~2012 年、2015 年 7 个年度高于上年指数值。其中，最高值为 2004 年的 85.71，最低值为 2007 年的 76.25。

在此项测评中，全国总体的总量份额值、人均值、各项背景关系比值、相邻关系比值作为各地基准"定盘星"，同样自为基准不"加分"也不"减分"，人均值地区差、同构关联占比倍差就成为变化衡量指标，全国总体

"失分"全部来自人均值地区差、同构关联占比倍差的存在及其扩大。只要人均值地区差、同构占比倍差缩小，全国总体综合指数就能够上升；只有彻底消除人均值地区差、同构占比倍差，全国总体综合指数才能够达到"理想值"100。

（二）逐年度纵向测评综合指数

在此项测评中，全国及各地文化投入总量份额值、人均值，各项背景关系比值、相邻关系比值，文化消费与投入占收入、支出比同构关联倍差，文化投入人均值地区差，各项增长率比差，一概以自身2000年相应演算数值为基数值加以衡量。无论是全国总体还是各地，各项指标测算值优于2000年"加分"，逊于2000年"减分"，最终加权平衡各项指标间分值升降得失。这样有利于检测对比各地在不同时间段综合测评指数的提升程度，使"基数低而进步快"的欠发达或次发达地区有多种机会登上排行榜前列。以下各类纵向测评同理，区别仅在于起始年度不同。

以"九五"末年2000年为起点基数值100，2017年全国文化投入增长状况此项综合指数为274.41，高出2000年起点基数174.41%，也高出上年测评指数11.23个点。

"十五"以来各年度此项综合指数对比，全部各个年度均高于2000年起点基数值100；2002~2006年、2008~2017年15个年度高于上年指数值。其中，最高值为2017年的274.41，最低值为2001年的104.95。

（三）"十五"以来纵向测评综合指数

以"十五"末年2005年为起点基数值100，2017年全国文化投入增长状况此项综合指数为160.07，高出2005年起点基数60.07%，也高出上年测评指数4.36个点。

"十一五"以来各年度此项综合指数对比，2006年、2008~2017年11个年度高于2005年起点基数值100；2008~2017年10个年度高于上年指数值。其中，最高值为2017年的160.07，最低值为2007年的91.49。

（四）"十一五"以来纵向测评综合指数

以"十一五"末年2010年为起点基数值100，2017年全国文化投入增长状况此项综合指数为122.04，高出2010年起点基数22.04%，也高出上年测评指数1.29个点。

"十二五"以来各年度此项综合指数对比，全部各个年度均高于2010年起点基数值100；2012~2015年、2017年5个年度高于上年指数值。其中，最高值为2017年的122.04，最低值为2011年的105.92。

（五）"十二五"以来纵向测评综合指数

以上一年2016年为起点基数值100，2017年全国文化投入增长状况此项综合指数为99.19，低于2016年起点基数0.81%，也低于上年基于2015年基数值的测评指数0.08个点。

逐年度此项综合指数对比，2000~2006年、2008~2015年15个年度高于自身上年起点基数值100；2001年、2004年、2008~2009年、2011年、2015年6个年度高于上年指数值。其中，最高值为2009年的106.09，最低值为2007年的87.46。

2000年以来，全国文化投入增长进展十分显著。各个五年规划期以来纵向测评的综合指数最高值均出现在2017年，逐年增长检测却显得起伏不定，并非连年持续向好，文化投入增长的协调性欠佳是其主要原因；横向测评距离理想值的差距一向非常明显，综合指数不时略有下降，原因在于文化投入人均值地区差扩大，文化消费与投入同构关联占比倍差增大，文化投入增长的均衡性欠佳。

四 全国文化投入协调增长差距分析

按照各项数据增长及其间各类关系值变动，已对全国文化投入增长的"实然"状况做出综合评价，但这还不是此项研究测评的最终意图。由此发现增长效益可能存在的不足，深入检测数据背后的现实问题及其"应然"差距，依据2000年以来相关方面增长的基本态势，推演测算直至2020年的各种"或然"的、"应然"的和"理想"的增长目标，直指目标提出此项研究测评的应对策略。

（一）文化投入增长系数检测

在相关的众多数据组里，首先需要提取全国文化投入历年数据与教科文卫综合投入历年数据加以比较，检测2000～2017年文化投入占教科文卫综合投入比变动态势，并将此项比值界定为"文化投入增长系数"。

确定文化投入的应有地位和分量必须寻找事实依据，文化投入与教育、科技、卫生投入的相邻关系就是最好的参照系。一来教科文卫诸方面具有人所共知的相邻可比性，若出现"厚此薄彼"的情况很容易看出来；二来文化投入在教科文卫综合投入中所占分量形成历年变化，从中可以看到"应然"与否的"第一手"取舍。

2000年以来全国文化投入占教科文卫综合投入比变动态势见图8。

2000～2017年，全国教科文卫综合投入总量由2736.9亿元增至55262.7亿元，总增长1919.11%，年均增长19.34%。最高增长年度为2007年，增长58.82%；最低增长年度为2013年，增长7.67%。

在此期间，全国文化投入总量年均增长低于教科文卫综合投入年增4.01个百分点。由历年二者不同增长关系变化所致，全国文化投入占教科文卫综合投入比从10.97%降低至6.14%，下降4.83个百分点。

分时期考察，全国此项比值"十五"前后（2000年与2005年）对比，上升0.55个百分点；"十一五"前后（2005年与2010年）对比，下降4.55个百分点；"十二五"以来（2017年与2010年）对比，下降0.83个百分点。最高（最佳）比值为2005年的11.52%，最低比值为2017年的6.14%。

对照图4文化投入占财政支出比与图8文化投入占教科文卫综合投入比，推算其间商值百分值，即得出教科文卫综合投入占财政支出比（见图

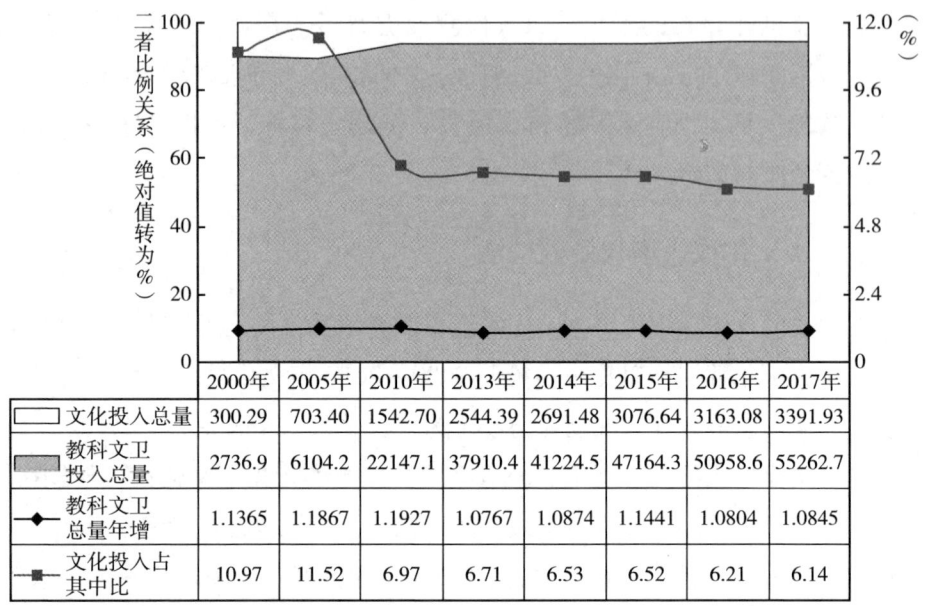

图8　2000年以来全国文化投入占教科文卫综合投入比变动态势

左轴面积：文化投入总量、教科文卫综合投入总量（亿元转换为%），二者历年变动呈直观比例。右轴曲线：教科文卫综合投入年增指数（上年=1，小于1为负增长）；文化投入占教科文卫综合投入比（%）。

9）。这样就可以检测教科文卫综合投入与文化投入各占财政支出比之间历年变化相关系数为-0.8544，即在85.44%程度上成反比。对此不妨简化理解为，虽然教科文卫综合投入占财政支出比历年稳步上升，其中文化投入占财政支出比反而呈现年均85.44%程度的逆向下降。这表明，在全国教科文卫综合投入占财政支出比不断提升当中，文化投入所占比重呈现不合理的明显逆向变动。

2000年以来，文化投入在教科文卫综合投入增长中处于相对"弱势"地位，尤其是进入"十一五"以后，文化投入增长相对"弱势"的状况十分明显。中共十七大之后全国及各地出现文化建设与发展新高潮，文化投入的重要性及其持续增长的必要性受到应有重视，文化投入占教科文卫综合投入比显著降低之势在一定程度上得到抑制。然而，在多年来教科文卫综合投入优先增长格局中，文化投入增长明显滞后是不争的事实。

就此不妨假定，如果全国文化投入占教科文卫综合投入比在2005年出现的最佳比值11.52%得以持续保持，那么2017年全国文化投入总量应为现有实际值3391.93亿元的187.74%，达到6368.06亿元。在假设文化投入实现教科文卫相邻关系中"协调增长"的情况下，这就是2017年全国文化投入增长的应然差距。

（二）教科文卫投入增长系数检测

在相关的众多数据组里，其次需要提取全国教科文卫综合投入历年数据与财政支出历年数据加以比较，检测2000～2017年教科文卫投入占财政支出比变动态势，并将此项比值界定为"教科文卫投入增长系数"。

确定教科文卫综合投入的应有地位和分量也必须寻找事实依据，多年以来国家发展教科文卫事业的政策、公共财政支出就此形成的历年分配比重就是最好的参照系。何况，本项研究测评的分析已经表明，2000年以来教科文卫综合投入已经在公共财政支出分配中占据优先增长地位，以此作为"第一手"依据理所当然。

2000年以来全国教科文卫投入占财政支出比变动态势见图9。

2000～2017年，全国财政支出总量由15887亿元增至203085亿元，总增长1178.31%，年均增长16.17%。最高增长年度为2008年，增长25.74%；最低增长年度为2016年，增长6.75%。

在此期间，全国教科文卫综合投入总量年均增长高于财政支出年增3.17个百分点，由历年二者不同增长关系变化所致，全国教科文卫综合投入占财政支出比从17.23%增高至27.21%，上升9.98个百分点。

分时期考察，全国此项比值"十五"前后（2000年与2005年）对比，上升0.76个百分点；"十一五"前后（2005年与2010年）对比，上升6.65个百分点；"十二五"以来（2017年与2010年）对比，上升2.57个百分点。最高（最佳）比值为2012年的27.95%，最低比值为2000年的17.23%。

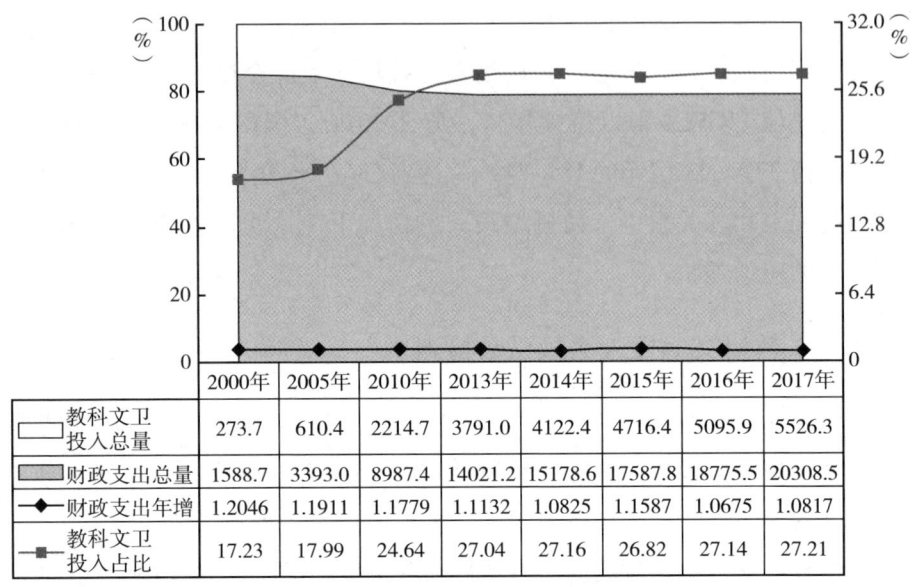

图9　2000年以来全国教科文卫投入占财政支出比变动态势

左轴面积：教科文卫综合投入总量、财政支出总量（10亿元转换为%，增长演算取亿元），二者历年变动呈直观比例。右轴曲线：财政支出年增指数（上年=1，小于1为负增长）；教科文卫综合投入占财政支出比（%）。

2000年以来，教科文卫综合投入增长处于十分明确的优势地位，尤其是进入"十一五"以后，教科文卫综合投入增长的优势地位更加显著。还应当注意到，中共十七大之后我国进入公共服务和社会保障体系建设、民生发展新阶段，文化投入加快增长势必对教科文卫综合投入增长起到推动作用。在一段时期以来我国公共财政支出当中，教科文卫综合投入优先增长已是显而易见的事实。

就此同样假定，如果全国教科文卫综合投入占财政支出比在2012年出现的最佳比值27.95%得以持续保持，那么2017年全国教科文卫综合投入总量应为现有实际值55262.72亿元的102.73%，达到56769.38亿元；再假设文化投入占教科文卫综合投入比实现2005年最佳比值11.52%，那么2017年全国文化投入总量应为现有实际值3391.93亿元的192.86%，达到6541.68亿元。在假设文化投入在教科文卫相邻关系中、教科文卫综合投在财政支出中保持"协调增长"的情况下,这就是2017年全国文化投入增长的应然差距。

(三)财政支出增长系数检测

在相关的众多数据组里,最后需要提取全国财政支出历年数据与产值历年数据加以比较,检测2000~2017年财政支出与产值比变动态势,并将此项比值界定为"财政支出增长系数"。

确定财政支出对于产值(国民总收入近似值)的应有分量同样必须寻找事实依据,这里把历年财政支出与产值的实际相对比值当作重要参照系,以此作为"第一手"依据顺理成章。多年以来我国中央财政及地方财政在绝大部分年度皆出现赤字,即财政支出大于财政收入,财政预算平衡的复杂问题留给相关部门及相应专家,在此不涉及。

2000年以来全国财政支出与产值比变动态势见图10。

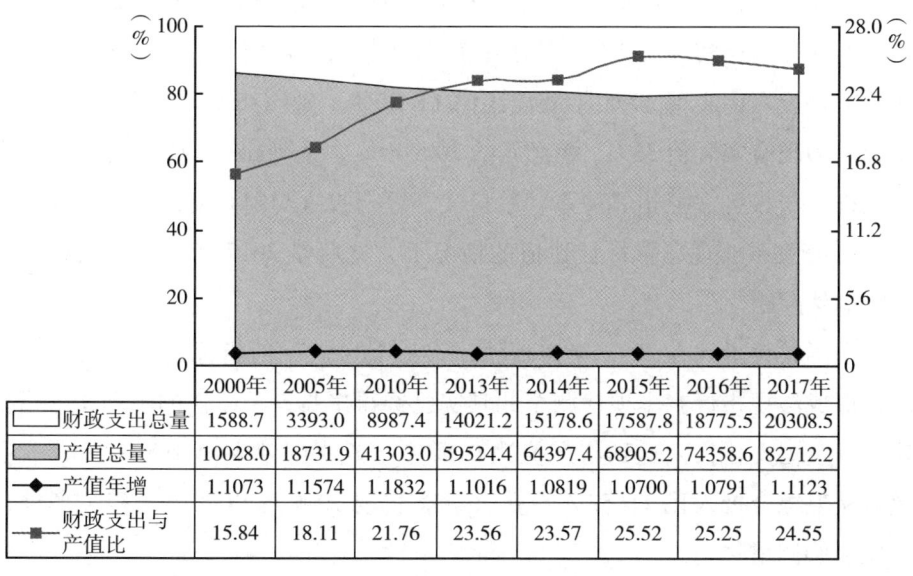

图10 2000年以来全国财政支出与产值比变动态势

左轴面积:财政支出总量、产值总量(10亿元转换为%,增长演算取亿元),二者历年变动呈直观比例。右轴曲线:产值年增指数(上年=1,小于1为负增长);财政支出与产值比(%)。

2000~2017年，全国产值总量由100280亿元增至827122亿元，总增长724.81%，年均增长13.21%。最高增长年度为2007年，增长23.15%；最低增长年度为2015年，增长7.00%。

在此期间，全国财政支出总量年均增长高于产值年增2.96个百分点。由历年二者不同增长关系变化所致，全国财政支出与产值比从15.84%增高至24.55%，上升8.71个百分点。

分时期考察，全国此项比值"十五"前后（2000年与2005年）对比，上升2.27个百分点；"十一五"前后（2005年与2010年）对比，上升3.65个百分点；"十二五"以来（2017年与2010年）对比，上升2.79个百分点。最高（最佳）比值为2015年的25.52%，最低比值为2000年的15.84%。

就此继续假定，如果全国财政支出与产值比在2015年出现的最佳比值25.52%得以持续保持，那么2017年全国财政支出总量应为现有实际值203085.49亿元的103.96%，达到211119.58亿元；再假设教科文卫综合投入占财政支出比实现2012年最佳比值27.95%，继续假设文化投入占教科文卫综合投入比实现2005年最佳比值11.52%，那么2017年全国文化投入总量应为现有实际值3391.93亿元的200.49%，达到6800.47亿元。在假设文化投入与教科文卫相邻关系、教科文卫综合投入与财政支出关系、财政支出与产值关系实现三重最佳比值的情况下，这就是2017年全国文化投入增长的应然差距。

全国教育投入在2012年实现法定"产值4%"的指标要求，文化投入能否形成法规指标？本项检测至此其实已经得出具有关联性的系列参考指标建议：全国文化投入达到与产值比0.82%，或占财政支出比3.22%，或占教科文卫综合投入比11.52%，就有可能实现2000年以来历年相关各项最佳比值协调增长。

假如各地均能够实现各自2000年以来最佳比值协调增长，那么文化投入人均值地区差将普遍明显缩小，为下一步追求文化投入地区均等打下基础。促成经济增长、财政增收、财政支出增多与公共文化投入增长很好协调的约束机制，推进公共文化投入和公共文化服务地区均等、促进民生的可行机制和必要体制，正是本项研究测评的最终目的。

五 至2020年全国文化投入增长目标测算

检测出当前数据年度全国文化投入增长的应然差距只是一个铺垫，目的是要据此推演至2020年全国文化投入增长的应然目标。这样一来，就可以测算达到增长目标所需的年均增长率，以此作为指标衡量达到增长目标的距离，实质上就是消除差距的增长难易程度，从而在各地之间进行排行比较。

2017~2020年全国文化投入预期增长测算见图11。

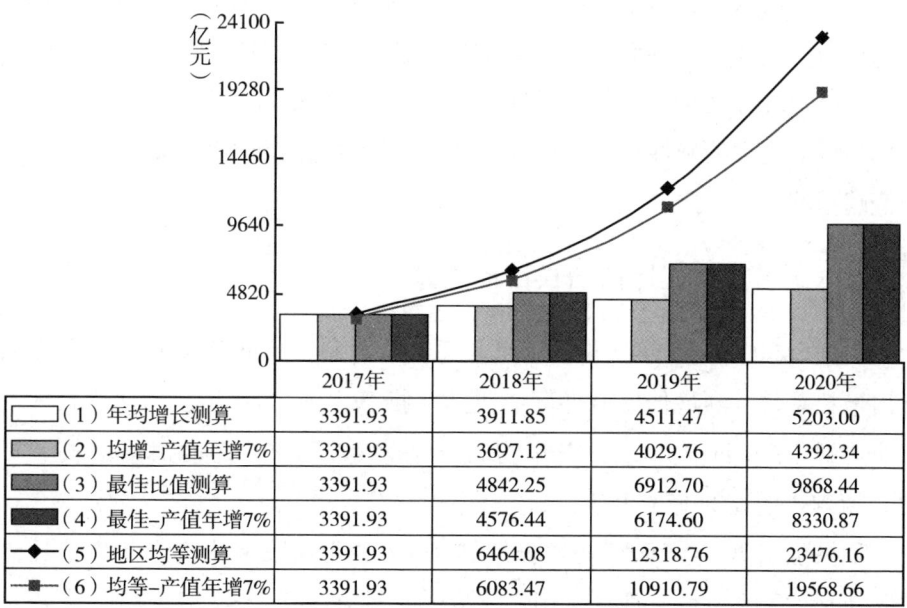

图11 2017~2020年全国文化投入预期增长测算

左轴：假定情况下文化投入增长总量（亿元）。假设各类数值按2000~2017年年均增长率持续至2020年，则所需年均增长（1）15.33%，（3）42.76%，（5）90.57%；假设产值增长取7%持续至2020年，则所需年均增长（2）9.00%，（4）34.92%，（6）79.35%。

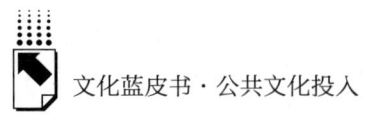

（一）保持既往年均增长率测算

按照2000~2017年年均增长率进行"自然"推算，到2020年全国文化投入总量将达到5203.00亿元，所需年均增长率自然同前一样为15.33%。

如果至2020年产值年均增长控制在7%，再假设文化投入与产值比维持既往互动关系不变，那么全国文化投入总量将达到4392.34亿元，所需年均增长率仅为9.00%，低于既往年均增速则更易于实现。

此项测算属于"自然增长"测算，即基于此前历年各项数据年均增长率，不予加权地"顺延平推"未来年度增长目标。实际说来，这是未来年度或然增长概率最高的一种预测，既往年度数据积累越多，用于预测未来年度增长的准确率越高。

以气象记录及其灾害预测来做说明。常见有某种灾害"多少年一遇"之言，即"多少年"统计才得一见的极端情况。此处测算相反取"多少年"平均，符合统计概率的"大数规律"。这就如同抽样调查样本大小直接影响结果的置信度和精确性一样，作为演算基础的数组范围越庞大，所得出的平均值越精准。

（二）多重最佳比值增长目标测算

依据2000~2017年文化投入增长系数、教科文卫投入增长系数、财政支出增长系数三项最佳比值进行"应然"推算，到2020年全国文化投入总量应达到9868.44亿元，所需年均增长率为42.76%，以此衡量增长"难度"为既往增速的278.95%。

如果至2020年产值年均增长控制在7%，再假设文化投入与产值比维持既往互动关系不变，那么全国文化投入总量应达到8330.87亿元，所需年均增长率为34.92%，即既往年均增速的227.82%。

此项测算属于"应然增长"测算，基于此前相关数据历年最佳比值，以"理当如此"推理加权方式演算未来年度增长目标。这是未来年度增长有必要尽快实现的"应然目标"测算，据以展开推导演算的最佳比值皆来源于自身历年实然数据，以往曾经做到，目前未能做到已属"亏欠"，今后理应及时做到。

事实上，在多重最佳比值检测当中，就全国和绝大部分地区而言，仅有文化投入增长系数发生"亏欠"，而教科文卫投入增长系数、财政支出增长系数均呈向好发展之势，已经、正在并将继续逐渐化解、最终抵消前者的"亏欠"程度。这就是说，对于全国和绝大部分地区来说，三项最佳比值增长测算实则仅归结为一项，另外两项反过来起到缓解调节作用。

（三）人均值地区均等增长目标测算

在2000~2017年多重最佳比值测算基础上，再依照北京文化投入人均测算值进行地区均等"理想"推算，到2020年全国文化投入总量应达到23476.16亿元，所需年均增长率为90.57%，以此衡量增长"难度"为既往增速的590.89%。

如果至2020年产值年均增长控制在7%，再假设文化投入与产值比维持既往互动关系不变（其实出现微小误差，由取北京人均值反推全国均等测算所致，未能涉及未来人口基数增长及其分布变化），那么全国文化投入总量应达到19568.66亿元，所需年均增长率为79.35%，即既往年均增速的517.68%。

此项测算属于"理想增长"测算，即基于"基本公共服务均等化"的理念，以"理想化"设想或"理论值"方式演算未来年度增长目标。实事求是地说，这是未来很长一段时期努力追求的"理想目标"测算，主要是为了衡量全国及各地现实与理想的差距，并不意味着至2020年就能够实现。

现实状况已经显示，2000年以来，全国和绝大部分地区文化投入人均值地区差指数虽有起伏变化，但总体呈现为增大态势，不能期待到2020年已不多的几年之内彻底弥合差距。应该承认，尽快扼制文化投入人均值地区差"逆动"扩大之势，有效缩小地区之间的增长差距，争取使地区差指数"回归"2000年以来最小值，这样的期待或许更为符合实际。

技术报告与综合分析

Technical Report and Comprehensive Analysis

B.2
中国公共文化投入增长测评体系技术报告

——兼2000~2017年基本态势分析

王亚南 刘婷 汪洋 魏海燕*

摘 要： 本文作为"中国公共文化投入增长测评体系"技术报告，基于2000~2017年相关数据，对基础数据来源、数据推演方法、相应数值关系、测评体系构思、具体指标测算加以说明，对各类数据事实所反映出来的全国及各地文化投入增长相关态势进行分析。测评体系意在把文化投入增长放到经济、财

---

* 王亚南，云南省社会科学院研究员，文化发展研究中心主任，主要研究方向为民俗学、民族学及文化理论、文化战略和文化产业研究；刘婷，云南省社会科学院民族文学研究所研究员，博士，主要研究方向为文化人类学；汪洋，云南省社会科学院信息中心副主任、副研究员，主要从事民族生态文化研究；魏海燕，云南省政协信息中心主任编辑，主要从事传媒信息分析研究。

政增长相关背景中，放到教科文卫投入增长的相邻关系中，放到与居民文化消费占比的同构关联中，放到文化投入人均值地区差的差距检测中，全面检验各方面增长的协调性和均衡性，从而得出现行统计制度下适用的综合评价指数，并实现演算过程的通约性和演算结果的可比性，可供重复验证。

关键词： 文化投入　增长态势　综合检测　测评指标

本文系"中国公共文化投入增长测评体系"技术报告。本系列研究从"文化消费需求景气评价"起步，经"文化产业供需协调检测"延伸，到"公共文化投入增长测评"拓展，大致已形成相对自成一体的系列。当初研创"文化消费需求景气评价"，面对的是亿万城乡居民，从无到有填空补缺；随后研创"公共文化投入增长测评"，面对的是各级政府财政，众目关注难以把握。为此，本项测评体系演算数据库早已建成，悄然试运行多时方于2015年首次出版书稿，现为第5个年度卷。

必须承认，凭借已有"中国文化消费需求景气评价体系""中国文化产业供需协调检测体系"多年积累的方法论基础和技术性经验，"中国公共文化投入增长测评体系"的构思设计相应少了一些冥思苦想的周折，多了一些参考移植的便当，当然，更希望从一开始就显得较为成熟。

一　基础数据来源及其演算方法

本项测评体系采用的基础数据包括：全国和各地产值、财政收入与支出；全国和各地教育、科技、文化、卫生投入，以及教科文卫四个方面合计的综合投入（早年统计即为"文教、科学、卫生事业费"）；所有这些数据的人均值演算结果，用以检验全国和各地这些方面增长的协调性、均衡性；最后与"中国文化消费需求景气评价体系"形成互动，调用居民收入与总消费、文化消费数据，对应检测文化消费与投入占居民收入、支出比的同构可比关系。

本项研究不涉及财政、预算、会计、统计诸学科的理论和方法，按照公众知识对于"公器常理"的认知逻辑进行推演，同时避免使用数理分析的符号和公式，字面上立足于日常使用的"自然语言"，力求让接受过义务教育的普通公民能够看明白。这就需要把数理逻辑梳理、数据关系分析、指标系统运算置于后台数据库之中，转变为数据库运行的程序语言和演算函数，交给恪守"机械逻辑"的计算机去处理。

"中国公共文化投入增长测评体系"数据来源、具体出处及相关演算见表1。

表1 "中国公共文化投入增长测评体系"数据来源、具体出处及相关演算

序号	数据内容	数据来源	全国数据出处	省域数据出处
1	产值总量及其人均值	《中国统计年鉴》历年卷	三、国民经济核算，3-1 国内生产总值	三、国民经济核算，3-9 地区生产总值和指数，3-10 人均地区生产总值和指数
2	财政收入总量	《中国统计年鉴》历年卷	七、财政，7-2 中央和地方一般公共预算主要收入项目	七、财政，7-5 分地区一般公共预算收入
3	财政支出总量	《中国统计年鉴》历年卷	七、财政，7-3 中央和地方一般公共预算主要支出项目	七、财政，7-6 分地区一般公共预算支出
4	教育投入总量			
5	科技投入总量			
6	文化投入总量			
7	卫生投入总量			
8	教科文卫综合投入总量		第4～7类数据之和，早年统计项即为"文教、科学、卫生事业费"同一个大类	
9	东、中、西部和东北整体数据		引入相应所属省域人口参数，用于全部各类数据演算	
10	以上第2～9类数据人均值		引入人口参数演算，使各地之间更具可比性，并测算人均值地区差指数	
11	文化消费占居民收入、支出比		与"文化消费需求景气评价体系"同步互动，检测与文化投入占财政收入、支出比倍差指数	

注：①数据具体出处章号章名、表号表名以《中国统计年鉴》2015年卷（2014年统计数据）为准；②文化投入数据项为"文化体育与传媒"，涵括现行文化、新闻出版广电、体育三个行政管理系统投入；③省域指除港澳台外31个省、自治区、直辖市；④另需说明相关后台演算：2014年以来年鉴始发布城乡综合演算民生人均值数据，经两年使用验证，此类人均值与总量数据之间存在演算误差，对应产值人均值和总量（同为年鉴发布）分别演算居民收入比、消费率等均有出入，因而本项检测回归采用自行演算城乡人均值展开文化消费占居民收入、支出比测算，以保证数据库测算模型的规范性及其历年通行测评的标准化。

鉴于相关细节已在表1中交代得十分清楚，尚需补充说明的是，演算各项数据的基本方法和程序，包括演算各类人均值必需的人口参数处理，特别是本项研究独创的地区差指数演算方式，可见《中国文化消费需求景气评价报告》一书技术报告，在此当属"自引"而不必再予注明。

借助本项测评体系强大的后台数据库演算功能，本文将对全国及各地2000~2017年文化投入增长相关基本态势同时展开全面分析，方法论和技术性阐释尽量从简，而主要通过实际分析应用具体体现。与早年"从头起步"探索建立"文化消费需求景气评价"和"文化产业供需协调检测"数据库相比，而今"举一反三"改进新建"公共文化投入增长测评"数据库更加突出应用性和实用性。力避以往文化研究的"纯"人文风格"言辞意蕴"，力求贴近数理科学的"准"精密方法"标准检测"，正是本项研究与评价奉行的宗旨。

二 数量指标子系统及其测算方式

全国及各地文化投入总量、人均绝对值为基础数据，不仅本身数值高低具有决定性意义，而且影响到随后一切列联分析、加权分析衍生数值的高低。文化投入总量数据转换为占全国份额值进行演算，人均值则直接进入演算，并且成为地区差指数演算的依据。

（一）文化投入总量（份额）值

2000~2017年全国文化投入总量及北京份额变动态势见图1。为了方便阐释全国总量与各地份额值关系，图1中举例附加北京数据。

2000~2017年，全国文化投入总量增长1029.55%，年均增长15.33%。其中，"十五"期间，全国总量增长134.24%，年均增长18.56%；"十一五"期间，全国总量增长119.32%，年均增长17.01%；"十二五"以来，全国总量增长119.87%，年均增长11.91%。全国文化投入总量最高增长年度为2009年，增长率为27.14%；最低增长年度为2016年，增长率为2.81%。

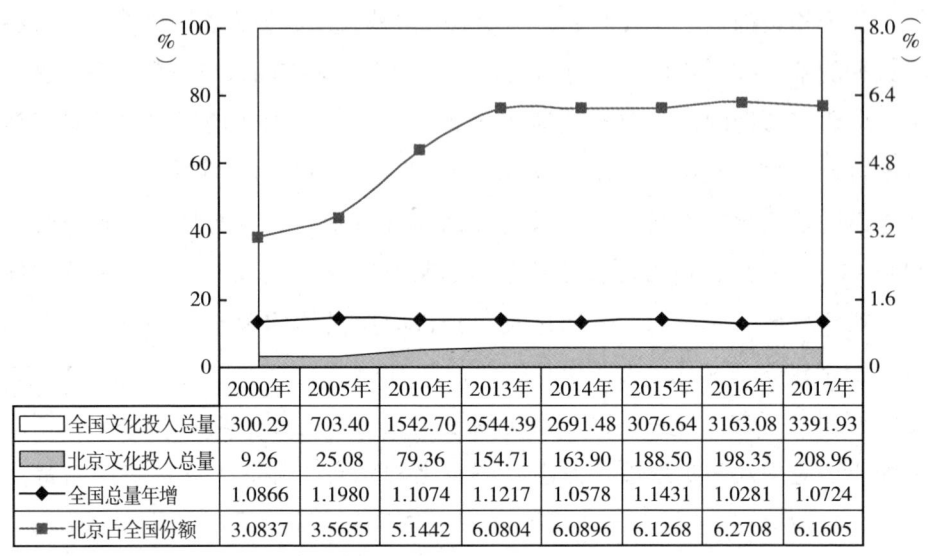

图1　2000～2017年全国文化投入总量及北京份额变动态势

左轴面积：全国、北京文化投入总量（亿元转换为%），二者历年变动呈直观比例。右轴曲线：全国总量年度增长（上年=1，小于1为负增长，保留4位小数，正文转换为2位小数增长百分比，后同）；北京占全国份额（%，保留4位小数）。

各地文化投入总量绝对值本身可比性不强，但总量增长幅度及其占全国份额变化则可比性较强，而总量年均增长与份额增减变化是联系在一起的。各地文化投入总量占全国份额升降变化，取决于全国与当地两个方面的增长差异。图1中以北京为例。

同期，北京文化投入总量增长2156.59%，年均增长20.12%，高于全国年均增长4.79个百分点。2000年以来，北京文化投入总量占全国份额由3.08%上升为6.16%。其中，"十五"期间，北京总量增长170.84%，年均增长22.05%；"十一五"期间，北京总量增长216.43%，年均增长25.91%；"十二五"以来，北京总量增长163.31%，年均增长14.83%。北京文化投入总量最高增长年度为2007年，增长率为72.74%；最低增长年度为2016年，增长率为5.23%。

此项指标测算中，全国文化投入总量自为基准（横向与纵向测评全国皆为100，使用百分制便于正文按惯例保留2位小数表达），各地以自身总量占全国份额及其历年变化来衡量。

各年度横向测评以全国总量为基准100。2017年测算东部为43.06，东北为6.21，中部为16.78，西部为25.97（另中央本级财政为7.99）。31个省域总量份额高低依次为广东、北京、江苏、上海、浙江、湖南、四川、山东、陕西、内蒙古、河北、河南、湖北、福建、辽宁、安徽、新疆、江西、山西、云南、吉林、贵州、甘肃、广西、天津、黑龙江、重庆、西藏、青海、海南、宁夏。其中，广东处于首位，份额指标测算值为8.43；宁夏处于末位，份额指标测算值为0.67。

此项指标的横向测评好比"不论年龄比高矮"，人口大省和先发强省占据优势。

各时段纵向测评以起点年自身指标数值为基数。当前数据年度测评各自以上一年为100，至2017年东部为106.09，东北为93.59，中部为94.44，西部为95.57。8个省域总量增长高于全国平均增长，份额上升而测算值"加分"；23个省域总量增长低于全国平均增长，份额下降而测算值"减分"。其中，上海处于首位，份额指标测算值为157.41；宁夏处于末位，份额指标测算值为84.35。

此项指标的纵向测评好比"不论高矮比成长"，大省与小省、先发地区与后发地区自比既往年度。

（二）文化投入人均值

2000~2017年全国文化投入人均值及重庆地区差变动态势见图2。为了方便阐释全国与各地人均值关系，图2中举例附加重庆数据。

2000~2017年，全国文化投入人均值总增长928.85%，年均增长14.70%。其中，"十五"期间，全国人均值总增长126.87%，年均增长17.80%；"十一五"期间，全国人均值总增长113.73%，年均增长16.41%；"十二五"以来，全国人均值总增长112.18%，年均增长11.35%。全国文化投入人均值最高增长年度为2009年，增长率为26.49%；最低增长年度为2016年，增长率为2.25%。

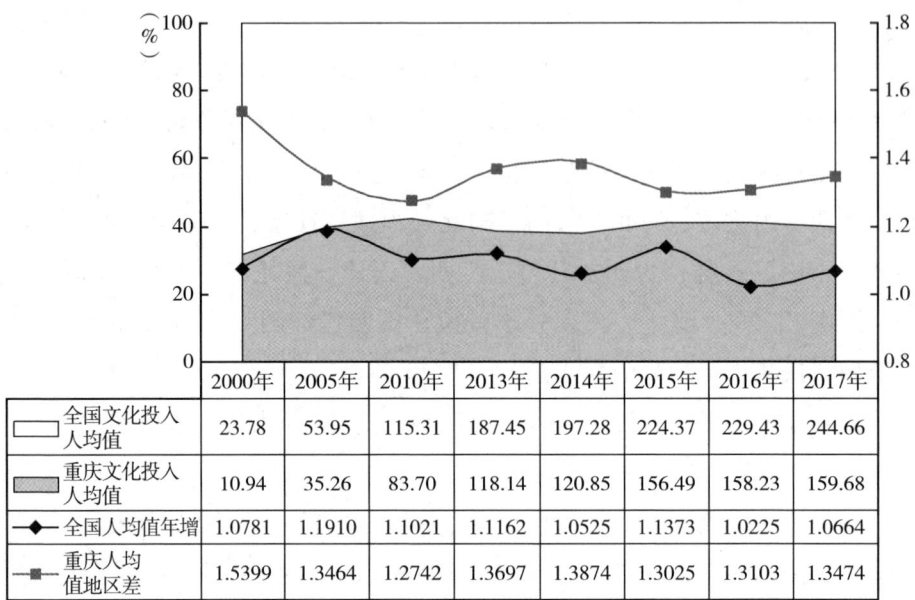

图 2　2000～2017 年全国文化投入人均值及重庆地区差变动态势

左轴面积：全国、重庆文化投入人均值（元转换为%），二者历年变动呈直观比例。右轴曲线：全国人均值年度增长（上年=1，小于1为负增长，由于历年人口增长，人均值年增指数略低于总量年增指数）；重庆人均值地区差指数（无差距=1，保留4位小数检测细微差异，后同）。

各地文化投入人均值具有很强的可比性，当今追求"公共文化服务均等化"理想，公共文化投入的均等化应当成为重要前提，而这一点有必要以人均值来衡量。各地文化投入人均值升降变化，同样需要与全国人均值形成对比。图 2 中以重庆为例。

同期，重庆文化投入人均值总增长 1359.60%，年均增长 17.08%，高于全国年均增长 2.38 个百分点。2000 年以来，重庆文化投入人均值与全国人均值之比由 46.01% 上升为 65.26%，地区差由 1.5399 缩小为 1.3474。其中，"十五"期间，重庆人均值总增长 222.30%，年均增长 26.37%；"十一五"期间，重庆人均值总增长 137.38%，年均增长 18.87%；"十二五"以来，重庆人均值总增长 90.78%，年均增长 9.67%，各时段增长率未能保持稳定。重庆文化投入人均值最高增长年度为 2008 年，增长率为 55.50%；

最低增长年度为2007年，增长率为-13.12%。

各年度横向测评以全国人均值为基准100。2017年测算东部为112.29，东北为79.06，中部为63.20，西部为95.86。14个省域人均值高于全国人均值，测算值"加分"；17个省域人均值低于全国人均值，测算值"减分"。其中，西藏处于首位，人均值指标测算值为549.89；河南处于末位，人均值指标测算值为41.76。

由于中央财政专项转移支付的倾斜政策，此项指标的横向测评并非先发的强省占据优势。然而，应当注意到，以文化投入人均值加以检验，中部"文化塌陷"凸显出来。

各时段纵向测评以起点年自身指标数值为基数。当前数据年度测评各自以上一年为100，至2017年全国为106.64，东部为112.86，东北为100.69，中部为100.70，西部为101.71。7个省域人均值增长高于全国平均增长，测算值"加分"高于全国总体；24个省域人均值增长低于全国平均增长，测算值"加分"低于全国总体。其中，上海处于首位，人均值指标测算值为168.71；宁夏处于末位，人均值指标测算值为89.49。

由于全国及各地文化投入普遍显著增长，以人均值来衡量尤其明显，此项指标的纵向测评多为明显"加分"，只有个别地区在某一时段例外，当然各地之间还存在较大差异。

三　质量指标子系统及其测算方式

无论是文化投入总量值，还是文化投入人均值，均为绝对值，绝对值的可比性毕竟不如关系值。一般说来，绝对值只能对比数量差距，而关系值往往能够揭示质量差异。在本项研究中，重视关系值一向甚于绝对值。

（一）文化投入背景关系值

文化投入增长的背后，无疑是经济增长和财政收入、支出增长，因此文化投入数据需要放到产值和财政收支数据的背景关系中开展考察，于是就有了背景关系值列联分析的相应衍生数据，从中检验文化投入增长与产值增长、财政收支增长之间的协调性。

1. 文化投入与产值比

2000~2017年全国文化投入与产值关系变动态势见图3。图3将全国历年产值总量、文化投入总量绝对值转换为图形面积直观比例，并设置动态曲线标明文化投入与产值比历年变动态势，另附产值人均值地区差指数历年变化状况。

2000~2017年，全国产值总量增长724.81%，年均增长13.21%，低于文化投入年增2.12个百分点。其中，全国产值总量"十五"期间总增长86.80%，年均增长13.31%；"十一五"期间总增长120.50%，年均增长17.13%；"十二五"以来总增长100.26%，年均增长10.43%。全国产值总量最高增长年度为2007年，增长率为23.15%；最低增长年度为2015年，增长率为7.00%。

产值人均值地区差指数检验全国各地之间经济增长的均衡性。2000年以来，全国产值人均值地区差由1.4929缩小为1.3491。产值人均值地区差指数最大值为2003年的1.5023，最小值为2017年的1.3491，这表明全国各地之间经济增长的均衡性提升。

全国文化投入与产值比升降变化，取决于产值总量与文化投入总量两个方面的历年增长差异。对照图1全国文化投入总量历年增长动态，可以准确把握文化投入与产值之间相关性比值的变化态势。

同期，全国文化投入与产值比由0.30%上升为0.41%，提高0.11个百分点。其中，"十五"期间提高0.08个百分点，"十一五"期间降低0.0020个百分点，"十二五"以来提高0.04个百分点。这表明，2000年以来全国文化投入增长超越了经济增长。全国文化投入与产值比最低值为2000年的0.30%，最高值为2015年的0.45%。

各年度横向测评以全国总体比值为基准100。2017年测算东部为79.52，东北为94.69，中部为78.63，西部为127.42。15个省域此项比值高于全国总体比值，测算值"加分"；16个省域此项比值低于全国总体比值，测算值

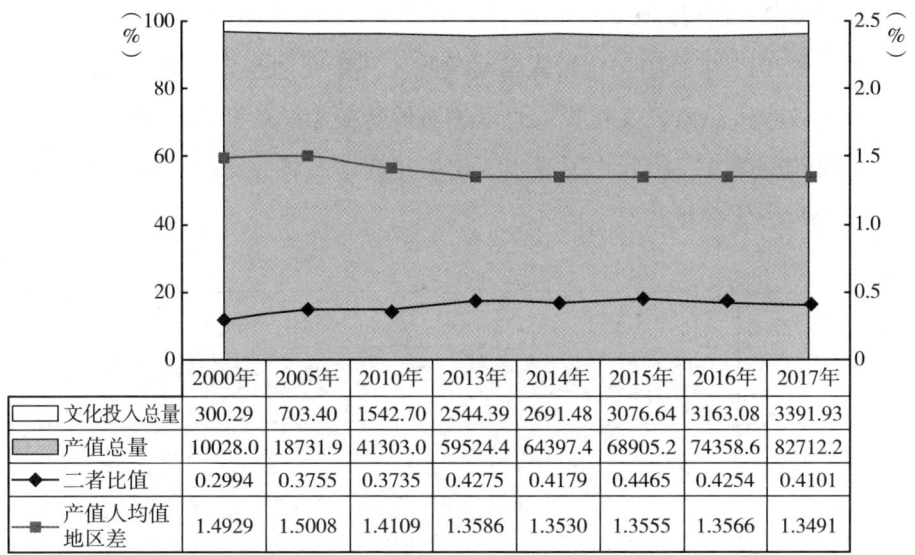

图3　2000～2017年全国文化投入与产值关系变动态势

左轴面积：全国文化投入总量（亿元）、产值总量（10亿元，增长演算取亿元）（绝对值转换为%），二者历年变动呈直观比例（文化投入图形比例放大至10倍以便显示）。右轴曲线：二者相对比值（%），比值过小保留4位小数（后同）；附产值人均值地区差指数（无差距=1）。

"减分"。其中，西藏处于首位，此项比值指标测算值为835.85；山东处于末位，此项比值指标测算值为47.64。

由于中央财政支持经济增长滞后地区的专项转移支付政策，在此项指标的横向测评中，经济增长"领先"的强省并不一定占据优势。

各时段纵向测评以起点年自身指标数值为基数。当前数据年度测评各自以上一年为100，至2017年全国为96.40，东部为104.20，东北为96.94，中部为92.18，西部为95.35。仅有7个省域此项比值上升，测算值"加分"；24个省域此项比值下降，测算值"减分"。其中，上海处于首位，此项比值指标测算值为155.29；云南处于末位，此项比值指标测算值为82.62。

由于全国及各地文化投入增长普遍超越了经济增长，此项指标的纵向测评多为"加分"，少数地区则为"减分"。

2. 文化投入占财政收入比

2000~2017年全国文化投入与财政收入关系变动态势见图4。图4将全国历年财政收入总量、文化投入总量绝对值转换为图形面积直观比例，并设置动态曲线标明文化投入占财政收入比历年变动态势，另附财政收入人均值地区差指数历年变化状况。

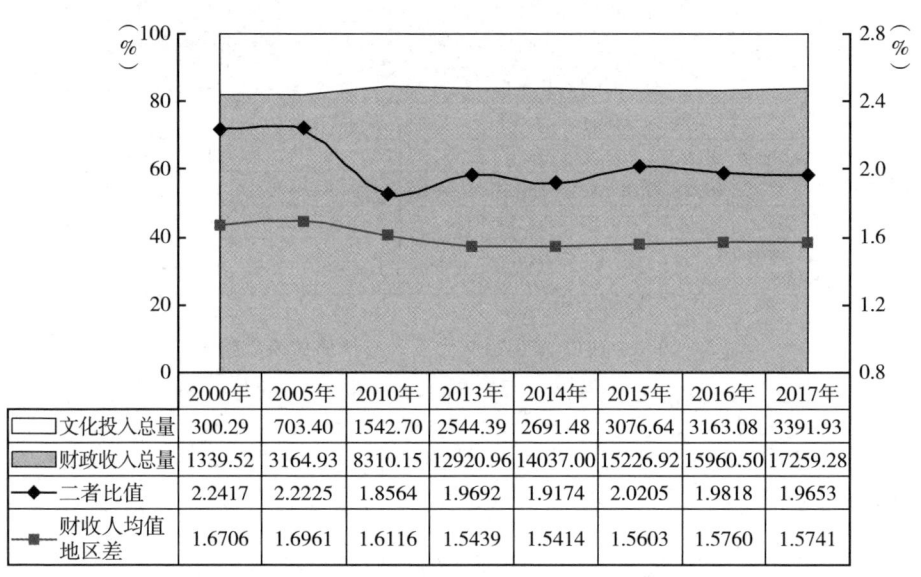

图4　2000~2017年全国文化投入与财政收入关系变动态势

左轴面积：全国文化投入总量（亿元）、财政收入总量（10亿元，增长演算取亿元）（绝对值转换为%），二者历年变动呈直观比例（文化投入图形比例放大至10倍以便显示）。右轴曲线：二者相对比值（%）；附财政收入人均值地区差指数（无差距=1）。

2000~2017年，全国财政收入总量增长1188.49%，年均增长16.22%，高于文化投入年增0.89个百分点。其中，全国财政收入总量"十五"期间总增长136.27%，年均增长18.76%；"十一五"期间总增长162.57%，年均增长21.30%；"十二五"以来总增长107.69%，年均增长11.01%。全国财政收入总量最高增长年度为2007年，增长率为32.41%；最低增长年度为2016年，增长率为4.82%。

财政收入人均值地区差指数检验全国各地之间财政收入增长的均衡性。

2000年以来，全国财政收入人均值地区差由1.6706缩小为1.5741。地区差指数最大值为2004年的1.7037，最小值为2014年的1.5414，这表明全国各地之间财政收入增长的均衡性提升。

全国文化投入占财政收入比升降变化，取决于财政收入总量与文化投入总量两个方面的历年增长差异。对照图1全国文化投入总量历年增长动态，可以准确把握文化投入与财政收入之间相关性比值的变化态势。

同期，全国文化投入占财政收入比由2.24%下降为1.97%，降低0.28个百分点。其中，"十五"期间降低0.02个百分点，"十一五"期间降低0.37个百分点，"十二五"以来提高0.11个百分点。这表明，2000年以来全国文化投入增长滞后于财政收入增长。全国文化投入占财政收入比最高值为2002年的2.27%，最低值为2007年的1.75%。

各年度横向测评以全国总体比值为基准100。2017年测算东部为141.56，东北为221.18，中部为177.23，西部为251.97。全部31个省域此项比值高于全国总体比值，测算值"加分"。其中，西藏处于首位，此项比值指标测算值为1230.35；重庆处于末位，此项比值指标测算值为110.44。

由于中央财政支持财政收入增长滞后地区的专项转移支付政策，在此项指标的横向测评中，财政收入"领先"增长的先发地区并不一定占据优势。

各时段纵向测评以起点年自身指标数值为基数。当前数据年度测评各自以上一年为100，至2017年全国为99.17，东部为108.41，东北为95.51，中部为95.04，西部为99.47。13个省域此项比值上升，测算值"加分"；18个省域此项比值下降，测算值"减分"。其中，上海处于首位，此项比值指标测算值为162.80；山西处于末位，此项比值指标测算值为82.57。

由于全国及各地文化投入增长普遍滞后于财政收入增长，此项指标的纵向测评多为"减分"，少数地区则为"加分"。

3. 文化投入占财政支出比

2000~2017年全国文化投入与财政支出关系变动态势见图5。图5将全国历年财政支出总量、文化投入总量绝对值转换为图形面积直观比例，并设置动态曲线标明文化投入占财政支出比历年变动态势，另附财政支出人均值地区差指数历年变化状况。

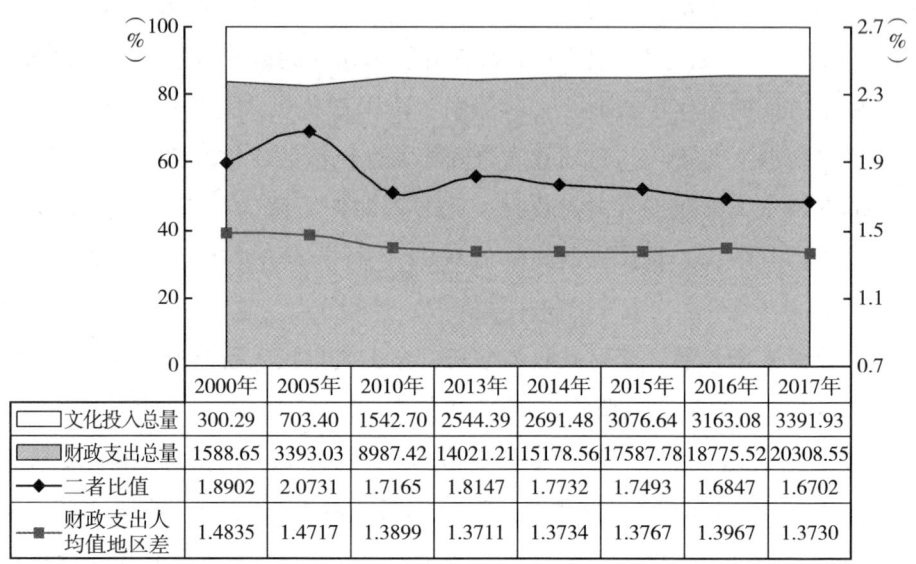

图5 2000~2017年全国文化投入与财政支出关系变动态势

左轴面积：全国文化投入总量（亿元）、财政支出总量（10亿元，增长演算取亿元）（绝对值转换为%），二者历年变动呈直观比例（文化投入图形比例放大至10倍以便显示）。右轴曲线：二者相对比值（%）；附财政支出人均值地区差指数（无差距=1）。

2000~2017年，全国财政支出总量增长1178.31%，年均增长16.17%，高于文化投入年增0.84个百分点。其中，全国财政支出总量"十五"期间总增长113.57%，年均增长16.39%；"十一五"期间总增长164.88%，年均增长21.51%；"十二五"以来总增长125.97%，年均增长12.35%。全国财政支出总量最高增长年度为2008年，增长率为25.74%；最低增长年度为2016年，增长率为6.75%。

财政支出人均值地区差指数检验全国各地之间财政支出增长的均衡性。2000年以来，全国财政支出人均值地区差由1.4835缩小为1.3730。地区差指数最大值为2002年的1.5040，最小值为2013年的1.3711，这表明全国各地之间财政支出增长的均衡性提升。

全国文化投入占财政支出比升降变化，取决于财政支出总量与文化投入总量两个方面的历年增长差异。对照图1全国文化投入总量历年增长动态，可以准确把握文化投入与财政支出之间相关性比值的变化态势。

同期，全国文化投入占财政支出比由1.89%下降为1.67%，降低0.22个百分点。其中，"十五"期间提高0.18个百分点，"十一五"期间降低0.36个百分点，"十二五"以来降低0.05个百分点。这表明，2000年以来全国文化投入增长滞后于财政支出增长。全国文化投入占财政支出比最高值为2006年的2.08%，最低值为2017年的1.67%。

各年度横向测评以全国总体比值为基准100。2017年测算东部为119.99，东北为95.23，中部为92.20，西部为105.15。18个省域此项比值高于全国总体比值，测算值"加分"；13个省域此项比值低于全国总体比值，测算值"减分"。其中，北京处于首位，此项比值指标测算值为183.32；重庆处于末位，此项比值指标测算值为67.50。

由于中央财政支持欠发达地区的转移支付政策（计入当地财政支出），在此项指标的横向测评中，发达地区与欠发达地区并无泾渭分明的差异。

各时段纵向测评以起点年自身指标数值为基数。当前数据年度测评各自以上一年为100，至2017年全国为99.14，东部为105.98，东北为93.88，中部为92.58，西部为94.59。仅有8个省域此项比值上升，测算值"加分"；23个省域此项比值下降，测算值"减分"。其中，上海处于首位，此项比值指标测算值为154.74；云南处于末位，此项比值指标测算值为80.38。

由于全国及各地文化投入增长普遍滞后于财政支出增长，此项指标的纵向测评多为"减分"，少数地区则为"加分"。

（二）文化投入相邻关系值

在财政预算里，教科文卫投入具有密切的相邻关系，甚至早年直接作为财政支出的一个综合大类。鉴于文化投入与教育、科技、卫生投入的这种相邻关系，其间的"毗邻可比性"抑或可曰"兄弟可比性"强于其他任何方面。

1. 文化投入与教育投入比

教育事业的最大基底是义务教育，国家有义务面向全体国民举办基础教育，当前全国统一政策范围涵括小学和初中。2000年以来在全国范围让乡镇以下农村所谓"民办教育"回归为"公办"，2012年全国教育投入首次达到法定"与产值比4%"，都是国家义务的基本要求，距离义务教育阶段教学条件和质量均等化、各地城乡中小学生享受公平教育的目标还差得很远。今后有必要进一步继续加大投入，向全覆盖、均等化的薄弱环节倾斜，早日建成覆盖全国城乡的公平教育体系。与教育投入"硬指标"相比，文化投入或许只是一项"软指标"。

2000~2017年全国文化投入与教育投入关系变动态势见图6。图6将全国历年教育投入总量、文化投入总量绝对值转换为图形面积直观比例，并设置动态曲线标明文化投入与教育投入比历年变动态势，另附教育投入人均值地区差指数历年变化状况。

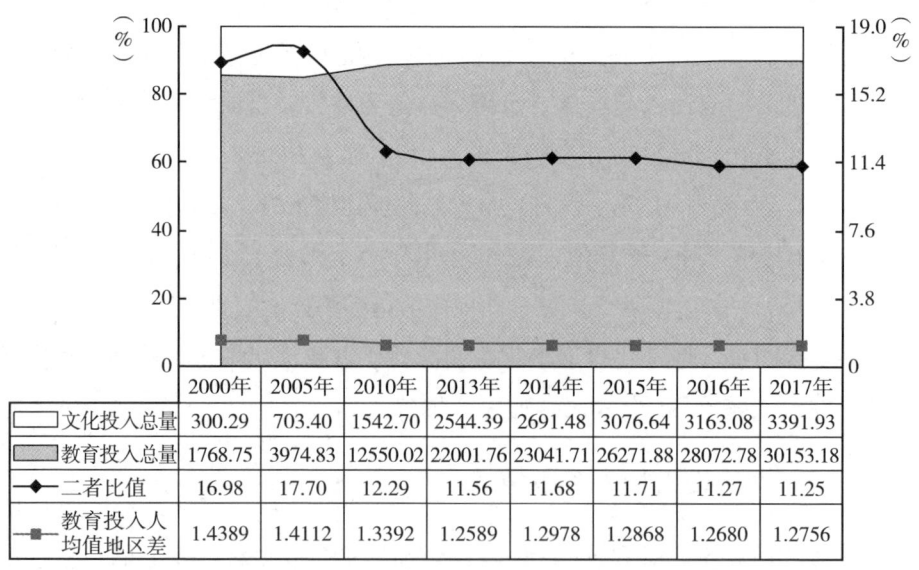

图6　2000~2017年全国文化投入与教育投入关系变动态势

左轴面积：全国文化投入、教育投入总量（亿元转换为%），二者历年变动呈直观比例。
右轴曲线：二者相对比值（%）；附教育投入人均值地区差指数（无差距=1）。

	2000年	2005年	2010年	2013年	2014年	2015年	2016年	2017年
文化投入总量	300.29	703.40	1542.70	2544.39	2691.48	3076.64	3163.08	3391.93
教育投入总量	1768.75	3974.83	12550.02	22001.76	23041.71	26271.88	28072.78	30153.18
二者比值	16.98	17.70	12.29	11.56	11.68	11.71	11.27	11.25
教育投入人均值地区差	1.4389	1.4112	1.3392	1.2589	1.2978	1.2868	1.2680	1.2756

2000~2017年，全国教育投入总量增长1604.73%，年均增长18.15%，高于文化投入年增2.82个百分点。其中，全国教育投入总量"十五"期间总增长124.72%，年均增长17.58%；"十一五"期间总增长215.74%，年均增长25.85%；"十二五"以来总增长140.26%，年均增长13.34%。全国教育投入总量最高增长年度为2007年，增长率为48.99%；最低增长年度为2013年，增长率为3.58%。

教育投入人均值地区差指数检验全国各地之间教育投入增长的均衡性。2000年以来，全国教育投入人均值地区差由1.4389缩小为1.2756。地区差指数最大值为2000年的1.4389，最小值为2012年的1.2497，这表明全国各地之间教育投入增长的均衡性提升。

全国文化投入与教育投入比升降变化，取决于教育投入总量与文化投入总量两个方面的历年增长差异。对照图1全国文化投入总量历年增长动态，可以准确把握文化投入与教育投入之间相关性比值的变化态势。

同期，全国文化投入与教育投入比由16.98%下降为11.25%，降低5.73个百分点。其中，"十五"期间提高0.72个百分点，"十一五"期间降低5.41个百分点，"十二五"以来降低1.04个百分点。这表明，2000年以来全国文化投入增长滞后于教育投入增长。全国文化投入与教育投入比最高值为2005年的17.70%，最低值为2012年的10.68%。

各年度横向测评以全国总体比值为基准100。2017年测算东部为103.96，东北为108.31，中部为80.49，西部为96.65。14个省域此项比值高于全国总体比值，测算值"加分"；17个省域此项比值低于全国总体比值，测算值"减分"。其中，上海处于首位，此项比值指标测算值为194.58；河南处于末位，此项比值指标测算值为58.06。

由于中央财政支持欠发达地区的教育、文化专项转移支付政策，在此项指标的横向测评中，发达地区与欠发达地区并无泾渭分明的差异。

各时段纵向测评以起点年自身指标数值为基数。当前数据年度测评各自以上一年为100，至2017年全国为99.84，东部为106.19，东北为98.23，中部为93.28，西部为94.69。仅有8个省域此项比值上升，测算值"加分"；23个省域此项比值下降，测算值"减分"。其中，上海处于首位，此项比值指标测算值为162.41；云南处于末位，此项比值指标测算值为79.84。

由于全国及各地文化投入增长普遍滞后于教育投入增长，此项指标的纵向测评多为"减分"，只有少数地区"加分"。

2. 文化投入与科技投入比

"科技是第一生产力"的概括人所共知。加大科技投入不仅直接有利于技术创新发展经济，而且有利于科学、技术领域自身创新，建设创新型国家，增强国际竞争力。与科技投入"强指标"相比，文化投入或许还是一项"弱指标"。

2000~2017年全国文化投入与科技投入关系变动态势见图7。图7将全国历年科技投入总量、文化投入总量绝对值转换为图形面积直观比例，并设置动态曲线标明文化投入与科技投入比历年变动态势，另附科技投入人均值地区差指数历年变化状况。

2000~2017年，全国科技投入总量增长4086.06%，年均增长24.57%，高于文化投入年增9.24个百分点。其中，全国科技投入总量"十五"期间总增长124.14%，年均增长17.52%；"十一五"期间总增长735.31%，年均增长52.89%；"十二五"以来总增长123.59%，年均增长12.18%。全国科技投入总量最高增长年度为2007年，增长率为268.88%；最低增长年度为2014年，增长率为4.53%。

科技投入人均值地区差指数检验全国各地之间科技投入增长的均衡性。2000年以来，全国科技投入人均值地区差由1.7102缩小为1.6739。地区差指数最大值为2009年的1.8297，最小值为2017年的1.6739，这表明全国各地之间科技投入增长的均衡性提升。

全国文化投入与科技投入比升降变化，取决于科技投入总量与文化投入总量两个方面的历年增长差异。对照图1全国文化投入总量历年增长动态，可以准确把握文化投入与科技投入之间相关性比值的变化态势。

同期，全国文化投入与科技投入比由172.99%下降为46.68%，降低

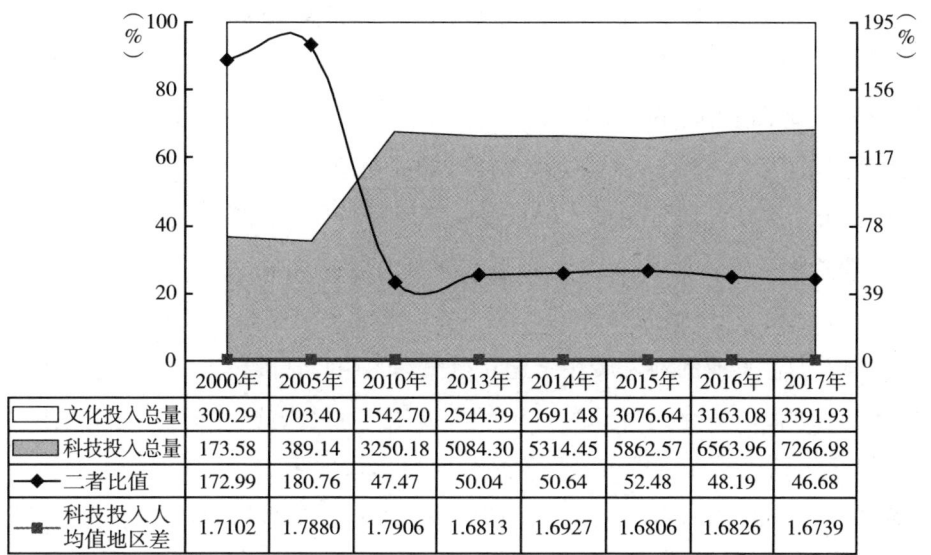

图7 2000~2017年全国文化投入与科技投入关系变动态势

左轴面积：全国文化投入、科技投入总量（亿元转换为%），二者历年变动呈直观比例。
右轴曲线：二者相对比值（%）；附科技投入人均值地区差指数（无差距=1）。

126.31个百分点。其中，"十五"期间提高7.77个百分点，"十一五"期间降低133.29个百分点，"十二五"以来降低0.79个百分点。这表明，2000年以来全国文化投入增长滞后于科技投入增长。全国文化投入与科技投入比最高值为2005年的180.76%，最低值为2017年的46.68%。

各年度横向测评以全国总体比值为基准100。2017年测算东部为111.75，东北为298.66，中部为136.33，西部为317.31。27个省域此项比值高于全国总体比值，测算值"加分"；仅有4个省域此项比值低于全国总体比值，测算值"减分"。其中，西藏处于首位，此项比值指标测算值为1133.47；安徽处于末位，此项比值指标测算值为66.59。

由于中央财政支持欠发达地区的文化专项转移支付（科技似乎不在列），在此项指标的横向测评中，发达地区与欠发达地区形成泾渭分明的差异。

各时段纵向测评以起点年自身指标数值为基数。当前数据年度测评各自以上一年为100,至2017年全国为96.86,东部为100.84,东北为97.97,中部为83.20,西部为88.51。10个省域此项比值上升,测算值"加分";21个省域此项比值下降,测算值"减分"。其中,上海处于首位,此项比值指标测算值为147.94;宁夏处于末位,此项比值指标测算值为64.62。

由于全国及各地文化投入增长普遍滞后于科技投入增长,此项指标的纵向测评多为"减分",只有少数地区在某一时段"加分"。

3. 文化投入与卫生投入比

全国卫生事业的新发展在于建立全民基本医疗保障体系,并且向着城乡全覆盖、国民均等化的目标努力,继续加大卫生投入势在必行。与卫生投入"硬指标"相比,文化投入或许仍是一项"软指标"。

2000~2017年全国文化投入与卫生投入关系变动态势见图8。图8将全国历年卫生投入总量、文化投入总量绝对值转换为图形面积直观比例,并设置动态曲线标明文化投入与卫生投入比历年变动态势,另附卫生投入人均值地区差指数历年变化状况。

2000~2017年,全国卫生投入总量增长2823.45%,年均增长21.96%,高于文化投入年增6.63个百分点。其中,全国卫生投入总量"十五"期间总增长109.75%,年均增长15.97%;"十一五"期间总增长363.37%,年均增长35.89%;"十二五"以来总增长200.79%,年均增长17.04%。全国卫生投入总量最高增长年度为2007年,增长率为50.73%;最低增长年度为2017年,增长率为9.82%。

卫生投入人均值地区差指数检验全国各地之间卫生投入增长的均衡性。2000年以来,全国卫生投入人均值地区差由1.6569缩小为1.2477。地区差指数最大值为2000年的1.6569,最小值为2014年的1.2200,这表明全国各地之间卫生投入增长的均衡性提升。

全国文化投入与卫生投入比升降变化,取决于卫生投入总量与文化投入总量两个方面的历年增长差异。对照图1全国文化投入总量历年增长动态,可以准确把握文化投入与卫生投入之间相关性比值的变化态势。

同期,全国文化投入与卫生投入比由60.75%下降为23.47%,降低

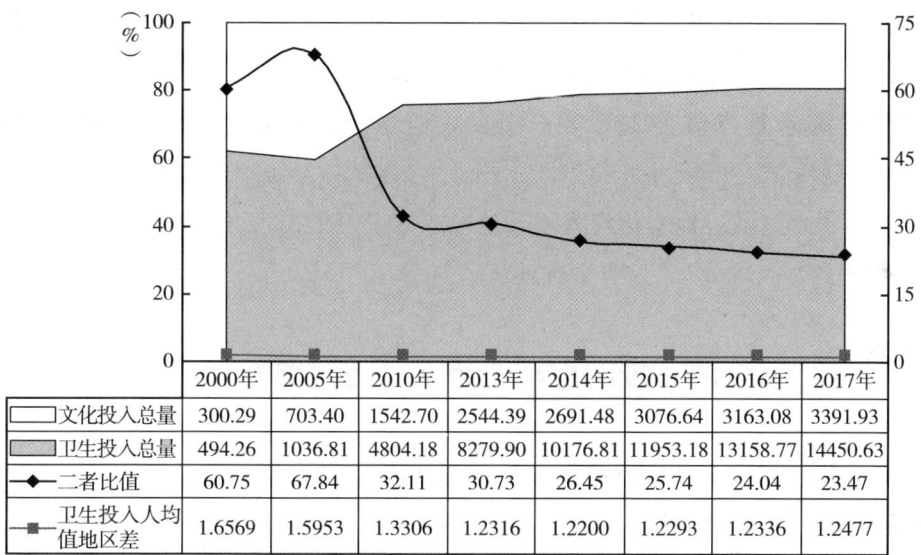

图 8 2000~2017 年全国文化投入与卫生投入关系变动态势

左轴面积：全国文化投入、卫生投入总量（亿元转换为%），二者历年变动呈直观比例。
右轴曲线：二者相对比值（%）；附卫生投入人均值地区差指数（无差距=1）。

37.28 个百分点。其中，"十五"期间提高 7.09 个百分点，"十一五"期间降低 35.73 个百分点，"十二五"以来降低 8.64 个百分点。这表明，2000 年以来全国文化投入增长滞后于卫生投入增长。全国文化投入与卫生投入比最高值为 2004 年的 68.70%，最低值为 2017 年的 23.47%。

各年度横向测评以全国总体比值为基准 100。2017 年测算东部为 109.43，东北为 98.31，中部为 70.30，西部为 87.36。13 个省域此项比值高于全国总体比值，测算值"加分"；18 个省域此项比值低于全国总体比值，测算值"减分"。其中，北京处于首位，此项比值指标测算值为 208.06；河南处于末位，此项比值指标测算值为 49.66。

由于中央财政支持欠发达地区的文化、卫生专项转移支付政策，在此项指标的横向测评中，发达地区与欠发达地区并无泾渭分明的差异。

各时段纵向测评以起点年自身指标数值为基数。当前数据年度测评各自以上一年为 100，至 2017 年全国为 97.65，东部为 103.87，东北为 94.69，中部为91.99，西部为92.62。仅有5个省域此项比值上升，测算值"加分"；26个省域此项比值下降，测算值"减分"。其中，上海处于首位，此项比值指标测算值为156.90；宁夏处于末位，此项比值指标测算值为75.71。

由于全国及各地文化投入增长普遍滞后于卫生投入增长，此项指标的纵向测评多为"减分"，只有少数地区"加分"。

四　校正指标子系统及其测算方式

本项研究从"文化消费需求景气评价"到"公共文化投入增长测评"，均衡性校正指标都是最为别出心裁的一类逆指标设计，用来检验某些特定方面增长失衡的"发展缺陷"。直截了当地说，校正指标专门用以折算扣除。文化投入城乡投向数据缺失，无法演算得出"城乡比"指标，对于揭示"中国现实"实属憾事。

（一）文化投入与文化消费同构关系值

应当说明，近几年年鉴不仅对乡村"教育文化娱乐"统计项不加细分，进而不再提供城镇教育、文化消费细分数据。本项研究依据既往20年（重庆取1997年以来，西藏取1999年以来）其间比重动态走势进行推算，去除城镇"教育消费"部分，以保持一贯的数据取值演算阈界。

文化消费占居民收入、支出比与文化投入占财政收入、支出比之间形成同构占比关系。在最初的构思设置中，同构占比倍差指数演算类似于"文化消费需求景气评价体系"之"城乡比"指标，直接取其间倍差数值，于是存在"倒挂加分"。随后在测试过程中发现，由于中央财政转移支付的政策支持，若干欠发达地区文化投入占财政收入、支出比反超文化消费占居民收入、支出比，结果在各地之间对比测算时"反向失衡"严重。为了避免这一问题，特对同构占比倍差指数演算改为类似于"地区差"指标，以无差距基准值1衡量正负绝对偏差值，将倍差"倒挂"现象作为反向偏差值处理，同构占比高低失衡均视为差距。因全国及绝大部分省域同构占比皆呈现正向倍差，即文化消费占居民收入、支出比成倍大于文化投入占财政收入、支出比，仍然称之为"倍差指数"。

文化消费与文化投入同构占收入比、支出比倍差指数演算方式为，无差距基准值1加与之绝对偏差值。与地区差指数演算存在两点不同：①地区差绝对偏差值出自不同人均绝对值之间商值，而倍差绝对偏差值出自不同占比百分值之间商值，但在数理关系上逻辑相通；②全国和四大区域分别独立演算，并非取相应省域绝对偏差值的平均值。

1. 文化消费与投入占收入比

全国文化消费占居民收入比与文化投入占财政收入比之间的倍差增减变化，取决于居民收入与文化消费、财政收入与文化投入共四个方面的历年增长差异，需要"文化消费需求景气评价体系"与"公共文化投入增长测评体系"两个演算数据库协同联动。

2000～2017年全国文化消费与投入占收入比关系变动态势见图9。图9将全国历年文化消费占居民收入比、文化投入占财政收入比转换为图形面积直观比例，并设置动态曲线标明文化消费与投入占收入比倍差历年变动态势。

2000～2017年，全国文化消费占居民收入比由3.18%上升为3.24%，提高1.89%。其中，"十五"期间提高29.87%，"十一五"期间提高4.36%，"十二五"以来降低24.83%。全国文化消费占居民收入比最高值为2013年的4.36%，最低值为2001年的3.04%。

同期，全国文化投入占财政收入比由2.24%下降为1.97%，降低12.33%。其中，"十五"期间降低0.86%，"十一五"期间降低16.47%，"十二五"以来提高5.87%。亦可对照图4全国文化投入占财政收入比历年变化动态，但此处转而检测百分比变化更为准确，便于进行比较。

两项收入占比皆为下降，这意味着，文化消费增长与居民收入增长之间、文化投入增长与财政收入增长之间的协调性均为降低。对比二者百分比变化可以看到，文化投入占财政收入比降低程度大于文化消费占居民收入比

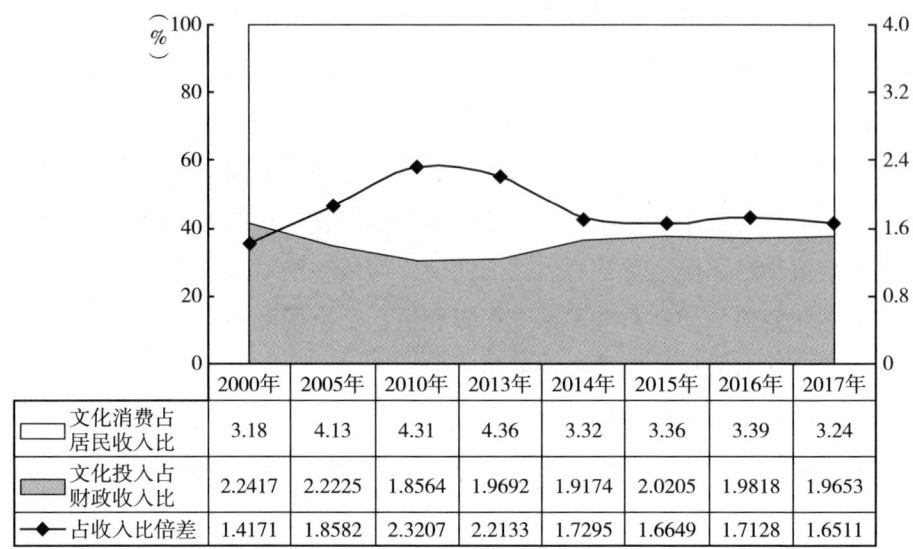

图9 2000~2017年全国文化消费与投入占收入比关系变动态势

左轴面积：全国居民文化消费占居民收入比、文化投入占财政收入比（%），二者历年变动呈直观比例。右轴曲线：二者倍差指数（无差距＝1，保留4位小数检测细微差异）。另需说明，近年来年鉴始发布2014年以来城乡居民收入人均值数据，与总量数据之间存在演算误差，与对应年鉴同时发布的产值人均值和总量分别演算居民收入比有出入，本文恢复采用自行演算城乡人均值展开文化消费占居民收入比测算，后同。

降低程度。

于是，全国文化消费占居民收入比与文化投入占财政收入比之间的倍差指数由1.4171增大为1.6511，增大16.51%。其中，"十五"期间增大31.13%，"十一五"期间增大24.89%，"十二五"以来减小28.85%。这表明，2000年以来全国文化投入占财政收入比变动态势逊于文化消费占居民收入比变动态势。全国文化消费与投入占收入比的倍差指数最小值为2001年的1.3777，最大值为2007年的2.3980。

此项指标各年度横向测评以无差距理想值为100，全国及各地均以倍差指数的倒数百分数作为权衡值（$1/N \times 100$，N＝占收入比倍差指数，设定文化投入占财政收入比与文化消费占居民收入比持平具有同构可比的"合理性"）。2017年测算全国为60.57，东部为89.62，东北为86.23，中部为

98.59，西部为74.38。29个省域此项倍差小于全国总体倍差，测算值"分数"高于全国总体；仅有2个省域此项倍差大于全国总体倍差，测算值"分数"低于全国总体。其中，贵州处于首位，此项倍差指标测算值为99.32；西藏处于末位，此项倍差指标测算值为51.18。

由于全国及各地文化投入占财政收入比普遍低于文化消费占居民收入比，导致文化消费与投入占收入比倍差明显，此项指标的横向测评多作为差距"减分"，少数地区倍差反超作为反向偏差值"减分"。

各时段纵向测评以起点年自身指标数值为基数。当前数据年度测评各自以上一年为100，至2017年全国为103.74，东部为114.96，东北为100.04，中部为103.00，西部为98.19。17个省域此项倍差减小，测算值"加分"；14个省域此项倍差增大，测算值"减分"。其中，上海处于首位，此项倍差指标测算值为166.87；内蒙古处于末位，此项倍差指标测算值为77.18。

由于全国及各地文化消费占居民收入比与文化投入占财政收入比倍差较普遍增大，此项指标的纵向测评多为"减分"，只有部分地区"加分"。

2. 文化消费与投入占支出比

全国文化消费占居民支出比与文化投入占财政支出比之间的倍差增减变化，取决于居民总消费支出与文化消费、财政支出与文化投入共四个方面的历年增长差异，需要"文化消费需求景气评价体系"与"公共文化投入增长测评体系"两个演算数据库协同联动。

2000～2017年全国文化消费与投入占支出比关系变动态势见图10。图10将全国历年文化消费占居民支出比、文化投入占财政支出比转换为图形面积直观比例，并设置动态曲线标明文化消费与投入占支出比倍差历年变动态势。

2000～2017年，全国文化消费占居民支出比由4.10%上升为4.62%，提高12.68%。其中，"十五"期间提高31.71%，"十一五"期间提高11.85%，"十二五"以来降低23.51%。全国文化消费占居民支出比最高值为2013年的6.36%，最低值为2001年的4.00%。

同期，全国文化投入占财政支出比由1.89%下降为1.67%，降低

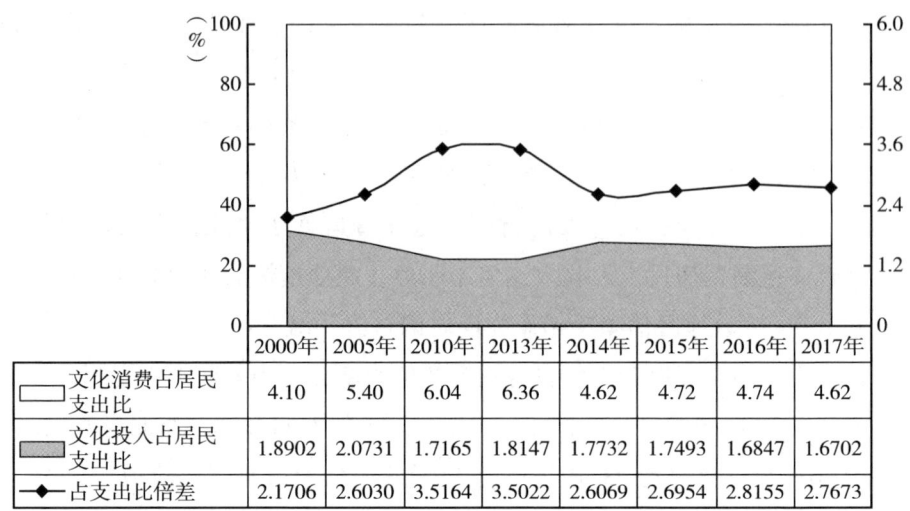

图10 2000～2017年全国文化消费与投入占支出比关系变动态势

左轴面积：全国居民文化消费占居民支出比、文化投入占财政支出比（％），二者历年变动呈直观比例。右轴曲线：二者倍差指数（无差距＝1，保留4位小数检测细微差异）。另需说明，近年来年鉴始发布2014年以来城乡居民消费人均值数据，与总量数据之间存在演算误差，与对应年鉴同时发布的产值人均值和总量分别演算居民消费率有出入，本文恢复采用自行演算城乡人均值展开文化消费占居民支出比测算，后同。

11.64%。其中，"十五"期间提高9.68%，"十一五"期间降低17.20%，"十二五"以来降低2.70%。亦可对照图5全国文化投入占财政支出比历年变化动态，但此处转而检测百分比变化更为准确，便于进行比较。

两项支出占比皆为下降，这意味着，文化消费增长与居民总消费支出增长之间、文化投入增长与财政支出增长之间的协调性均为降低。检测百分比变化更为准确，对比二者百分比变化可以看到，文化投入占财政支出比降低程度大于文化消费占居民总消费支出比降低程度。

于是，全国文化消费占居民支出比与文化投入占财政支出比之间的倍差指数由2.1706增大为2.7673，增大27.49%。其中，"十五"期间增大19.92%，"十一五"期间增大35.09%，"十二五"以来减小21.30%。这表明，2000年以来全国文化投入占财政支出比变动态势逊于文化消费占居民支出比变动态势。全国文化消费与投入占支出比的倍差指数最小值为

2001年的2.0918,最大值为2011年的3.5199。

此项指标各年度横向测评以无差距理想值为100,全国及各地均以文化消费与投入占收入比倍差、文化消费与投入占支出比倍差之间商值(形成二重倍差指数)的倒数百分数作为权衡值($1/N \times 100$,N=文化消费与投入占收入比倍差、文化消费与投入占支出比倍差之间商值,设定文化投入占财政收入比与其占财政支出比持平具有收支平衡的"合理性")。2017年测算全国为59.66,东部为49.39,东北为37.03,中部为31.64,西部为53.40。仅有7个省域二重倍差小于全国总体倍差,测算值"分数"高于全国总体;24个省域二重倍差大于全国总体倍差,测算值"分数"低于全国总体。其中,西藏处于首位,二重倍差指标测算值为141.81;贵州处于末位,二重倍差指标测算值为27.09。

由于全国及各地文化投入占财政支出比普遍低于文化消费占居民支出比,导致文化消费与投入占支出比倍差明显,而这一倍差指数又普遍大于文化消费与投入占收入比倍差指数,以文化投入占财政支出比与占财政收入比持平、文化投入占财政收入比再与文化消费占居民收入比持平的理想状况推演,此项指标的横向测评近乎皆为差距"减分",西藏数据特异成为例外。

各时段纵向测评以起点年自身指标数值为基数。当前数据年度测评各自以上一年为100,至2017年全国为98.08,东部为95.52,东北为96.48,中部为90.50,西部为98.79。仅有8个省域二重倍差减小,测算值"加分";23个省域二重倍差增大,测算值"减分"。其中,内蒙古处于首位,二重倍差指标测算值为180.15;宁夏处于末位,二重倍差指标测算值为74.83。

由于全国及各地文化消费占居民支出比与文化投入占财政支出比倍差较普遍增大,增大程度又较普遍大于文化消费占居民收入比与文化投入占财政收入比倍差增大程度,此项指标的纵向测评多为"减分",只有部分地区"加分"。

(二)文化投入人均值地区差

2000~2017年全国文化投入人均值地区差变动态势见图11。图11将东部、中部、西部和东北四大区域文化投入人均绝对值转换为图形面积直观比例，并设置动态曲线标明全国文化投入人均值地区差变动态势，另附全国文化消费人均值地区差。必须说明，全国地区差指数基于31个省域数值进行演算，此处仅仅出于制图可行考虑，姑且以四大区域代替31个省域作为示意。

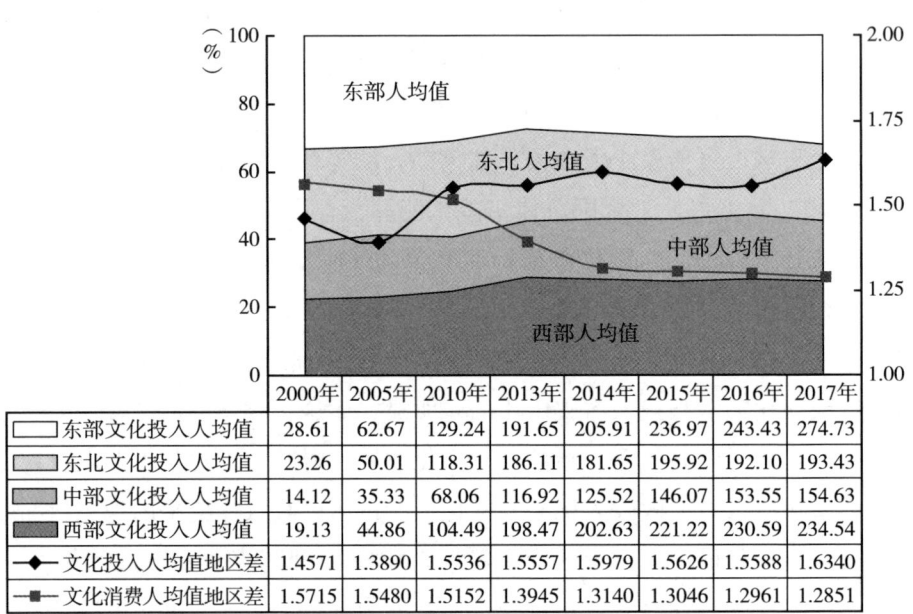

	2000年	2005年	2010年	2013年	2014年	2015年	2016年	2017年
东部文化投入人均值	28.61	62.67	129.24	191.65	205.91	236.97	243.43	274.73
东北文化投入人均值	23.26	50.01	118.31	186.11	181.65	195.92	192.10	193.43
中部文化投入人均值	14.12	35.33	68.06	116.92	125.52	146.07	153.55	154.63
西部文化投入人均值	19.13	44.86	104.49	198.47	202.63	221.22	230.59	234.54
文化投入人均值地区差	1.4571	1.3890	1.5536	1.5557	1.5979	1.5626	1.5588	1.6340
文化消费人均值地区差	1.5715	1.5480	1.5152	1.3945	1.3140	1.3046	1.2961	1.2851

图11　2000～2017年全国文化投入人均值地区差变动态势

左轴面积：四大区域（代替31个省域示例）文化投入人均值（元转换为%），地区间变动呈直观比例。右轴曲线：全国文化投入人均值地区差指数，另附全国文化消费人均值地区差指数（无差距＝1，保留4位小数检测细微差异）。

全国文化投入人均值地区差指数大小及其扩减变化，取决于全国与31个省域文化投入人均值关系及其历年增长变动差异。鉴于直接使用31个省域数据无法融入一图，在此权变使用四大区域数据演示，以2017年数据为例加以说明。

首先，对照图2全国文化投入人均值数据，以2017年全国人均值为基准1，取同年四大区域人均值与之形成商值，东部整体为1.1229，即高于全国人均值12.29%；东北整体为0.7906，即低于全国人均值20.94%；中部整体为 0.6320，即低于全国人均值 36.80%；西部整体为 0.9586，即低于全国人均值 4.14%。到此看出本项研究为何坚持保留地区差指数 4 位小数，转化为高低偏差值百分数之际，正好对应成为 2 位小数百分值。

其次，把四大区域数值转换为对应基准 1 的绝对偏差值，无论是高于全国均值，还是低于全国均值，只看绝对偏离程度，东部整体为 0.1229，东北整体为 0.2094，中部整体为 0.3680，西部整体为 0.0414。假设这里得出 31 个省域数值，先求合计数再取平均值，得到与基准 1 对应的全部省域绝对偏差值的平均值。若再予细分，省域人均值高于全国均值直接取与全国均值的商值（即倍差值，减去基准 1 为向上偏差值）；省域人均值低于全国均值取基准 1 与这一商值之差（即向下偏差值）再加基准 1。这两种演算可统一为绝对偏差值（不论正负）加全国均值基准 1。

最后，各省域人均值之绝对偏差值与全国均值基准 1 之和，即为当地自身地区差；31 个省域人均值之绝对偏差值的平均值与基准 1 之和，即为全国总体地区差；四大区域所属省域人均值之绝对偏差值的平均值与基准 1 之和，即为四大区域各自整体地区差。四大区域和全国地区差演算方式相同，而非取四大区域各自整体绝对偏差值，因而示例演算无须最后一步。这一切均在数据库里设置为演算函数程序，指令计算机自动实现。本项研究与评价系列各类检测系统的演算衍生数据量巨大，指标测算工作流程复杂，绝非人力手工能够完成。在现今学科专业融合、研究领域跨界的情况下，研究者有必要掌握计算机数据库编程技能，以便根据自身研究思路建构出独特的演算数据库。

纵观 2000~2017 年数据，西部整体文化投入人均值从全国人均值的 80.42% 提高至 95.86%，显然得到中央财政专项转移支付的大力扶持；中部整体文化投入人均值从全国人均值的 59.39% 提高至 63.20%，公共财政投入的"文化塌陷"事实赫然在目。若干年以来，中部一直为避免在全国经济发展中"塌陷"而努力"崛起"，然而，当务之急还在于尽快扭转中部公共财政投入的"文化塌陷"。其实已在"中部崛起"战略中颇多获益的中部各省域并非没有这样的财力，问题恐怕还在于是否真正重视公共文化服务发展不至于"塌陷"。

到此集中来看全国总体地区差。2000~2017年,全国文化投入人均值地区差指数由1.4571扩大为1.6340,扩大12.14%。其中,"十五"期间缩小4.67%,"十一五"期间扩大11.85%,"十二五"以来扩大5.18%。全国文化投入人均值地区差指数最小值为2006年的1.3748,最大值为2007年的1.6581。数据事实让人不得不承认,正值当今社会普遍形成"公共服务(包括文化服务)均等化"共识之时,全国文化投入人均值地区差却出现多年持续扩大之势,这无疑已经构成一种不容忽视的"逆动"效果。

对比图11中全国文化消费人均值地区差历年指数,可知文化投入人均值地区差明显大于文化消费人均值地区差。各地居民文化消费状况受到当地人群收入水平、消费结构、积蓄(实为预期重要开支储备)传统等影响,各地公共文化投入状况受到当地经济发展程度、财政收入水平、财政支出平衡(包括中央财政转移支付)等影响。认真说起来,在各地居民收入及其消费支出、公共财政保障及其投入两个方面,国家及中央财政显然都有责任在其间起到平衡器的作用,保证单一制共和国"国民待遇"的基本均衡。这就是"均等化"理想的宪政法理依据。

此项指标各年度横向测评以无差距理想值为100,全国及各地均以地区差指数的倒数百分数作为权衡值($1/N \times 100$,N =地区差指数)。2017年测算全国为61.20,东部为58.24,东北为81.62,中部为74.60,西部为55.13。26个省域地区差小于全国总体地区差,测算值"减分"小于全国总体;仅有5个省域地区差大于全国总体地区差,测算值"减分"大于全国总体。其中,甘肃处于首位,地区差指标测算值为99.17;西藏处于末位,地区差指标测算值为18.19。

由于全国及各地文化投入人均值地区差普遍存在,此项指标的横向测评皆为"减分"。

各时段纵向测评以起点年自身指标数值为基数。当前数据年度测评各自以上一年为100,至2017年全国为95.40,东部为94.67,东北为100.45,中部为97.07,西部为94.51。11个省域地区差缩小,测算值"加分";20

个省域地区差扩大,测算值"减分"。其中,宁夏处于首位,地区差指标测算值为119.16;上海处于末位,地区差指标测算值为63.21。

由于全国及各地文化投入人均值地区差较普遍扩大,此项指标的纵向测评多为"减分",只有部分地区在部分时段"加分"。

五 指标系统权重与测评演算

"中国公共文化投入增长测评体系"指标系统及其演算权重和测评方式见表2。

表2 "中国公共文化投入增长测评体系"指标系统及其演算权重和测评方式

序号	评价指标			演算权重	共时性理想值横向测评	历时性基数值纵向测评
	分类	取值				
1	数量指标:绝对数值	文化投入总量占全国份额		1	取总量份额值	取自身起始年度基数值衡量
2		文化投入人均值		2		
3	质量指标:相对比值	文化投入	与产值比	0.125	取全国平均值为基准衡量	
4			占财政收入比	0.125		
5			占财政支出比	0.125		
6			与教育投入比	0.125		
7			与科技投入比	0.125		
8			与卫生投入比	0.125		
9	均衡性校正指标:比差系数	文化消费与投入占收入比倍差		0.5	取无差距理想值衡量	
10		文化消费与投入占支出比倍差		0.5		
11		文化投入人均值地区差		4		
12	协调性平衡指标:增长率比	文化投入历年增率	与产值增率比	0.25	取自身上年值为基准衡量	
13			与财政收入增率比	0.25		
14			与财政支出增率比	0.25		
15			与教育投入增率比	0.25		
16			与科技投入增率比	0.25		
17			与卫生投入增率比	0.25		

注:①年鉴未提供文化投入数据城镇与乡村投向分类,无法演算人均值城乡比指数,故缺反映"中国现实"极为重要的"城乡比"指标,留下遗憾;②基本公共服务和社会保障属于宪法保证公民社会权利"国民待遇",最直接而普遍体现"以人民为中心的发展思想",基本公共服务和社会保障(公共财政层面即为公共投入)全面均等化是最基本的"合宪"要求,因而本系列检测赋予公共投入地区差逆指标极大权重。

在熟读现行统计制度下可用数据并据以设计测评指标系统之后，选择测算方式，确定演算权重，同样需要精心思考，细致处理。本项测评的设计原则包括：①各年度无差距理想值横向测评中，由于全国与"均等化"形成"逆动"的地区差显而易见，全国总体历年"得分"不宜过高，控制在80分左右；②每年综合"得分"高于"理想值"100（并非实现均等无差距，而是某些指标"得分"很高，综合起来超过100）的省域不宜过多，控制在5个上下；③各地"分值"距离不宜过大，尽量保证最为"滞后"的省域也不低于70；④各时段起点年基数值纵向测评中，鉴于全国及各地文化投入增长显著，力求体现出综合测评指数提升，尤其是力保后发地区有机会进入测评排行榜前列。

新增协调性平衡指标其实是对关系值的另一类检测，不像比值那样测算绝对值关系，而是测算增长率差异，不必单独阐述而借此简单说明。本项测评向自己的直接后继者"中国人民生活发展指数检测体系"反躬学习，"引进"相应数值之间增长率比差指标。这一类演算中全国及各地差距极其微小，在省域之间起到"平衡器"作用，以细微出入确定各地排行。毕竟测评排行的目的不是分出各省域高下，而是找出全国及各地自身存在的协调性、均衡性差距。

（一）各项测评指标的权重分配

在构成多重复杂矛盾的诸多原则必选项之间寻求最终平衡，本项测评体系不仅设置出横向与纵向两大类测评方式，而且设置出各时段多项纵向测评（为减省篇幅计，略去"十五"、"十一五"和"十二五"以来测评演算）；颇费心思之处还在于，各地总量份额演算未如同"文化消费需求景气评价"那样取历年对应上年的份额升降值，而直接取当年份额值；最为周折之处更在于，全国各地文化投入绝对值，据此而来的各项比值，包括各项倍差值和地区差实在悬殊，若各指标权重（因无理论值而需经验值）简单赋值，则各地综合"分值"差距巨大，容易导致全国总体各项指标测算不佳，综合"分值"颇低；经年"试运行"无数次赋值测试之后，各项比值、倍差值指标演算权重值近乎类似于精细化工的微量催化剂，仅此细微一点剂量便可达成"点化"效果。这一切正是自设难题寻求平衡的结果，好在基本上得以实现。

由于新增文化投入与相关背景值、相邻关系值之间历年增长率比差指标，为了协调全部各项指标间演算权重分配，原有若干指标的演算权重亦相应微调。鉴于需与上年首次推出的测评排行形成良性协调，经过反复调试，以上年横向测评、纵向测评结果对应检验，各地之间排行变动很小，而绝大部分省域变化更是极小。这是对于"公共文化投入增长测评"的必要改进完善。

（二）测评方式及其结果排行

1. 共时性的理想值横向测评

在各年度理想值横向测评中，各地文化投入总量份额值以全国总量基准值来衡量（全国份额为100%自成基准），各地人均值、各项背景关系比值、相邻关系比值以全国平均值来衡量（全国自为基准），份额上升或高于全国平均值"加分"，份额下降或低于全国平均值"减分"；文化消费与投入占收入、支出比两项倍差和文化投入人均值地区差以自身无差距理想状态加以衡量，以自身各项增长率差距比来衡量，无论是全国总体还是各地，只要存在同构关联占比倍差、人均值地区差和增长率比差，一律实行"扣分"，最终加权平衡各项指标间分值增减得失。

2. 历时性的基数值纵向测评

在各时段基数值纵向测评中，全国及各地文化投入总量份额值、人均值，各项背景关系比值、相邻关系比值，文化消费与投入占收入、支出比同构关联倍差，文化投入人均值地区差，各项增长率比差，一概以自身起点年度相应演算数值为基数值加以衡量。无论是全国总体还是各地，各项指标测算值优于起点年度"加分"，逊于起点年度"减分"，最终加权平衡各项指标间分值升降得失。这样有利于检测对比各地在不同时间段综合测评指数的提升程度，使"基数低而进步快"的欠发达或次发达地区有多种机会登上排行榜前列。

B.3
中国公共文化投入应然增长差距检测
——2017年相关协调性、均衡性分析

王亚南 赵娟 郭娜*

摘 要: 从技术方法上来说,技术报告侧重于公共文化投入增长的协调性、均衡性"质量"测评,阐释评价方法设计和演算技术处理;本文侧重于公共文化投入增长的协调性、均衡性"差距"检验,测量各种应然增长目标、理想增长目标距离。从数据范围上来看,总报告、排行报告主要着眼于2000年以来历年动态分析,以及至2020年增长目标预测;本文主要着眼于当前最新数据年度增长"应然差距"静态检测,在各地之间进行比较。

关键词: 公共文化 投入增长 相关性检验 差距测算

从技术方法上来说,本文是对技术报告的必要补充,技术报告侧重于公共文化投入增长的协调性、均衡性"质量"测评,阐释评价方法设计和演算技术处理;此文侧重于公共文化投入增长的协调性、均衡性"差距"检验,测量各种应然增长目标、理想增长目标距离。从数据范围上来看,本文

---

* 王亚南,云南省社会科学院研究员,文化发展研究中心主任,主要研究方向为民俗学、民族学及文化理论、文化战略和文化产业研究;赵娟,云南省社会科学院民族文学研究所副研究员,主要研究方向为古典文学、民族文化和文化产业研究;郭娜,云南省社会科学院科研处副处长、副研究员,主要从事可持续发展、民族生态学研究。

与总报告、排行报告形成交叉补充，总报告、排行报告主要着眼于2000年以来历年动态分析，以及至2020年增长目标预测；此文主要着眼于当前最新数据年度增长"应然差距"静态检测，在各地之间进行比较。

一 财政支出增长的协调性、均衡性检测

在相关的众多数据组里，本项研究测评首先需要提取财政支出历年数据与产值历年数据加以比较，检测财政支出与产值比变动态势，并将此项比值界定为"财政支出增长系数"。确定财政支出对于产值（国民总收入近似值）的应有比重必须寻找事实依据，这里把历年财政支出与产值的实际相对比值当作重要参照系，以此作为"第一手"依据顺理成章。多年以来我国中央财政及地方财政在绝大部分年度皆出现赤字，即财政支出大于财政收入，财政预算平衡的复杂问题留给相关部门及相应专家，在此不涉及。

（一）财政支出增长系数的协调性检验

2017年全国及各地财政支出与产值比对比见图1。图示直观体现全国及各地财政支出与产值的相对比值，以及各地之间财政支出、产值人均值的大小比例差异。

2017年，全国产值人均值为59660元，财政支出人均值为14648.46元，财政支出与产值比为24.55%。这就是说，年度国民总收入（近似值）作为社会财富收益，其间有24.55%转化为公共财政支出。

根据本项测评体系的后台演算数据库筛查，2000年以来，全国财政支出与产值比的最高（最佳）值为2015年的25.52%，最低值为2000年的15.84%。现有实际比值低于最佳值0.97个百分点，"协调增长"差距略微扩大。如果能够保持财政支出增长系数最佳比值，那么2017年全国财政支出人均值应达到15227.24元，为现有实际值的103.95%。按照本项测评体系所设置的指标及其方法检验，这就是2000年以来全国经济增长带动公共

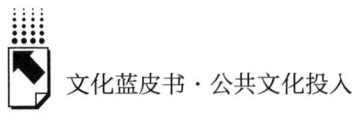

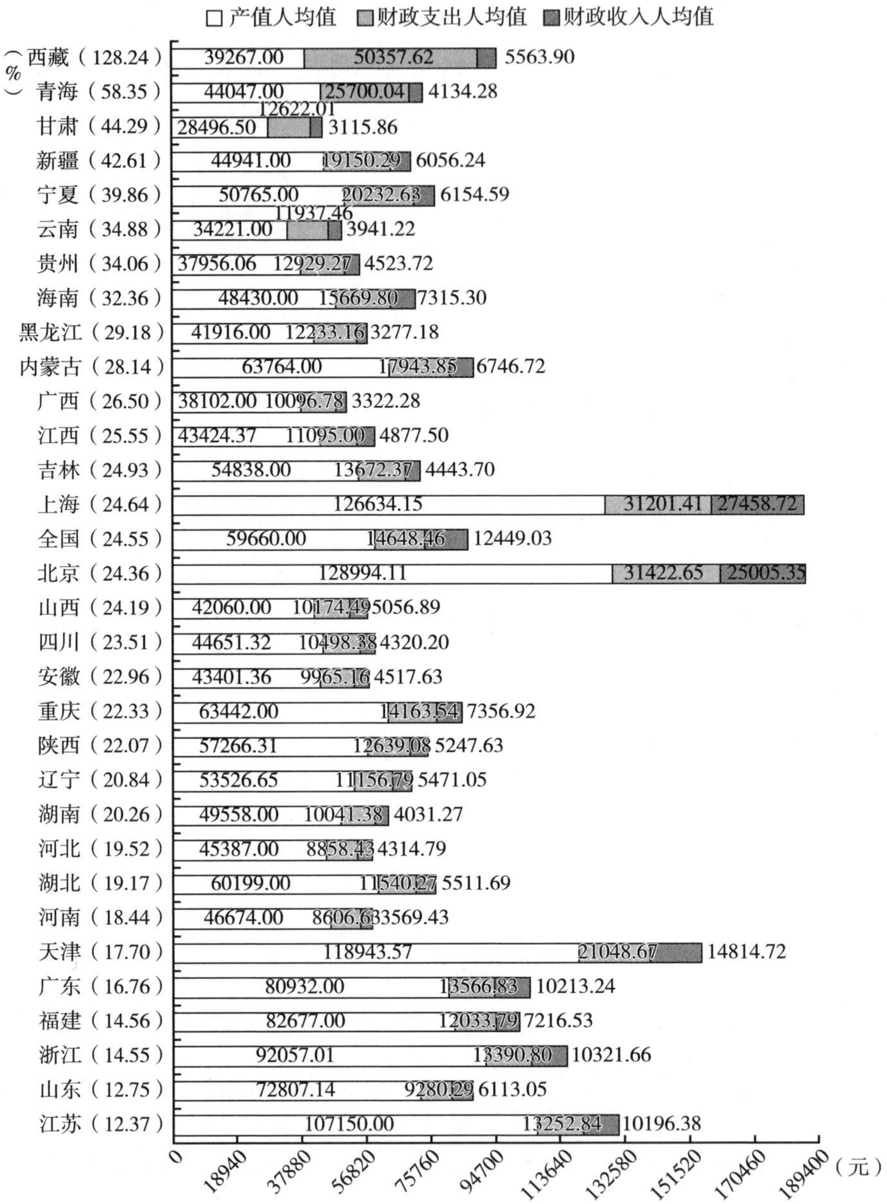

图1　2017年全国及各地财政支出与产值比对比

坐标轴：各地财政支出与产值比（%），按从大到小顺序自上而下排列。横向柱形：左为产值人均值（元），中为财政支出人均值（元），右为财政收入人均值（元）。上下对比同时体现产值、财政支出、财政收入人均值地区差距。

财政支出增长保持既有协调"最佳状态"的"应然差距"。

同期，东部此项比值历年最佳值为17.01%，现有实际值为16.27%，低于最佳值0.74个百分点，"协调增长"差距略微扩大；东北此项比值历年最佳值为24.41%，现有实际值为24.41%，实有值即为最佳值，"协调增长"差距缩小；中部此项比值历年最佳值为21.60%，现有实际值为20.94%，低于最佳值0.66个百分点，"协调增长"差距略微扩大；西部此项比值历年最佳值为29.95%，现有实际值为29.75%，低于最佳值0.20个百分点，"协调增长"差距略微扩大。各省域依此类推。

产值人均值数据直接体现各地经济增长差异。2017年，东部人均值为全国人均值的141.21%，东北人均值为全国人均值的83.49%，中部人均值为全国人均值的80.38%，西部人均值为全国人均值的75.23%。

11个省域产值人均值高于全国人均值；20个省域产值人均值低于全国人均值。其中，北京产值人均值处于首位，高达全国人均值的216.22%；甘肃产值人均值处于末位，仅为全国人均值的47.76%。设全国产值人均值为1来检测，北京为2.1622，甘肃为0.4776。北京高于1的部分为1.1622，甘肃低于1的部分为0.5224，皆为相对于全国均值的绝对偏差值，这其实就是此项数值的地区差演算基础。鉴于地区差指数值差异细微，文中保留4位小数表达，后同。

附带检验财政收入人均值数据，可以反映出各地公共财政收入差异。2017年，全国财政收入人均值为12449.03元，东部人均值为全国人均值的79.33%，东北人均值为全国人均值的35.74%，中部人均值为全国人均值的35.66%，西部人均值为全国人均值的38.05%。

3个省域财政收入人均值高于全国人均值；28个省域财政收入人均值低于全国人均值。其中，上海财政收入人均值处于首位，高达全国人均值的220.57%；甘肃财政收入人均值处于末位，仅为全国人均值的25.03%。设全国财政收入人均值为1来检测，上海为2.2057，甘肃为0.2503。

财政支出人均值数据直接体现各地公共财政投入差异。2017年，东部人均值为全国人均值的93.58%，东北人均值为全国人均值的83.02%，中部人均值为全国人均值的68.55%,西部人均值为全国人均值的91.17%。

9个省域财政支出人均值高于全国人均值;22个省域财政支出人均值低于全国人均值。其中,西藏财政支出人均值处于首位,高达全国人均值的343.77%;河南财政支出人均值处于末位,仅为全国人均值的58.75%。设全国财政支出人均值为1来检测,西藏为3.4377,河南为0.5875。

检测财政支出与产值(国民收入近似值)的相对比值,就可以看出各地经济增长带动公共财政支出增长的协调效应。2017年,东部比值极显著低于全国总体比值8.28个百分点,东北比值略微低于全国总体比值0.14个百分点,中部比值明显低于全国总体比值3.61个百分点,西部比值显著高于全国总体比值5.20个百分点。

14个省域财政支出与产值比高于全国总体比值;17个省域财政支出与产值比低于全国总体比值。其中,西藏此项比值处于首位,高出全国总体比值103.69个百分点;江苏此项比值处于末位,低于全国总体比值12.18个百分点。

根据本项测评体系的后台演算数据库检验,2017年计有河北、黑龙江、吉林、辽宁、河南、湖南、内蒙古、宁夏、甘肃、广西、云南11个省域财政支出与产值的比例为2000年以来历年最佳(最高)值(对照本书B.5一文表4)。这意味着,其余20个省域在此项指标检测中存在着既有"协调增长"的"应然差距"。在这20个省域里,上海此项比值检测差距最小,其现有实际值低于历年最佳值0.01个百分点;西藏此项比值检测差距最大,其现有实际值低于历年最佳值9.57个百分点。

各省域之间财政支出增长系数检测即为三项系数最佳比值的初次检测,计有19个省域存在既有"协调增长"的"应然差距"。其间,新疆此项系数最佳比值检测差距最小,为0.66%,即财政支出人均值应为现有实际值的100.66%,达到19276.13元;重庆此项系数最佳比值检测差距最大,为19.57%,即财政支出人均值应为现有实际值的119.57%,达到16935.35元。其余省域依此类推。

（二）财政支出增长系数的均衡性检验

2017年全国及各地产值、财政支出、财政收入人均值地区差对比见图2。图示直观体现全国及各地产值、财政收入和支出三项人均值地区差指数的差异，对应于上面全国及各地产值、财政收入和支出三项人均值的差异分析。

依照本项研究评价独创的地区差距指标检测，2017年，全国产值人均值的地区差为1.3491，财政收入人均值的地区差为1.5741，财政支出人均值的地区差为1.3730。这就是说，基于各地产值、财政收入和支出三项人均值数据分别演算，31个省域产值人均值与全国总体人均值之绝对偏差值的平均值为0.3491或34.91%；财政收入人均值与全国总体人均值之绝对偏差值的平均值为0.5741或57.41%；财政支出人均值与全国总体人均值之绝对偏差值的平均值为0.3730或37.30%。

根据本项测评体系的后台演算数据库筛查，2000年以来，全国产值人均值地区差的最小（最佳）值为2017年的1.3491，最大值为2003年的1.5023。现有实际地区差指数值即为最佳值，"均衡增长"差距缩小，检测演算结果不变。

同期，东部此项地区差历年最佳值为1.5989，现有实际值为1.6008，大于最佳值0.12%，"均衡增长"差距略微扩大；东北此项地区差历年最佳值为1.1033，现有实际值为1.1603，大于最佳值5.17%，"均衡增长"差距明显扩大；中部此项地区差历年最佳值为1.1886，现有实际值为1.2059，大于最佳值1.46%，"均衡增长"差距略微扩大；西部此项地区差历年最佳值为1.2581，现有实际值为1.2581，实有值即为最佳值，"均衡增长"差距缩小。各省域依此类推。

详细检测2017年各地产值人均值地区差之间的差异，东部地区差极显著大于全国总体地区差18.66%，东北地区差显著小于全国总体地区差13.99%，中部地区差显著小于全国总体地区差10.61%，西部地区差明显小于全国总体地区差6.74%。

文化蓝皮书·公共文化投入

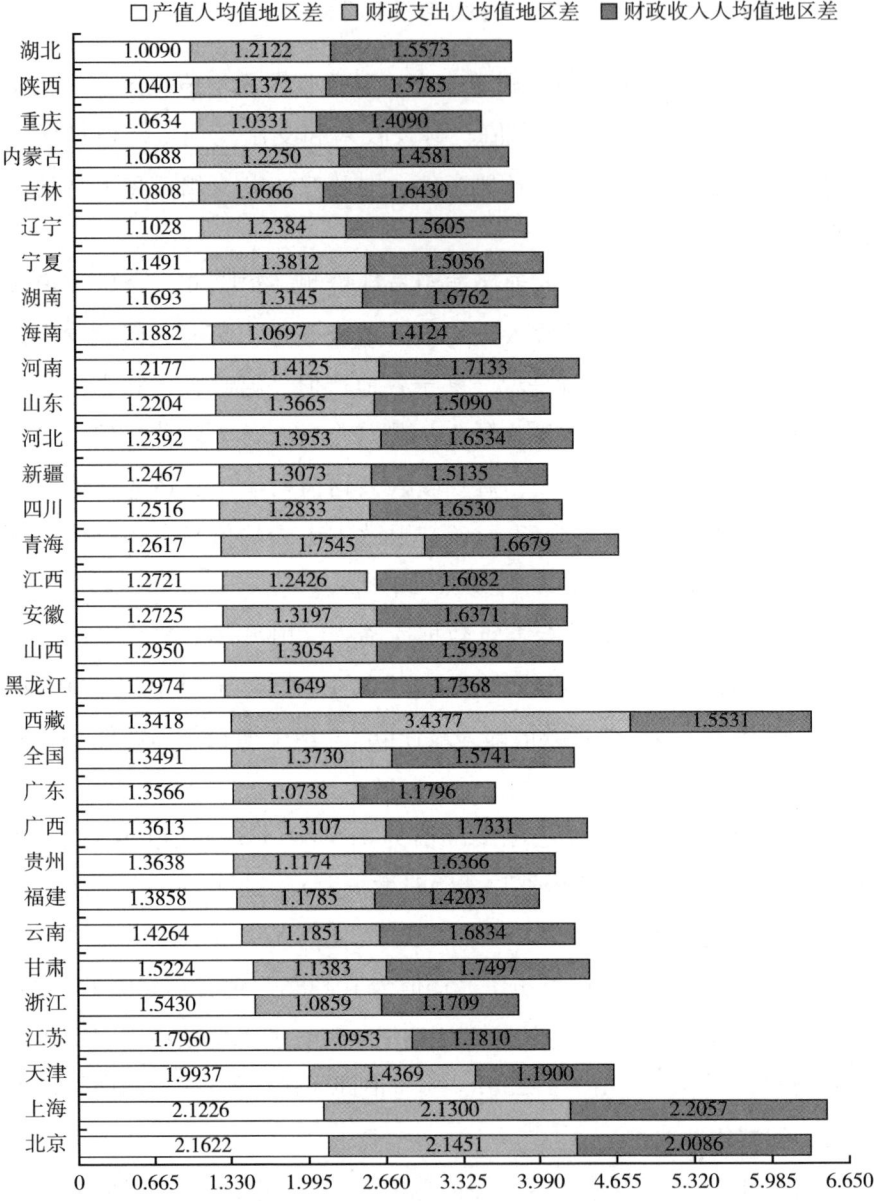

图2 2017年全国及各地产值、财政收入、财政支出人均值地区差对比

坐标轴：各地产值人均值地区差（无差距=1），按从小到大顺序自上而下排列。横向柱形：人均值地区差，左为产值地区差，中为财政支出地区差，右为财政收入地区差。

20个省域产值人均值地区差小于全国总体地区差；11个省域产值人均值地区差大于全国总体地区差。其中，湖北产值人均值地区差处于首位，低至全国总体地区差的74.79%；北京产值人均值地区差处于末位，高达全国总体地区差的160.27%。

根据本项测评体系的后台演算数据库检验，2017年仅有天津、浙江、四川、贵州、西藏5个省域产值人均值的地区差为2000年以来历年最佳（最小）值。这意味着，其余26个省域在此项指标检测中存在着地区之间既有"均衡增长"的"应然差距"。在这26个省域里，安徽此项地区差检测差距最小，其现有实际值大于历年最佳值0.47%；黑龙江此项地区差检测差距最大，其现有实际值大于历年最佳值29.40%。

附带检测2017年各地财政收入人均值地区差之间的差异，东部地区差明显小于全国总体地区差5.15%，东北地区差明显大于全国总体地区差4.61%，中部地区差较明显大于全国总体地区差3.61%，西部地区差略微大于全国总体地区差1.33%。

14个省域财政收入人均值地区差小于全国总体地区差；17个省域财政收入人均值地区差大于全国总体地区差。其中，浙江财政收入人均值地区差处于首位，低至全国总体地区差的74.38%；上海财政收入人均值地区差处于末位，高达全国总体地区差的140.12%。

2000年以来，全国财政支出人均值地区差的最小（最佳）值为2013年的1.3711，最大值为2002年的1.5040。现有实际地区差指数值大于最佳值0.14%，"均衡增长"差距略微扩大。按照本项测评体系所设置的指标及其方法检验，这就是2000年以来全国各地之间公共财政支出增长保持既有均衡"最佳状态"的"应然差距"。

同期，东部此项地区差历年最佳值为1.3897，现有实际值为1.3977，大于最佳值0.57%，"均衡增长"差距略微扩大；东北此项地区差历年最佳值为1.0716，现有实际值为1.1566，大于最佳值7.93%，"均衡增长"差距明显扩大；中部此项地区差历年最佳值为1.2930，现有实际值为1.3011，大于最佳值0.63%，"均衡增长"差距略微扩大；西部此项地区差历年最佳值为1.3794，现有实际值为1.4426，大于最佳值4.58%，"均衡增长"差距明显扩大。各省域依此类推。

详细检测2017年各地财政支出人均值地区差之间的差异，东部地区差略微大于全国总体地区差1.80%，东北地区差显著小于全国总体地区差15.76%，中部地区差明显小于全国总体地区差5.24%，西部地区差明显大于全国总体地区差5.06%。

23个省域财政支出人均值地区差小于全国总体地区差；8个省域财政支出人均值地区差大于全国总体地区差。其中，重庆财政支出人均值地区差处于首位，低至全国总体地区差的75.24%；西藏财政支出人均值地区差处于末位，高达全国总体地区差的250.37%。

根据本项测评体系的后台演算数据库检验，2017年仅有天津、河北、福建、河南、湖南、广西6个省域财政支出人均值的地区差为2000年以来历年最佳（最小）值。这意味着，其余25个省域在此项指标检测中存在着地区之间既有"均衡增长"的"应然差距"。在这25个省域里，江西此项地区差检测差距最小，其现有实际值大于历年最佳值1.02%；西藏此项地区差检测差距最大，其现有实际值大于历年最佳值85.36%。

二 教科文卫投入增长的协调性、均衡性检测

在相关的众多数据组里，本项研究测评其次需要提取教科文卫综合投入历年数据与财政支出历年数据加以比较，检测教科文卫投入占财政支出比变动态势，并将此项比值界定为"教科文卫投入增长系数"。确定教科文卫综合投入的应有地位和分量也必须寻找事实依据，多年以来国家发展教科文卫事业的政策、公共财政支出就此形成的历年分配比重就是最好的参照系。何况，本项研究测评的分析已经表明，2000年以来教科文卫综合投入已经在公共财政支出分配中占据优先增长地位，以此作为"第一手"依据理所当然。

(一)教科文卫投入增长系数的协调性检验

2017年全国及各地教科文卫投入占财政支出比对比见图3。图示直观体现全国及各地教科文卫投入占财政支出的相对比值，以及各地之间教科文卫投入、财政支出人均值的大小比例差异。

2017年，全国财政支出人均值为14648.46元，教科文卫投入人均值为3986.07元，教科文卫投入占财政支出比为27.21%。这就是说，全国公共财政年度支出中，有27.21%投向教育、科技、文化、卫生事业，这几个方面显然具有公认的相邻关系。

根据本项测评体系的后台演算数据库筛查，2000年以来，全国教科文卫投入占财政支出比的最高（最佳）值为2012年的27.95%，最低值为2000年的17.23%。现有实际比值低于最佳值0.74个百分点，"协调增长"差距略微扩大。如果能够保持教科文卫投入增长系数最佳比值，那么2017年全国教科文卫投入人均值应达到4094.75元，为现有实际值的102.73%。按照本项测评体系所设置的指标及其方法检验，这就是2000年以来全国财政支出增长带动教科文卫事业投入增长保持既有协调"最佳状态"的"应然差距"。

同期，东部此项比值历年最佳值为31.74%，现有实际值为30.79%，低于最佳值0.95个百分点，"协调增长"差距略微扩大；东北此项比值历年最佳值为25.45%，现有实际值为22.68%，低于最佳值2.77个百分点，"协调增长"差距明显扩大；中部此项比值历年最佳值为30.69%，现有实际值为30.30%，低于最佳值0.39个百分点，"协调增长"差距略微扩大；西部此项比值历年最佳值为27.66%，现有实际值为27.66%，实有值即为最佳值，"协调增长"差距缩小。各省域依此类推。

至此需要深入一层展开检验测算，把以上财政支出增长系数、教科文卫投入增长系数两项检测最佳比值叠加演算。2017年全国教科文卫投入人均值应达到4256.26元，为现有实际值的106.78%。按照本项测评体系所设置的指标及其方法进行检验，这就是2000年以来全国经济增长带动公共财

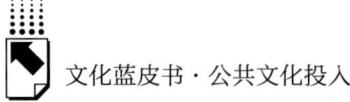

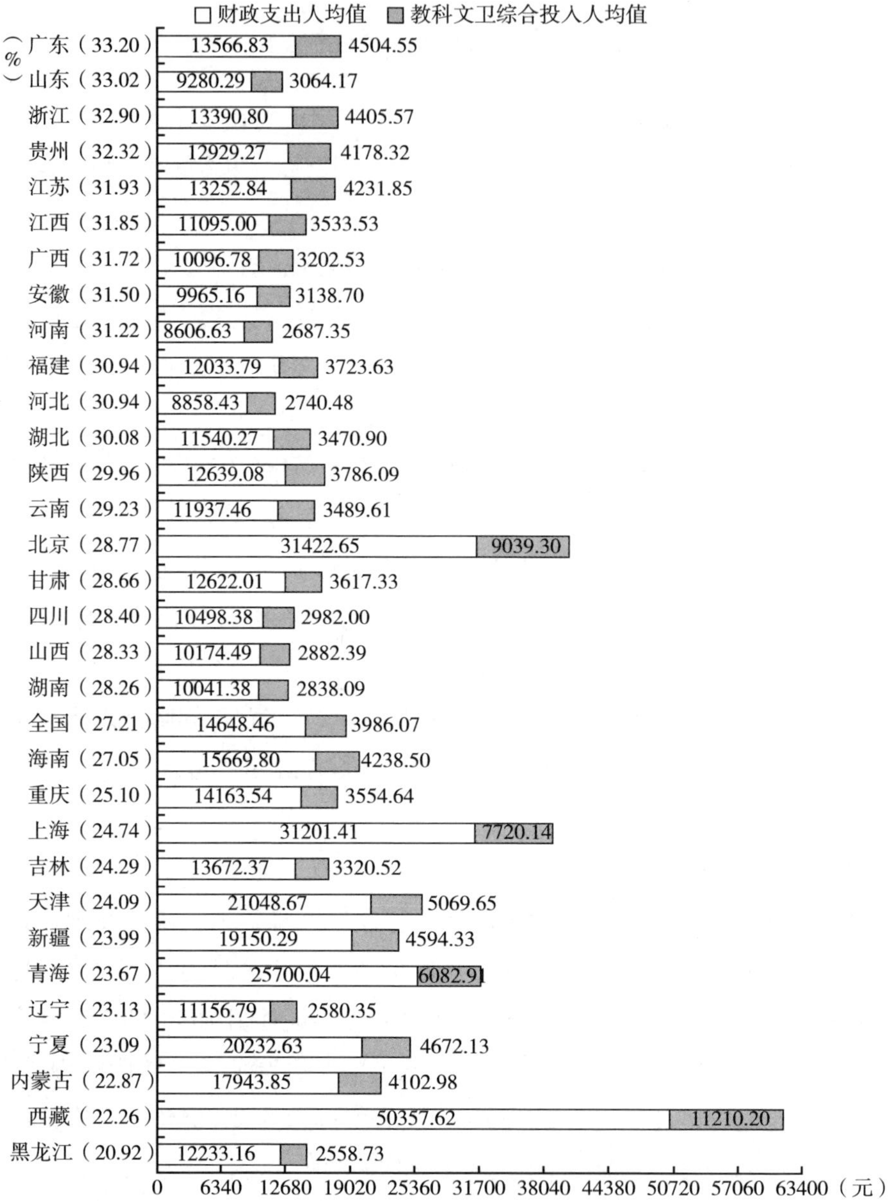

□ 财政支出人均值 ■ 教科文卫综合投入人均值
（%）
广东（33.20） 13566.83 4504.55
山东（33.02） 9280.29 3064.17
浙江（32.90） 13390.80 4405.57
贵州（32.32） 12929.27 4178.32
江苏（31.93） 13252.84 4231.85
江西（31.85） 11095.00 3533.53
广西（31.72） 10096.78 3202.53
安徽（31.50） 9965.16 3138.70
河南（31.22） 8606.63 2687.35
福建（30.94） 12033.79 3723.63
河北（30.94） 8858.43 2740.48
湖北（30.08） 11540.27 3470.90
陕西（29.96） 12639.08 3786.09
云南（29.23） 11937.46 3489.61
北京（28.77） 31422.65 9039.30
甘肃（28.66） 12622.01 3617.33
四川（28.40） 10498.38 2982.00
山西（28.33） 10174.49 2882.39
湖南（28.26） 10041.38 2838.09
全国（27.21） 14648.46 3986.07
海南（27.05） 15669.80 4238.50
重庆（25.10） 14163.54 3554.64
上海（24.74） 31201.41 7720.14
吉林（24.29） 13672.37 3320.52
天津（24.09） 21048.67 5069.65
新疆（23.99） 19150.29 4594.33
青海（23.67） 25700.04 6082.91
辽宁（23.13） 11156.79 2580.35
宁夏（23.09） 20232.63 4672.13
内蒙古（22.87） 17943.85 4102.98
西藏（22.26） 50357.62 11210.20
黑龙江（20.92） 12233.16 2558.73
0 6340 12680 19020 25360 31700 38040 44380 50720 57060 63400（元）

图3 2017年全国及各地教科文卫投入占财政支出比对比

坐标轴：各地教科文卫投入占财政支出比（%），按从大到小顺序自上而下排列。横向柱形：左为财政支出人均值（元），右为教科文卫投入人均值（元）。上下对比同时体现财政支出、教科文卫投入人均值地区差距。

政支出增长，继而公共财政支出增长带动教科文卫投入增长保持既有"协调增长"的"应然差距"。

与之相对应，东部教科文卫投入人均值应达到4548.39元，为现有实际值的107.77%；东北教科文卫投入人均值应达到3094.84元，为现有实际值的112.21%；中部教科文卫投入人均值应达到3178.97元，为现有实际值的104.48%；西部教科文卫投入人均值应达到3718.77元，为现有实际值的100.67%。各省域依此类推。

财政支出人均值分析见上一节，不再重复，教科文卫投入人均值数据直接体现各地教育、科技、文化、卫生事业综合投入差异。2017年，东部人均值为全国人均值的105.88%，东北人均值为全国人均值的69.19%，中部人均值为全国人均值的76.33%，西部人均值为全国人均值的92.67%。

13个省域教科文卫投入人均值高于全国人均值；18个省域教科文卫投入人均值低于全国人均值。其中，西藏教科文卫投入人均值处于首位，高达全国人均值的281.23%；黑龙江教科文卫投入人均值处于末位，仅为全国人均值的64.19%。设全国教科文卫投入人均值为1来检测，西藏为2.8123，黑龙江为0.6419。

文化投入分析系下一节的重点，暂时排除，此处展开分别检验各地教育、科技和卫生事业投入差异。2017年，全国总体教育投入人均值为2174.93元，东部人均值为全国人均值的108.02%，东北人均值为全国人均值的73.00%，中部人均值为全国人均值的78.53%，西部人均值为全国人均值的99.19%。

13个省域教育投入人均值高于全国人均值；18个省域教育投入人均值低于全国人均值。其中，西藏教育投入人均值处于首位，高达全国人均值的312.76%；辽宁教育投入人均值处于末位，仅为全国人均值的68.13%。设全国教育投入人均值为1来检测，西藏为3.1276，辽宁为0.6813。

同年，全国总体科技投入人均值为524.16元，东部人均值为全国人均值的100.48%，东北人均值为全国人均值的26.47%，中部人均值为全国人均值的46.36%，西部人均值为全国人均值的30.21%。

6个省域科技投入人均值高于全国人均值；25个省域科技投入人均值低于全国人均值。其中，北京科技投入人均值处于首位，高达全国人均值的317.78%；河北科技投入人均值处于末位，仅为全国人均值的17.59%。设全国科技投入人均值为1来检测，北京为3.1778，河北为0.1759。

同年，全国总体卫生投入人均值为1042.32元，东部人均值为全国人均值的102.62%，东北人均值为全国人均值的80.42%，中部人均值为全国人均值的89.91%，西部人均值为全国人均值的109.74%。

19个省域卫生投入人均值高于全国人均值；12个省域卫生投入人均值低于全国人均值。其中，西藏卫生投入人均值处于首位，高达全国人均值的269.42%；辽宁卫生投入人均值处于末位，仅为全国人均值的73.84%。设全国卫生投入人均值为1来检测，西藏为2.6942，辽宁为0.7384。

检测教科文卫投入占财政支出的相对比值，就可以看出各地财政支出增长带动教科文卫事业投入增长的协调效应。2017年，东部比值明显高于全国总体比值3.58个百分点，东北比值显著低于全国总体比值4.53个百分点，中部比值明显高于全国总体比值3.09个百分点，西部比值略微高于全国总体比值0.45个百分点。

19个省域教科文卫投入占财政支出比高于全国总体比值；12个省域教科文卫投入占财政支出比低于全国总体比值。其中，广东此项比值处于首位，高出全国总体比值5.99个百分点；黑龙江此项比值处于末位，低于全国总体比值6.30个百分点。

根据本项测评体系的后台演算数据库检验，2017年仅有江苏、安徽、湖北、江西、内蒙古、贵州、云南、西藏8个省域教科文卫投入占财政支出的比例为2000年以来历年最佳（最高）值（对照本书B.5—文表3）。这意味着，其余23个省域在此项指标检测中存在着既有"协调增长"的"应然差距"。在这23个省域里，重庆此项比值检测差距最小，其现有实际值低于历年最佳值0.04个百分点；宁夏此项比值检测差距最大，其现有实际值低于历年最佳值6.09个百分点。

各省域之间财政支出增长、教科文卫投入增长两项系数最佳比值叠加检测，计有 29 个省域存在既有"协调增长"的"应然差距"。其间，甘肃两项系数最佳比值叠加检测差距最小，为 1.05%，即教科文卫投入人均值应为现有实际值的 101.05%，达到 3655.19 元；天津两项系数最佳比值叠加检测差距最大，为 40.41%，即教科文卫投入人均值应为现有实际值的 140.41%，达到 7118.15 元。其余省域依此类推。

（二）教科文卫投入增长系数的均衡性检验

2017 年全国及各地教育、科技、卫生投入人均值地区差对比见图 4。图示直观体现全国及各地教育、科技和卫生投入三项人均值地区差指数的差异，对应于上面全国及各地教育、科技和卫生投入三项人均值的差异分析。

依照本项研究评价独创的地区差距指标检测，2017 年，全国教育投入人均值的地区差为 1.2756，科技投入人均值的地区差为 1.6739，卫生投入人均值的地区差为 1.2477。这就是说，基于各地教育、科技和卫生投入三项人均值数据分别演算，31 个省域教育投入人均值与全国总体人均值之绝对偏差值的平均值为 0.2756 或 27.56%；科技投入人均值与全国总体人均值之绝对偏差值的平均值为 0.6739 或 67.39%；卫生投入人均值与全国总体人均值之绝对偏差值的平均值为 0.2477 或 24.77%。

根据本项测评体系的后台演算数据库筛查，2000 年以来，全国教育投入人均值地区差的最小（最佳）值为 2012 年的 1.2497，最大值为 2000 年的 1.4389。现有实际地区差指数值大于最佳值 2.08%，"均衡增长"差距较明显扩大。按照本项测评体系所设置的指标及其方法检验，这就是 2000 年以来全国各地之间教育投入增长保持既有均衡"最佳状态"的"应然差距"。

东部此项地区差历年最佳值为 1.2811，现有实际值为 1.2811，实有值即为最佳值，"均衡增长"差距缩小；东北此项地区差历年最佳值为 1.0238，现有实际值为 1.2556，大于最佳值 22.65%，"均衡增长"差距极显著扩大；中部此项地区差历年最佳值为 1.1732，现有实际值为 1.2018，大于最佳值 2.43%，"均衡增长"差距较明显扩大；西部此项地区差历年最

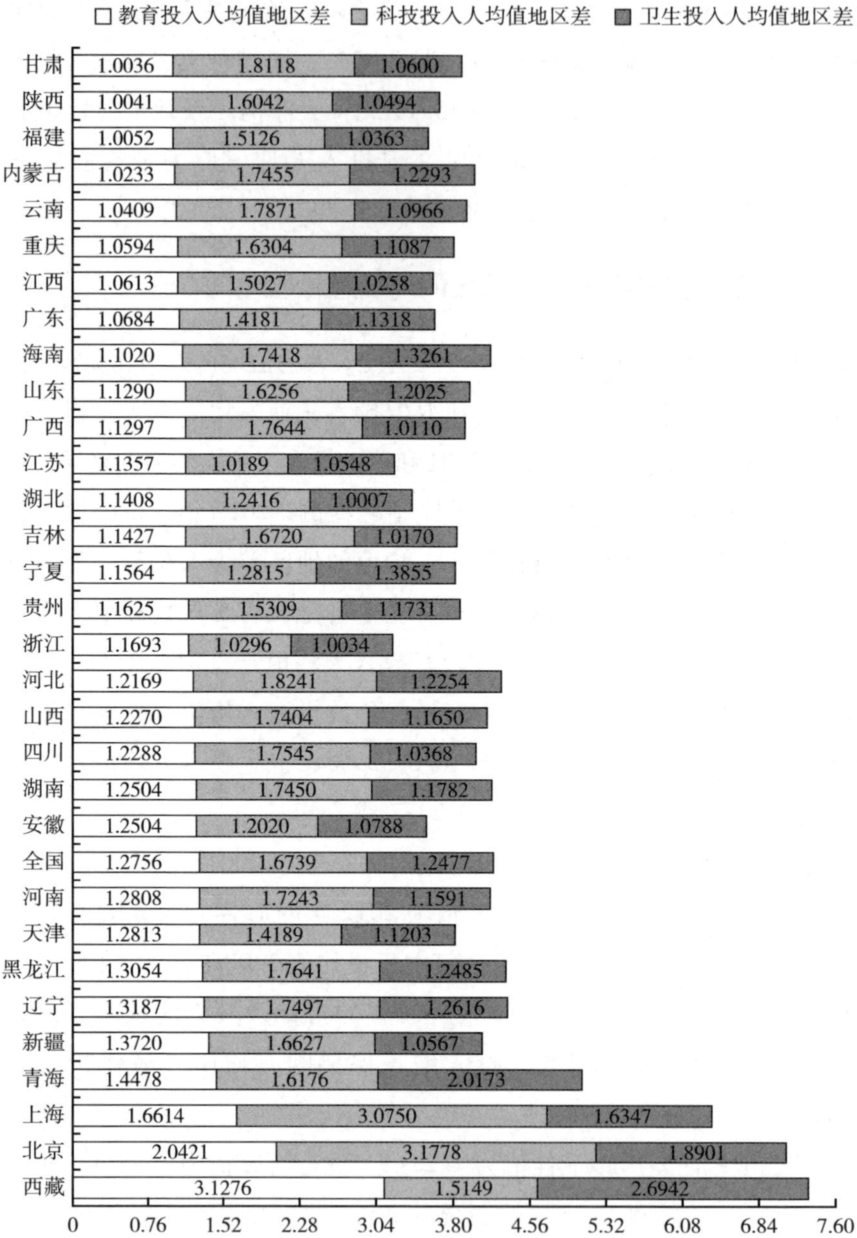
□ 教育投入人均值地区差 ▨ 科技投入人均值地区差 ■ 卫生投入人均值地区差
甘肃 1.0036 1.8118 1.0600
陕西 1.0041 1.6042 1.0494
福建 1.0052 1.5126 1.0363
内蒙古 1.0233 1.7455 1.2293
云南 1.0409 1.7871 1.0966
重庆 1.0594 1.6304 1.1087
江西 1.0613 1.5027 1.0258
广东 1.0684 1.4181 1.1318
海南 1.1020 1.7418 1.3261
山东 1.1290 1.6256 1.2025
广西 1.1297 1.7644 1.0110
江苏 1.1357 1.0189 1.0548
湖北 1.1408 1.2416 1.0007
吉林 1.1427 1.6720 1.0170
宁夏 1.1564 1.2815 1.3855
贵州 1.1625 1.5309 1.1731
浙江 1.1693 1.0296 1.0034
河北 1.2169 1.8241 1.2254
山西 1.2270 1.7404 1.1650
四川 1.2288 1.7545 1.0368
湖南 1.2504 1.7450 1.1782
安徽 1.2504 1.2020 1.0788
全国 1.2756 1.6739 1.2477
河南 1.2808 1.7243 1.1591
天津 1.2813 1.4189 1.1203
黑龙江 1.3054 1.7641 1.2485
辽宁 1.3187 1.7497 1.2616
新疆 1.3720 1.6627 1.0567
青海 1.4478 1.6176 2.0173
上海 1.6614 3.0750 1.6347
北京 2.0421 3.1778 1.8901
西藏 3.1276 1.5149 2.6942
0 0.76 1.52 2.28 3.04 3.80 4.56 5.32 6.08 6.84 7.60

图4 2017年全国及各地教育、科技、卫生投入人均值地区差对比

坐标轴：各地教育投入人均值地区差（无差距=1），按从小到大顺序自上而下排列。横向柱形：人均值地区差，左为教育投入地区差，中为科技投入地区差，右为卫生投入地区差。

佳值为1.2411，现有实际值为1.3130，大于最佳值5.80%，"均衡增长"差距明显扩大。各省域依此类推。

详细检测2017年各地教育投入人均值地区差之间的差异，东部地区差略微大于全国总体地区差0.43%，东北地区差略微小于全国总体地区差1.57%，中部地区差明显小于全国总体地区差5.79%，西部地区差较明显大于全国总体地区差2.93%。

22个省域教育投入人均值地区差小于全国总体地区差；9个省域教育投入人均值地区差大于全国总体地区差。其中，甘肃教育投入人均值地区差处于首位，低至全国总体地区差的78.67%；西藏教育投入人均值地区差处于末位，高达全国总体地区差的245.18%。

根据本项测评体系的后台演算数据库检验，2017年仅有天津、江西2个省域教育投入人均值的地区差为2000年以来历年最佳（最小）值。这意味着，其余29个省域在此项指标检测中存在着地区之间既有"均衡增长"的"应然差距"。在这29个省域里，陕西此项地区差检测差距最小，其现有实际值大于历年最佳值0.01%；西藏此项地区差检测差距最大，其现有实际值大于历年最佳值61.34%。

2000年以来，全国科技投入人均值地区差的最小（最佳）值为2017年的1.6739，最大值为2009年的1.8297。现有实际地区差指数值即为最佳值，"均衡增长"差距缩小，检测演算结果不变。

同期，东部此项地区差历年最佳值为1.7363，现有实际值为1.7842，大于最佳值2.76%，"均衡增长"差距较明显扩大；东北此项地区差历年最佳值为1.4771，现有实际值为1.7286，大于最佳值17.03%，"均衡增长"差距极显著扩大；中部此项地区差历年最佳值为1.5260，现有实际值为1.5260，实有值即为最佳值，"均衡增长"差距缩小；西部此项地区差历年最佳值为1.6233，现有实际值为1.6421，大于最佳值1.16%，"均衡增长"差距略微扩大。各省域依此类推。

详细检测2017年各地科技投入人均值地区差之间的差异，东部地区差明显大于全国总体地区差6.59%，东北地区差较明显大于全国总体地区差

3.27%，中部地区差显著小于全国总体地区差8.83%，西部地区差较明显小于全国总体地区差1.90%。

17个省域科技投入人均值地区差小于全国总体地区差；14个省域科技投入人均值地区差大于全国总体地区差。其中，江苏科技投入人均值地区差处于首位，低至全国总体地区差的60.87%；北京科技投入人均值地区差处于末位，高达全国总体地区差的189.85%。

根据本项测评体系的后台演算数据库检验，2017年仅有河南、湖北、江西、陕西、宁夏、重庆、贵州7个省域科技投入人均值的地区差为2000年以来历年最佳（最小）值。这意味着，其余24个省域在此项指标检测中存在着地区之间既有"均衡增长"的"应然差距"。在这24个省域里，湖南此项地区差检测差距最小，其现有实际值大于历年最佳值0.28%；天津此项地区差检测差距最大，其现有实际值大于历年最佳值40.11%。

2000年以来，全国卫生投入人均值地区差的最小（最佳）值为2014年的1.2200，最大值为2000年的1.6569。现有实际地区差指数值大于最佳值2.27%，"均衡增长"差距较明显扩大。按照本项测评体系所设置的指标及其方法检验，这就是2000年以来全国各地之间卫生投入增长保持既有均衡"最佳状态"的"应然差距"。

同期，东部此项地区差历年最佳值为1.2625，现有实际值为1.2625，实有值即为最佳值，"均衡增长"差距缩小；东北此项地区差历年最佳值为1.0072，现有实际值为1.1757，大于最佳值16.73%，"均衡增长"差距极显著扩大；中部此项地区差历年最佳值为1.0810，现有实际值为1.1013，大于最佳值1.87%，"均衡增长"差距略微扩大；西部此项地区差历年最佳值为1.2632，现有实际值为1.3265，大于最佳值5.01%，"均衡增长"差距明显扩大。各省域依此类推。

详细检测2017年各地卫生投入人均值地区差之间的差异，东部地区差略微大于全国总体地区差1.19%，东北地区差明显小于全国总体地区差5.77%，中部地区差显著小于全国总体地区差11.74%，西部地区差明显大于全国总体地区差6.32%。

23个省域卫生投入人均值地区差小于全国总体地区差；8个省域卫生投入人均值地区差大于全国总体地区差。其中，湖北卫生投入人均值地区差处于首位，低至全国总体地区差的80.20%；西藏卫生投入人均值地区差处于末位，高达全国总体地区差的215.94%。

根据本项测评体系的后台演算数据库检验，2017年仅有北京、天津、浙江、湖北、新疆5个省域卫生投入人均值的地区差为2000年以来历年最佳（最小）值。这意味着，其余26个省域在此项指标检测中存在着地区之间既有"均衡增长"的"应然差距"。在这26个省域里，广西此项地区差检测差距最小，其现有实际值大于历年最佳值0.71%；青海此项地区差检测差距最大，其现有实际值大于历年最佳值43.69%。

三 文化投入增长的协调性、均衡性检测

在相关的众多数据组里，本项研究测评最后需要提取文化投入历年数据与教科文卫综合投入历年数据加以比较，检测文化投入占教科文卫综合投入比变动态势，并将此项比值界定为"文化投入增长系数"。确定文化投入的应有地位和分量同样必须寻找事实依据，文化投入与教育、科技、卫生投入的相邻关系就是最好的参照系。一来教科文卫诸方面具有人所共知的相邻可比性，若出现"厚此薄彼"的情况很容易看出来；二来文化投入在教科文卫综合投入中所占分量形成历年变化，从中可以看到"应然"与否的"第一手"取舍。

（一）文化投入增长系数的协调性检验

2017年全国及各地文化投入占教科文卫投入比对比见图5。图示直观体现全国及各地文化投入占教科文卫综合投入的相对比值，以及各地之间文化投入、教科文卫综合投入人均值的大小比例差异。

2017年，全国教科文卫综合投入人均值为3986.07元，文化投入人均值为244.66元，文化投入占教科文卫综合投入为6.14%。这就是说，全国

教育、科技、文化和卫生这几项相邻事业的综合投入中，有6.14%投向文化事业。

根据本项测评体系的后台演算数据库筛查，2000年以来，全国文化投入占教科文卫综合投入比的最高（最佳）值为2005年的11.52%，最低值为2017年的6.14%。现有实际比值低于最佳值5.38个百分点，"协调增长"差距显著扩大。如果能够保持文化投入增长系数最佳比值，那么2017年全国文化投入人均值应达到459.33元，为现有实际值的187.74%。按照本项测评体系所设置的指标及其方法检验，这就是2000年以来全国教科文卫综合投入增长带动文化事业投入增长保持既有协调"最佳状态"的"应然差距"。

同期，东部此项比值历年最佳值为10.88%，现有实际值为6.51%，低于最佳值4.37个百分点，"协调增长"差距显著扩大；东北此项比值历年最佳值为11.98%，现有实际值为7.01%，低于最佳值4.97个百分点，"协调增长"差距显著扩大；中部此项比值历年最佳值为12.04%，现有实际值为5.08%，低于最佳值6.96个百分点，"协调增长"差距极显著扩大；西部此项比值历年最佳值为12.19%，现有实际值为6.35%，低于最佳值5.84个百分点，"协调增长"差距显著扩大。各省域依此类推。

至此需要更深入一层展开检验测算，把以上财政支出增长系数、教科文卫投入增长系数、文化投入增长系数三项检测最佳比值叠加演算。2017年全国文化投入人均值应达到490.46元，为现有实际值的200.47%。按照本项测评体系所设置的指标及其方法进行检验，这就是2000年以来全国经济增长带动公共财政支出增长，继而公共财政支出增长带动教科文卫投入增长，再而教科文卫综合投入增长带动文化投入增长保持既有"协调增长"的"应然差距"。

与之相对应，东部文化投入人均值应达到494.86元，为现有实际值的180.12%；东北文化投入人均值应达到370.73元，为现有实际值的191.66%；中部文化投入人均值应达到382.76元，为现有实际值的247.53%；西部文化投入人均值应达到453.45元，为现有实际值的193.34%。

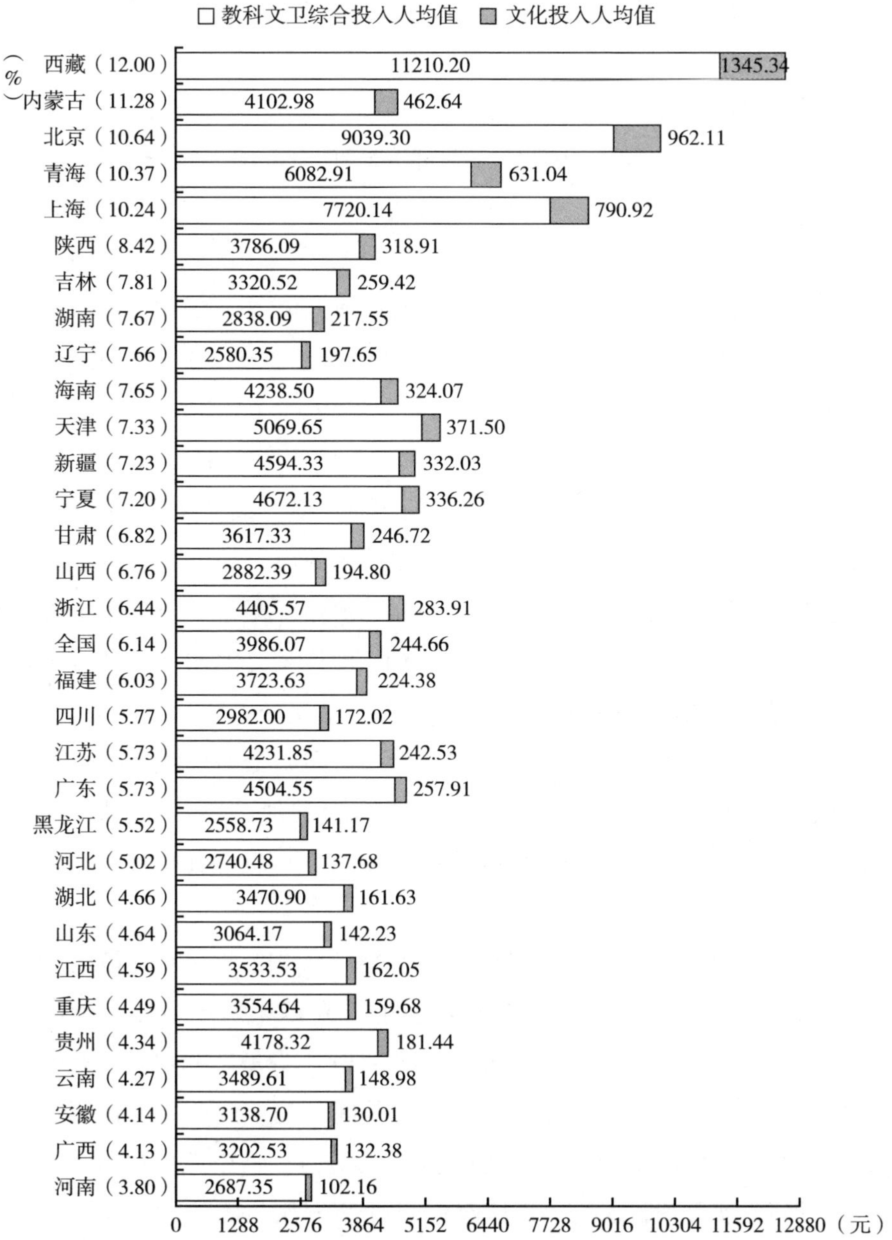

图 5 2017 年全国及各地文化投入占教科文卫投入比对比

坐标轴：各地文化投入占教科文卫综合投入比（％），按从大到小顺序自上而下排列。
横向柱形左侧：教科文卫综合投入人均值（元）；右侧：文化投入人均值（元）。各地人均值同时直观体现教科文卫投入人均值、文化投入人均值地区差距。

四大区域文化投入人均值与全国总体目标测算值都十分接近，仅有中部略显偏低。

教科文卫综合投入人均值分析见上一节，文化投入人均值数据直接体现各地文化事业投入差异。2017年，东部人均值为全国人均值的112.29%，东北人均值为全国人均值的79.06%，中部人均值为全国人均值的63.20%，西部人均值为全国人均值的95.86%。

14个省域文化投入人均值高于全国人均值；17个省域文化投入人均值低于全国人均值。其中，西藏文化投入人均值处于首位，高达全国人均值的549.89%；河南文化投入人均值处于末位，仅为全国人均值的41.76%。设全国文化人均值为1来检测，西藏为5.4989，河南为0.4176。

检测文化投入占教科文卫综合投入的相对比值，就可以看出各地教科文卫综合投入增长带动文化事业投入增长的协调效应。2017年，东部比值略微高于全国总体比值0.37个百分点，东北比值略微高于全国总体比值0.88个百分点，中部比值较明显低于全国总体比值1.06个百分点，西部比值略微高于全国总体比值0.21个百分点。

16个省域文化投入占教科文卫综合投入比高于全国总体比值；15个省域文化投入占教科文卫综合投入比低于全国总体比值。其中，西藏此项比值处于首位，高出全国总体比值5.86个百分点；河南此项比值处于末位，低于全国总体比值2.34个百分点。

根据本项测评体系的后台演算数据库检验，2017年仅有上海1个省域文化投入占教科文卫综合投入的比例为2000年以来历年最佳（最高）值（对照本书B.5一文表2）。这意味着，其余30个省域在此项指标检测中存在着既有"协调增长"的"应然差距"。其间，北京此项比值检测差距最小，其现有实际值低于历年最佳值0.89个百分点；河南此项比值检测差距最大，其现有实际值低于历年最佳值9.93个百分点。

各省域之间财政支出增长、教科文卫投入增长、文化投入增长三项系数最佳比值多重检测，全部31个省域存在既有"协调增长"的"应然差距"。上海、内蒙古、北京、青海、西藏、辽宁、海南、湖南、陕西、浙江、甘肃

11个省域既有"协调增长"的"应然差距"从小到大依次小于全国检测差距；20个省域既有"协调增长"的"应然差距"从小到大依次大于全国检测差距。

2017年各省域三项系数最佳比值多重检测综合结果，按文化投入人均测算值高低，以下取首尾各3个省域，具体测算各自"应有"增长目标和增长差距，作为具体示例，其余省域依此类推。

西藏处于首位，人均值应达到1949.35元，为现有实际值的144.90%；北京处于次位，人均值应达到1239.49元，为现有实际值的128.83%；青海处于再次位，人均值应达到901.17元，为现有实际值的142.81%。

安徽处于倒数第3位，人均值应达到344.58元，为现有实际值的265.04%；辽宁处于倒数第2位，人均值应达到321.62元，为现有实际值的162.72%；河北处于倒数第1位，人均值应达到296.68元，为现有实际值的215.49%。

（二）文化投入增长系数的均衡性检验

2017年全国及各地文化投入人均值及其地区差对比见图6。图示直观体现全国及各地文化投入人均值的差异，并标明全国及各地文化投入人均值的地区差指数，同时附有教科文卫综合投入人均值的地区差指数。

依照本项研究评价独创的地区差距指标检测，2017年，全国文化投入人均值的地区差为1.6340。这就是说，基于各地文化投入人均值数据分别演算，31个省域文化投入人均值与全国总体人均值之绝对偏差值的平均值为0.6340或63.40%。

根据本项测评体系的后台演算数据库筛查，2000年以来，全国文化投入人均值地区差的最小（最佳）值为2006年的1.3748，最大值为2007年的1.6581。现有实际地区差指数值大于最佳值18.86%，"均衡增长"差距极显著扩大。按照本项测评体系所设置的指标及其方法检验，这就是2000年以来全国各地之间文化投入增长保持既有均衡"最佳状态"的"应然差距"。

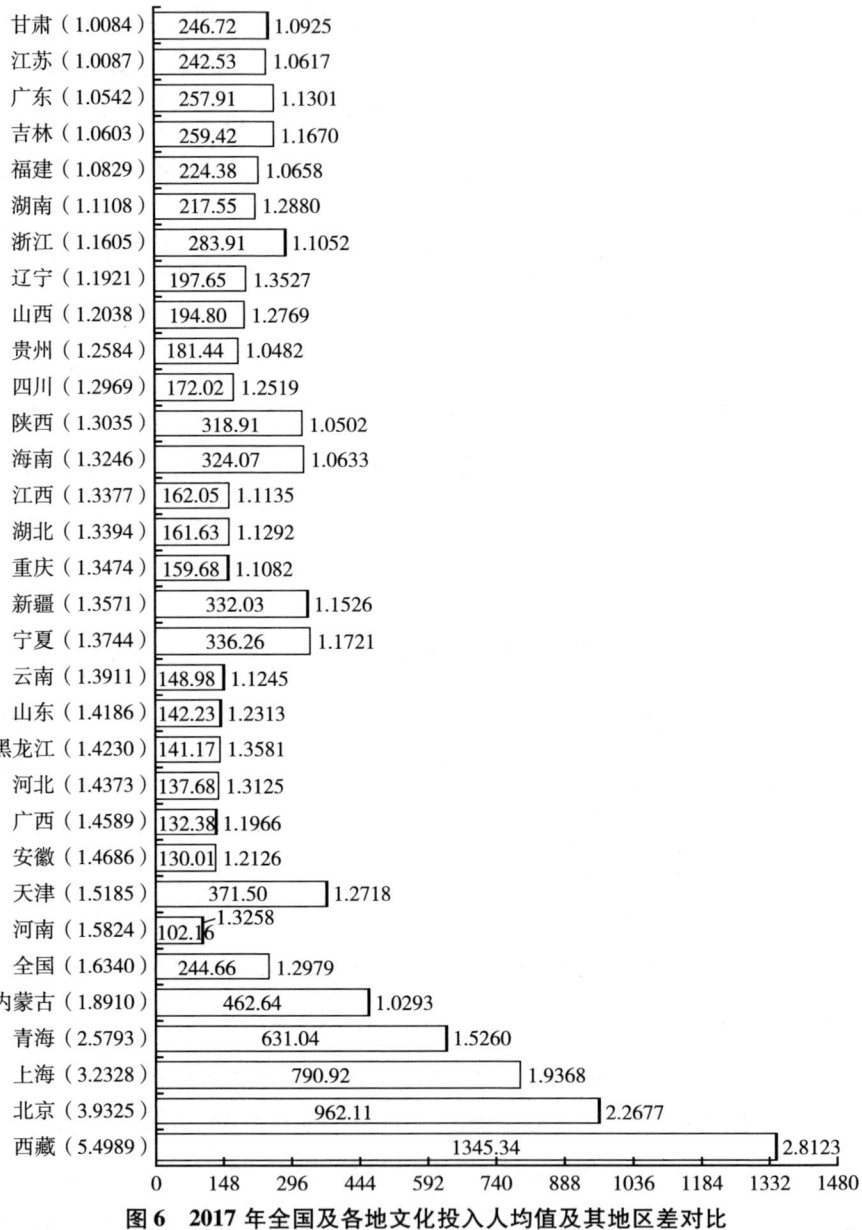

图 6　2017 年全国及各地文化投入人均值及其地区差对比

坐标轴：各地文化投入人均值地区差（无差距=1），按从小到大顺序自上而下排列。横向柱形：左为文化投入人均值（元），右附教科文卫综合投入人均值地区差。上下对比直观体现文化投入人均值地区差距。

东部此项地区差历年最佳值为1.5603，现有实际值为1.7170，大于最佳值10.05%，"均衡增长"差距显著扩大；东北此项地区差历年最佳值为1.0364，现有实际值为1.2252，大于最佳值18.21%，"均衡增长"差距极显著扩大；中部此项地区差历年最佳值为1.2946，现有实际值为1.3404，大于最佳值3.54%，"均衡增长"差距较明显扩大；西部此项地区差历年最佳值为1.3178，现有实际值为1.8138，大于最佳值37.63%，"均衡增长"差距极显著扩大。各省域依此类推。

详细检测2017年各地文化投入人均值地区差之间的差异，东部地区差明显大于全国总体地区差5.08%，东北地区差极显著小于全国总体地区差25.02%，中部地区差极显著小于全国总体地区差17.97%，西部地区差显著大于全国总体地区差11.00%。

26个省域文化投入人均值地区差小于全国总体地区差；5个省域文化投入人均值地区差大于全国总体地区差。其中，甘肃文化投入人均值地区差处于首位，低至全国总体地区差的61.71%；西藏文化投入人均值地区差处于末位，高达全国总体地区差的336.53%。

根据本项测评体系的后台演算数据库检验，2017年仅有江苏1个省域文化投入人均值的地区差为2000年以来历年最佳（最小）值。这意味着，其余30个省域在此项指标检测中存在着地区之间既有"均衡增长"的"应然差距"。在这30个省域里，甘肃此项地区差检测差距最小，其现有实际值大于历年最佳值0.25%；西藏此项地区差检测差距最大，其现有实际值大于历年最佳值131.89%。

在此有必要说明，如图6所示，相邻各地之间，有的省域文化投入人均值高于全国总体人均值，有的省域文化投入人均值低于全国总体人均值，为何其间人均值地区差竟然十分接近？这正是本项研究设计"地区差"指标的独特构思。以全国总体人均值为基准，与此均值相比产生偏离的高低数值皆为偏差值。譬如甲地高于全国均值的部分恰好与乙地低于全国均值的部分相等，那么两地人均值与全国总体人均值的绝对偏差值就相等，人均值地区差指数也就相等。本项研究的"地区差"指标设计思路在于，各地无论是

"高于"还是"低于",测量出的只能是绝对偏差值,换句话说,各地无论是"领先"还是"滞后",表现出的只会是对全国"均衡"的偏离,均非理想"同步"状态。"均衡发展"的本义在于,既要消除"滞后",又需避免"领先",正是"领先"的超越反衬出"滞后"。公共财政投入属国家治理范畴,切不可"钱多就任性,钱少就随意"。

四 文化民生需求同构占比检测

同时调用"中国公共文化投入增长测评体系"与"中国文化消费需求景气评价体系"后台数据库,并行展开同构关联演算检测(对照本书 B.5 一文表 9、表 10),2017 年全国及各地文化消费与投入占收入、支出比对比见图 7。图示直观体现全国及各地文化消费占居民收入、支出比(现有实际值)与文化投入占财政收入、支出比(最佳比值测算值)之间的差异,并演算得出同构占比倍差平衡指数。

首先可以肯定,人类个体(个人及家庭)与群体(地区和国家)的需求具有质的同构性,也具有量的可比性。在这里即可落实为,城乡文化消费占居民收入比与公共文化投入占财政收入比应当具有同构可比性。这就意味着,以全中国亿万人平均而论,公共文化投入占财政收入比应与全国城乡文化消费占居民收入比持平,这样才具有贴切响应文化民生需求自然表现的"合理性"。

其次需要看到,城乡文化消费占居民总消费支出比与公共文化投入占财政支出比虽也具有质的同构性,却不具有量的可比性。这是因为,居民个人和家庭消费币值量一般总会小于收入币值量(个别地区乡村平均值在个别年度例外),剩余的部分则为积蓄;而国家和地区财政支出币值量一般总会大于财政收入币值量(个别年度例外),超出的部分则为预算赤字。落实到这里,即公共文化投入占财政支出比低于城乡文化消费占居民总消费支出比尚属"正常",不过问题还在于,低于多少才属于"正常"。

最后进行推演,①公共文化投入占财政收入比与城乡文化消费占居

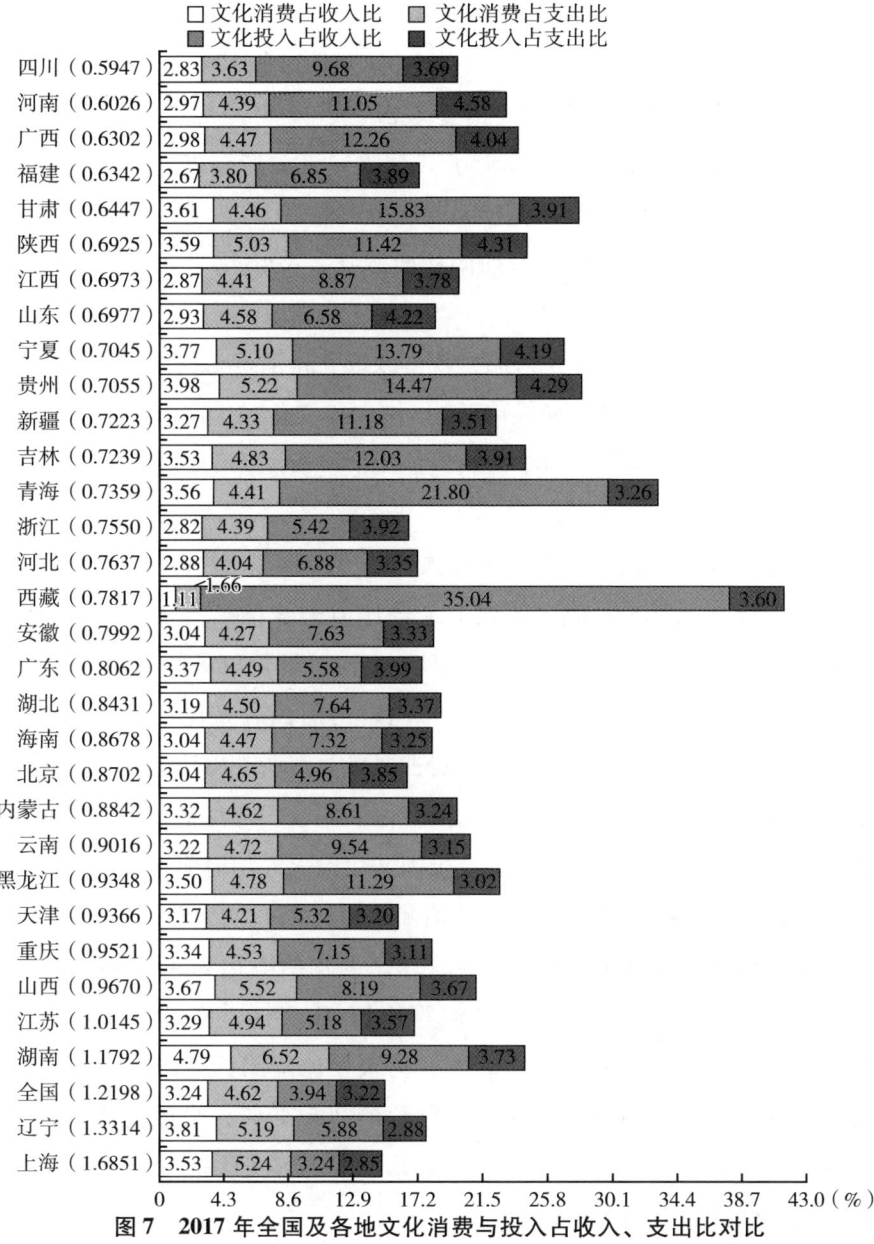

图7　2017年全国及各地文化消费与投入占收入、支出比对比

坐标轴：各地同构占比倍差平衡指数，按从小到大顺序自上而下排列。横向柱形：由左至右为文化消费占收入、支出比（%，现有实际值），文化投入占收入、支出比（%，最佳比值测算值）。倍差演算：无差距基准值1加同构收入比、支出比之间商值与之绝对偏差值，再以收入比、支出比两项倍差之间商值作为平衡指数。

民收入比持平，应是"合理"的，国家和地区公共文化投入应当准确响应文化民生需求自然表现出的取向，这样就使两项"同构占比"归一，其间的倍差势必构成差距；②公共文化投入占财政支出比与占财政收入比持平，也应是"合理"的，即预算赤字"超支"部分应当以同样比例用于公共文化投入，这样也使两项"同质占比"归一，其间的出入势必也构成差距。倍差演算：无差距基准值1加同构收入比、支出比之间商值与之绝对偏差值。

假如以上判断和推论成立，那么就可以取文化消费与投入占收入、支出比两项倍差之间商值（再次形成倍差），作为"文化民生需求系数"同构占比平衡检测的差距指数，在历年三项最佳比值多重测算基础上，再进一步推进同构占比二重平衡假定测算。

2017年，全国文化消费占居民收入比为3.24%，占居民总消费支出比为4.62%，皆系现有实际值；取以上最佳比值测算结果，文化投入占财政收入比应为3.94%，占财政支出比应为3.22%。即便以最佳比值测算来看，全国文化投入占财政收入比仍高于文化消费占居民收入比0.69个百分点，文化投入占财政支出比仍低于文化消费占居民总消费支出比1.40个百分点。若全国文化投入占财政收入比与文化消费占居民收入比持平，同时文化投入占财政收入、支出比自身再予平衡，全国文化投入人均值应达到598.27元，为现有实际值的244.53%，为最佳比值测算值的121.98%。

同样检测四大区域同构占比差距，东部人均值应达到470.06元，为现有实际值的171.10%，为最佳比值测算值的94.99%；东北人均值应达到387.92元，为现有实际值的200.55%，为最佳比值测算值的104.64%；中部人均值应达到319.26元，为现有实际值的206.47%，为最佳比值测算值的83.41%；西部人均值应达到357.91元，为现有实际值的152.60%，为最佳比值测算值的78.93%。

29个省域同构占比差距小于全国总体差距；2个省域同构占比差距大于全国总体差距。其中，四川同构占比差距指数处于首位，低至全国总体差距指数的48.75%；上海同构占比差距指数处于末位，高达全国总体差距指数的138.14%。

2017年各省域同构占比二重平衡检测综合结果，按文化投入人均测算值高低，以下取首尾各3个省域，具体测算各自"应有"增长目标和增长差距，作为具体示例，其余省域依此类推。

西藏处于首位，人均值应达到1523.81元，为现有实际值的113.27%，为最佳比值测算值的78.17%；上海处于次位，人均值应达到1499.21元，为现有实际值的189.55%，为最佳比值测算值的168.51%；北京处于再次位，人均值应达到1078.56元，为现有实际值的112.10%，为最佳比值测算值的87.02%。

四川处于倒数第3位，人均值应达到248.81元，为现有实际值的144.64%，为最佳比值测算值的59.47%；河南处于倒数第2位，人均值应达到237.73元，为现有实际值的232.70%，为最佳比值测算值的60.26%；河北处于倒数第1位，人均值应达到226.59元，为现有实际值的164.58%，为最佳比值测算值的76.37%。

五 文化投入增长的应然测算

2017年全国文化投入总量、人均值增长差距测算见图8，其中增长目标测算值包括"最佳比值""同构占比""全国均等"三项，前一项属于协调增长"应然目标"测算，中间一项属于"民生目标"附加测算，后一项属于均衡发展"理想目标"测算。各地依此类推。

（1）最佳比值目标：假设全国产值—财政支出、财政支出—教科文卫综合投入、教科文卫综合投入—文化投入之间均实现2000年以来最佳比值，以三项最佳比值叠加测算。按照这一"应然目标"测算，2017年全国文化投入人均值应达到490.51元，总量应达到6800.47亿元，为现有实际值的200.49%。

（2）同构占比目标：假设文化投入占财政收入比与文化消费占居民收入比持平，同时文化投入占财政收入、支出比再予平衡。按照这一"民生

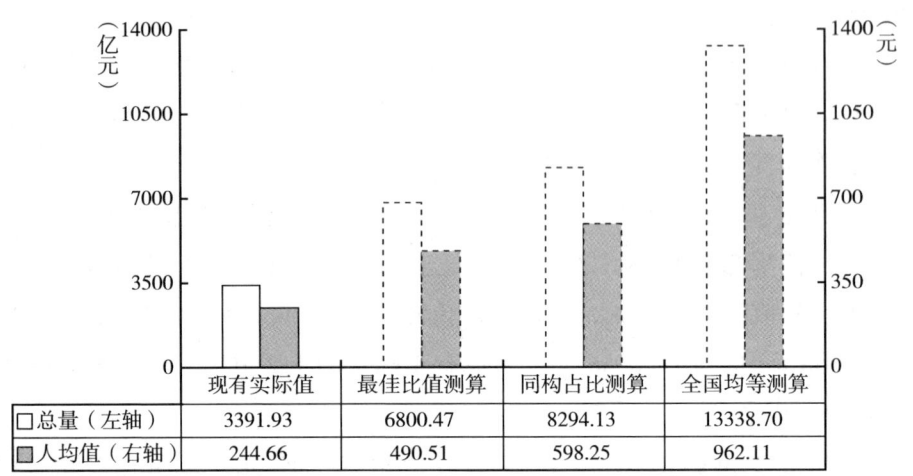

图8 2017年全国文化投入总量、人均值增长目标测算

实线：现有实际值；虚线：目标测算值。最佳比值测算：假设全国产值—财政支出—教科文卫综合投入—文化投入间均实现2000年以来最佳比值；同构占比测算：假设在最佳比值基础上进一步实现文化投入占财政收入、支出比与文化消费占居民收入、支出比合理平衡；全国均等测算：假设全国及31个省域公共文化投入以人均值计算彻底实现均等化（按北京人均值测算）。

目标"测算，2017年全国文化投入人均值应达到598.25元，总量应达到8294.13亿元，为现有实际值的244.53%。

（3）全国均等目标：假设全国各地之间产值人均值—财政支出人均值—教科文卫综合投入人均值—文化投入人均值全面消除地区差距，同时全面实现2000年以来三项最佳比值（唯有北京曾经在2012年实现），以北京文化投入人均值测算。按照这一"理想目标"测算，2017年全国文化投入人均值应达到962.11元，总量应达到13338.70亿元，为现有实际值的393.25%。

实际上，以上假定测算得到重要发现：如果各地普遍实现三项最佳比值增长，或进一步实现同构占比二重倍差平衡，那么文化投入人均值地区差将普遍明显缩小，各地文化投入人均值将会十分接近，为今后实现全国文化投入均等化（以人均值衡量）奠定良好基础。最终达到全国各地文化投入均等化正是公共财政、公共文化服务追求的理想目标。

B.4
全国省域公共文化投入增长综合评价排行

——2000年以来纵向与2017年度横向测评

王亚南 方彧 邓云斐 魏海燕*

摘　要： 2000~2017年，全国21个省域文化投入总量年均增长超过15%，其中3个省域总量年均增长超过20%，青海、北京、西藏、海南、内蒙古处于总量增长及份额提升前5位；14个省域文化投入人均值年均增长超过15%，其中1个省域人均值年均增长超过20%，青海、西藏、内蒙古、湖南、陕西处于人均值增长前5位。各省域文化投入增长综合评价排行：无差距理想值横向测评，西藏、上海、北京、青海、内蒙古为"2017年度文化投入指数排名"前5位；自身基数值纵向测评，青海、西藏、内蒙古、湖南、海南为"2000~2017年文化投入指数提升"前5位；西藏、青海、海南、内蒙古、湖南为"2005~2017年文化投入指数提升"前5位；湖南、福建、上海、青海、河北为"2010~2017年文化投入指数提升"前5位；上海、内蒙古、广东、河北、天津为"2016~2017年文化投入指数提升"前5位。

---

* 王亚南，云南省社会科学院研究员，文化发展研究中心主任，主要研究方向为民俗学、民族学及文化理论、文化战略和文化产业研究；方彧，中国老龄科学研究中心副研究员，中国社会科学院博士，主要研究方向为口头传统、老龄文化和文化产业研究；邓云斐，云南省社会科学院东南亚研究所副研究员，主要从事民族文化和社会问题研究；魏海燕，云南省政协信息中心主任编辑，主要从事传媒信息分析研究。

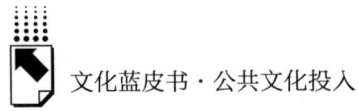

关键词: 全国省域　文化投入　历年检测　综合评价　指数排行

本文分析面向全国及东部、中部、西部和东北四大区域、31个省级行政区划（以下统称"省域"，包括省、自治区和直辖市，不涉及港澳台），首先检测文化投入总量、人均值增长，其次检测经济、财政增长的相关社会背景，同时检测教科文卫投入增长的相邻同步关系，再次检测居民文化消费占收入、支出比的同构可比关系，最后检测文化投入人均值演算的地区差变动状况，由此形成多重关系交叉对比，综合测评2017年各省域文化投入增长指数排行。鉴于另有省域子报告详加考察，文中侧重于全国总体增长与东部、中部、西部及东北四大区域各自不同增长加以比较，对31个省域则着眼于各项检测指标排行。

一　各省域文化投入增长基本情况

全国及各省域文化投入总量增长态势可以提供一种宏观视角，便于把握基本态势，本文分析检测从各省域文化投入总量占全国份额增减变化状况为起点展开。

（一）文化投入总量份额增减变化

文化投入总量增长及其占全国份额变动状况见表1，全国总体数据及其相关衍生值作为演算基准，列于表1首行。各省域依所处地理方位，从北到南、由东至西分为东北和东部、中部、西部四大区域，按17年间文化投入总量占全国份额增减变化幅度高低排列。其中，省域主排行以1、2、3……为序，四大区域作为附加排行以[1]、[2]、[3]、[4]为序（后同）。

2000~2017年，全国文化投入总量从300.29亿元增长至3391.93亿元，增量绝对值为3091.64亿元，总增长1029.57%，年均增长15.33%。

同期，东部总量年均增长15.69%，高于全国年增0.36个百分点，占全国份额由40.84%提升为43.06%，升幅为5.42%；东北总量年均增长13.42%，低于全国年增1.91个百分点，占全国份额由8.25%跌降为6.21%，降幅为24.70%；中部总量年均增长15.34%，高于全国年增0.01个百分点，占全国份额由16.75%提升为16.78%，升幅为0.19%；西部总量年均增长16.17%，高于全国年增0.84个百分点，占全国份额由22.94%提升为25.97%，升幅为13.19%。

2000~2017年各省域文化投入总量年均增长幅度比较，17个省域总量年均增长高于全国年增；14个省域总量年均增长低于全国年增。青海占据首位，总量年均增长高于全国年增6.08个百分点；黑龙江处于末位，总量年均增长低于全国年增3.95个百分点。

各省域文化投入历年总量份额比较。2000年，广东占据首位，文化投入总量占全国份额的8.77%；青海处于末位，文化投入总量占全国份额的0.46%。

到2017年，广东占据首位，文化投入总量占全国份额的8.43%；宁夏处于末位，文化投入总量占全国份额的0.67%。

这17年间，各省域文化投入总量占全国份额增减变化比较，17个省域占全国份额各有提升；14个省域占全国份额各有跌降。青海占据首位，占全国份额提高139.34%；黑龙江处于末位，占全国份额降低44.67%。

2017年以上一年为基数，全国文化投入总量年度增长7.24%，低于"十五"年均增长11.32个百分点，低于"十一五"年均增长9.77个百分点。同年，8个省域总量增长高于全国年增；23个省域总量增长低于全国年增。

由于各省域之间人口规模差异极大，各地文化投入总量数值本身不具可比性，增长幅度和份额变化却可以进行比较，此处仅提供各地总量增长幅度和份额增减排序。鉴于各省域之间文化投入总量占全国份额差距巨大，各地份额增减百分点并无比较意义，故采用份额增减百分比加以比较，便于进行排序。实际上，总量增长与份额增减是联系在一起的，总量年均增长排序与份额增减百分比排序也是一致的。

表1 文化投入总量增长及其占全国份额变动状况

地区	文化投入总量增长				占全国份额变动			
	2000年总量（亿元）	2017年总量（亿元）	17年年均增长		2000年份额（％）	2017年份额（％）	17年份额增减	
			增长指数（上年=1）	指数排序			增减（％）	增减排序
全　国	300.29	3391.93	1.1533	—	100	100	—	—
中央财政	33.69	270.92	1.1305	—	11.2192	7.9872	-28.81	—
青　海	1.39	37.58	1.2140	1	0.4629	1.1079	139.34	1
西　藏	2.01	44.93	1.2005	3	0.6694	1.3246	97.88	3
内蒙古	6.61	116.79	1.1840	5	2.2012	3.4432	56.42	5
陕　西	7.60	121.95	1.1773	8	2.5309	3.5953	42.06	8
新　疆	5.13	80.40	1.1757	9	1.7083	2.3703	38.75	9
重　庆	3.37	48.89	1.1704	10	1.1222	1.4414	28.44	10
四　川	10.63	142.46	1.1649	12	3.5389	4.2000	18.68	12
宁　夏	1.81	22.82	1.1608	13	0.6028	0.6728	11.61	13
甘　肃	5.75	64.59	1.1529	18	1.9148	1.9042	-0.55	18
贵　州	5.78	64.73	1.1527	19	1.9248	1.9084	-0.85	19
广　西	8.18	64.36	1.1290	29	2.7240	1.8974	-30.35	29
云　南	10.63	71.30	1.1185	30	3.5412	2.1020	-40.64	30
西　部	68.89	880.80	1.1617	[1]	22.9412	25.9675	13.19	[1]
北　京	9.26	208.96	1.2012	2	3.0837	6.1605	99.78	2
海　南	1.65	29.86	1.1857	4	0.5495	0.8803	60.20	4
上　海	11.67	191.32	1.1788	7	3.8862	5.6404	45.14	7
天　津	4.64	57.94	1.1601	14	1.5452	1.7082	10.55	14
浙　江	13.69	159.66	1.1555	15	4.5589	4.7071	3.25	15
江　苏	17.05	194.37	1.1539	17	5.6778	5.7304	0.93	17
广　东	26.33	285.87	1.1506	21	8.7682	8.4279	-3.88	21
河　北	10.73	103.19	1.1424	24	3.5732	3.0422	-14.86	24
福　建	10.05	87.34	1.1356	25	3.3468	2.5749	-23.06	25
山　东	17.57	141.90	1.1307	28	5.8510	4.1835	-28.50	28
东　部	122.64	1460.40	1.1569	[2]	40.8405	43.0551	5.42	[2]
湖　南	9.03	148.83	1.1792	6	3.0071	4.3878	45.91	6
江　西	5.48	74.65	1.1661	11	1.8249	2.2008	20.60	11
山　西	6.50	71.92	1.1519	20	2.1646	2.1203	-2.05	20
安　徽	7.92	80.94	1.1465	22	2.6375	2.3863	-9.52	22
湖　北	9.88	95.26	1.1426	23	3.2902	2.8084	-14.64	23
河　南	11.49	97.52	1.1341	27	3.8263	2.8751	-24.86	27
中　部	50.29	569.12	1.1534	[3]	16.7471	16.7786	0.19	[3]
吉　林	6.09	70.69	1.1551	16	2.0280	2.0841	2.77	16
辽　宁	10.10	86.44	1.1346	26	3.3634	2.5484	-24.23	26
黑龙江	8.57	53.56	1.1138	31	2.8539	1.5790	-44.67	31
东　北	24.77	210.69	1.1342	[4]	8.2487	6.2115	-24.70	[4]

注：①表中全国、中央财政及各地文化投入总量数据来源于《中国统计年鉴》，地方财政合计分解为东、中、西部和东北四大区域，其余均为演算衍生数值；②部分地区总量份额较小，故保留4位小数，份额增减百分比负值为下降百分比；③2000年四川与云南文化投入总量需以3位小数比较。

（二）文化投入人均值增长变化

以年平均人口衡量的文化投入人均值增长状况见表2，各地按17年间文化投入人均值年均增长指数高低排列。

2000~2017年，全国文化投入人均值从23.78元增长至244.66元，人均增量绝对值为220.88元，总增长928.74%，年均增长14.70%。

同期，东部人均值年均增长14.23%，低于全国年增0.47个百分点，从全国人均值的120.31%降至112.29%，人均增量为全国人均增量的111.43%；东北人均值年均增长13.27%，低于全国年增1.43个百分点，从全国人均值的97.81%降至79.06%，人均增量为全国人均增量的77.04%；中部人均值年均增长15.12%，高于全国年增0.42个百分点，从全国人均值的59.39%升至63.20%，人均增量为全国人均增量的63.61%；西部人均值年均增长15.89%，高于全国年增1.19个百分点，从全国人均值的80.42%升至95.86%，人均增量为全国人均增量的97.52%。

2000~2017年各省域文化投入人均值年均增长幅度比较，16个省域人均值年均增长高于全国年增；15个省域人均值年均增长低于全国年增。青海占据首位，人均值年均增长高于全国年增5.67个百分点；云南处于末位，人均值年均增长低于全国年增3.68个百分点。

各省域文化投入历年人均值比较。2000年，13个省域人均值高于全国人均值；18个省域人均值低于全国人均值。西藏占据首位，人均值高达全国人均值的328.53%；重庆处于末位，人均值仅为全国人均值的46.01%。

到2017年，14个省域人均值高于全国人均值；17个省域人均值低于全国人均值。西藏占据首位，人均值高达全国人均值的549.89%；河南处于末位，人均值仅为全国人均值的41.76%。

2017年以上一年为基数，全国文化投入人均值年度增长6.64%，低于"十五"年均增长11.16个百分点，低于"十一五"年均增长9.77个百分点。同年，7个省域人均值年均增长高于全国年增；24个省域人均值年均增长低于全国年增。

表2　以年平均人口衡量的文化投入人均值增长状况

地区	文化投入人均绝对值				人均值增长变动				
	2000年		2017年		17年增量及增量比			17年年均增长	
	人均值(元)	排序	人均值(元)	排序	增量值(元)	增量比(全国=1)	增量比排序	增长指数(上年=1)	指数排序
全　国	23.78	—	244.66	—	220.88	1	—	1.1470	—
青　海	27.00	11	631.04	4	604.04	2.7347	4	1.2037	1
西　藏	78.13	1	1345.34	1	1267.21	5.7371	1	1.1822	2
内蒙古	27.92	10	462.64	5	434.72	1.9681	5	1.1796	3
陕　西	20.94	19	318.91	10	297.97	1.3490	10	1.1737	5
重　庆	10.94	31	159.68	24	148.74	0.6734	23	1.1708	7
四　川	12.39	29	172.02	21	159.63	0.7227	21	1.1674	8
新　疆	28.29	9	332.03	8	303.74	1.3751	7	1.1559	11
贵　州	15.49	25	181.44	20	165.95	0.7513	20	1.1557	12
甘　肃	22.55	17	246.72	14	224.17	1.0149	13	1.1511	14
宁　夏	32.99	6	336.26	7	303.27	1.3730	8	1.1463	18
广　西	17.29	22	132.38	29	115.09	0.5211	30	1.1272	26
云　南	25.22	12	148.98	25	123.76	0.5603	25	1.1101	31
西　部	19.13	[3]	234.54	[2]	215.41	0.9752	[2]	1.1589	[1]
湖　南	13.80	26	217.55	17	203.75	0.9224	16	1.1761	4
江　西	13.08	27	162.05	22	148.97	0.6744	22	1.1596	10
安　徽	12.64	28	130.01	30	117.37	0.5314	29	1.1469	17
湖　北	16.61	23	161.63	23	145.02	0.6566	24	1.1432	19
山　西	20.14	20	194.80	19	174.66	0.7907	18	1.1428	20
河　南	12.17	30	102.16	31	89.99	0.4074	31	1.1333	23
中　部	14.12	[4]	154.63	[4]	140.51	0.6361	[4]	1.1512	[2]
海　南	21.29	18	324.07	9	302.78	1.3708	9	1.1737	6
北　京	70.87	3	962.11	2	891.24	4.0350	2	1.1658	9
上　海	74.94	2	790.92	3	715.98	3.2415	3	1.1487	15
江　苏	23.45	14	242.53	15	219.08	0.9919	15	1.1473	16
浙　江	30.19	7	283.91	11	253.72	1.1487	11	1.1409	21
河　北	16.14	24	137.68	28	121.54	0.5503	27	1.1344	22
天　津	47.30	4	371.50	6	324.20	1.4678	6	1.1289	25
福　建	29.88	8	224.38	16	194.50	0.8806	17	1.1259	27
广　东	35.16	5	257.91	13	222.75	1.0085	14	1.1244	28
山　东	19.66	21	142.35	26	122.57	0.5549	26	1.1234	29
东　部	28.61	[1]	274.73	[1]	246.12	1.1143	[1]	1.1423	[3]
吉　林	22.81	15	259.42	12	236.61	1.0712	12	1.1537	13
辽　宁	24.19	13	197.65	18	173.46	0.7853	19	1.1315	24
黑龙江	22.56	16	141.17	27	118.61	0.5370	28	1.1139	30
东　北	23.26	[2]	193.43	[3]	170.17	0.7704	[3]	1.1327	[4]

注：①表中均为衍生数值，演算依据为《中国统计年鉴》；②人均值"增量比"小于1为小于全国总体人均增量。

当然，文化投入增长状况分析不能孤立地进行，必须放到全国及各地经济、财政增长的相关社会背景当中，放到教科文卫投入增长的相邻同步关系当中，继续展开检测；同时有必要放到居民文化消费占收入、支出比的同构可比关联当中，放到检验各地之间协调性、均等性的地区差指标测算当中，深入展开检测。因基础数据未提供文化投入的城乡投向，故缺反映"中国现实"极为重要的城乡比指标，留下遗憾。在本项测评的具体演算过程中，文化投入相关性比值以总量进行测算，文化投入人均值地区差指数以人均值进行测算。

二 各省域文化投入相关背景协调状况

在本项测评里，全国及各省域文化投入增长首先需要放到经济、财政增长的相关社会背景中，考察其间的"背景协调增长"状况，从而得出背景关系平衡指标演算比值。

（一）文化投入与产值比变化

文化投入与产值相对比值变动状况见表3，各省域按文化投入总量与产值总量的相对比值高低排列。表3同时提供2000年和2017年各地产值总量数据，对照表1中各地文化投入总量数据，可以进行重复验算。

2000~2017年，全国产值总量从100280.10亿元增长至827121.70亿元，年均增长13.21%，低于同期文化投入总量年均增长2.12个百分点，文化投入与产值比从0.30%上升至0.41%，升幅为36.97%。

与此同时，东部文化投入年均增长高于产值年增2.28个百分点，与产值比从0.23%上升至0.33%，升幅为40.26%；东北文化投入年均增长高于产值年增2.81个百分点，与产值比从0.25%上升至0.39%，升幅为53.24%；中部文化投入年均增长高于产值年增1.30个百分点，与产值比从0.27%上升至0.32%，升幅为21.20%；西部文化投入年均增长高于产值年增1.76个百分点，与产值比从0.40%上升至0.52%，升幅为29.59%。

表3 文化投入与产值相对比值变动状况

地区	2000年 产值总量（亿元）	2000年 文化投入与产值比 比例（%）	2000年 文化投入与产值比 排序	2017年 产值总量（亿元）	2017年 文化投入与产值比 比例（%）	2017年 文化投入与产值比 排序	17年比值升降变化 升降（%）	17年比值升降变化 排序
全 国	100280.10	0.2994	—	827121.70	0.4101	—	36.97	—
辽 宁	4669.10	0.2164	27	23409.24	0.3693	18	70.66	8
吉 林	1951.51	0.3121	13	14944.53	0.4730	12	51.55	11
黑龙江	3151.40	0.2720	19	15902.68	0.3368	20	23.82	19
东 北	9772.01	0.2534	[3]	54256.45	0.3883	[2]	53.24	[1]
上 海	4771.17	0.2446	24	30632.99	0.6246	9	155.36	2
北 京	3161.00	0.2930	14	28014.94	0.7459	4	154.57	3
海 南	526.82	0.3135	12	4462.54	0.6692	7	113.46	4
河 北	5043.96	0.2126	28	34016.32	0.3033	24	42.66	12
浙 江	6141.03	0.2230	26	51768.26	0.3084	23	38.30	14
广 东	10741.25	0.2451	23	89705.23	0.3187	21	30.03	18
天 津	1701.88	0.2724	18	18549.19	0.3123	22	14.65	21
江 苏	8553.69	0.1993	31	85869.76	0.2264	29	13.60	22
福 建	3764.54	0.2669	21	32182.09	0.2714	26	1.69	25
山 东	8337.47	0.2108	29	72634.15	0.1954	31	-7.31	28
东 部	52742.81	0.2325	[4]	447835.47	0.3261	[3]	40.26	[2]
青 海	263.68	0.5259	6	2624.83	1.4316	2	172.22	1
西 藏	117.80	1.7046	1	1310.92	3.4277	1	101.09	5
新 疆	1363.56	0.3759	10	10881.96	0.7388	5	96.54	6
内蒙古	1539.12	0.4294	7	16096.21	0.7256	6	68.98	9
甘 肃	1052.88	0.5462	4	7459.90	0.8658	3	58.51	10
四 川	3928.20	0.2705	20	36980.22	0.3852	16	42.40	13
陕 西	1804.00	0.4215	8	21898.81	0.5569	10	32.12	16
重 庆	1603.16	0.2105	30	19424.73	0.2517	28	19.57	20
宁 夏	295.02	0.6133	2	3443.56	0.6625	8	8.02	24
广 西	2080.04	0.3934	9	18523.26	0.3474	19	-11.69	29
贵 州	1029.92	0.5615	3	13540.83	0.4780	11	-14.87	30
云 南	2011.19	0.5287	5	16376.34	0.4354	15	-17.65	31
西 部	17088.57	0.4032	[1]	168561.57	0.5225	[1]	29.59	[3]
湖 南	3551.49	0.2543	22	33902.96	0.4390	14	72.63	7
江 西	2003.07	0.2736	16	20006.31	0.3732	17	36.40	15
山 西	1845.72	0.3521	11	15528.42	0.4632	13	31.55	17
安 徽	2902.09	0.2727	17	27018.00	0.2996	25	9.86	23
湖 北	3545.39	0.2787	15	35478.09	0.2685	27	-3.66	26
河 南	5052.99	0.2274	25	44552.83	0.2189	30	-3.74	27
中 部	18900.75	0.2661	[2]	176486.61	0.3225	[4]	21.20	[4]

注：①表中全国及各地产值总量数据来源于《中国统计年鉴》，其余为演算衍生数值；②因比值太小表中保留4位小数，并按4位小数演算比值变化，正文表述按惯例保留2位小数，表4~5同；③比值升降百分比负值为下降百分比。

各省域文化投入与产值比历年高低对比。2000年,13个省域此项比值高于全国总体比值;18个省域此项比值低于全国总体比值。西藏占据首位,此项比值高于全国总体比值1.41个百分点;江苏处于末位,此项比值低于全国总体比值0.10个百分点。

到2017年,15个省域此项比值高于全国总体比值;16个省域此项比值低于全国总体比值。西藏占据首位,此项比值高于全国总体比值3.02个百分点;山东处于末位,此项比值低于全国总体比值0.21个百分点。

2000~2017年各省域文化投入与产值比升降变化比较,25个省域此项比值上升;6个省域此项比值下降。其中,青海、上海、北京、海南、西藏、新疆、湖南、辽宁、内蒙古、甘肃、吉林、河北、四川、浙江14个省域此项比值变动状况依次好于全国总体;其余17个省域此项比值变动状况依次逊于全国总体。青海占据首位,此项比值升高172.22%;云南处于末位,此项比值降低17.65%。

这一相对比值分析表明,2000~2017年,全国及各省域文化投入增长与产值增长相比较,其间背景增长协调性普遍向好。在全国及绝大部分省域,文化投入增长超过了产值增长,经济增长成果已经在提升文化投入上明显体现出来。

2017年与上一年相比,全国此项比值下降3.60%。同时,7个省域此项比值上升;24个省域此项比值下降。

(二)文化投入占财政收入比变化

文化投入占财政收入相对比值变动状况见表4,各省域按文化投入总量与财政收入总量的相对比值高低排列。表4同时提供2000年和2017年各地财政收入总量数据,对照表1中各地文化投入总量数据,可以进行重复验算。

2000~2017年,全国财政收入总量从13395.23亿元增长至172592.77亿元,年均增长16.22%,高于同期文化投入总量年均增长0.89个百分点,文化投入占财政收入比从2.24%下降至1.97%,降幅为12.33%。

表4 文化投入占财政收入相对比值变动状况

地区	2000年			2017年			17年比值升降变化	
	财政收入总量（亿元）	文化投入占财政收入比		财政收入总量（亿元）	文化投入占财政收入比		升降（％）	排序
		比例(％)	排序		比例(％)	排序		
全　国	13395.23	2.2417	—	172592.77	1.9653	—	-12.33	—
辽　宁	295.63	3.4181	28	2392.77	3.6126	18	5.69	5
吉　林	103.83	5.8666	10	1210.91	5.8380	6	-0.49	7
黑龙江	185.34	4.6245	16	1243.31	4.3076	11	-6.85	9
东　北	584.79	4.2351	[3]	4846.99	4.3468	[2]	2.64	[1]
北　京	345.00	2.6849	30	5430.79	3.8476	16	43.31	2
上　海	485.38	2.4046	31	6642.26	2.8804	23	19.79	3
海　南	39.20	4.2128	22	674.11	4.4300	10	5.16	6
广　东	910.56	2.8917	29	11320.35	2.5253	27	-12.67	12
河　北	248.76	4.3113	20	3233.83	3.1908	20	-25.99	15
福　建	234.11	4.2919	21	2809.03	3.1093	21	-27.55	16
天　津	133.61	3.4694	27	2310.36	2.5077	28	-27.72	17
浙　江	342.77	3.9949	23	5804.38	2.7507	26	-31.14	19
江　苏	448.31	3.8032	25	8171.53	2.3786	29	-37.46	27
山　东	463.68	3.7902	26	6098.63	2.3267	30	-38.61	29
东　部	3651.37	3.3588	[4]	52495.28	2.7820	[4]	-17.17	[2]
青　海	16.58	8.3615	4	246.20	15.2636	2	82.55	1
内蒙古	95.03	6.9539	5	1703.21	6.8573	4	-1.39	8
陕　西	114.97	6.6139	7	2006.69	6.0771	5	-8.12	10
四　川	233.86	4.5439	18	3577.99	3.9817	14	-12.37	11
新　疆	79.07	6.4820	8	1466.52	5.4824	7	-15.42	13
甘　肃	61.28	9.3844	2	815.73	7.9181	3	-15.62	14
广　西	147.05	5.5644	12	1615.13	3.9846	13	-28.39	18
西　藏	5.38	37.2902	1	185.83	24.1799	1	-35.16	23
云　南	180.75	5.8832	9	1886.17	3.7801	17	-35.75	24
宁　夏	20.82	8.6888	3	417.59	5.4635	8	-37.12	26
贵　州	85.23	6.7845	6	1613.84	4.0109	12	-40.88	30
重　庆	87.24	3.8673	24	2252.38	2.1704	31	-43.88	31
西　部	1127.29	6.1113	[1]	17787.27	4.9518	[1]	-18.97	[3]
湖　南	177.04	5.1014	13	2757.82	5.3965	9	5.78	4
山　西	114.48	5.6767	11	1867.00	3.8523	15	-32.14	20
江　西	111.55	4.9132	14	2247.06	3.3223	19	-32.38	21
安　徽	178.72	4.4288	19	2812.45	2.8778	24	-35.02	22
湖　北	214.35	4.6095	17	3248.32	2.9325	22	-36.38	25
河　南	246.47	4.6613	15	3407.22	2.8622	25	-38.60	28
中　部	1042.60	4.8240	[2]	16339.87	3.4830	[3]	-27.80	[4]

注：表中全国及各地财政收入总量数据来源于《中国统计年鉴》，其余同前表。

与此同时，东部文化投入年均增长低于财政收入年增 1.29 个百分点，占财政收入比从 3.36% 下降至 2.78%，降幅为 17.17%；东北文化投入年均增长高于财政收入年增 0.17 个百分点，占财政收入比从 4.24% 上升至 4.35%，升幅为 2.64%；中部文化投入年均增长低于财政收入年增 2.23 个百分点，占财政收入比从 4.82% 下降至 3.48%，降幅为 27.80%；西部文化投入年均增长低于财政收入年增 1.45 个百分点，占财政收入比从 6.11% 下降至 4.95%，降幅为 18.97%。

各省域文化投入占财政收入比历年高低对比。2000 年，全部 31 个省域此项比值高于全国总体比值。西藏占据首位，此项比值高于全国总体比值 35.05 个百分点；上海处于末位，此项比值高于全国总体比值 0.16 个百分点。

到 2017 年，全部 31 个省域此项比值高于全国总体比值。西藏占据首位，此项比值高于全国总体比值 22.21 个百分点；重庆处于末位，此项比值高于全国总体比值 0.21 个百分点。

2000~2017 年各省域文化投入占财政收入比升降变化比较，6 个省域此项比值上升；25 个省域此项比值下降。其中，青海、北京、上海、湖南、辽宁、海南、吉林、内蒙古、黑龙江、陕西 10 个省域此项比值变动状况依次好于全国总体；其余 21 个省域此项比值变动状况依次逊于全国总体。青海占据首位，此项比值升高 82.55%；重庆处于末位，此项比值降低 43.88%。

这一相对比值分析表明，2000~2017 年，全国及各省域文化投入增长与财政收入增长相比较，其间背景增长协调性普遍欠佳。在全国及绝大部分省域，文化投入增长滞后于财政收入增长，财政收入增长成效并未在提升文化投入上同时体现出来。

2017 年与上一年相比，全国此项比值下降 0.83%。同时，13 个省域此项比值上升；18 个省域此项比值下降。

（三）文化投入占财政支出比变化

文化投入占财政支出相对比值变动状况见表 5，各省域按文化投入总量与财政支出总量的相对比值高低排列。表4同时提供2000年和2017年各地财政支出总量数据，对照表1中各地文化投入总量数据，可以进行重复验算。

2000~2017年，全国财政支出总量从15886.50亿元增长至203085.49亿元，年均增长16.17%，高于同期文化投入总量年均增长0.84个百分点，文化投入占财政支出比从1.89%下降至1.67%，降幅为11.64%。

与此同时，东部文化投入年均增长低于财政支出年增1.72个百分点，占财政支出比从2.58%下降至2.00%，降幅为22.24%；东北文化投入年均增长低于财政支出年增1.98个百分点，占财政支出比从2.13%下降至1.59%，降幅为25.46%；中部文化投入年均增长低于财政支出年增3.61个百分点，占财政支出比从2.60%下降至1.54%，降幅为40.78%；西部文化投入年均增长低于财政支出年增2.84个百分点，占财政支出比从2.65%下降至1.76%，降幅为33.69%。

各省域文化投入占财政支出比历年高低对比，2000年，30个省域此项比值高于全国总体比值；1个省域此项比值低于全国总体比值。西藏占据首位，此项比值高于全国总体比值1.46个百分点；重庆处于末位，此项比值低于全国总体比值0.09个百分点。

到2017年，18个省域此项比值高于全国总体比值；13个省域此项比值低于全国总体比值。北京占据首位，此项比值高于全国总体比值1.39个百分点；重庆处于末位，此项比值低于全国总体比值0.54个百分点。

2000~2017年各省域文化投入占财政支出比升降变化比较，3个省域此项比值上升；28个省域此项比值下降。其中，北京、上海、青海、内蒙古、辽宁、陕西6个省域此项比值变动状况依次好于全国总体；其余25个省域此项比值变动状况依次逊于全国总体。北京占据首位，此项比值升高46.43%；广西处于末位，此项比值降低58.58%。

这一相对比值分析表明，2000~2017年，全国及各省域文化投入增长与财政支出增长相比较，其间背景增长协调性普遍欠佳。在全国及绝大部分省域，文化投入增长滞后于财政支出增长，财政支出增长效应并未在提升文化投入上同时体现出来。

全国省域公共文化投入增长综合评价排行

表5 文化投入占财政支出相对比值变动状况

地区	2000年 财政支出总量（亿元）	2000年 文化投入占财政支出比 比例(%)	2000年 文化投入占财政支出比 排序	2017年 财政支出总量（亿元）	2017年 文化投入占财政支出比 比例(%)	2017年 文化投入占财政支出比 排序	17年比值升降变化 升降(%)	17年比值升降变化 排序
全 国	15886.50	1.8902	—	203085.49	1.6702	—	-11.64	—
北 京	443.00	2.0909	27	6824.53	3.0618	1	46.43	1
上 海	608.56	1.9179	30	7547.62	2.5349	4	32.17	2
海 南	64.12	2.5755	18	1443.97	2.0681	9	-19.70	9
广 东	1080.32	2.4373	23	15037.48	1.9011	12	-22.00	11
天 津	187.05	2.4781	20	3282.54	1.7650	17	-28.78	12
浙 江	431.30	3.1750	2	7530.32	2.1202	8	-33.22	14
江 苏	591.28	2.8836	8	10621.03	1.8300	15	-36.54	18
河 北	415.54	2.5810	16	6639.18	1.5542	21	-39.78	20
福 建	324.18	3.0993	4	4684.15	1.8646	14	-39.84	21
山 东	613.08	2.8666	10	9258.40	1.5327	22	-46.53	24
东 部	4758.42	2.5774	[3]	72869.22	2.0041	[1]	-22.24	[1]
辽 宁	518.08	1.9504	29	4879.42	1.7716	16	-9.17	5
吉 林	260.67	2.3367	25	3725.72	1.8974	13	-18.80	8
黑龙江	381.87	2.2445	26	4641.08	1.1540	30	-48.59	27
东 北	1160.63	2.1339	[4]	13246.22	1.5906	[3]	-25.46	[2]
青 海	68.26	2.0315	28	1530.44	2.4554	6	20.87	3
内蒙古	247.27	2.6726	14	4529.93	2.5783	3	-3.53	4
陕 西	271.76	2.7981	11	4833.19	2.5232	5	-9.82	6
西 藏	59.97	3.3484	1	1681.94	2.6716	2	-20.21	10
四 川	452.00	2.3510	24	8694.76	1.6385	20	-30.31	13
新 疆	190.95	2.6842	12	4637.24	1.7338	18	-35.41	16
甘 肃	188.23	3.0554	5	3304.44	1.9547	10	-36.02	17
重 庆	187.64	1.7981	31	4336.28	1.1274	31	-37.30	19
宁 夏	60.84	2.9741	6	1372.78	1.6620	19	-44.12	23
贵 州	201.57	2.8688	9	4612.52	1.4033	24	-51.08	28
云 南	414.11	2.5678	19	5712.97	1.2480	28	-51.40	29
广 西	258.49	3.1656	3	4908.55	1.3111	26	-58.58	31
西 部	2601.09	2.6486	[1]	50155.04	1.7562	[2]	-33.69	[3]
湖 南	347.83	2.5965	15	6869.39	2.1665	7	-16.56	7
山 西	225.06	2.8875	7	3756.42	1.9146	11	-33.69	15
江 西	223.47	2.4526	21	5111.47	1.4605	23	-40.45	22
安 徽	323.47	2.4469	22	6203.81	1.3046	27	-46.68	25
湖 北	368.77	2.6793	13	6801.26	1.4006	25	-47.73	26
河 南	445.53	2.5786	17	8215.52	1.1870	29	-53.97	30
中 部	1934.13	2.6004	[2]	36957.86	1.5399	[4]	-40.78	[4]

注：表中全国及各地财政支出总量数据来源于《中国统计年鉴》，其余同前表。

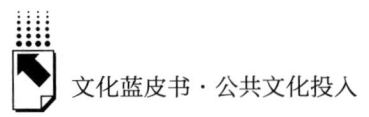

2017年与上一年相比，全国此项比值下降0.86%。同时，8个省域此项比值上升；23个省域此项比值下降。

三 各省域文化投入相邻关系协调状况

在本项测评里，全国及各省域文化投入增长其次也需要放到教育、科技、卫生投入增长的相邻同步关系中，考察其间的"相邻协调增长"状况，从而得出相邻关系平衡指标演算比值。

（一）文化投入与教育投入相对比值变化

文化投入与教育投入相对比值变动状况见表6，各省域按文化投入总量与教育投入总量的相对比值高低排列。表6同时提供2000年和2017年各地教育投入总量数据，对照表1中各地文化投入总量数据，可以进行重复验算。

2000~2017年，全国教育投入总量从1768.75亿元增长至30153.18亿元，年均增长18.15%，高于同期文化投入总量年均增长2.82个百分点，文化投入与教育投入比从16.98%下降至11.25%，降幅为33.75%。

与此同时，东部文化投入年均增长低于教育投入年增2.04个百分点，与教育投入比从15.75%下降至11.69%，降幅为25.78%；东北文化投入年均增长低于教育投入年增2.02个百分点，与教育投入比从16.43%下降至12.18%，降幅为25.87%；中部文化投入年均增长低于教育投入年增3.89个百分点，与教育投入比从15.91%下降至9.05%，降幅为43.12%；西部文化投入年均增长低于教育投入年增3.58个百分点，与教育投入比从18.20%下降至10.87%，降幅为40.27%。

各省域文化投入与教育投入比历年高低对比，2000年，17个省域此项比值高于全国总体比值；14个省域此项比值低于全国总体比值。西藏占据首位，此项比值高于全国总体比值11.80个百分点；重庆处于末位，此项比值低于全国总体比值3.72个百分点。

表6 文化投入与教育投入相对比值变动状况

地区	2000年			2017年			17年比值升降变化	
	教育投入总量（亿元）	文化投入与教育投入比		教育投入总量（亿元）	文化投入与教育投入比		升降（%）	排序
		比例(%)	排序		比例(%)	排序		
全 国	1768.75	16.98	—	30153.18	11.25	—	-33.75	—
上 海	84.10	13.88	30	874.10	21.89	1	57.71	1
北 京	60.07	15.42	21	964.62	21.66	2	40.47	2
天 津	30.87	15.01	23	434.59	13.33	12	-11.19	5
海 南	9.63	17.15	13	220.87	13.52	8	-21.17	8
江 苏	117.42	14.52	28	1979.57	9.82	20	-32.37	14
福 建	61.97	16.21	20	842.21	10.37	18	-36.03	15
浙 江	78.19	17.51	11	1430.15	11.16	15	-36.26	16
广 东	144.75	18.19	9	2575.52	11.10	17	-38.98	18
河 北	73.65	14.56	27	1276.55	8.08	23	-44.51	21
山 东	118.10	14.88	24	1890.00	7.51	27	-49.53	26
东 部	778.76	15.75	[4]	12488.18	11.69	[2]	-25.78	[1]
辽 宁	65.91	15.33	22	648.06	13.34	11	-12.98	6
吉 林	35.81	17.01	17	508.09	13.91	7	-18.22	7
黑龙江	48.98	17.50	12	573.11	9.34	21	-46.63	25
东 北	150.70	16.43	[2]	1729.27	12.18	[1]	-25.87	[2]
青 海	7.27	19.07	6	187.51	20.04	4	5.09	3
内蒙古	29.75	22.21	3	561.85	20.79	3	-6.39	4
陕 西	38.46	19.77	5	828.25	14.72	6	-25.54	10
西 藏	6.98	28.77	1	227.20	19.78	5	-31.25	11
新 疆	31.35	16.35	19	722.59	11.13	16	-31.93	12
四 川	64.80	16.40	18	1389.20	10.26	19	-37.44	17
宁 夏	8.08	22.39	2	170.65	13.37	9	-40.29	19
重 庆	25.45	13.26	31	626.30	7.81	26	-41.10	20
甘 肃	27.55	20.88	4	567.35	11.38	14	-45.50	23
云 南	62.31	17.07	15	998.33	7.14	29	-58.17	29
贵 州	31.78	18.20	8	901.96	7.18	28	-60.55	30
广 西	44.71	18.30	7	920.20	6.99	30	-61.80	31
西 部	378.51	18.20	[1]	8101.41	10.87	[3]	-40.27	[3]
湖 南	50.88	17.75	10	1115.33	13.34	10	-24.85	9
山 西	38.16	17.03	16	620.67	11.93	13	-31.94	13
江 西	38.14	14.37	29	940.57	7.94	25	-44.75	22
安 徽	53.99	14.66	26	1014.91	7.97	24	-45.63	24
湖 北	57.66	17.14	14	1101.35	8.65	22	-49.53	27
河 南	77.33	14.86	25	1493.11	6.53	31	-56.06	28
中 部	316.17	15.91	[3]	6285.94	9.05	[4]	-43.12	[4]

注：表中全国及各地教育投入总量数据来源于《中国统计年鉴》，其余同前表。

到2017年，14个省域此项比值高于全国总体比值；17个省域此项比值低于全国总体比值。上海占据首位，此项比值高于全国总体比值10.64个百分点；河南处于末位，此项比值低于全国总体比值4.72个百分点。

2000~2017年各省域文化投入与教育投入比升降变化比较，3个省域此项比值上升；28个省域此项比值下降。其中，上海、北京、青海、内蒙古、天津、辽宁、吉林、海南、湖南、陕西、西藏、新疆、山西、江苏14个省域此项比值变动状况依次好于全国总体；其余17个省域此项比值变动状况依次逊于全国总体。上海占据首位，此项比值升高57.71%；广西处于末位，此项比值降低61.80%。

这一相对比值分析表明，2000~2017年，全国及各省域文化投入增长与教育投入增长相比较，其间相邻增长协调性普遍欠佳。在全国及绝大部分省域，文化投入增长滞后于教育投入增长，教育投入增长进展并未在相邻的文化投入上引发同步效应，反而在教科文卫综合投入中压低文化投入的比重。

2017年与上一年相比，全国此项比值下降0.16%。同时，8个省域此项比值上升；23个省域此项比值下降。

（二）文化投入与科技投入相对比值变化

文化投入与科技投入相对比值变动状况见表7，各省域按文化投入总量与科技投入总量的相对比值高低排列。表7同时提供2000年和2017年各地科技投入总量数据，对照表1中各地文化投入总量数据，可以进行重复验算。

2000~2017年，全国科技投入总量从173.58亿元增长至7266.98亿元，年均增长24.57%，高于同期文化投入总量年均增长9.24个百分点，文化投入与科技投入比从172.99%下降至46.68%，降幅为73.02%。

与此同时，东部文化投入年均增长低于科技投入年增12.01个百分点，与科技投入比从279.89%下降至52.16%，降幅为81.36%；东北文化投入年均增长低于科技投入年增5.68个百分点，与科技投入比从319.72%下降

全国省域公共文化投入增长综合评价排行

表7 文化投入与科技投入相对比值变动状况

地区	2000年			2017年			17年比值升降变化	
	科技投入总量（亿元）	文化投入与科技投入比		科技投入总量（亿元）	文化投入与科技投入比		升降（%）	排序
		比例（%）	排序		比例（%）	排序		
全 国	173.58	172.99	—	7266.98	46.68	—	-73.02	—
辽 宁	3.26	309.76	28	57.38	150.64	10	-51.37	5
吉 林	1.75	347.13	23	46.84	150.91	9	-56.53	7
黑龙江	2.73	313.99	27	46.91	114.17	15	-63.64	12
东 北	7.75	319.72	[3]	151.14	139.40	[2]	-56.40	[1]
内蒙古	1.20	549.88	6	33.67	346.84	2	-36.92	1
甘 肃	1.27	452.74	15	25.83	250.06	4	-44.77	3
西 藏	0.19	1074.95	1	8.49	529.06	1	-50.78	4
青 海	0.19	722.99	2	11.94	314.85	3	-56.45	6
云 南	3.38	314.64	26	53.42	133.48	14	-57.58	8
四 川	3.30	322.40	24	106.57	133.68	13	-58.54	9
新 疆	1.04	492.22	10	42.81	187.79	6	-61.85	11
陕 西	1.49	510.27	9	79.34	153.71	8	-69.88	15
广 西	2.13	383.37	18	60.04	107.19	16	-72.04	17
宁 夏	0.46	394.81	17	25.55	89.29	17	-77.38	20
贵 州	1.54	374.33	19	87.72	73.79	20	-80.29	21
重 庆	0.73	462.64	12	59.31	82.43	19	-82.18	22
西 部	16.92	407.05	[2]	594.69	148.11	[1]	-63.61	[2]
海 南	0.38	431.63	16	12.47	239.44	5	-44.53	2
北 京	6.21	149.23	31	361.76	57.76	24	-61.29	10
上 海	7.32	159.52	30	389.90	49.07	27	-69.24	14
河 北	2.08	515.80	7	69.08	149.37	11	-71.04	16
福 建	3.12	321.72	25	99.44	87.83	18	-72.70	18
山 东	3.85	455.97	14	195.77	72.48	21	-84.10	23
浙 江	3.94	347.52	22	303.50	52.61	25	-84.86	24
广 东	10.96	240.28	29	823.89	34.70	30	-85.56	25
天 津	1.33	348.50	21	115.99	49.95	26	-85.67	27
江 苏	4.63	368.58	20	428.01	45.41	28	-87.68	29
东 部	43.82	279.89	[4]	2799.81	52.16	[4]	-81.36	[3]
湖 南	1.75	514.89	8	91.42	162.79	7	-68.38	13
山 西	1.08	601.32	4	50.25	143.14	12	-76.20	19
河 南	2.34	491.76	11	137.94	70.70	22	-85.62	26
江 西	1.19	462.16	13	120.09	62.17	23	-86.55	28
湖 北	1.54	640.79	3	234.27	40.66	29	-93.65	30
安 徽	1.39	569.15	5	260.41	31.08	31	-94.54	31
中 部	9.29	541.42	[1]	894.38	63.63	[3]	-88.25	[4]

注：表中全国及各地科技投入总量数据来源于《中国统计年鉴》，其余同前表。

105

至139.40%，降幅为56.40%；中部文化投入年均增长低于科技投入年增15.48个百分点，与科技投入比从541.42%下降至63.63%，降幅为88.25%；西部文化投入年均增长低于科技投入年增7.12个百分点，与科技投入比从407.05%下降至148.11%，降幅为63.61%。

各省域文化投入与科技投入比历年高低对比，2000年，29个省域此项比值高于全国总体比值；2个省域此项比值低于全国总体比值。西藏占据首位，此项比值高于全国总体比值901.95个百分点；北京处于末位，此项比值低于全国总体比值23.76个百分点。

到2017年，27个省域此项比值高于全国总体比值；4个省域此项比值低于全国总体比值。西藏占据首位，此项比值高于全国总体比值482.38个百分点；安徽处于末位，此项比值低于全国总体比值15.60个百分点。

2000~2017年各省域文化投入与科技投入比升降变化比较，全部31个省域此项比值下降。其中，内蒙古、海南、甘肃、西藏、辽宁、青海、吉林、云南、四川、北京、新疆、黑龙江、湖南、上海、陕西、河北、广西、福建18个省域此项比值变动状况依次好于全国总体；其余13个省域此项比值变动状况依次逊于全国总体。内蒙古占据首位，此项比值降低36.92%；安徽处于末位，此项比值降低94.54%。

这一相对比值分析表明，2000~2017年，全国及各省域文化投入增长与科技投入增长相比较，其间相邻增长协调性普遍欠佳。在全国及绝大部分省域，文化投入增长滞后于科技投入增长，科技投入增长进展并未在相邻的文化投入上引发同步效应，反而在教科文卫综合投入中压低文化投入的比重。

2017年与上一年相比，全国此项比值下降3.14%。同时，10个省域此项比值上升；21个省域此项比值下降。

（三）文化投入与卫生投入相对比值变化

文化投入与卫生投入相对比值变动状况见表8，各省域按文化投入总量与卫生投入总量的相对比值高低排列。表8同时提供2000年和2017年各地卫生投入总量数据，对照表1中各地文化投入总量数据，可以进行重复验算。

表8 文化投入与卫生投入相对比值变动状况

地区	2000年 卫生投入总量（亿元）	2000年 文化投入与卫生投入比 比例(%)	2000年 排序	2017年 卫生投入总量（亿元）	2017年 文化投入与卫生投入比 比例(%)	2017年 排序	17年比值升降变化 升降(%)	17年比值升降变化 排序
全 国	494.26	60.75	—	14450.63	23.47	—	-61.37	—
北 京	28.53	32.47	31	427.87	48.84	1	50.42	1
上 海	32.58	35.82	30	412.18	46.42	3	29.59	2
天 津	8.69	53.36	19	182.10	31.82	5	-40.37	6
浙 江	27.24	50.27	24	584.17	27.33	9	-45.63	7
江 苏	32.57	52.35	21	789.52	24.62	13	-52.97	9
海 南	2.80	58.93	17	127.37	23.45	14	-60.21	11
广 东	47.73	55.16	18	1307.56	21.86	18	-60.37	12
福 建	16.14	62.25	11	420.44	20.77	19	-66.63	17
河 北	17.46	61.42	15	605.10	17.05	23	-72.24	26
山 东	28.26	62.19	12	829.27	17.11	22	-72.49	27
东 部	242.00	50.68	[4]	5685.57	25.69	[1]	-49.31	[1]
辽 宁	17.13	58.98	16	336.63	25.68	10	-56.46	10
吉 林	9.38	64.95	9	279.22	25.32	12	-61.02	13
黑龙江	13.61	62.97	10	297.17	18.02	20	-71.38	23
东 北	40.12	61.73	[2]	913.01	23.08	[2]	-62.61	[2]
西 藏	3.24	62.04	14	93.80	47.91	2	-22.78	3
新 疆	10.65	48.13	27	266.71	30.15	6	-37.36	4
青 海	2.82	49.14	25	125.21	30.01	7	-38.93	5
内蒙古	9.11	72.56	4	323.48	36.11	4	-50.23	8
四 川	21.90	48.53	26	831.46	17.13	21	-64.70	15
重 庆	8.04	41.97	29	353.79	13.82	27	-67.07	18
陕 西	8.29	91.74	1	418.27	29.16	8	-68.21	19
甘 肃	8.06	71.38	5	289.24	22.33	17	-68.72	20
宁 夏	2.35	76.93	2	97.98	23.28	15	-69.74	21
贵 州	11.06	52.30	22	436.21	14.84	26	-71.63	25
云 南	22.38	47.52	28	546.99	13.03	29	-72.58	28
广 西	11.64	70.30	6	512.31	12.56	30	-82.13	30
西 部	119.52	57.64	[3]	4295.44	20.51	[3]	-64.42	[3]
山 西	10.45	62.18	13	321.34	22.38	16	-64.01	14
湖 南	11.88	76.03	3	585.98	25.40	11	-66.59	16
湖 北	19.09	51.76	23	614.69	15.50	24	-70.05	22
江 西	10.32	53.13	20	492.59	15.16	25	-71.47	24
安 徽	11.71	67.58	7	597.74	13.54	28	-79.96	29
河 南	17.30	66.41	8	836.66	11.66	31	-82.44	31
中 部	80.74	62.29	[1]	3449.01	16.50	[4]	-73.51	[4]

注：表中全国及各地卫生投入总量数据来源于《中国统计年鉴》，其余同前表。

2000~2017年，全国卫生投入总量从494.26亿元增长至14450.63亿元，年均增长21.96%，高于同期文化投入总量年均增长6.63个百分点，文化投入与卫生投入比从60.75%下降至23.47%，降幅为61.37%。

与此同时，东部文化投入年均增长低于卫生投入年增4.71个百分点，与卫生投入比从50.68%下降至25.69%，降幅为49.31%；东北文化投入年均增长低于卫生投入年增6.76个百分点，与卫生投入比从61.73%下降至23.08%，降幅为62.61%；中部文化投入年均增长低于卫生投入年增9.37个百分点，与卫生投入比从62.29%下降至16.50%，降幅为73.51%；西部文化投入年均增长低于卫生投入年增7.28个百分点，与卫生投入比从57.64%下降至20.51%，降幅为64.42%。

各省域文化投入与卫生投入比历年高低对比，2000年，15个省域此项比值高于全国总体比值；16个省域此项比值低于全国总体比值。陕西占据首位，此项比值高于全国总体比值30.98个百分点；北京处于末位，此项比值低于全国总体比值28.29个百分点。

到2017年，13个省域此项比值高于全国总体比值；18个省域此项比值低于全国总体比值。北京占据首位，此项比值高于全国总体比值25.36个百分点；河南处于末位，此项比值低于全国总体比值11.82个百分点。

2000~2017年各省域文化投入与卫生投入比升降变化比较，2个省域此项比值上升；29个省域此项比值下降。其中，北京、上海、西藏、新疆、青海、天津、浙江、内蒙古、江苏、辽宁、海南、广东、吉林13个省域此项比值变动状况依次好于全国总体；其余18个省域此项比值变动状况依次逊于全国总体。北京占据首位，此项比值升高50.42%；河南处于末位，此项比值降低82.44%。

这一相对比值分析表明，2000~2017年，全国及各省域文化投入增长与卫生投入增长相比较，其间相邻增长协调性普遍欠佳。在全国及绝大部分省域，文化投入增长滞后于卫生投入增长，卫生投入增长进展并未在相邻的文化投入上引发同步效应，反而在教科文卫综合投入中压低文化投入的比重。

2017年与上一年相比，全国此项比值下降2.35%。同时，5个省域此项比值上升；26个省域此项比值下降。

四 各省域文化投入与居民文化消费同构关联对比

在本项测评里，全国及各省域文化投入增长再次还需要放到居民文化消费增长的同构可比关系中，考察其间的"同构协调增长"状况，从而得出占比倍差指数校正指标演算结果。此项测算与"中国文化消费需求景气评价体系"形成互动。

（一）文化消费与文化投入占收入比变化

文化消费与文化投入占收入比差距变动状况见表9，各省域按居民文化消费与公共文化投入占收入比之间的倍差指数增减变化排列。表9同时提供2000年和2017年各地居民文化消费占收入比演算结果，对照表4中各地公共文化投入占财政收入比演算结果，可以进行重复验算。

2000~2017年，全国文化消费占居民收入比从3.18%上升至3.24%，升幅为2.14%；对照表4，同期全国文化投入占财政收入比降幅为12.33%，降幅大于文化消费占居民收入比升幅。于是，在这17年间，全国文化消费占居民收入比与文化投入占财政收入比之间的倍差从1.4171增大至1.6511，增幅为16.51%。这意味着，文化投入占财政收入比下降形成的不利态势，更甚于同期文化消费占居民收入比上升的有利态势。

与此同时，东部文化消费占居民收入比降低11.30%，文化投入占财政收入比降低17.17%，二者占比倍差从1.0420增至1.1159；东北文化消费占居民收入比升高36.92%，文化投入占财政收入比升高2.64%，二者占比倍差从1.3701减至1.1597；中部文化消费占居民收入比升高27.98%，文化投入占财政收入比降低27.80%，二者占比倍差从1.4439减至1.0143；西部文化消费占居民收入比降低0.55%，文化投入占财政收入比降低18.97%，二者占比倍差从1.4660减至1.3445。

表9 文化消费与文化投入占收入比差距变动状况

地区	2000年 文化消费占收入比（%）	2000年 文化消费与投入占收入比倍差指数 无差距=1	2000年 差距排序（倒序）	2017年 文化消费占收入比（%）	2017年 文化消费与投入占收入比倍差指数 无差距=1	2017年 差距排序（倒序）	17年倍差增减变化 增减（%）	17年倍差增减变化 排序（倒序）
全国	3.1767	1.4171	—	3.2448	1.6511	—	16.51	—
河南	2.2573	1.5157	22	2.9725	1.0385	3	-31.48	4
山西	2.8907	1.4908	20	3.6661	1.0483	4	-29.68	5
江西	2.2323	1.5457	24	2.8739	1.1350	10	-26.57	6
安徽	2.5500	1.4242	13	3.0408	1.0566	6	-25.81	8
湖北	2.7948	1.3937	11	3.1851	1.0862	7	-22.06	9
湖南	3.3242	1.3484	9	4.7887	1.1126	9	-17.49	12
中部	2.6828	1.4439	[3]	3.4333	1.0143	[1]	-29.75	[1]
黑龙江	2.4524	1.4697	18	3.5014	1.1872	13	-19.22	10
辽宁	2.7344	1.2000	6	3.8115	1.0550	5	-12.08	16
吉林	2.8670	1.5113	21	3.5302	1.3953	24	-7.68	19
东北	2.6677	1.3701	[2]	3.6526	1.1597	[3]	-15.36	[2]
贵州	2.7974	1.5877	27	3.9834	1.0068	1	-36.59	3
云南	3.4117	1.4201	12	3.2155	1.1494	12	-19.06	11
宁夏	3.9556	1.5447	23	3.7664	1.3106	20	-15.16	14
广西	3.0831	1.4459	15	2.9792	1.2523	16	-13.39	15
新疆	3.4856	1.4623	16	3.2656	1.4043	25	-3.97	20
四川	3.0684	1.3247	8	2.8252	1.2905	19	-2.58	21
内蒙古	3.1290	1.5500	25	3.3180	1.5161	27	-2.19	22
陕西	3.7240	1.4370	14	3.5859	1.4099	26	-1.89	23
甘肃	4.0716	1.5661	26	3.6094	1.5442	29	-1.40	24
西藏	1.2967	1.9652	29	1.1138	1.9539	31	-0.58	25
青海	2.6265	1.6859	28	3.5596	1.7668	30	4.80	27
重庆	3.4325	1.1124	3	3.3386	1.5382	28	38.28	31
西部	3.2636	1.4660	[4]	3.2458	1.3445	[4]	-8.29	[3]
北京	5.9342	2.2102	31	3.0384	1.2103	14	-45.24	1
上海	5.2609	2.1878	30	3.5329	1.2265	15	-43.94	2
河北	2.1991	1.4899	19	2.8801	1.0974	8	-26.34	7
福建	2.7295	1.3640	10	2.6716	1.1408	11	-16.36	13
海南	2.2503	1.4658	17	3.0448	1.3127	21	-10.44	17

续表

地区	2000年			2017年			17年倍差增减变化	
	文化消费占收入比（%）	文化消费与投入占收入比倍差指数		文化消费占收入比（%）	文化消费与投入占收入比倍差指数		增减（%）	排序（倒序）
		无差距=1	差距排序（倒序）		无差距=1	差距排序（倒序）		
浙 江	3.5549	1.1101	2	2.8175	1.0243	2	-7.73	18
天 津	4.2986	1.2390	7	3.1684	1.2635	18	1.98	26
广 东	3.4699	1.2000	5	3.3734	1.3359	22	11.33	28
山 东	3.3964	1.1039	1	2.9297	1.2591	17	14.06	29
江 苏	3.0484	1.1985	4	3.2903	1.3833	23	15.42	30
东 部	3.4997	1.0420	[1]	3.1043	1.1159	[2]	7.09	[4]

注：①文化消费占收入比测算同"中国文化消费需要景气评价体系"形成互动，取文化消费与投入各占收入比之间倍差（倍差演算：无差距基准值1加同构收入比之间商值与之绝对偏差值）衡量差距及其变动；②为检测细微差异，倍差指数保留4位小数，增减百分比负值为倍差减小，其余同前表；③另需说明，近年来年鉴始发布2014年以来城乡居民收入人均值数据，与总量数据之间存在演算误差，与对应年鉴同时发布的产值人均值和总量分别演算居民收入比有出入，本文恢复采用自行演算城乡人均值展开文化消费占居民收入比测算，以保证数据库测算模型的规范性及其历年通行测评的标准化。

各省域文化消费占居民收入比与文化投入占财政收入比之间历年倍差大小对比，2000年，11个省域此项倍差小于全国总体倍差；20个省域此项倍差大于全国总体。山东占据首位，此项倍差仅为全国总体倍差的77.90%；北京处于末位，此项倍差达到全国总体倍差的155.97%。

到2017年，29个省域此项倍差小于全国总体倍差；2个省域此项倍差大于全国总体。贵州占据首位，此项倍差仅为全国总体倍差的60.98%；西藏处于末位，此项倍差达到全国总体倍差的118.34%。

2000~2017年各省域文化消费与文化投入占收入比之间倍差指数增减变化比较，25个省域此项倍差减小，即二者差距缩小；6个省域此项倍差增大，即二者差距扩大。其中，30个省域此项倍差变动状况好于全国总体；只有重庆1个省域此项倍差变动状况依次逊于全国总体。北京占据首位，此项倍差减小45.24%；重庆处于末位，此项倍差增大38.28%。

这一倍差指数分析表明，2000~2017年，全国及各省域文化消费占居民收入比变化动态与文化投入占财政收入比变化动态相比较,其间"同构增长协调性"普遍欠佳。在全国及绝大部分省域,文化投入占财政收入比及其增减变动逊于文化消费占居民收入比及其增减变动,以财政收入占比来衡量的文化投入增长滞后于以居民收入占比来衡量的文化消费增长所体现出的需求动态。

2017年与上一年相比,全国此项倍差减小3.60%。同时,17个省域此项倍差减小;14个省域此项倍差增大。

(二)文化消费与文化投入占支出比变化

文化消费与文化投入占支出比差距变动状况见表10,各省域按居民文化消费与公共文化投入占支出比之间的倍差指数增减变化排列。表10同时提供2000年和2017年各地居民文化消费占支出比演算结果,对照表5中各地公共文化投入占财政支出比演算结果,可以进行重复验算。

2000~2017年,全国文化消费占居民支出比从4.10%上升至4.62%,升幅为12.65%;对照表5,同期全国文化投入占财政支出比降幅为11.64%,降幅大于文化消费占居民支出比升幅。于是,在这17年间,全国文化消费占居民支出比与文化投入占财政支出比之间的倍差从2.1706增大至2.7673,增幅为27.49%。这意味着,文化投入占财政支出比下降形成的不利态势,稍好于同期文化消费占居民支出比上升的有利态势。

与此同时,东部文化消费占居民支出比降低3.30%,文化投入占财政支出比降低22.24%,二者占比倍差从1.8167增至2.2593;东北文化消费占居民支出比升高47.02%,文化投入占财政支出比降低25.46%,二者占比倍差从1.5878增至3.1317;中部文化消费占居民支出比升高41.36%,文化投入占财政支出比降低40.78%,二者占比倍差从1.3431增至3.2061;西部文化消费占居民支出比升高10.20%,文化投入占财政支出比降低33.69%,二者占比倍差从1.5149增至2.5177。

各省域文化消费占居民支出比与文化投入占财政支出比之间历年倍差大小对比,2000年,27个省域此项倍差小于全国总体倍差;4个省域此项倍

全国省域公共文化投入增长综合评价排行

表10 文化消费与文化投入占支出比差距变动状况

地区	2000年 文化消费占支出比（%）	2000年 文化消费与投入占支出比倍差指数 无差距=1	2000年 文化消费与投入占支出比倍差指数 差距排序（倒序）	2017年 文化消费占支出比（%）	2017年 文化消费与投入占支出比倍差指数 无差距=1	2017年 文化消费与投入占支出比倍差指数 差距排序（倒序）	17年倍差增减变化 增减（%）	17年倍差增减变化 排序（倒序）
全 国	4.1029	2.1706	—	4.6220	2.7673	—	27.49	—
北 京	7.3109	3.4964	30	4.6465	1.5175	2	-56.60	1
上 海	6.9614	3.6297	31	5.2390	2.0668	7	-43.06	2
天 津	5.9563	2.4036	29	4.2132	2.3871	13	-0.69	4
广 东	4.3509	1.7852	27	4.4898	2.3618	12	32.30	8
浙 江	4.6925	1.4780	13	4.3873	2.0693	8	40.01	11
福 建	3.6214	1.1685	1	3.8039	2.0401	6	74.59	15
海 南	3.0832	1.1971	4	4.4730	2.1628	9	80.67	17
山 东	4.6576	1.6248	22	4.5814	2.9892	20	83.97	18
江 苏	4.2060	1.4586	12	4.9402	2.6995	17	85.07	19
河 北	3.4041	1.3189	7	4.0444	2.6022	16	97.30	21
东 部	4.6822	1.8167	[4]	4.5279	2.2593	[1]	24.36	[1]
西 藏	1.6455	1.5086	16	1.6621	1.3779	1	-8.66	3
青 海	3.2331	1.5915	21	4.4113	1.7966	4	12.89	5
内蒙古	4.0366	1.5104	17	4.6228	1.7930	3	18.71	6
陕 西	4.3981	1.5718	18	5.0334	1.9949	5	26.92	7
四 川	3.8221	1.6257	23	3.6347	2.2183	10	36.45	9
甘 肃	5.0879	1.6652	24	4.4634	2.2835	11	37.13	10
新 疆	4.4889	1.6723	25	4.3318	2.4984	14	49.40	12
重 庆	4.1380	2.3013	28	4.5344	4.0221	30	74.78	16
宁 夏	4.7044	1.5818	19	5.1013	3.0694	23	94.04	20
云 南	4.0744	1.5867	20	4.7218	3.7834	29	138.44	25
广 西	3.7772	1.1932	3	4.4680	3.4078	26	185.60	28
贵 州	3.4206	1.1923	2	5.2164	3.7172	28	211.77	31
西 部	4.0124	1.5149	[2]	4.4215	2.5177	[2]	66.20	[2]
辽 宁	3.4432	1.7654	26	5.1875	2.9282	19	65.87	13
吉 林	3.5163	1.5048	15	4.8325	2.5469	15	69.25	14
黑龙江	3.2256	1.4372	11	4.7762	4.1389	31	187.98	29
东 北	3.3882	1.5878	[3]	4.9812	3.1317	[3]	97.24	[3]
湖 南	3.8649	1.4885	14	6.5234	3.0110	21	102.28	22

113

续表

地区	2000年			2017年			17年倍差增减变化	
	文化消费占支出比（%）	文化消费与投入占支出比倍差指数		文化消费占支出比（%）	文化消费与投入占支出比倍差指数		增减（%）	排序（倒序）
		无差距=1	差距排序（倒序）		无差距=1	差距排序（倒序）		
山西	3.9421	1.3652	9	5.5167	2.8813	18	111.05	23
安徽	3.4369	1.4046	10	4.2674	3.2710	25	132.88	24
湖北	3.5806	1.3364	8	4.4985	3.2119	24	140.34	26
江西	3.0110	1.2277	6	4.4136	3.0219	22	146.14	27
河南	3.1317	1.2145	5	4.3864	3.6952	27	204.26	30
中部	3.4926	1.3431	[1]	4.9371	3.2061	[4]	138.71	[4]

注：①文化消费占总消费支出比测算同"中国文化消费需要景气评价体系"形成互动，取文化消费与投入各占支出比之间倍差（倍差演算：无差距基准值1加同构支出比之间商值与之绝对偏差值）衡量差距及其变动，其余同前表；②另需说明，近年来年鉴始发布2014年以来城乡居民消费人均值数据，与总量数据之间存在演算误差，与对应年鉴同时发布的产值人均值和总量分别演算居民消费率有出入，本文恢复采用自行演算城乡人均值展开文化消费占居民支出比测算，以保证数据库测算模型的规范性及其历年通行测评的标准化。

差大于全国总体。福建占据首位，此项倍差仅为全国总体倍差的53.83%；上海处于末位，此项倍差达到全国总体倍差的167.22%。

到2017年，17个省域此项倍差小于全国总体倍差；14个省域此项倍差大于全国总体。西藏占据首位，此项倍差仅为全国总体倍差的49.79%；黑龙江处于末位，此项倍差达到全国总体倍差的149.56%。

2000~2017年各省域文化消费与文化投入占支出比之间倍差指数增减变化比较，4个省域此项倍差减小，即二者差距缩小；27个省域此项倍差增大，即二者差距扩大。其中，北京、上海、西藏、天津、青海、内蒙古、陕西7个省域此项倍差变动状况依次好于全国总体；其余24个省域此项倍差变动状况依次逊于全国总体。北京占据首位，此项倍差减小56.60%；贵州处于末位，此项倍差增大211.77%。

这一倍差指数分析表明，2000~2017年，全国及各省域文化消费占居民支出比变化动态与文化投入占财政支出比变化动态相比较，其间"同构增长协调性"普遍欠佳。在全国及绝大部分省域，文化投入占财政支出比及其增减变动逊于文化消费占居民支出比及其增减变动，以财政支出占比来衡量的文化投入增长滞后于以居民支出占比来衡量的文化消费增长所体现出的需求动态。

2017年与上一年相比，全国此项倍差减小1.71%。同时，12个省域此项倍差减小；19个省域此项倍差增大。

五 各省域文化投入人均值地区差状况检测

在本项测评里，全国及各省域文化投入增长最后仍需要展开人均值演算的地区差距检测，考察其间的"地区均衡增长"状况，从而得出地区差校正指标演算结果。这一点正是今后逐步实现公共文化服务、文化投入均等化理想目标的必然要求。

文化投入人均值地区差距变动状况见表11，各省域按地区差扩减变化排列。表11同时提供2000年和2017年各地文化投入人均值地区差演算结果，可以进行重复验算。

2000~2017年，全国文化投入人均值地区差从1.4571增至1.6340，扩大12.14%。

同期，东部文化投入人均值地区差从1.6737增至1.7170，扩大2.59%；东北文化投入人均值地区差从1.0364增至1.2252，扩大18.22%；中部文化投入人均值地区差从1.3802减至1.3404，缩小2.88%；西部文化投入人均值地区差从1.4203增至1.8138，扩大27.71%。

各省域文化投入人均值地区差历年对比，2000年，22个省域地区差小于全国总体地区差；9个省域地区差大于全国总体地区差。江苏占据首位，地区差仅为全国总体地区差的69.58%；西藏处于末位，地区差达到全国总体地区差的225.46%。

到2017年，26个省域地区差小于全国总体地区差；5个省域地区差大于全国总体地区差。甘肃占据首位，地区差仅为全国总体地区差的61.71%；西藏处于末位，地区差达到全国总体地区差的336.53%。

表11 文化投入人均值地区差距变动状况

地区	2000年地区差距			2017年地区差距			17年地区差增减变化	
	地区差（无差距=1）	地区差倒数	倒数排序	地区差（无差距=1）	地区差倒数	倒数排序	增减（%）	排序（倒序）
全 国	1.4571	0.6863	—	1.6340	0.6120	—	12.14	—
湖 南	1.4199	0.7043	21	1.1108	0.9002	6	-21.77	3
江 西	1.4500	0.6897	22	1.3377	0.7476	14	-7.74	8
安 徽	1.4685	0.6810	23	1.4686	0.6809	24	0.01	13
湖 北	1.3017	0.7683	17	1.3394	0.7466	15	2.90	16
山 西	1.1530	0.8673	10	1.2038	0.8307	9	4.41	17
河 南	1.4881	0.6720	26	1.5824	0.6319	26	6.34	18
中 部	1.3802	0.7245	[2]	1.3404	0.7460	[2]	-2.88	[1]
广 东	1.4785	0.6764	24	1.0542	0.9486	3	-28.70	1
天 津	1.9889	0.5028	28	1.5185	0.6586	25	-23.65	2
福 建	1.2563	0.7960	14	1.0829	0.9235	5	-13.80	4
浙 江	1.2695	0.7877	15	1.1605	0.8617	7	-8.59	7
江 苏	1.0139	0.9863	1	1.0087	0.9914	2	-0.51	12
上 海	3.1510	0.3174	30	3.2328	0.3093	29	2.60	15
河 北	1.3212	0.7569	18	1.4373	0.6958	22	8.79	19
海 南	1.1046	0.9053	7	1.3246	0.7550	13	19.92	24
山 东	1.1735	0.8522	11	1.4186	0.7049	20	20.89	25
北 京	2.9800	0.3356	29	3.9325	0.2543	30	31.96	27
东 部	1.6737	0.5975	[4]	1.7170	0.5824	[3]	2.59	[2]
吉 林	1.0408	0.9608	3	1.0603	0.9431	4	1.87	14
辽 宁	1.0171	0.9832	2	1.1921	0.8388	8	17.21	23
黑龙江	1.0515	0.9511	4	1.4230	0.7027	21	35.33	28
东 北	1.0364	0.9648	[1]	1.2252	0.8162	[1]	18.22	[3]
重 庆	1.5399	0.6494	27	1.3474	0.7422	16	-12.50	5
四 川	1.4790	0.6761	25	1.2969	0.7711	11	-12.31	6
贵 州	1.3487	0.7415	19	1.2584	0.7947	10	-6.70	9
甘 肃	1.0517	0.9509	5	1.0084	0.9917	1	-4.12	10
宁 夏	1.3871	0.7209	20	1.3744	0.7276	18	-0.92	11
新 疆	1.1897	0.8405	13	1.3571	0.7369	17	14.07	20
广 西	1.2728	0.7857	16	1.4589	0.6854	23	14.62	21
陕 西	1.1194	0.8933	8	1.3035	0.7672	12	16.45	22
云 南	1.0604	0.9430	6	1.3911	0.7189	19	31.19	26
内蒙古	1.1739	0.8518	12	1.8910	0.5288	27	61.09	29
西 藏	3.2853	0.3044	31	5.4989	0.1819	31	67.38	30
青 海	1.1355	0.8807	9	2.5793	0.3877	28	127.15	31
西 部	1.4203	0.7041	[3]	1.8138	0.5513	[4]	27.71	[4]

注：①表中均为演算衍生数值。②为检测细微差异，地区差指数及其倒数保留4位小数，增减百分比负值为地区差缩小。

2000~2017年各省域文化投入人均值地区差增减变化比较，12个省域地区差缩小，即与全国总体人均值的绝对偏差值减小；19个省域地区差扩大，即与全国总体人均值的绝对偏差值增大。其中，广东、天津、湖南、福建、重庆、四川、浙江、江西、贵州、甘肃、宁夏、江苏、安徽、吉林、上海、湖北、山西、河南、河北19个省域地区差增减变动依次好于全国总体状况；其余12个省域地区差增减变动依次逊于全国总体状况。广东占据首位，地区差缩小28.70%；青海处于末位，地区差扩大127.15%。

地区差指数分析表明，2000~2017年，在公共财政、公共文化服务体制和机制逐步完备，公共文化投入"均等化"的理想要求逐步明确的同时，各省域之间文化投入人均值变化动态的"增长均衡性"却明显欠佳。在较多省域，文化投入人均值及其增减变动向着与全国总体平均值更加偏离（包括偏高和偏低两个方面）的方向发展，不仅导致自身地区差扩大，而且带来全国总体地区差扩大。

2017年与上一年相比，全国文化投入人均值地区差扩大4.82%。同时，11个省域地区差缩小；20个省域地区差扩大。

六 各省域文化投入增长综合评价排行

基于以上几个方面各项指标的分析数值，按照本项测评体系的测算方式和演算权重，最后得出2017年各地文化投入增长综合指数评价排行。基于不同时间段、不同基准值的各类测评结果均落实在2017年之上。景气指数取百分制，以便横向衡量百分点高低，纵向衡量百分比升降。

全国及各地文化投入增长测评综合指数变动状况见表12，各地以无差距理想状态横向测评的综合指数排行高低排列。

（一）各年度理想值横向测评

以文化投入人均值地区无差距、文化消费与投入同构占比无差距状态为"理想值"100，在年度横向测评中，2017年全国文化投入增长综合指数为

表 12 全国及各地文化投入增长测评综合指数变动状况

地区	2000年以来时段纵向测评(起点年基数值=100)						2017年度测评			
	"十五"以来(2000~2017年)		"十一五"以来(2005~2017年)		"十二五"以来(2010~2017年)		基数值纵向权衡(2016年=100)		无差距横向权衡(理想值=100)	
	综合指数	排序	综合指数	排序	综合指数	排序	综合指数	排序	综合指数	排序
全 国	274.41	—	160.07	—	122.04	—	99.19	—	80.70	—
吉 林	298.09	14	167.64	17	121.40	20	101.05	9	99.74	8
辽 宁	231.99	25	146.56	23	114.48	24	98.37	20	89.88	18
黑龙江	182.62	30	126.47	28	90.66	31	97.26	22	76.74	25
东 北	231.59	[4]	146.07	[4]	108.02	[4]	98.68	[2]	87.68	[1]
上 海	307.45	11	198.34	8	156.82	3	120.01	1	131.87	2
北 京	352.19	9	199.48	7	130.78	12	100.54	13	131.35	3
海 南	378.82	5	235.02	3	127.96	14	103.38	6	103.33	7
广 东	239.68	24	171.19	14	118.81	22	110.44	3	98.78	10
天 津	247.24	22	160.57	19	128.40	13	105.20	5	95.54	13
浙 江	261.88	20	156.96	21	121.21	21	100.36	14	94.21	14
江 苏	278.45	16	158.77	20	125.14	16	99.53	15	93.86	15
福 建	228.91	27	151.88	22	161.49	2	100.86	12	93.46	16
河 北	240.93	23	144.97	24	146.36	5	108.37	4	81.11	22
山 东	205.32	29	118.35	30	113.37	25	98.68	19	75.05	28
东 部	266.40	[3]	162.93	[2]	124.46	[2]	102.61	[1]	85.25	[2]
西 藏	411.51	2	266.12	1	139.91	7	100.94	10	195.98	1
青 海	529.54	1	264.25	2	149.58	4	102.81	7	126.15	4
内蒙古	399.76	3	225.53	4	134.95	8	111.19	2	117.85	5
甘 肃	292.68	15	177.55	10	121.46	19	101.68	8	106.22	6
新 疆	304.90	12	171.43	13	124.94	17	100.88	11	99.56	9
陕 西	372.82	6	212.89	6	127.49	15	99.15	17	98.12	11
宁 夏	272.46	18	176.43	11	116.03	23	98.29	21	92.30	17
四 川	354.92	8	179.26	9	131.08	11	94.32	26	83.00	20
贵 州	303.49	13	140.71	25	140.84	6	91.91	29	81.43	21
重 庆	365.22	7	162.14	18	112.67	26	97.06	23	76.43	26
云 南	175.91	31	125.10	29	111.32	28	88.97	31	75.41	27
广 西	212.16	28	134.72	27	112.52	27	89.17	30	71.95	29
西 部	308.04	[1]	168.25	[1]	122.27	[3]	96.34	[3]	81.59	[3]
湖 南	399.53	4	215.67	5	173.34	1	99.37	16	95.66	12
山 西	261.40	21	139.55	26	124.75	18	93.60	27	87.25	19
江 西	321.71	10	169.58	16	134.46	10	98.89	18	78.99	23
湖 北	262.68	19	171.60	12	134.53	9	94.92	25	76.91	24
安 徽	273.31	17	170.31	15	96.76	30	92.93	28	70.64	30
河 南	230.72	26	112.83	31	109.88	29	95.66	24	67.32	31
中 部	289.21	[2]	158.55	[3]	126.29	[1]	96.24	[4]	78.13	[4]

80.70，低于理想值19.30%。此项测评中，由于全国文化投入总量份额值（全国份额为100%基准）、人均绝对值、各项比值作为演算基准，全国总体综合指数高低，全都缘于文化投入人均值地区差、文化消费与投入同构占比缩小或扩大。

东部综合指数为85.25，低于理想值14.75%，同时高于全国总体指数4.55个点；东北综合指数为87.68，低于理想值12.32%，同时高于全国总体指数6.98个点；中部综合指数为78.13，低于理想值21.87%，同时低于全国总体指数2.57个点；西部综合指数为81.59，低于理想值18.41%，同时高于全国总体指数0.89个点。

在理想值横向测评中，四大区域和各省域综合指数高低，除了缘于自身文化投入人均值地区差、文化消费与投入同构占比倍差的存在及其扩减变化以外，更有可能缘于其文化投入总量份额值上升或下降，文化投入人均值、相关各项比值高于或低于全国总体平均值。

各省域综合测评结果比较，西藏、上海、北京、青海、内蒙古占据"2017年度文化投入指数排名"全国前5位。22个省域综合指数值高于全国总体指数值；9个省域综合指数值低于全国总体指数值。

（二）"十五"以来基数值纵向测评

以"九五"末年2000年为起点基数值100，在"十五"以来17年间自身纵向测评中，2017年全国文化投入增长综合指数为274.41，高于2000年基数值174.41%。此项测评中，全国总体综合指数升降，缘于与自身2000年相比，2017年各项指标数值或有升降。四大区域和各省域亦然。

东部综合指数为266.40，高于基数值166.40%，同时低于全国总体指数8.01个点；东北综合指数为231.59，高于基数值131.59%，同时低于全国总体指数42.82个点；中部综合指数为289.21，高于基数值189.21%，同时高于全国总体指数14.80个点；西部综合指数为308.04，高于基数值208.04%，同时高于全国总体指数33.63个点。

各省域综合测评结果比较，青海、西藏、内蒙古、湖南、海南占据

"2000~2017年文化投入指数提升"全国前5位。16个省域综合指数提升高于全国总体指数提升；15个省域综合指数提升低于全国总体指数提升。

（三）"十一五"以来基数值纵向测评

以"十五"末年2005年为起点基数值100，在"十一五"以来12年间自身纵向测评中，2017年全国文化投入增长综合指数为160.07，高于2005年基数值60.07%。此项测评中，全国总体综合指数升降，缘于与自身2005年相比，2017年各项指标数值或有升降。四大区域和各省域亦然。

东部综合指数为162.93，高于基数值62.93%，同时高于全国总体指数2.86个点；东北综合指数为146.07，高于基数值46.07%，同时低于全国总体指数14.00个点；中部综合指数为158.55，高于基数值58.55%，同时低于全国总体指数1.52个点；西部综合指数为168.25，高于基数值68.25%，同时高于全国总体指数8.18个点。

各省域综合测评结果比较，西藏、青海、海南、内蒙古、湖南占据"2005~2017年文化投入指数提升"全国前5位。19个省域综合指数提升高于全国总体指数提升；12个省域综合指数提升低于全国总体指数提升。

（四）"十二五"以来基数值纵向测评

以"十一五"末年2010年为起点基数值100，在"十二五"以来7年间自身纵向测评中，2017年全国文化投入增长综合指数为122.04，高于2010年基数值22.04%。此项测评中，全国总体综合指数升降，缘于与自身2010年相比，2017年各项指标数值或有升降。四大区域和各省域亦然。

东部综合指数为124.46，高于基数值24.46%，同时高于全国总体指数2.42个点；东北综合指数为108.02，高于基数值8.02%，同时低于全国总体指数14.02个点；中部综合指数为126.29，高于基数值26.29%，同时高于全国总体指数4.25个点；西部综合指数为122.27，高于基数值22.27%，同时高于全国总体指数0.23个点。

各省域综合测评结果比较，湖南、福建、上海、青海、河北占据

"2010~2017年文化投入指数提升"全国前5位。18个省域综合指数提升高于全国总体指数提升；13个省域综合指数提升低于全国总体指数提升。

（五）逐年度基数值纵向测评

以最新数据年度的2016年为起点基数值100，在逐年度自身纵向测评中，2017年全国文化投入增长综合指数为99.19，低于2016年基数值0.81%。此项测评中，全国总体综合指数升降，缘于与自身2016年相比，2017年各项指标数值或有升降。四大区域和各省域亦然。

东部综合指数为102.61，高于基数值2.61%，同时高于全国总体指数3.42个点；东北综合指数为98.68，低于基数值1.32%，同时低于全国总体指数0.51个点；中部综合指数为96.24，低于基数值3.76%，同时低于全国总体指数2.95个点；西部综合指数为96.34，低于基数值3.66%，同时低于全国总体指数2.85个点。

各省域综合测评结果比较，上海、内蒙古、广东、河北、天津占据"2016~2017年文化投入指数提升"全国前5位。16个省域综合指数提升高于全国总体指数提升；15个省域综合指数提升低于全国总体指数提升。

B.5 全国省域公共文化投入增长的应然目标

——2018~2020年预期增长测算

王亚南 刘婷 沈宗涛*

摘 要： 以消解发展不平衡不充分为最终目标，测算2020年全国文化投入预期增长目标：按照2000~2017年平均增速"自然增长"，可达到5203.00亿元；实现产值—财政支出—教科文卫综合投入—文化投入历年各项最佳比值"应然增长"，应达到9868.44亿元；进而实现文化投入与消费同构占比平衡"民生增长"，应达到12125.33亿元；最终实现文化投入各地人均值均等化"理想增长"，将达到23476.16亿元。以到2020年所需年均增长率衡量各类增长目标距离，分别测算各省域排行：上海、北京、内蒙古、青海、辽宁排在最佳比值增长目标前5位，青海、北京、西藏、内蒙古、陕西排在同构占比增长目标前5位，西藏、北京、上海、青海、内蒙古排在均等化增长目标前5位。

关键词： 全国省域 文化投入 增长目标 测算排行

---

* 王亚南，云南省社会科学院研究员，文化发展研究中心主任，主要研究方向为民俗学、民族学及文化理论、文化战略和文化产业研究；刘婷，云南省社会科学院民族文学研究所研究员，博士，主要研究方向为文化人类学；沈宗涛，云南省社会科学院信息中心副主任、助理研究员，主要从事网络信息分析研究。

本文基于公共财政"协调增长"、基本公共服务建设"均衡发展"的要求,特别是基于公共财政、公共服务"均等化"的理想,检测 2000~2017年全国及各地文化投入增长的"应然差距"和"理想差距",测算此后年度直至 2020 年全国及各地文化投入增长的"应然空间"和"理想空间",为"全面小康"建设进程最后冲刺几年间全国及各地公共文化投入增长目标提供预测参考。

有必要说明,国家统计局正式出版公布年度统计数据存在较长的滞后期,一般是在秋冬之际出版当年卷统计年鉴,而其中公布的数据为上一年度。这就是说,每年年鉴出版已经接近年底,而年鉴卷号年度与其中数据年度又错落一年。加之本书编撰出版也有一定周期,读者见到的"最新数据"已是两个年头前的数据。因此,当前最新数据年度为 2017 年,2018 年各类数据只能通过测算得出。

一 各省域文化投入增长基本态势

2018 年文化投入增长及其相关性比值动态检测见表 1,各地以测算人均值高低排列。表格结构设置方式同本书 B.3 排行报告,不再重复解释。实际说来,本文正是 B.3 文的延续伸展,在 2000~2017 年相关数据事实检测基础上,测算 2018 年全国及各地文化投入"自然增长"、"应然增长"和"理想增长"空间,并据此推算至 2020 年全国及各地文化投入增长的或然目标、应有目标和理想目标。

依照 2000~2017 年文化投入总量年均增长推算,2018 年全国文化投入总量将"自然增长"达到 3911.85 亿元,增长率同前保持在 15.33%。

17 个省域增长率高于全国,占全国份额上升;14 个省域增长率低于全国,占全国份额下降。其中,青海处于首位,总量达到 45.62 亿元,增长率为 21.40%,高于全国 6.07 个百分点;黑龙江处于末位,总量达到 59.65 亿元,增长率为 11.38%,低于全国 3.95 个百分点。

依照 2000~2017 年文化投入人均值年均增长推算,2018 年全国文化投

表1 2018年文化投入增长及其相关性比值动态检测

地区	2018年增长测算（基于2000~2017年年均增长）						2018年相关性比值（%）测算			
	文化投入总量（亿元）	既往实际年均增长		文化投入人均值（元）	排序	地区差（无差距=1）	与产值比	占财政收入比	占财政支出比	占教科文卫投入比
		增长率（%）	排序							
全 国	3911.85	15.33	—	280.61	—	1.6498	0.42	1.95	1.66	5.91
北 京	251.00	20.12	2	1121.66	2	3.9971	0.79	3.93	3.13	10.69
上 海	225.54	17.88	7	908.52	3	3.2376	0.66	2.91	2.58	10.25
天 津	67.21	16.01	14	419.39	6	1.4945	0.31	2.46	1.73	7.12
海 南	35.41	18.57	4	380.36	9	1.3554	0.70	4.44	2.04	7.44
浙 江	184.48	15.55	15	323.92	11	1.1543	0.31	2.69	2.07	6.21
广 东	328.92	15.06	21	289.99	13	1.0334	0.32	2.51	1.87	5.45
江 苏	224.28	15.39	17	278.26	15	1.0084	0.23	2.31	1.78	5.51
福 建	99.19	13.56	25	252.64	17	1.0997	0.27	3.05	1.81	5.79
山 东	160.45	13.07	28	159.79	26	1.4306	0.19	2.26	1.48	4.40
河 北	117.88	14.24	24	156.18	28	1.4434	0.31	3.13	1.51	4.80
东 部	1694.36	15.69	[2]	313.83	[1]	1.7255	0.33	2.76	1.98	6.31
西 藏	53.95	20.05	3	1590.52	1	5.6680	3.57	23.57	2.64	11.78
青 海	45.62	21.40	1	759.57	4	2.7068	1.52	15.81	2.48	10.27
内蒙古	138.29	18.40	5	545.72	5	1.9447	0.75	6.85	2.57	11.10
宁 夏	26.48	16.08	13	385.46	7	1.3736	0.67	5.32	1.61	6.88
新 疆	94.53	17.57	9	383.79	8	1.3677	0.77	5.43	1.69	7.06
陕 西	143.58	17.73	8	374.31	10	1.3339	0.57	6.05	2.51	8.15
甘 肃	74.47	15.29	18	284.00	14	1.0121	0.89	7.84	1.90	6.53
贵 州	74.61	15.27	19	209.70	20	1.2527	0.47	3.89	1.35	4.09
四 川	165.96	16.49	12	200.81	21	1.2844	0.39	3.95	1.60	5.55
重 庆	57.22	17.04	10	186.95	23	1.3338	0.25	2.10	1.10	4.29
云 南	79.75	11.85	30	165.39	25	1.4106	0.43	3.68	1.20	4.03
广 西	72.66	12.90	29	149.22	29	1.4682	0.34	3.91	1.24	3.85
西 部	1027.11	16.17	[1]	271.80	[2]	1.8464	0.53	4.90	1.72	6.12
吉 林	81.66	15.51	16	299.31	12	1.0666	0.48	5.84	1.87	7.61
辽 宁	98.08	13.46	26	223.64	18	1.2030	0.38	3.62	1.76	7.50
黑龙江	59.65	11.38	31	157.25	27	1.4396	0.34	4.29	1.11	5.26
东 北	239.39	13.42	[4]	219.10	[3]	1.2364	0.40	4.36	1.56	6.81
湖 南	175.50	17.92	6	255.86	16	1.0882	0.45	5.41	2.14	7.42

续表

地区	2018年增长测算(基于2000~2017年年均增长)						2018年相关性比值(%)测算			
	文化投入总量(亿元)	既往实际年均增长		文化投入人均值(元)	排序	地区差(无差距=1)	与产值比	占财政收入比	占财政支出比	占教科文卫投入比
		增长率(%)	排序							
山 西	82.85	15.19	20	222.62	19	1.2067	0.47	3.77	1.87	6.52
江 西	87.05	16.61	11	187.90	22	1.3304	0.38	3.25	1.42	4.36
湖 北	108.84	14.26	23	184.78	24	1.3415	0.27	2.86	1.35	4.38
安 徽	92.79	14.65	22	149.11	30	1.4686	0.30	2.81	1.26	3.86
河 南	110.59	13.41	27	115.78	31	1.5874	0.22	2.78	1.13	3.55
中 部	657.62	15.34	[3]	178.01	[4]	1.3371	0.33	3.42	1.50	4.82

注：①表中数据演算依据为《中国统计年鉴》，以既往年均增长率测算，未涉及人口增长及其分布变化，并省略中央财政部分，各地总量之和不等于全国总量，后同；②教科卫三项投入简化归入教科文卫综合测算；③对照上文各表相应各项数据，全国及各地相关协调性应然差距持续存在，除文化投入与产值比普遍提高外，占财政收入和支出比普遍降低和极普遍降低，与教育、科技、卫生投入比普遍降低（占教科文卫综合投入比亦同），各地人均值地区差大多扩大。由于各地诸方面绝对增长及其间相对关系变化的差异巨大，难免部分地区若干数据项出现逆向变动，譬如较多省域人均值地区差即为缩小。

入人均值将"自然增长"至280.61元，增长率同前保持在14.70%。

东部人均值增至313.83元，降低为全国人均值的111.84%，增长率保持在14.23%，低于全国人均值增长；东北人均值增至219.10元，降低为全国人均值的78.08%，增长率保持在13.27%，低于全国人均值增长；中部人均值增至178.01元，提高为全国人均值的63.44%，增长率保持在15.12%，高于全国人均值增长；西部人均值增至271.80元，提高为全国人均值的96.86%，增长率保持在15.89%，高于全国人均值增长。

14个省域人均值高于全国人均值；17个省域人均值低于全国人均值。其中，西藏处于首位，人均值增至1590.52元，继续提高为全国人均值的566.80%，增长率保持在18.22%；河南处于末位，人均值增至115.78元，继续降低为全国人均值的41.26%，增长率保持在13.33%。

在2018年全国及各地文化投入人均值增长测算基础上，即可推算文化投入人均值地区差。全国文化投入人均值地区差将扩大至1.6498，与2017

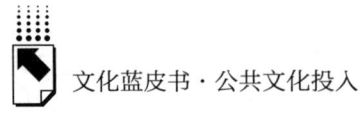

年现有地区差相比扩大0.97%。

10个省域地区差趋于缩小；21个省域地区差趋于扩大。其中，湖南处于首位，地区差缩小至1.0882，缩小2.03%，变为全国地区差的65.96%；青海处于末位，地区差扩大至2.7068，扩大4.94%，变为全国地区差的164.07%。

需要注意，表1推演测算值直接显示，26个省域地区差小于全国地区差；仅有5个省域地区差大于全国地区差。地区差测算值大于全国总体的地区如此之少，却能够拉动全国地区差继续明显扩大，这表明，这几个省域文化投入人均值增长与其余地区相比太过于悬殊。这一情形对于当地诚然体现出不错的增长态势，对于全国却更加不利于公共文化投入、公共文化服务必须逐步趋于"均等化"的理想追求。

进一步演绎推算。假如全国产值、财政收入和支出、教科文卫投入增长依然同前保持2000~2017年平均增长率，那么2018年全国文化投入与产值比将继续上升至0.42%，占财政收入比将继续下降至1.95%，占财政支出比将继续下降至1.66%，占教科文卫综合投入比将继续下降至5.91%。

对各地全面展开相关假定推算。有25个省域文化投入与产值比继续上升。仅有6个省域文化投入占财政收入比继续上升，按升幅高低依次为青海、北京、上海、湖南、辽宁、海南。仅有3个省域文化投入占财政支出比继续上升，按升幅高低依次为北京、上海、青海。仅有2个省域文化投入占教科文卫综合投入比继续上升，按升幅高低依次为北京、上海。

显然，如果继续全面维持2000~2017年相关各方面增长关系，尽管全国及各地文化投入总量、人均绝对值增长显著，但是占财政收入比、占财政支出比、占教科文卫综合投入比普遍降低，尤其是文化投入人均值地区差普遍扩大。这样一种增长格局的协调性、均衡性明显欠佳。

二 各省域文化投入增长协调性分析

在以上分析基础上，有必要层层深入检验全国及各地文化投入占教科文卫综合投入比、教科文卫投入占财政支出比、财政支出与产值比的历年关系动态，测算文化投入"应然增长"突破现有格局的合理空间。

（一）文化投入占教科文卫综合投入比变化态势检测

"中国公共文化投入增长测评体系"以"文化投入增长系数"来界定文化投入占教科文卫综合投入的比重，深入检验文化投入在教科文卫综合投入中的相关性比值。这一相关性比值历年发生变化，就是"文化投入增长系数"的演算依据，也是文化投入增长的"应有空间"测量依据。

2018年文化投入占教科文卫投入比动态及其差距检测见表2，各地以初次演算差距指数高低倒序排列。

依照本项测评的假定测算，2018年，全国文化投入占教科文卫综合投入比将为5.91%。16个省域此项比值高于全国比值；15个省域此项比值低于全国比值。其中，西藏处于首位，此项比值高于全国比值5.88个百分点；河南处于末位，此项比值低于全国比值2.36个百分点。

取假定测算的2018年此项比值与2000年相比，全国文化投入占教科文卫综合投入比将下降46.13%。仅有2个省域此项测算比值上升；29个省域此项测算比值下降。其中，北京处于首位，此项测算比值上升20.11%；广西处于末位，此项测算比值下降68.62%。

根据本项测评数据库筛测，2000~2017年，全国文化投入占教科文卫综合投入比的历年最佳（最高）值为11.52%。23个省域最佳比值高于全国最佳比值；8个省域最佳比值低于全国最佳比值。其中，西藏处于首位，最佳比值高于全国最佳比值4.66个百分点；上海处于末位，最佳比值低于全国最佳比值1.28个百分点。

全国及各地历年此项最佳比值与2018年测算比值之差，构成此项系数比值的差距指数，这就是假定测算"增长差距"的重要事实依据。演算结果，全国差距指数为1.9492，亦即对照历年最佳比值，"应有"比值为测算比值的194.92%。

14个省域差距指数低于全国差距指数；17个省域差距指数高于全国差

表 2　2018 年文化投入占教科文卫投入比动态及其差距检测

地区	2000 年		2018 年测算			2000～2017 年最佳比值（％）	2018 年最佳比值假定测算		
	教科文卫投入总量（亿元）	文化投入占比（％）	教科文卫投入总量（亿元）	文化投入占比（％）	比值升降（％）		初次演算差距指数（无差距=1）	差距排序（倒序）	文化投入总量（亿元）
全　国	2736.88	10.97	66216.05	5.91	-46.13	11.52	1.9492	—	7624.98
上　海	135.67	8.60	2199.86	10.25	19.19	10.24	0.9990	1	225.31
北　京	104.07	8.90	2347.97	10.69	20.11	11.53	1.0786	2	270.73
天　津	45.53	10.19	943.59	7.12	-30.13	11.07	1.5548	6	104.50
海　南	14.46	11.41	475.72	7.44	-34.79	11.69	1.5712	7	55.64
浙　江	123.07	11.12	2972.73	6.21	-44.15	11.31	1.8213	12	335.99
江　苏	171.67	9.93	4072.70	5.51	-44.51	11.17	2.0272	15	454.66
福　建	91.28	11.01	1712.32	5.79	-47.41	12.02	2.0760	17	205.92
广　东	229.77	11.46	6030.61	5.45	-52.44	11.99	2.2000	19	723.62
河　北	103.92	10.33	2457.97	4.80	-53.53	10.57	2.2021	20	259.58
山　东	167.79	10.47	3643.57	4.40	-57.98	12.63	2.8705	27	460.57
东　部	1187.23	10.33	26857.04	6.31	-38.92	10.88	1.7242	[1]	3096.53
辽　宁	96.41	10.48	1308.41	7.50	-28.44	11.84	1.5787	8	154.84
吉　林	53.04	11.48	1073.28	7.61	-33.71	14.14	1.8581	13	151.73
黑龙江	73.89	11.60	1133.70	5.26	-54.66	11.94	2.2700	21	135.41
东　北	223.33	11.09	3515.38	6.81	-38.59	11.98	1.7592	[2]	441.98
内蒙古	46.67	14.16	1246.19	11.10	-21.61	14.16	1.2757	3	176.42
青　海	11.67	11.91	444.36	10.27	-13.77	13.59	1.3233	4	60.37
西　藏	12.41	16.20	457.77	11.79	-27.22	16.18	1.3723	5	74.04
陕　西	55.84	13.61	1762.75	8.15	-40.12	13.62	1.6712	9	239.95
新　疆	48.17	10.65	1339.20	7.06	-33.71	12.39	1.7550	11	165.90
甘　肃	42.63	13.49	1140.21	6.53	-51.59	13.49	2.0658	16	153.84
宁　夏	12.70	14.25	385.06	6.88	-51.72	14.37	2.0887	18	55.31
四　川	100.62	10.56	2990.18	5.55	-47.44	12.60	2.2703	22	376.78
云　南	98.70	10.77	1978.00	4.03	-62.58	10.77	2.6725	24	213.13
重　庆	37.60	8.96	1332.18	4.30	-52.01	12.36	2.8744	28	164.47
广　西	66.67	12.27	1885.15	3.85	-68.62	12.27	3.1870	29	231.57
贵　州	50.16	11.52	1825.48	4.09	-64.50	13.27	3.2445	30	242.07
西　部	583.85	11.80	16786.54	6.12	-48.14	12.19	1.9918	[3]	2153.84
湖　南	73.55	12.28	2365.32	7.42	-39.58	12.75	1.7183	10	301.56
山　西	56.19	11.57	1270.23	6.52	-43.65	12.19	1.8696	14	154.90
湖　北	88.17	11.21	2487.66	4.38	-60.93	11.25	2.5594	23	278.57
江　西	55.13	9.94	1998.71	4.36	-56.14	11.86	2.7202	25	236.79
安　徽	75.01	10.56	2406.46	3.86	-63.45	10.59	2.7435	26	254.57
河　南	108.46	10.59	3114.16	3.55	-66.48	13.73	3.8676	31	427.72
中　部	456.50	11.02	13642.54	4.82	-56.26	12.04	2.4979	[4]	1654.10

注：①表中 2000 年教科文卫综合投入数据来源于《中国统计年鉴》，其余为演算衍生数值；②比值升降百分比负为下降百分比；③全国及各地分别取最佳比值测算文化投入"应然"值，各地之和不等于全国总量。表 3～5 同。

距指数。其中，上海处于首位，差距指数为0.9990，即"应有"比值为测算比值的99.90%，仅为全国差距指数的51.25%；河南处于末位，差距指数为3.8676，即"应有"比值为测算比值的386.76%，高达全国差距指数的198.42%。

据此差距指数测算，如果保持文化投入占教科文卫综合投入比历年最佳比值，那么2018年全国文化投入测算总量应达到7624.98亿元，与2017年现有总量相比，需增长124.80%。

当然，这只是一种假定的"增长差距"测算，并不可能期待很快完成如此高增长。在此，所需增长率便起到"增长差距"衡量器的作用，所需增长率越低，意味着"增长目标"距离越小。

14个省域所需增长率低于全国所需增长率；17个省域所需增长率高于全国所需增长率。其中，上海处于首位，总量达到225.31亿元，需增长17.77%，仅为全国所需增长率的14.24%；河南处于末位，总量达到427.72亿元，需增长338.59%，高达全国所需增长率的271.31%。

这就是假设全国及各地保持2000~2017年文化投入占教科文卫综合投入比各自历年最佳值，文化投入总量"应然增长"绝对数值、所需增长率的目标距离检测结果。

（二）教科文卫投入占财政支出比变化态势检测

"中国公共文化投入增长测评体系"以"教科文卫投入增长系数"来界定教科文卫投入占财政支出的比重，深入检验教科文卫投入在财政支出中的相关性比值。这一相关性比值历年发生变化，就是"教科文卫投入增长系数"的演算依据，也是教科文卫综合投入增长带动文化投入增长的"应有空间"测量依据。

2018年教科文卫投入占财政支出比动态及其差距检测见表3，各地以二重演算差距指数高低倒序排列。

依照本项测评的假定测算，2018年，全国教科文卫投入占财政支出比将为28.07%。19个省域此项比值高于全国比值；12个省域此项比值低于

表3 2018年教科文卫投入占财政支出比动态及其差距检测

地区	2000年		2018年测算			2000~2017年最佳比值（%）	2018年最佳比值假定测算		
	财政支出总量（亿元）	教科文卫占支出比（%）	财政支出总量（亿元）	教科文卫占支出比（%）	比值升降（%）		二重演算差距指数（无差距=1）	差距排序（倒序）	文化投入总量（亿元）
全国	15886.50	17.23	235926.10	28.07	62.91	27.95	1.9409	—	7592.51
上海	608.56	22.29	8752.54	25.13	12.74	27.83	1.1064	1	249.54
北京	443.00	23.49	8015.59	29.29	24.69	33.39	1.2296	2	308.63
海南	64.12	22.55	1734.29	27.43	21.64	27.85	1.5953	6	56.49
天津	187.05	24.34	3885.09	24.29	-0.21	28.95	1.8531	10	124.55
浙江	431.30	28.53	8909.93	33.36	16.93	34.69	1.8939	11	349.39
江苏	591.28	29.03	12587.90	32.35	11.44	31.93	2.0009	13	448.76
广东	1080.32	21.27	17556.87	34.35	61.50	33.30	2.1328	17	701.52
福建	324.18	28.16	5480.96	31.24	10.94	32.32	2.1478	18	213.04
河北	415.54	25.01	7814.64	31.45	25.75	31.69	2.2189	19	261.56
山东	613.08	27.37	10861.51	33.55	22.58	33.43	2.8602	28	458.92
东部	4758.42	24.95	85599.31	31.38	25.77	31.74	1.7440	[1]	3172.40
辽宁	518.08	18.61	5567.51	23.50	26.28	24.34	1.6351	7	160.37
吉林	260.67	20.35	4356.71	24.64	21.08	27.67	2.0866	16	170.39
黑龙江	381.87	19.35	5375.57	21.09	8.99	25.32	2.7252	26	162.56
东北	1160.63	19.24	15299.79	22.98	19.44	25.45	1.9483	[2]	493.32
内蒙古	247.27	18.87	5375.03	23.18	22.84	22.87	1.2586	3	174.05
青海	68.26	17.10	1837.66	24.18	41.40	24.02	1.3145	4	59.97
西藏	59.97	20.69	2046.36	22.37	8.12	22.26	1.3656	5	73.67
陕西	271.76	20.55	5724.87	30.79	49.83	31.66	1.7184	8	246.73
甘肃	188.23	22.65	3911.09	29.15	28.70	28.96	2.0524	14	152.84
新疆	190.95	25.23	5594.36	23.94	-5.11	28.35	2.0782	15	196.45
四川	452.00	22.26	10346.51	28.90	29.83	29.31	2.3025	20	382.12
宁夏	60.84	20.87	1648.98	23.35	11.88	29.18	2.6102	22	69.12
云南	414.11	23.83	6666.63	29.67	24.51	29.23	2.6328	23	209.97
重庆	187.64	20.04	5216.03	25.54	27.45	25.14	2.8294	27	161.90
贵州	201.57	24.88	5545.10	32.92	32.32	32.32	3.1854	29	237.66
广西	258.49	25.79	5836.60	32.30	25.24	32.88	3.2442	30	235.72
西部	2601.09	22.45	59749.21	28.09	25.12	27.66	1.9613	[3]	2200.21
湖南	347.83	21.15	8187.04	28.89	36.60	29.24	1.7391	9	305.21
山西	225.06	24.97	4432.87	28.65	14.74	30.15	1.9675	12	163.01
湖北	368.77	23.91	8073.28	30.81	28.86	30.08	2.4987	21	271.96
安徽	323.47	23.19	7381.06	32.60	40.58	31.50	2.6510	24	245.99
江西	223.47	24.67	6144.77	32.53	31.86	31.85	2.6633	25	231.84
河南	445.53	24.34	9751.95	31.93	31.18	33.39	4.0445	31	447.28
中部	1934.13	23.60	43970.96	31.03	31.48	30.69	2.4706	[4]	1665.29

注：表中2000年财政支出数据来源于《中国统计年鉴》，其余为演算衍生数值。

全国比值。其中，广东处于首位，此项比值高于全国比值 6.28 个百分点；黑龙江处于末位，此项比值低于全国比值 6.98 个百分点。

取假定测算的 2018 年此项比值与 2000 年相比，全国教科文卫投入占财政支出比将上升 62.91%。29 个省域此项测算比值上升；2 个省域此项测算比值下降。其中，广东处于首位，此项测算比值上升 61.50%；新疆处于末位，此项测算比值下降 5.11%。

根据本项测评数据库筛测，2000~2017 年，全国教科文卫投入占财政支出比的历年最佳（最高）值为 27.95%。22 个省域最佳比值高于全国最佳比值；9 个省域最佳比值低于全国最佳比值。其中，浙江处于首位，最佳比值高于全国最佳比值 6.74 个百分点；西藏处于末位，最佳比值低于全国最佳比值 5.69 个百分点。

全国及各地历年此项最佳比值与 2018 年测算比值之差，构成此项系数比值的差距指数，与前一项系数比值的差距指数形成二重演算，就是假定测算"增长差距"的重要事实依据。二重演算结果，全国差距指数为 1.9409，亦即对照历年最佳比值，"应有"比值为测算比值的 194.09%。

11 个省域差距指数低于全国差距指数；20 个省域差距指数高于全国差距指数。其中，上海处于首位，差距指数为 1.1064，即"应有"比值为测算比值的 110.64%，仅为全国差距指数的 57.00%；河南处于末位，差距指数为 4.0445，即"应有"比值为测算比值的 404.45%，高达全国差距指数的 208.38%。

据此差距指数测算，如果保持文化投入占教科文卫综合投入比、教科文卫投入占财政支出比二重历年最佳比值，那么 2018 年全国文化投入测算总量应达到 7592.51 亿元，与 2017 年现有总量相比，需增长 123.84%。

这只是一种假定的"增长差距"测算，鉴于全国及各地教科文卫投入占财政支出比动态普遍向好，两项系数比值叠加演算的"增长差距"普遍缩短，总量"增长目标"数值普遍减小。

11 个省域所需增长率低于全国所需增长率；20 个省域所需增长率高于全国所需增长率。其中，上海处于首位，总量达到 249.54 亿元，需增长 30.43%，仅为全国所需增长率的 24.57%；河南处于末位，总量达到

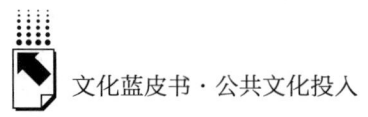

447.28亿元，需增长358.65%，高达全国所需增长率的289.61%。

这就是假设全国及各地保持2000~2017年以来文化投入占教科文卫综合投入比、教科文卫投入占财政支出比各自历年最佳值，文化投入总量"应然增长"绝对数值、所需增长率的目标距离检测结果。

（三）财政支出与产值比变化态势检测

"中国公共文化投入增长测评体系"以"财政支出增长系数"来界定财政支出与产值的比例，深入检验财政支出在产值增长所体现的经济发展中的相关性比值。这一相关性比值历年发生变化，就是"财政支出增长系数"的演算依据，也是财政支出增长带动教科文卫投入增长，继而教科文卫综合投入增长带动文化投入增长的"应有空间"测量依据。

2018年财政支出与产值比动态及其差距检测见表4，各地以三重演算差距指数高低倒序排列。

依照本项测评的假定测算，2018年，全国财政支出与产值比将为25.19%。14个省域此项比值高于全国比值；17个省域此项比值低于全国比值。其中，西藏处于首位，此项比值高于全国比值110.28个百分点；江苏处于末位，此项比值低于全国比值12.39个百分点。

取假定测算的2018年此项比值与2000年相比，全国财政支出与产值比将上升59.03%。全部31个省域此项测算比值上升。其中，新疆处于首位，此项测算比值上升225.00%；陕西处于末位，此项测算比值上升49.87%。

根据本项测评数据库筛测，2000~2017年，全国财政支出与产值比的历年最佳（最高）值为25.52%。14个省域最佳比值高于全国最佳比值；17个省域最佳比值低于全国最佳比值。其中，西藏处于首位，最佳比值高于全国最佳比值112.29个百分点；山东处于末位，最佳比值低于全国最佳比值12.43个百分点。

全国及各地历年此项最佳比值与2018年测算比值之差，构成此项系数比值的差距指数，与前两项系数比值的差距指数形成三重演算，就是假定测算"增长差距"的重要事实依据。三重演算结果，全国差距指数为1.9663，

表4 2018年财政支出与产值比动态及其差距检测

地区	2000年		2018年测算			2000~2017年最佳比值（%）	2018年最佳比值假定测算		
	产值总量（亿元）	财政支出与产值比（%）	产值总量（亿元）	财政支出与产值比（%）	比值升降（%）		三重演算差距指数（无差距=1）	差距排序（倒序）	文化投入总量（亿元）
全国	100280.10	15.84	936424.20	25.19	59.03	25.52	1.9663	—	7691.87
上海	4771.17	12.75	34173.79	25.61	100.86	24.64	1.0645	1	240.09
北京	3161.00	14.01	31851.42	25.17	79.66	24.96	1.2193	3	306.04
海南	526.82	12.17	5060.18	34.27	181.59	33.96	1.5809	7	55.98
浙江	6141.03	7.02	58684.54	15.18	116.24	15.50	1.9338	10	356.75
天津	1701.88	10.99	21347.56	18.20	65.61	20.68	2.1056	15	141.52
河北	5043.96	8.24	38058.10	20.53	149.15	19.52	2.1097	16	248.69
江苏	8553.69	6.91	98347.43	12.80	85.24	13.82	2.1604	17	484.53
广东	10741.25	10.06	101634.02	17.27	71.67	17.62	2.1760	18	715.73
福建	3764.54	8.61	36511.70	15.01	74.33	15.40	2.2036	19	218.58
山东	8337.47	7.35	82497.59	13.17	79.05	13.09	2.8428	27	456.13
东部	52742.81	9.02	508166.32	16.84	86.70	17.01	1.7616	[1]	3224.03
辽宁	4669.10	11.10	25737.88	21.63	94.86	20.84	1.5754	6	154.52
吉林	1951.51	13.36	16845.69	25.86	93.56	24.93	2.0115	13	164.26
黑龙江	3151.40	12.12	17491.27	30.73	153.55	29.18	2.5878	23	154.36
东北	9772.01	11.88	60074.85	25.47	114.39	24.41	1.8672	[2]	473.14
内蒙古	1539.12	16.07	18479.55	29.09	81.02	28.14	1.2175	2	168.37
青海	263.68	25.89	3004.75	61.16	136.23	62.69	1.3474	4	61.47
西藏	117.80	50.91	1510.54	135.47	166.10	137.82	1.3893	5	74.95
陕西	1804.00	15.06	25362.73	22.57	49.87	24.28	1.8486	9	265.42
甘肃	1052.88	17.88	8370.55	46.72	161.30	44.29	1.9456	11	144.89
新疆	1363.56	14.00	12296.11	45.50	225.00	42.89	1.9590	12	185.18
四川	3928.20	11.51	42193.97	24.52	113.03	25.37	2.3823	20	395.37
宁夏	295.02	20.62	3979.07	41.44	100.97	39.86	2.5106	21	66.48
云南	2011.19	20.59	18526.41	35.98	74.75	34.88	2.5523	22	203.55
广西	2080.04	12.43	21065.85	27.71	122.93	26.50	3.1026	28	225.43
重庆	1603.16	11.70	22494.85	23.19	98.21	26.70	3.2577	29	186.41
贵州	1029.64	19.57	15756.49	35.19	79.82	40.22	3.6407	30	271.63
西部	17088.57	15.22	193040.86	30.95	103.35	29.95	1.8980	[3]	2249.15
湖南	3551.49	9.79	38714.58	21.15	116.04	20.26	1.6660	8	292.38
山西	1845.72	12.19	17600.49	25.19	106.64	26.81	2.0941	14	173.50
湖北	3545.39	10.40	40625.73	19.87	91.06	20.75	2.6094	24	284.01
江西	2003.07	11.16	22906.53	26.83	140.41	26.38	2.6187	25	227.96
安徽	2902.09	11.15	30807.03	23.96	114.89	23.81	2.6344	26	244.45
河南	5052.99	8.82	50638.72	19.26	118.37	18.44	3.8723	31	428.24
中部	18900.75	10.23	201293.57	21.84	113.49	21.60	2.4434	[4]	1650.53

注：表中2000年产值数据来源于《中国统计年鉴》，其余为演算衍生数值。

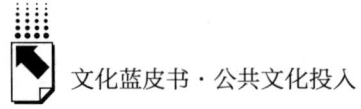

亦即对照历年最佳比值,"应有"比值为测算比值的196.63%。

12个省域差距指数低于全国差距指数;19个省域差距指数高于全国差距指数。其中,上海处于首位,差距指数为1.0645,即"应有"比值为测算比值的106.45%,仅为全国差距指数的54.13%;河南处于末位,差距指数为3.8723,即"应有"比值为测算比值的387.23%,高达全国差距指数的196.93%。

据此差距指数测算,如果保持文化投入占教科文卫综合投入比、教科文卫投入占财政支出比、财政支出与产值比三重历年最佳比值,那么2018年全国文化投入测算总量应达到7691.87亿元,与2017年现有总量相比,需增长126.77%。

这只是一种假定的"增长差距"测算,鉴于全国及各地财政支出与产值比动态极普遍向好,三项系数比值多重演算的"增长差距"极普遍缩短,总量"增长目标"数值极普遍减小。

11个省域所需增长率低于全国所需增长率;20个省域所需增长率高于全国所需增长率。其中,上海处于首位,总量达到240.09亿元,需增长25.49%,仅为全国所需增长率的20.11%;河南处于末位,总量达到428.24亿元,需增长339.13%,高达全国所需增长率的267.51%。

这就是假设全国及各地保持2000~2017年文化投入占教科文卫综合投入比、教科文卫投入占财政支出比、财政支出与产值比各自历年最佳值,文化投入总量"应然增长"绝对数值、所需增长率的目标距离检测结果。

三 各省域文化投入应然增长差距检测

在表2~4分别检测各单项最佳比值增长预期基础上,有必要汇集各项最佳比值增长测算结果进行综合演算,并与表1"自然增长"测算结果各项数值形成直接对比。

(一)多重最佳比值测算预期结果

2018年文化投入多重最佳比值增长假定测算见表5,各地以总量增长测算增长率高低倒序排列。

全国省域公共文化投入增长的应然目标

表5 2018年文化投入多重最佳比值增长假定测算

地区	2018年多重最佳比值假定测算（基于2000~2017年最佳比值）					2018年相关性比值假定测算（%，各项增长取既往年均增长）			
	文化投入总量（亿元）	所需年度增长		文化投入人均值（元）	地区差（无差距=1）	与产值比	占财政收入比	占财政支出比	占教科文卫投入比
		增长率（%）	排序（倒序）						
全　国	7691.87	126.77	—	551.77	1.3916	0.82	3.83	3.26	11.62
上　海	240.09	25.49	1	967.12	1.7528	0.70	3.10	2.74	10.91
北　京	306.04	46.46	3	1367.64	2.4786	0.96	4.79	3.82	13.03
海　南	55.98	87.46	7	601.33	1.0898	1.11	7.02	3.23	11.77
浙　江	356.75	123.44	10	626.41	1.1353	0.61	5.20	4.00	12.00
河　北	248.69	141.01	14	329.49	1.4029	0.65	6.61	3.18	10.12
天　津	141.52	144.27	16	883.04	1.6004	0.66	5.18	3.64	15.00
江　苏	484.53	149.29	17	601.15	1.0895	0.49	5.00	3.85	11.90
福　建	218.58	150.26	18	556.72	1.0090	0.60	6.72	3.99	12.76
广　东	715.73	150.37	19	631.01	1.1436	0.70	5.45	4.08	11.87
山　东	456.13	221.44	27	454.25	1.1767	0.55	6.43	4.20	12.52
东　部	3224.03	120.76	[1]	597.16	1.3879	0.63	5.25	3.77	12.00
辽　宁	154.52	78.75	6	352.34	1.3614	0.60	5.71	2.78	11.81
吉　林	164.26	132.36	13	602.06	1.0911	0.98	11.74	3.77	15.30
黑龙江	154.36	188.22	22	406.90	1.2625	0.88	11.10	2.87	13.62
东　北	473.14	124.56	[2]	433.03	1.2384	0.79	8.61	3.09	13.46
内蒙古	168.37	44.16	2	664.42	1.2042	0.91	8.34	3.13	13.51
青　海	61.47	63.57	4	1023.41	1.8548	2.05	21.30	3.34	13.83
西　藏	74.95	66.80	5	2209.91	4.0051	4.96	32.75	3.66	16.37
陕　西	265.42	117.65	9	691.97	1.2541	1.05	11.18	4.64	15.06
甘　肃	144.89	124.32	11	552.58	1.0015	1.73	15.25	3.70	12.71
新　疆	185.18	130.33	12	751.85	1.3626	1.51	10.63	3.31	13.83
四　川	395.37	177.52	20	478.37	1.1330	0.94	9.41	3.82	13.22
云　南	203.55	185.48	21	422.15	1.2349	1.10	9.40	3.05	10.29
宁　夏	66.48	191.39	23	967.64	1.7537	1.67	13.35	4.03	17.26
广　西	225.43	250.29	28	462.97	1.1609	1.07	12.12	3.86	11.96
重　庆	186.41	281.31	29	609.07	1.1038	0.83	6.84	3.57	13.99
贵　州	271.63	319.65	30	763.42	1.3836	1.72	14.16	4.90	14.88
西　部	2249.15	155.35	[3]	595.18	1.5377	1.17	10.73	3.76	13.40
湖　南	292.38	96.46	8	426.28	1.2274	0.76	9.02	3.57	12.36
山　西	173.50	141.23	15	466.22	1.1550	0.99	7.89	3.91	13.66
湖　北	284.01	198.15	24	482.16	1.1262	0.70	7.45	3.52	11.42
安　徽	244.45	202.02	25	392.80	1.2881	0.79	7.39	3.31	10.16
江　西	227.96	205.35	26	492.05	1.1082	1.00	8.50	3.71	11.41
河　南	428.24	339.13	31	448.33	1.1875	0.85	10.77	4.39	13.75
中　部	1650.53	190.02	[4]	446.78	1.1821	0.82	8.59	3.75	12.10

注：①表中数据演算依据为《中国统计年鉴》；②最佳比值测算取全国及各地最佳比值，各地之和不等于全国总量；经校正各项"应然差距"，全国及各地相关协调性、均衡性普遍增强，比值提高，地区差缩小（对照表1相应数值），极少数地区个别数据项例外。

135

依照2000~2017年全国及各地三项系数最佳比值测算总量增长空间，表5中首列总量数值移自表4，文字不再复述。

同样测算人均值增长空间（与总量演算基数不同，所需增长测算有微小差异），2018年全国文化投入测算人均值应增至551.77元，与2017年现有人均值相比，需增长125.53%。

东部人均值增至597.16元，降低为全国人均值的108.23%，需增长117.36%，低于全国所需增长；东北人均值增至433.03元，降低为全国人均值的78.48%，需增长123.87%，低于全国所需增长；中部人均值增至446.78元，提高为全国人均值的80.97%，需增长188.93%，高于全国所需增长；西部人均值增至595.18元，提高为全国人均值的107.87%，需增长153.77%，高于全国所需增长。

18个省域人均值高于全国人均值；13个省域人均值低于全国人均值。其中，西藏处于首位，人均值增至2209.91元，降低为全国人均值的400.51%，需增长64.26%；河北处于末位，人均值增至329.49元，提高为全国人均值的59.71%，需增长139.32%。

在全国及各地三项系数最佳比值多重演算文化投入人均值基础上，即可演算得出2018年全国及各地文化投入人均值地区差指数。

全国文化投入人均值地区差应缩小至1.3916，与2017年现有地区差相比缩小14.84%。22个省域地区差趋于缩小；仅有9个省域地区差趋于扩大。其中，上海处于首位，地区差缩小至1.7528，缩小45.78%，变为全国地区差的125.96%；宁夏处于末位，地区差扩大至1.7537，扩大27.60%，变为全国地区差的126.02%。

另与表1"自然增长"测算值相比，全国文化投入人均值地区差应缩小15.65%。23个省域地区差趋于缩小；仅有8个省域地区差趋于扩大。其中，上海处于首位，地区差缩小45.86%；宁夏处于末位，地区差扩大27.67%。

对照表1清晰可见，若因循既往"自然增长"状况，全国及各地文化投入人均值地区差普遍明显扩大；而在最佳比值"应然增长"情况下，全国及各地文化投入人均值地区差普遍明显缩小。其间高下优劣一目了然。

不过尚需注意，以表5中演算得出的各地地区差指数来看，24个省域地区差小于全国地区差；7个省域地区差大于全国地区差。地区差演算值大于全国总体的地区仍然很少，却能够支撑全国地区差明显存在，这同样表明，这几个省域文化投入人均值增长与其余地区相比仍过于悬殊。

进一步演绎推算。在全国三项系数最佳比值多重演算情况下，2018年全国文化投入与产值比测算值应上升至0.82%，与2017年现有比值相比提高0.41个百分点；占财政收入比测算值应上升至3.83%，与2017年现有比值相比提高1.86个百分点；占财政支出比测算值应上升至3.26%，与2017年现有比值相比提高1.59个百分点；占教科文卫综合投入比测算值应上升至11.62%，与2017年现有比值相比提高5.48个百分点。

同样在各地三项系数最佳比值多重演算情况下，全部31个省域文化投入与产值比、文化投入占财政收入比、文化投入占财政支出比、文化投入占教科文卫综合投入比全面上升。

在三项系数最佳比值多重演算假定条件下，全国及各地文化收入增长及其相关关系数值呈现几点重要态势。

（1）全国及各地文化投入总量、人均值极普遍、极显著增长，特别是中部增长突出，占全国份额明显上升。这无疑表明，正是在三项系数最佳比值多重演算中，检测出中部"增长差距"明显。

（2）北京文化投入总量、人均值增长与既往年均增速"自然增长"相比略微降低，相关各项比值也相应略微下降，原因在于北京既往年度（准确时间为2012年，可参看北京子报告）已经实现三项系数最佳比值增长，但不可也不应期待三项系数比值无休止提高。于是，全国及各地统一取2000~2017年各自三项系数最佳比值展开假定演算，这样可合理保持已有三项系数最佳比值增长的"良好势头"，而抑制三项系数最佳比值永续"向好"的不现实期许。

（3）全国及各地文化投入各项相关性比值极普遍、极显著提高。

(4) 全国及各地文化投入人均值地区差普遍明显缩小。以四大区域整体人均值测算来看，显示出向全国人均值"均等化"趋近的态势，仅有中部、东北人均值还显得稍微偏低。再以人均值最高与最低的几个省域来看，既往年均增长情况下其间差距继续增大（见表1人均值演算），而最佳比值增长情况下其间差距明显减小（见表5人均值演算）。

设置三项系数最佳比值多重演算的假定条件，无疑提供了全国各地文化投入协调增长、均衡增长的一种可资参考的预测示例。认真说来，这一点本来就是应当做到的，而据以进行演算的三项系数最佳比值，也是全国及各地既往年度曾经出现的数据事实，本项测评体系不过是通过精心设计，集中取值，综合演算而已。在此基础上，进一步测算全国各地文化投入人均值"均等化"理想增长目标，便成了理所当然的逻辑推导。正因为北京既往已成为三项系数最佳比值增长的范例，随后"均等化"理想增长测算即以北京人均值为基准。

（二）同构占比平衡测算预期结果

"中国公共文化投入增长测评体系"以"文化民生需求系数"来界定文化消费与文化投入同构占比关系的平衡检测差距值，增补一项别开生面的附加测算。在保持2000~2017年三项系数最佳比值多重演算基础上，同样假定全国及各地保持2017年文化消费占居民收入、支出比不变，据此进行文化消费与文化投入同构占比平衡假定测算。

2018年文化投入同构占比平衡、地区均等假定测算见表6，各地以同构占比倍差平衡差距指数倒序排列。表6另附人均值地区均等假定测算。

测算2018年文化消费与文化投入各占收入比之间倍差，全国文化消费与投入占收入比倍差应减至1.1538，与2017年现有占比倍差相比减小30.12%。3个省域此项倍差减小，28个省域此项倍差增大。

同样测算2018年文化消费与文化投入各占支出比之间倍差，全国文化消费与投入占支出比倍差亦减至1.4177，与2017年现有占比倍差相比减小48.77%。30个省域此项倍差减小，1个省域此项倍差增大。

全国省域公共文化投入增长的应然目标

表6 2018年文化投入同构占比平衡、地区均等假定测算

地区	最佳比值之下同构占比检测				2018年同构占比平衡假定测算				2018年地区均等假定测算总量（亿元）
	收入比倍差（无差距=1）	支出比倍差（无差距=1）	收支占比倍差平衡差距指数	差距排序（倒序）	文化投入总量（亿元）	所需年度增长率（%）	文化投入人均值（元）	地区差（无差距=1）	
全 国	1.1538	1.4177	1.2287	—	6296.59	85.63	451.68	1.4441	19065.37
四 川	1.6998	1.0488	0.6170	2	243.94	71.23	295.16	1.3465	1130.33
贵 州	1.7186	1.0649	0.6196	3	168.30	160.01	473.01	1.0472	486.62
陕 西	1.6792	1.0857	0.6465	4	171.59	40.71	447.35	1.0096	524.60
广 西	1.7542	1.1568	0.6594	6	148.65	130.98	305.28	1.3241	665.95
甘 肃	1.7634	1.2048	0.6833	7	99.00	53.28	377.58	1.1641	358.60
青 海	1.8329	1.3188	0.7195	10	44.23	17.69	736.36	1.6303	82.14
宁 夏	1.7178	1.2653	0.7366	11	48.97	114.63	712.76	1.5780	93.96
新 疆	1.6929	1.3086	0.7730	14	143.14	78.04	581.17	1.2867	336.86
西 藏	1.9660	1.5462	0.7865	15	58.95	31.19	1738.03	3.8479	46.39
重 庆	1.5116	1.2688	0.8394	21	156.47	220.08	511.27	1.1319	418.56
内蒙古	1.6022	1.4758	0.9211	25	155.09	32.78	612.01	1.3549	346.57
云 南	1.6580	1.5465	0.9328	26	189.87	166.30	393.79	1.1282	659.43
西 部	1.6974	1.1746	0.6920	[1]	1628.21	84.86	430.86	1.4875	5150.01
河 南	1.7240	1.0011	0.5807	1	248.68	155.00	260.35	1.4236	1306.34
江 西	1.6620	1.1897	0.7158	9	163.17	118.57	352.22	1.2202	633.60
安 徽	1.5886	1.2885	0.8111	17	198.27	144.97	318.61	1.2946	851.10
湖 北	1.5725	1.2788	0.8132	19	230.96	142.46	392.10	1.1319	805.58
山 西	1.5351	1.4095	0.9182	24	159.31	121.50	428.09	1.0522	508.94
湖 南	1.4691	1.8266	1.2433	29	363.52	144.26	529.98	1.1734	938.07
中 部	1.6002	1.3153	0.8219	[2]	1363.91	139.65	369.19	1.2160	5043.64
福 建	1.6026	1.0461	0.6528	5	142.69	63.37	363.44	1.1954	536.95
山 东	1.5442	1.0909	0.7065	8	322.26	127.10	320.93	1.2895	1373.28
浙 江	1.4586	1.0957	0.7512	12	267.99	67.85	470.56	1.0418	778.89
广 东	1.3812	1.1014	0.7974	16	570.72	99.64	503.17	1.1140	1551.27
河 北	1.5645	1.2709	0.8123	18	202.01	95.77	267.64	1.4075	1032.27
天 津	1.3883	1.1567	0.8331	20	117.90	103.50	735.67	1.6287	219.18
海 南	1.5666	1.3858	0.8846	22	49.52	65.82	531.94	1.1777	127.32
北 京	1.3659	1.2170	0.8909	23	272.65	30.48	1218.42	2.6975	306.04
江 苏	1.3418	1.2834	0.9565	27	463.45	138.44	574.78	1.2730	1102.34
上 海	1.1400	1.9099	1.6753	31	402.22	110.23	1620.24	3.5871	339.52

139

续表

地区	最佳比值之下同构占比检测				2018年同构占比平衡假定测算				2018年地区均等假定测算总量（亿元）
	收入比倍差（无差距=1）	支出比倍差（无差距=1）	收支占比倍差平衡差距指数	差距排序（倒序）	文化投入总量（亿元）	所需年度增长率（%）	文化投入人均值（元）	地区差（无差距=1）	
东 部	1.4083	1.2022	0.8536	[3]	2811.42	92.51	520.74	1.6412	7367.06
吉 林	1.6993	1.2818	0.7543	13	123.90	75.27	454.14	1.0054	373.13
黑龙江	1.6846	1.6633	0.9874	28	152.42	184.59	401.77	1.1105	518.82
辽 宁	1.3325	1.8692	1.4027	30	216.75	150.74	494.24	1.0942	599.77
东 北	1.5757	1.6108	1.0222	[4]	493.06	134.02	451.27	1.0701	1491.73

注：①文化消费与投入各占收入、支出比倍差演算：无差距基准值1加同构收入比或支出比之间商值与之绝对偏差值；②同构占比平衡测算取全国及各地最佳比值并假设占比平衡，各地之和不等于全国总量；③地区均等测算以北京人均值推演至各地，各地之间彻底回归"合理性"平衡；④另需说明，近年来年鉴始发布2014年以来城乡居民收入、消费人均值数据，与总量数据之间存在演算误差，与对应年鉴同时发布的产值人均值和总量分别演算居民收入比、消费率有出入，本文恢复采用自行演算城乡人均值展开文化消费占居民收入、支出比测算，以保证数据库测算模型的规范性及其历年通行测评的标准化。

收支两项同构占比倍差之间商值形成二重倍差指数，直接作为同构占比倍差平衡演算的差距指数。2018年，全国同构占比平衡差距指数为1.2287。28个省域平衡差距指数小于全国；3个省域平衡差距指数大于全国。其中，河南处于首位，平衡差距指数为0.5807，仅为全国差距的47.26%；上海处于末位，平衡差距指数为1.6753，高达全国差距的136.35%。

假定同构占比差距得以在2018年实现平衡，全国文化投入测算总量应达到6296.59亿元，与2017年现有总量相比，需增长85.63%。12个省域增长目标距离小于全国；19个省域增长目标距离大于全国。其中，青海处于首位，总量达到44.23亿元，需增长17.69%；重庆处于末位，总量达到156.47亿元，需增长220.08%。

在同构占比平衡情况下测算人均值增长空间（与总量演算基数不同，所需增长测算有微小差异），全国文化投入测算人均值应增至451.68元，与2017年现有人均值相比，需增长84.62%。

东部人均值增至520.74元,提高为全国人均值的115.29%,需增长89.54%,高于全国所需增长;东北人均值增至451.27元,提高为全国人均值的99.91%,需增长133.30%,高于全国所需增长;中部人均值增至369.19元,提高为全国人均值的81.74%,需增长138.76%,高于全国所需增长;西部人均值增至430.86元,降低为全国人均值的95.39%,需增长83.71%,低于全国所需增长。

17个省域人均值高于全国人均值;14个省域人均值低于全国人均值。其中,西藏处于首位,人均值增至1738.03元,降低为全国人均值的384.79%,需增长29.19%;河南处于末位,人均值增至260.35元,提高为全国人均值的57.64%,需增长154.84%。

基于人均值即可得出地区差指数。全国文化投入人均值地区差应缩小至1.4441,与2017年现有地区差相比缩小11.62%。22个省域地区差趋于缩小;仅有9个省域地区差趋于扩大。其中,青海处于首位,地区差缩小至1.6303,缩小36.79%,变为全国地区差的112.89%;江苏处于末位,地区差扩大至1.2730,扩大26.20%,变为全国地区差的88.15%。

另与表1"自然增长"测算值相比,全国文化投入人均值地区差应缩小12.47%。22个省域地区差趋于缩小;仅有9个省域地区差趋于扩大。其中,青海处于首位,地区差缩小39.77%;江苏处于末位,地区差扩大26.24%。

再与表5"最佳比值增长"测算值相比,全国文化投入人均值地区差应扩大3.78%。14个省域地区差趋于缩小;17个省域地区差趋于扩大。其中,贵州处于首位,地区差缩小24.31%;上海处于末位,地区差扩大104.66%。

应当看到,各地在保持三项最佳比值增长基础上,再进一步实现同构占比平衡增长,在此假定增长中各自增幅普遍翻番,各地之间数值关系变化颇大,于是地区差指数各有扩减。关键在于综合体现全部省域数值关系的全国人均值地区差,在各种对比测算里,全国地区差均呈现明显缩小趋势。同时,除极少数省域外,各地人均值普遍接近,包括原先人均值畸高者也向大

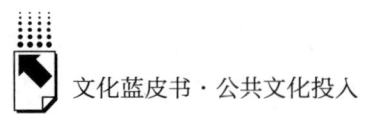

多数省域相对接近。这表明,本项测评体系的精心设计具有可行性和建设性,最佳比值增长测算、同构占比平衡测算相继为全国各地均等测算做了步步趋近的良好铺垫。

(三)人均值地区均等测算预期结果

出于制表的便当,全国各地均等测算结果置于表6中。

在三项系数最佳比值多重演算基础上,取北京人均值(见表5)测算"均等化"理想增长。2018年全国文化投入测算总量应达到19065.37亿元,与2017年现有总量相比,需增长462.08%。

14个省域增长目标距离小于全国;17个省域增长目标距离大于全国。其中,西藏处于首位,总量达到46.39亿元,需增长3.23%;河南处于末位,总量达到1306.34亿元,需增长1239.56%。

四 至2020年各省域文化投入增长测算

以上部分针对下一数据年度2018年进行假定测算,意图在于着眼现实检测所存在的增长差距。以下部分将把视野扩展至2020年,面向"全面建成小康社会"目标年,分别测算保持既往年均增速的"自然增长"目标、基于各项最佳比值的"应然增长"目标、实现同构占比平衡的"民生增长"目标、达到人均值均等化的"理想增长"目标,从中探寻促进文化投入协调、均衡增长的可行路径及合理目标。

(一)保持既往相关各项年均增长率测算

取既往历年相关各项年均增长测算2020年文化投入见表7,各地以既往总量增长年均增长率高低排列。

依照2000~2017年全国文化投入总量年均增长推算,2020年全国文化投入总量将"自然增长"达到5203.00亿元,年均增长率同前保持在15.33%。

全国省域公共文化投入增长的应然目标

表7 取既往历年相关各项年均增长测算2020年文化投入

地区	至2020年保持年均增长测算 （基于2000~2017年年均增长）					至2020年产值年增按7%推算			
	文化投入 总量 （亿元）	所需年均增长		文化投入 人均值 （元）	地区差 （无差 距=1）	文化投入 总量 （亿元）	所需年均增长		文化投入 人均值 （元）
		增长率 （%）	排序				增长率 （%）	排序	
全 国	5203.00	15.33	—	369.16	1.6831	4392.34	9.00	—	311.64
青 海	67.24	21.40	1	1100.50	2.9811	54.91	13.48	1	898.71
西 藏	77.75	20.05	3	2223.07	6.0220	62.26	11.48	5	1780.08
内蒙古	193.87	18.40	5	759.32	2.0569	156.95	10.35	9	614.71
陕 西	199.02	17.73	8	515.67	1.3969	156.93	8.77	16	406.63
新 疆	130.67	17.57	9	512.77	1.3890	110.95	11.33	6	435.40
重 庆	78.37	17.04	10	256.27	1.3058	61.82	8.14	20	202.14
四 川	225.22	16.49	12	273.65	1.2587	185.75	9.25	13	225.68
宁 夏	35.68	16.08	13	506.53	1.3721	28.33	7.49	24	402.19
甘 肃	98.98	15.29	18	376.32	1.0194	85.83	9.94	10	326.32
贵 州	99.14	15.27	19	280.11	1.2412	77.08	6.00	30	217.79
广 西	92.62	12.90	29	189.60	1.4864	77.14	6.22	29	157.90
云 南	99.76	11.85	30	203.83	1.4479	84.41	5.79	31	172.46
西 部	1398.32	16.17	[1]	365.01	1.9148	1142.36	9.05	[3]	298.20
北 京	362.16	20.12	2	1524.49	4.1297	301.88	13.05	3	1270.75
海 南	49.78	18.57	4	523.97	1.4194	41.83	11.89	4	440.26
上 海	313.42	17.88	7	1198.77	3.2473	276.55	13.07	2	1057.74
天 津	90.46	16.01	14	534.47	1.4478	72.70	7.86	21	429.54
浙 江	246.29	15.55	15	421.65	1.1422	207.12	9.06	14	354.59
江 苏	298.63	15.39	17	366.29	1.0078	243.51	7.80	22	298.68
广 东	435.45	15.06	21	366.60	1.0069	366.80	8.66	18	308.80
河 北	153.85	14.24	24	200.98	1.4556	134.58	9.26	12	175.80
福 建	127.92	13.56	25	320.26	1.1324	107.31	7.10	25	268.66
山 东	205.15	13.07	28	201.68	1.4537	171.52	6.52	28	168.62
东 部	2283.12	15.69	[2]	409.52	1.7443	1923.79	9.62	[2]	345.07
湖 南	244.03	17.92	6	353.92	1.0413	200.76	10.49	7	291.17
江 西	118.36	16.61	11	252.65	1.3156	96.60	8.97	15	206.21
山 西	109.92	15.19	20	290.75	1.2124	92.47	8.74	17	244.59
安 徽	121.98	14.65	22	196.15	1.4686	100.80	7.59	23	162.09
湖 北	142.09	14.26	23	241.49	1.3458	115.93	6.77	26	197.03
河 南	142.23	13.41	27	148.71	1.5972	118.67	6.76	27	124.07
中 部	878.62	15.34	[3]	235.90	1.3301	725.23	8.42	[4]	194.72
吉 林	108.96	15.51	16	398.42	1.0793	93.20	9.65	11	340.78
辽 宁	126.26	13.46	26	286.34	1.2243	116.37	10.42	8	263.92
黑龙江	74.00	11.38	31	195.11	1.4715	68.13	8.35	19	179.63
东 北	309.22	13.42	[4]	281.10	1.2584	277.70	9.64	[1]	252.45

注：全国及各地皆取既往年均增长测算，演算未涉及人口增长及其分布变化，各地之和不等于全国总量。

17个省域年均增长率高于全国,占全国份额上升;14个省域年均增长率低于全国,占全国份额下降。其中,青海处于首位,总量将达到67.24亿元,年均增长率为21.40%,高于全国6.07个百分点;黑龙江处于末位,总量将达到74.00亿元,年均增长率为11.38%,低于全国3.95个百分点。

同样推算人均值增长,2020年全国文化投入人均值将"自然增长"至369.16元,年均增长率同前保持在14.70%。

东部人均值增至409.52元,降低为全国人均值的110.93%,年均增长率保持在14.23%,低于全国人均值增长;东北人均值增至281.10元,降低为全国人均值的76.15%,年均增长率保持在13.27%,低于全国人均值增长;中部人均值增至235.90元,提高为全国人均值的63.90%,年均增长率保持在15.12%,高于全国人均值增长;西部人均值增至365.01元,提高为全国人均值的98.88%,年均增长率保持在15.89%,高于全国人均值增长。

13个省域人均值高于全国人均值;18个省域人均值低于全国人均值。其中,西藏处于首位,人均值增至2223.07元,继续提高为全国人均值的602.20%,年均增长率为18.22%;河南处于末位,人均值增至148.71元,继续降低为全国人均值的40.28%,年均增长率为13.33%。省域间人均值两极差距持续增大。

继而演算地区差指数。全国文化投入人均值地区差将扩大至1.6831,与2017年现有地区差相比扩大3.01%。10个省域地区差趋于缩小;21个省域地区差趋于扩大。其中,湖南处于首位,地区差缩小至1.0413,缩小6.26%,变为全国地区差的61.87%;青海处于末位,地区差扩大至2.9811,扩大15.58%,变为全国地区差的177.12%。

假设把全国及各地产值增长速度统一控制在年均7%,在此情况下测算2020年全国及各地文化投入增长目标,应当更加容易实现。全国文化投入总量将相应"缩减"达到4392.34亿元,年均增长率仅需(指自身相比在此情况下所需增长率降低,下同)9.00%。

14个省域年均增长率高于全国,占全国份额上升;17个省域年均增长率低于全国，占全国份额下降。其中，青海处于首位，总量达到54.91亿元，年均增长率为13.48%，高于全国4.48个百分点；云南处于末位，总量达到84.41亿元，年均增长率为5.79%，低于全国3.21个百分点。

全国文化投入人均值将相应"缩减"增至311.64元，年均增长率仅需8.40%。

东部人均值增至345.07元，降低为全国人均值的110.73%，年均增长率仅需7.89%，低于全国人均值增长；东北人均值增至252.45元，提高为全国人均值的81.01%，年均增长率仅需9.28%，高于全国人均值增长；中部人均值增至194.72元，降低为全国人均值的62.48%，年均增长率仅需7.99%，低于全国人均值增长；西部人均值增至298.20元，降低为全国人均值的95.69%，年均增长率仅需8.33%，低于全国人均值增长。

13个省域人均值高于全国人均值；18个省域人均值低于全国人均值。其中，西藏处于首位，人均值增至1780.08元，为全国人均值的571.20%，年均增长率为9.78%；河南处于末位，人均值增至124.07元，为全国人均值的39.81%，年均增长率为6.69%。

如果全面保持既往年度相应关系中的文化投入增长，意味着相关背景比值、相邻关系比值大多继续趋向下滑，尤其是人均值地区差继续趋向扩大，这些显然都不是协调性、均衡性、均等化期待的应有结果。因此，"保持既往相关各项年均增长率测算"恰恰是为了说明不可继续维持这样的增长格局。

（二）实现多重最佳比值增长目标测算

所谓"增长"不仅在于增长的数量，而且在于增长的质量。如果说，数量绝对值的增长总有局限，不可能无节制地增长下去，那么，相关关系值的调节则是无限制的，总有必要探寻更加协调、更加均衡的增长方式。在本项测评体系的预测模型设计中，各项系数最佳比值演算就是符合既有理念、具有事实依据的一种"应然"测算方式。

取既往历年多重最佳比值测算2020年文化投入见表8，各地以总量增长测算所需增长率高低倒序排列。

表8 取既往历年多重最佳比值测算2020年文化投入

地区	至2020年多重最佳比值测算（基于2000~2017年最佳比值）					至2020年产值年增按7%推算				
	文化投入总量（亿元）	所需年均增长			文化投入人均值（元）	地区差（无差距=1）	文化投入总量（亿元）	所需年均增长	
		增长率（%）	排序（倒序）	对比既往（既往=1）				增长率（%）	对比既往（既往=1）
全　国	9868.44	42.76	—	2.7895	700.17	1.3929	8330.87	34.92	2.2782
辽　宁	186.95	29.32	5	2.1781	423.97	1.3945	172.31	25.85	1.9206
吉　林	208.79	43.48	13	2.8025	763.44	1.0904	178.58	36.19	2.3331
黑龙江	186.76	51.64	20	4.5372	492.37	1.2968	171.94	47.52	4.1751
东　北	582.49	40.35	[1]	3.0068	529.51	1.2605	522.83	35.39	2.6368
上　海	298.80	16.02	1	0.8958	1142.84	1.6322	263.64	11.28	0.6307
北　京	395.69	23.72	2	1.1789	1665.65	2.3789	329.83	16.43	0.8168
海　南	71.93	34.05	7	1.8334	757.09	1.0813	60.44	26.49	1.4265
浙　江	458.73	42.16	10	2.7123	785.34	1.1216	385.77	34.19	2.1992
河　北	311.43	44.52	14	3.1257	406.84	1.4189	272.42	38.21	2.6829
广　东	917.42	47.50	16	3.1542	772.36	1.1031	772.78	39.30	2.6098
福　建	281.30	47.68	17	3.5153	704.28	1.0059	235.98	39.28	2.8959
天　津	187.41	47.89	18	2.9914	1107.34	1.5815	150.62	37.50	2.3424
江　苏	635.92	48.45	19	3.1483	779.98	1.1140	518.54	38.69	2.5140
山　东	588.58	60.67	27	4.6404	578.62	1.1736	492.10	51.36	3.9285
东　部	4147.22	41.61	[2]	2.6525	743.88	1.3611	3482.12	33.60	2.1416
内蒙古	221.93	23.86	3	1.2965	869.20	1.2414	179.66	15.44	0.8388
青　海	80.56	28.94	4	1.3521	1318.41	1.8830	65.78	20.52	0.9587
西　藏	99.56	30.37	6	1.5144	2846.69	4.0657	79.72	21.06	1.0502
甘　肃	182.40	41.35	9	2.7041	693.48	1.0096	158.17	34.79	2.2751
陕　西	356.18	42.94	11	2.4215	922.90	1.3181	280.86	32.06	1.8078
新　疆	236.44	43.27	12	2.4625	927.84	1.3252	200.77	35.67	2.0299
四　川	514.64	53.44	21	3.2398	625.28	1.1070	424.44	43.89	2.6611
云　南	260.48	54.01	22	4.5597	532.22	1.2399	220.40	45.67	3.8553
宁　夏	88.79	57.29	23	3.5639	1260.42	1.8002	70.50	45.65	2.8399
广　西	291.40	65.44	28	5.0722	596.53	1.1480	242.69	55.65	4.3138
重　庆	250.21	72.34	29	4.2454	818.14	1.1685	197.37	59.23	3.4764
贵　州	367.86	78.46	31	5.1379	1039.36	1.4844	286.02	64.10	4.1975
西　部	2950.45	49.62	[3]	3.0686	770.17	1.5659	2406.38	39.80	2.4608
湖　南	381.21	36.82	8	2.0549	552.88	1.2104	313.62	28.21	1.5740
山　西	222.76	45.77	15	3.0133	589.20	1.1585	187.39	37.60	2.4759
湖　北	372.62	57.56	24	4.0370	633.29	1.0955	304.02	47.23	3.3123
安　徽	317.96	57.79	25	3.9443	511.32	1.2697	262.74	48.07	3.2809
江　西	299.22	58.85	26	3.5437	638.70	1.0878	244.21	48.45	2.9174
河　南	552.93	78.32	30	5.8422	578.13	1.1743	461.32	67.87	5.0628
中　部	2146.70	55.66	[4]	3.6285	576.37	1.1660	1773.30	46.06	3.0023

注：全国及各地皆取多重最佳比值测算，演算未涉及人口增长及其分布变化，各地之和不等于全国总量。

依照2000~2017年三项系数最佳比值测算总量增长目标，2020年全国文化投入预期总量应达到9868.44亿元，与2017年现有总量相比，所需年均增长率（依此倒序测量目标距离，所需增率越低距离越小，下同）为42.76%，为既往年增的278.95%。

10个省域增长目标距离小于全国；21个省域增长目标距离大于全国。其中，上海处于首位，总量达到298.80亿元，所需年均增长率为16.02%，低于全国26.74个百分点，仅为既往年增的89.58%；贵州处于末位，总量达到367.86亿元，所需年均增长率为78.46%，高于全国35.70个百分点，高达既往年增的513.79%。

同样测算人均值增长目标。2020年全国文化投入预期人均值应增至700.17元，与2017年现有人均值相比，所需年均增长率为41.98%。

东部人均值增至743.88元，为全国人均值的106.24%，所需年均增长率为39.38%，低于全国所需增长；东北人均值增至529.51元，为全国人均值的75.63%，所需年均增长率为39.89%，低于全国所需增长；中部人均值增至576.37元，为全国人均值的82.32%，所需年均增长率为55.05%，高于全国所需增长；西部人均值增至770.17元，为全国人均值的110.00%，所需年均增长率为48.64%，高于全国所需增长。

17个省域人均值高于全国人均值；14个省域人均值低于全国人均值。其中，西藏处于首位，人均值增至2846.69元，为全国人均值的406.57%，所需年均增长率为28.38%；河北处于末位，人均值增至406.84元，为全国人均值的58.11%，所需年均增长率为43.50%。省域间人均值两极差距明显减小。

继而演算地区差指数。全国文化投入人均值地区差应缩小至1.3929，与2017年现有地区差相比缩小14.75%。21个省域地区差趋于缩小；10个省域地区差趋于扩大。其中，上海处于首位，地区差缩小至1.6322，缩小49.51%，变为全国地区差的117.18%；宁夏处于末位，地区差扩大至1.8002，扩大30.98%，变为全国地区差的129.24%。

另与表7"自然增长"测算值相比，全国文化投入人均值地区差应缩小

17.24%。23个省域地区差趋于缩小;仅有8个省域地区差趋于扩大。其中,上海处于首位,地区差缩小49.74%;宁夏处于末位,地区差扩大31.19%。

假设把全国及各地产值增速统一控制在年均7%,2020年全国文化投入总量将相应"缩减"达到8330.87亿元,年均增长率仅需34.92%,为既往年增的227.82%。

11个省域增长目标距离小于全国;20个省域增长目标距离大于全国。其中,上海处于首位,总量达到263.64亿元,年均增长率仅需11.28%,低于全国23.64个百分点,仅为既往年增的63.07%;河南处于末位,总量达到461.32亿元,年均增长率需为67.87%,高于全国32.95个百分点,高达既往年增的506.28%。

在"实现多重最佳比值增长目标测算"假定情况下,不仅全国及各地文化投入总量、人均值极普遍显著增长,而且文化投入人均值地区差普遍明显缩小。特别应当看到,中部整体及所属各省域文化投入显著增长,以人均值衡量的中部"文化塌陷"迹象不复存在。至此或许可以得出一点启示,追求"均等化"理想需从落实"协调性"起步,在实现文化投入增长的相关协调性的同时亦可实现文化投入增长的地区均衡性。

(三)实现同构占比平衡增长目标测算

在三项系数最佳比值多重演算基础上,再进行文化消费与文化投入同构占比平衡假定测算。

取既往最佳比值同构占比平衡测算2020年文化投入见表9,各地以总量增长测算所需增长率高低倒序排列。

基于2000~2017年三项系数最佳比值,假定实现同构占比平衡,以此测算总量增长目标。2020年全国文化投入预期总量应达到12125.33亿元,与2017年现有总量相比,所需年均增长率为52.90%,为既往年增的345.13%。

30个省域增长目标距离小于全国;1个省域增长目标距离大于全国。其中,青海处于首位,总量达到57.96亿元,所需年均增长率为15.54%,低于全国37.36个百分点,仅为既往年增的72.60%;重庆处于末位,总量达

全国省域公共文化投入增长的应然目标

表9　取既往最佳比值同构占比平衡测算2020年文化投入

地区	至2020年同构占比平衡测算（基于2000~2017年最佳比值）				文化投入人均值（元）	地区差（无差距=1）	至2020年产值年增按7%推算		
	文化投入总量（亿元）	增长率（%）	排序（倒序）	对比既往（既往=1）			文化投入总量（亿元）	增长率（%）	对比既往（既往=1）
全　国	12125.33	52.90	—	3.4513	860.30	1.4184	10236.11	44.51	2.9038
青　海	57.96	15.54	1	0.7260	948.62	1.1027	47.33	8.00	0.3736
西　藏	78.30	20.34	3	1.0141	2238.86	2.6024	62.70	11.74	0.5857
内蒙古	204.41	20.51	4	1.1145	800.59	1.0694	165.48	12.32	0.6692
陕　西	230.28	23.60	5	1.3308	596.67	1.3064	181.58	14.19	0.8002
甘　肃	124.63	24.49	6	1.6019	473.83	1.4492	108.07	18.72	1.2241
四　川	317.54	30.63	11	1.8569	385.81	1.5515	261.89	22.50	1.3641
新　疆	182.77	31.49	12	1.7919	717.21	1.1663	155.19	24.51	1.3948
宁　夏	65.40	42.06	18	2.6160	928.43	1.0792	51.93	31.54	1.9621
广　西	192.16	44.00	21	3.4104	393.37	1.5428	160.04	35.48	2.7502
云　南	242.97	50.48	28	4.2616	496.44	1.4230	205.58	42.33	3.5733
贵　州	227.93	52.14	30	3.4143	643.99	1.2514	177.22	39.90	2.6127
重　庆	210.03	62.57	31	3.6721	686.75	1.2017	165.67	50.21	2.9466
西　部	2134.38	34.32	[1]	2.1220	557.14	1.3955	1742.68	25.54	1.5792
北　京	352.54	19.05	2	0.9467	1483.99	1.7250	293.86	12.04	0.5983
福　建	183.62	28.11	7	2.0722	459.73	1.4656	154.04	20.82	1.5350
海　南	63.63	28.68	8	1.5442	669.71	1.2215	53.46	21.42	1.1536
浙　江	344.62	29.24	9	1.8806	589.98	1.3142	289.81	21.98	1.4142
河　北	252.98	34.84	13	2.4464	330.48	1.6159	221.29	28.96	2.0332
广　东	731.56	36.78	14	2.4423	615.88	1.2841	616.22	29.18	1.9374
上　海	500.59	37.80	15	2.1135	1914.65	2.2256	441.69	32.16	1.7986
天　津	156.14	39.16	16	2.4460	922.56	1.0724	125.49	29.38	1.8353
山　东	415.82	43.10	20	3.2965	408.78	1.5248	347.66	34.81	2.6625
江　苏	608.27	46.27	23	3.0064	746.07	1.1328	496.00	36.65	2.3815
东　部	3609.76	35.21	[2]	2.2444	647.48	1.4582	3039.51	27.68	1.7643
吉　林	157.49	30.60	10	1.9728	575.85	1.3306	134.70	23.97	1.5454
辽　宁	262.24	44.76	22	3.3253	594.72	1.3087	241.71	40.88	3.0370
黑龙江	184.40	51.00	29	4.4808	486.14	1.4349	169.60	46.90	4.1202
东　北	604.12	42.07	[3]	3.1346	549.17	1.3581	546.17	37.37	2.7847
山　西	204.54	41.68	17	2.7442	541.01	1.3711	172.07	33.75	2.2218
江　西	214.19	42.10	19	2.5350	457.21	1.4685	174.81	32.79	1.9748
湖　北	303.01	47.27	24	3.3009	514.97	1.4014	247.68	37.42	2.6245
湖　南	473.97	47.13	25	2.6298	687.41	1.2010	389.93	37.86	2.1127
安　徽	257.91	47.15	26	3.2185	414.75	1.5179	213.12	38.09	2.5997
河　南	321.09	48.77	27	3.6380	335.72	1.6098	267.89	40.05	2.9877
中　部	1774.71	46.10	[4]	3.0048	476.50	1.4283	1465.04	37.05	2.4152

注：全国及各地皆取多重最佳比值并以同构占比平衡测算，演算未涉及人口增长及其分布变化，各地之和不等于全国总量。

到210.03亿元，所需年均增长率为62.57%，高于全国9.67个百分点，高达既往年增的367.21%。

同样测算人均值增长目标。2020年全国文化投入预期人均值应增至860.30元，与2017年现有人均值相比，所需年均增长率为52.07%。

东部人均值增至647.48元，为全国人均值的75.26%，所需年均增长率为33.08%，低于全国所需增长；东北人均值增至549.17元，为全国人均值的63.83%，所需年均增长率为41.60%，低于全国所需增长；中部人均值增至476.50元，为全国人均值的55.39%，所需年均增长率为45.52%，低于全国所需增长；西部人均值增至557.14元，为全国人均值的64.76%，所需年均增长率为33.43%，低于全国所需增长。

6个省域人均值高于全国人均值；25个省域人均值低于全国人均值。其中，西藏处于首位，人均值增至2238.86元，为全国人均值的260.24%，所需年均增长率为18.50%；河北处于末位，人均值增至330.48元，为全国人均值的38.41%，所需年均增长率为33.89%。省域间人均值两极差距继续明显减小。

继而演算地区差指数。全国文化投入人均值地区差应缩小至1.4184，与2017年现有地区差相比缩小13.19%。11个省域地区差趋于缩小；20个省域地区差趋于扩大。其中，青海处于首位，地区差缩小至1.1027，缩小57.25%，变为全国地区差的77.74%；甘肃处于末位，地区差扩大至1.4492，扩大43.71%，变为全国地区差的102.17%。

另与表7"自然增长"测算值相比，全国文化投入人均值地区差应缩小15.72%。13个省域地区差趋于缩小；18个省域地区差趋于扩大。其中，青海处于首位，地区差缩小63.01%；甘肃处于末位，地区差扩大42.16%。

再与表8"最佳比值增长"测算值相比，全国文化投入人均值地区差应扩大1.83%。11个省域地区差趋于缩小；20个省域地区差趋于扩大。其中，青海处于首位，地区差缩小41.44%；福建处于末位，地区差扩大45.71%。

假设把全国及各地产值增速统一控制在年均7%，2020年全国文化投入总量将相应"缩减"达到10236.11亿元,年均增长率仅需44.51%,为既往年增的290.38%。

29个省域增长目标距离小于全国;2个省域增长目标距离大于全国。其中,青海处于首位,总量达到47.33亿元,年均增长率仅需8.00%,低于全国36.51个百分点,仅为既往年增的37.36%;重庆处于末位,总量达到165.67亿元,年均增长率需为50.21%,高于全国5.70个百分点,高达既往年增的294.66%。

在"实现同构占比平衡增长目标测算"假定情况下,不仅全国及各地文化投入总量、人均值继续普遍显著增长,而且文化投入人均值地区差继续普遍明显缩小。尤其重要的是,此项假定测算所突出的协调性和均衡性已经不限于文化投入本身,而在于文化投入增长与文化需求增长之间的协调性,在于各地之间文化投入与文化需求同步增长的均衡性。

(四)实现人均值地区均等增长目标测算

在三项系数最佳比值多重演算基础上,取北京文化投入人均值(见表8)进一步测算全国"均等化"理想增长。在此假定情况下,全国各地人均值全面均等,人均值地区差彻底消除,仅仅需要测算全国及各地总量。

基于既往历年多重最佳比值测算2020年地区均等文化投入见表10,各地以总量增长测算所需增长率高低倒序排列。

按照"均等化"理想增长目标测算,2020年全国文化投入预期总量应达到23476.16亿元,与2017年现有总量相比,所需年均增长率为90.57%,为既往年增的590.89%。

14个省域增长目标距离小于全国;17个省域增长目标距离大于全国。其中,西藏处于首位,总量达到58.25亿元,所需年均增长率为9.04%,低于全国81.53个百分点,仅为既往年增的45.08%;河南处于末位,总量达到1593.05亿元,所需年均增长率为153.73%,高于全国63.16个百分点,高达既往年增的1146.80%。

假设把全国及各地产值增速统一控制在年均7%,2020年全国文化投入

表10 基于既往历年多重最佳比值测算2020年地区均等文化投入

地区	至2020年地区均等测算（基于多重最佳比值测算）					至2020年产值年增按7%推算			
	文化投入总量（亿元）	所需年均增长				文化投入总量（亿元）	所需年均增长		
		增长率（%）	排序（倒序）	对比既往增长率			增长率（%）	排序（倒序）	对比既往（既往=1）
				既往=1	排序（倒序）				
全国	23476.16	90.57	—	5.9089	—	19568.66	79.35	—	5.1768
北京	395.69	23.72	2	1.1789	2	329.83	16.43	2	0.8168
上海	435.48	31.54	3	1.7638	3	363.00	23.80	3	1.3307
天津	281.91	69.45	6	4.3380	9	234.98	59.48	6	3.7148
海南	158.25	74.34	10	4.0032	6	131.91	64.08	10	3.4505
浙江	972.94	82.65	11	5.3170	11	811.00	71.90	11	4.6252
广东	1978.48	90.57	14	6.0139	16	1649.17	79.35	14	5.2688
江苏	1358.01	91.17	15	5.9239	15	1131.97	79.92	15	5.1925
福建	665.29	96.76	16	7.1337	21	554.55	85.17	16	6.2796
山东	1694.31	128.56	27	9.8329	27	1412.30	115.10	27	8.8036
河北	1275.06	131.19	28	9.2115	26	1062.83	117.58	28	8.2557
东部	9215.42	84.79	[1]	5.4052	[1]	7681.55	73.91	[1]	4.7116
西藏	58.25	9.04	1	0.4508	1	48.56	2.62	1	0.1306
青海	101.77	39.39	4	1.8403	4	84.83	31.18	4	1.4569
内蒙古	425.28	53.85	5	2.9258	5	354.50	44.79	5	2.4336
宁夏	117.34	72.05	7	4.5167	10	97.81	62.45	7	3.8845
陕西	642.84	74.04	8	4.1747	7	535.84	63.79	8	3.5969
新疆	424.45	74.12	9	4.2184	8	353.81	63.87	9	3.6349
甘肃	438.10	89.29	13	5.8397	14	365.18	78.15	13	5.1108
贵州	589.53	108.83	20	7.1273	20	491.40	96.54	20	6.3221
四川	1370.91	112.70	21	6.8328	17	1142.73	100.18	21	6.0735
重庆	509.40	118.42	23	6.9501	18	424.62	105.56	23	6.1953
云南	815.21	125.98	25	10.5758	29	679.52	112.02	25	9.4561
广西	813.66	132.96	29	10.3063	28	678.23	119.24	29	9.2430
西部	6306.76	92.74	[2]	5.7348	[2]	5257.02	81.39	[2]	5.0330
吉林	455.53	86.09	12	5.5492	13	379.71	75.13	12	4.8429
辽宁	734.46	104.06	18	7.7301	23	612.21	92.04	18	6.8375
黑龙江	631.78	127.64	26	11.2143	30	526.63	114.24	26	10.0367
东北	1821.76	105.25	[3]	7.8428	[3]	1518.54	93.16	[3]	6.9423
湖南	1148.46	97.61	17	5.4470	12	957.31	85.98	17	4.7977
山西	629.73	106.11	19	6.9863	19	524.91	93.97	19	6.1872
湖北	980.06	117.50	22	8.2400	24	816.93	104.69	22	7.3419
江西	780.32	118.64	24	7.1447	22	650.44	105.77	24	6.3695
安徽	1035.77	133.91	30	9.1395	25	863.37	120.13	30	8.1995
河南	1593.05	153.73	31	11.4680	31	1327.89	138.79	31	10.3536
中部	6167.39	121.29	[4]	7.9065	[4]	5140.86	108.26	[4]	7.0571

注：全国及各地取多重最佳比值测算结果之北京人均值（见表8）进行地区均等测算，演算未涉及人口增长及其分布变化，各地总量可能会存在误差，各地之和不等于全国总量。在此假定情况下，全国及各地人均值均等，地区差消除，各地总量份额仅与人口规模相关，无须再列出人均值部分。

总量将相应"缩减"达到19568.66亿元，年均增长率仅需79.35%，为既往年增的517.68%。

14个省域增长目标距离小于全国；17个省域增长目标距离大于全国。其中，西藏处于首位，总量达到48.56亿元，年均增长率仅需2.62%，低于全国76.73个百分点，仅为既往年增的13.06%；河南处于末位，总量达到1327.89亿元，年均增长率需为138.79%，高于全国59.44个百分点，高达既往年增的1035.36%。

"实现人均值地区均等增长目标测算"毕竟只是一种假定演算方式。实事求是地说，真正要实现这一"理想增长"目标，恐怕不是为时已经不远的"全面小康"目标年就能够做到的。以上分析测算表明，"实现多重最佳比值增长目标测算"和"实现同构占比平衡增长目标测算"正好向着"均等化"目标逐步趋近。寄期2020年有可能向各项最佳比值"应然增长"目标、同构占比平衡"民生增长"目标逼近。

省域报告

Reports on Provinces

B.6
西藏：2017年度文化投入指数排名第1位

孔志坚**

摘　要： 2000~2017年，西藏文化投入总量由2.01亿元增至44.93亿元，年均增长20.05%，明显高于全国平均增长4.72个百分点。西藏综合评价排行：在省域横向测评中，处于2017年度文化投入指数排名第1位；在自身纵向测评中，处于2000~2017年文化投入指数提升第2位，2005~2017年文化投入指数提升第1位，2010~2017年文化投入指数提升第7位，

---

* 限于篇幅无法全面展开省域单独分析，以兼顾区域分布方式选取子报告：按B.4测评排行报告表12（排行汇总表）年度横向及各类纵向测评结果，取东、中、西部和东北（为平衡数量东北归并临近河北、山东）四大区域各自省排名、直辖市单列排名、自治区单列排名前两位，共8省2直辖市2自治区，按各地最高位次拟题排文，相同位次以先横向后较长时段纵向测评为序。未有独立子报告的省域见该报告详尽展开列表的各地分析对比及各类排行。

** 孔志坚，云南省社会科学院老挝研究所副所长、副研究员，主要从事老挝问题研究。

2016～2017年文化投入指数提升第10位。

关键词： 西藏 文化投入 综合评价

一 文化投入及其相关背景基本态势

（一）经济财政基本面背景状况

2000年以来西藏文化投入总量增长及相关背景关系态势见图1。

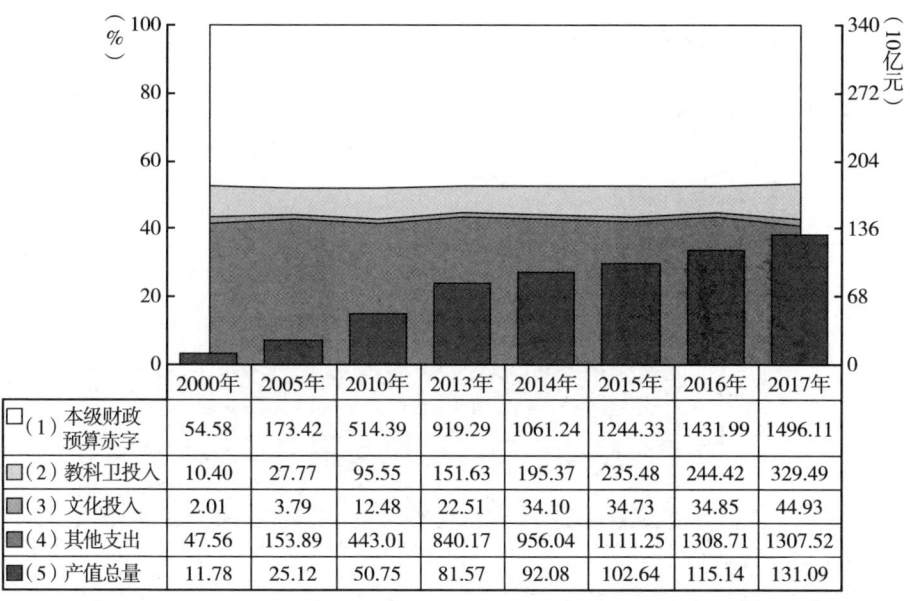

图1 2000年以来西藏文化投入总量增长及相关背景关系态势

左轴面积：本级财政预算赤字（中央财政税收返还和转移支付等，"财政包干"地区可为国债份额）、教科卫投入、文化投入、其他支出总量（亿元转换为%），(2) + (3) + (4) = 财政支出总量，(2) + (3) + (4) - (1) = 财政收入总量，各项数值呈直观比例。右轴柱形：产值总量（10亿元，增长演算取亿元）。

2000～2017年，西藏产值总量增长1012.82%，年均增长15.23%；财政收入总量增长3354.09%，年均增长23.17%；财政支出总量增长2704.64%，年均增长21.67%；教科文卫综合投入（图1中教科卫投入与文化投入之和，后同）总量增长2917.08%，年均增长22.19%；教科文卫综合投入之外财政支出统归为"其他支出"，其总量增长2649.20%，年均增长21.52%。

在此期间，西藏教科文卫综合投入总量年均增长高于产值年增6.96个百分点，低于财政收入年增0.98个百分点，高于财政支出年增0.52个百分点，高于其他支出年增0.67个百分点。

"十五"以来，西藏教科文卫建设作为公共服务的一个重要方面，确实处于一种极为特殊的优先发展地位。"十一五"以来，西藏教科文卫综合投入增长高于其他支出增长的情况更加明显。

（二）文化投入总量增长状况

2000年以来西藏文化投入总量及相邻关系、占全国份额变动态势见图2。

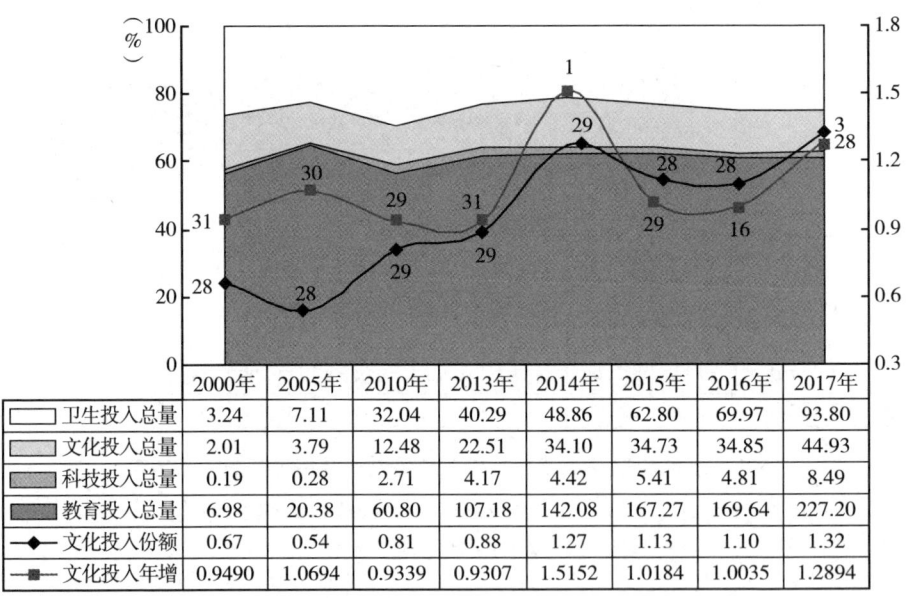

图2　2000年以来西藏文化投入总量及相邻关系、占全国份额变动态势

左轴面积：教、科、文、卫投入总量（亿元转换为%），各项数值呈直观比例。右轴曲线：文化投入年增指数（上年=1，小于1为负增长，保留4位小数，正文转换为2位小数增长百分比，后同）；文化投入占全国份额（%）。标注历年增长、份额省域位次。

2000~2017年，西藏文化投入总量由2.01亿元增至44.93亿元，总增长2135.32%，年均增长20.05%，省域间增长位次排序第3位。其中，"十五"期间年增13.52%，"十一五"期间年增26.92%，"十二五"以来年均增长20.08%。最高增长年度为2007年，增长70.17%；最低增长年度为2013年，增长率为-6.93%。

相比之下，西藏文化投入总量年均增长高于产值年增4.82个百分点，其中"十五"期间低于产值年增2.83个百分点，"十一五"期间高于产值年增11.82个百分点，"十二五"以来高于产值年增5.56个百分点；同时低于财政收入年增3.12个百分点，其中"十五"期间低于财政收入年增3.94个百分点，"十一五"期间高于财政收入年增1.96个百分点，"十二五"以来低于财政收入年增6.02个百分点；低于财政支出年增1.62个百分点，其中"十五"期间低于财政支出年增11.81个百分点，"十一五"期间高于财政支出年增2.59个百分点，"十二五"以来高于财政支出年增2.80个百分点。

认真对比，西藏文化投入总量年均增长低于教科卫三项投入年增2.49个百分点，其中"十五"期间低于教科卫投入年增8.19个百分点，"十一五"期间低于教科卫投入年增1.12个百分点，"十二五"以来高于教科卫投入年增0.74个百分点。在2000年以来西藏教科文卫综合投入优先高增长当中，文化投入增长处于明显失衡状态。从图2亦可清楚、直观地看出，文化投入所占面积呈逐渐收窄之势，表明其在教科文卫综合投入中的比例份额持续降低。

与此同时，全国文化投入总量增长1029.55%，年增15.33%。2000年以来，西藏文化投入总量年均增长高于全国年增4.72个百分点，占全国份额从2000年的0.67%上升至2017年的1.32%，省域间份额位次前后保持在第28位。

（三）人均值增长及其地区差变动状况

2000年以来西藏文化投入人均值及其地区差变动态势见图3。

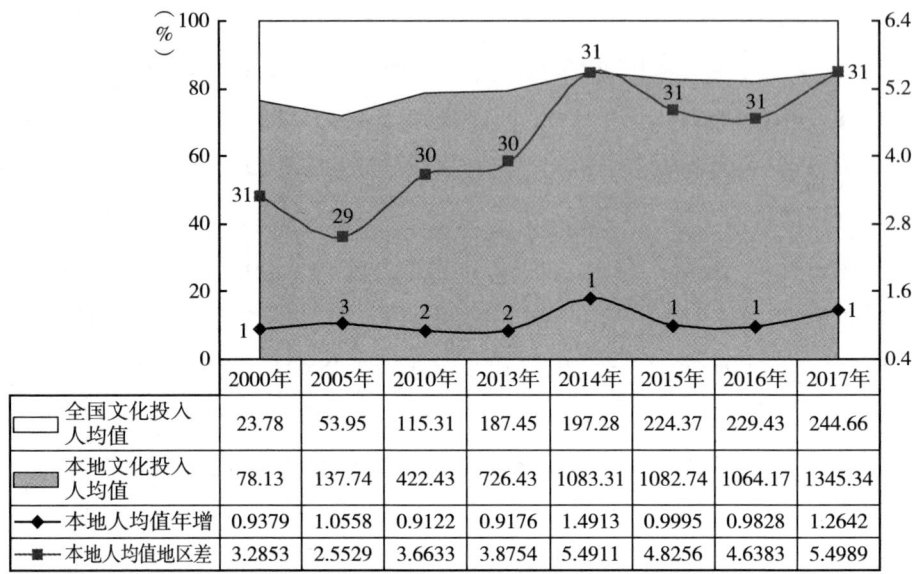

图3 2000年以来西藏文化投入人均值及其地区差变动态势

左轴面积：本地、全国文化投入人均值（元转换为%），二者历年变动呈直观比例。右轴曲线：本地人均值年增指数（上年=1，小于1为负增长，由于历年人口增长，人均值年增指数略低于总量年增指数）；本地人均值地区差指数（无差距=1，保留4位小数检测细微差异）。标注人均值及其地区差省域位次。

2000~2017年，西藏文化投入人均值由78.13元增至1345.34元，总增长1621.92%，年均增长18.22%，省域间增长位次排序第2位。其中，"十五"期间年增12.01%，"十一五"期间年增25.12%，"十二五"以来年均增长18.00%。最高增长年度为2007年，增长68.06%；最低增长年度为2010年，增长率为-8.78%。

与此同时，全国文化投入人均值总增长928.85%，年均增长14.70%。2000年以来，西藏文化投入人均值年均增长高于全国年增3.52个百分点，人均绝对数值从2000年为全国人均值的328.55%上升至2017年为全国人均值的549.88%，省域间人均绝对值高低位次前后保持在第1位。

同期，西藏文化投入人均值地区差由3.2853扩大至5.4989，扩大67.38%，省域间地区差扩减变化位次排序第30位，地区差指数大小（倒序）位次前后保持在第 31 位。其中，"十五"期间缩小 22.29%，"十一五"期间扩大 43.50%，"十二五"以来地区差扩大 50.11%。最小地区差为 2006 年的 2.3713，最大地区差为 2017 年的 5.4989。

据既往历年动态推演测算，2020 年西藏公共文化投入人均值地区差将为 6.0221，相比当前极显著扩增；2035 年西藏公共文化投入人均值地区差将为 9.4870，相比当前继续极显著扩增。这是长期预测的理论演算值，基于既往增长态势合理推演供参考。

二　文化投入相关协调性态势

（一）相关背景变动状况

2000 年以来西藏文化投入相关背景比值变动态势见图 4。

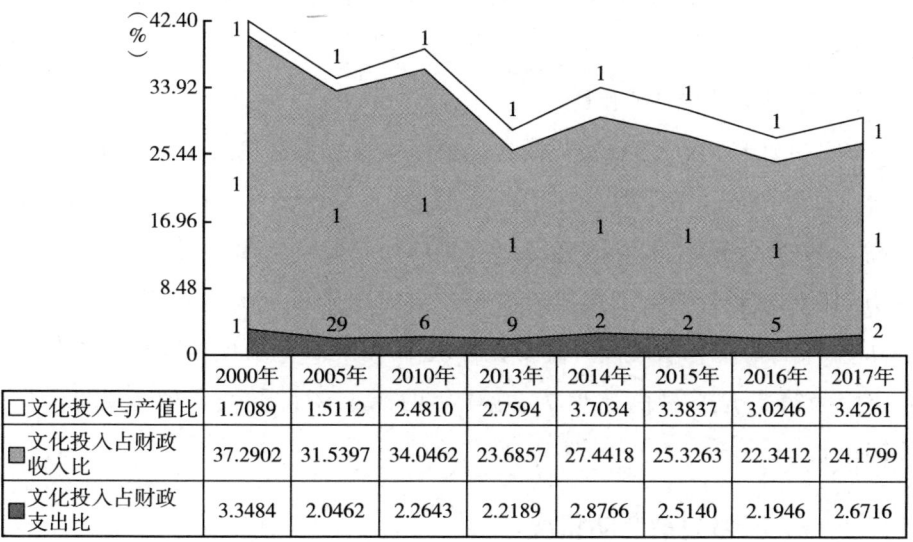

图 4　2000 年以来西藏文化投入相关背景比值变动态势

左轴面积：文化投入与产值比、占财政收入和支出比（%），各项比值历年升降呈直观比例。比值过小保留 4 位小数演算，正文按惯例保留 2 位小数。标注各项比值省域位次。

1. 文化投入与产值比

2000~2017年,西藏文化投入总量年均增长高于产值年增4.82个百分点,其中"十五"期间年增偏低2.83个百分点,"十一五"期间年增偏高11.82个百分点,"十二五"以来年均增长偏高5.56个百分点。基于二者历年不同增长,西藏文化投入与产值比从1.7089%增高至3.4261%,上升1.7172个百分点,省域间升降变化位次排序第5位,比值高低位次前后保持在第1位。最高比值为2014年的3.70%,最低比值为2006年的1.46%。

2. 文化投入占财政收入比

2000~2017年,西藏文化投入总量年均增长低于财政收入年增3.12个百分点,其中"十五"期间年增偏低3.94个百分点,"十一五"期间年增偏高1.96个百分点,"十二五"以来年均增长偏低6.02个百分点。基于二者历年不同增长,西藏文化投入占财政收入比从37.29%降低至24.18%,下降13.11个百分点,省域间升降变化位次排序第23位,比值高低位次前后保持在第1位。最高比值为2002年的44.50%,最低比值为2016年的22.34%。

3. 文化投入占财政支出比

2000~2017年,西藏文化投入总量年均增长低于财政支出年增1.62个百分点,其中"十五"期间年增偏低11.81个百分点,"十一五"期间年增偏高2.59个百分点,"十二五"以来年均增长偏高2.80个百分点。基于二者历年不同增长,西藏文化投入占财政支出比从3.35%降低至2.67%,下降0.68个百分点,省域间升降变化位次排序第10位,比值高低位次从第1位下降为第2位。最高比值为2000年的3.35%,最低比值为2005年的2.05%。

(二)相邻关系变动状况

2000年以来西藏文化投入相邻关系比值变动态势见图5。

1. 文化投入与教育投入比

2000~2017年,西藏文化投入总量年均增长低于教育投入年增2.69个

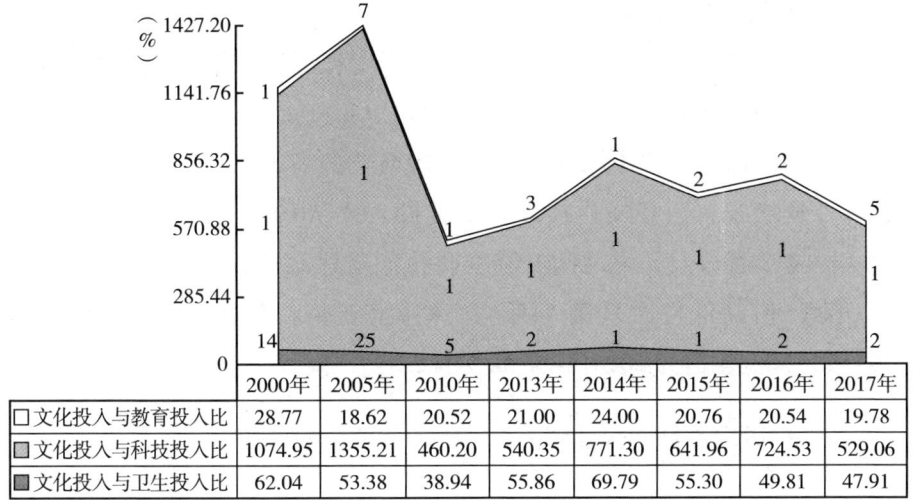

图5　2000年以来西藏文化投入相邻关系比值变动态势

左轴面积：文化投入与教育、科技、卫生投入比（%），各项比值历年升降呈直观比例。标注各项比值省域位次。

百分点，其中"十五"期间年增偏低10.38个百分点，"十一五"期间年增偏高2.49个百分点，"十二五"以来年均增长偏低0.64个百分点。基于二者历年不同增长，西藏文化投入与教育投入比从28.77%降低至19.78%，下降8.99个百分点，省域间升降变化位次排序第11位，比值高低位次从第1位下降为第5位。最高比值为2000年的28.77%，最低比值为2005年的18.62%。

2. 文化投入与科技投入比

2000~2017年，西藏文化投入总量年均增长低于科技投入年增5.00个百分点，其中"十五"期间年增偏高5.46个百分点，"十一五"期间年增偏低30.54个百分点，"十二五"以来年均增长偏高2.36个百分点。基于二者历年不同增长，西藏文化投入与科技投入比从1074.95%降低至529.06%，下降545.89个百分点，省域间升降变化位次排序第4位，比值高低位次前后保持在第1位。最高比值为2003年的1410.33%，最低比值为2008年的317.34%。

3. 文化投入与卫生投入比

2000~2017年，西藏文化投入总量年均增长低于卫生投入年增1.84个百分点，其中"十五"期间年增偏低3.50个百分点，"十一五"期间年增偏低8.21个百分点，"十二五"以来年均增长偏高3.49个百分点。基于二者历年不同增长，西藏文化投入与卫生投入比从62.04%降低为47.91%，下降14.13个百分点，省域间升降变化位次排序第3位。由于各地不同变动，西藏比值高低位次从第14位上升为第2位。最高比值为2014年的69.79%，最低比值为2010年的38.94%。

（三）同构占比变动状况

2000年以来西藏文化消费与投入同构占比倍差变动态势见图6。

1. 文化消费与投入占收入比

2000~2017年，西藏城乡居民文化消费占居民收入比从1.30%降低至1.11%，逐年比较，最高比值为2013年的2.39%，最低比值为2006年的0.84%。

对照图4，同期，西藏文化投入占财政收入比下降35.16%，2017年比值高于文化消费占居民收入比23.07个百分点。二者之间占比倍差由1.9652减小至1.9539，减小0.58%，省域间增减变化位次排序第25位。由于各地不同变动，西藏倍差指数高低（倒序）位次从第29位下降为第31位。

2. 文化消费与投入占支出比

2000~2017年，西藏城乡居民文化消费占居民支出比从1.65%增高至1.66%。逐年比较，最高比值为2013年的4.15%，最低比值为2006年的1.12%。

对照图4，同期，西藏文化投入占财政支出比下降20.21%，2017年比值高于文化消费占居民支出比1.01个百分点。二者之间占比倍差由1.5086减小至1.3779，减小8.66%，省域间增减变化位次排序第3位，倍差指数高低（倒序）位次从第16位上升为第1位。

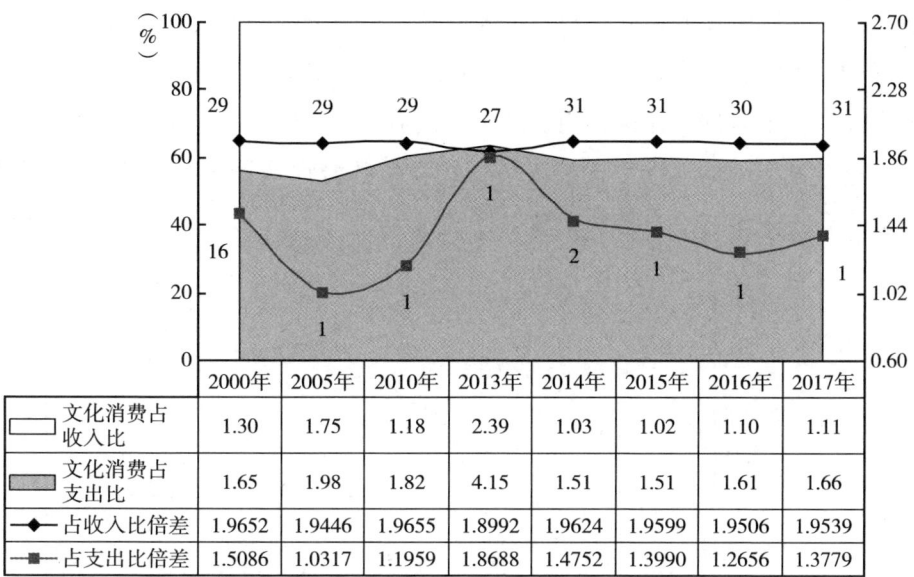

图6 2000年以来西藏文化消费与投入同构占比倍差变动态势

左轴面积：文化消费占居民收入、总消费支出比（%），两项比值历年升降呈直观比例叠加。右轴曲线：文化消费占居民收入比与文化投入占财政收入比、文化消费占居民支出比与文化投入占财政支出比倍差指数（无差距＝1，保留4位小数检测细微差异）。标注各项倍差省域位次。

以上分析检测显示，2000年以来，西藏文化消费占居民收入比明显下降，文化投入占财政收入比也显著下降，二者同构占比倍差指数略微减小；文化消费占居民支出比略微上升，文化投入占财政支出比却显著下降，二者同构占比倍差指数较明显减小。西藏文化投入占财政收入比远高于文化消费占居民收入比，占支出比则明显相反，公共文化投入与居民文化消费需求同构占比关系严重失衡。

三 2017年文化投入纵横向双重测评

综合以上分析，2000年以来西藏文化投入总量年均增长20.05%，明显高于全国平均增长4.72个百分点，人均值地区差扩大67.38%；当地文化投入增长明显高于产值增长，但明显低于财政收入增长，也较明显低于财政支出增长；同时较明显低于教育投入增长，也明显低于科技投入增长，亦较明显低于卫生投入增长；文化投入占财政收入比极显著高于文化消费占居民收入比，占财政支出比也较明显高于文化消费占居民支出比。

这些都集中体现在文化投入增长综合指数测评演算之中。2000年以来西藏文化投入增长综合指数变动态势见图7。

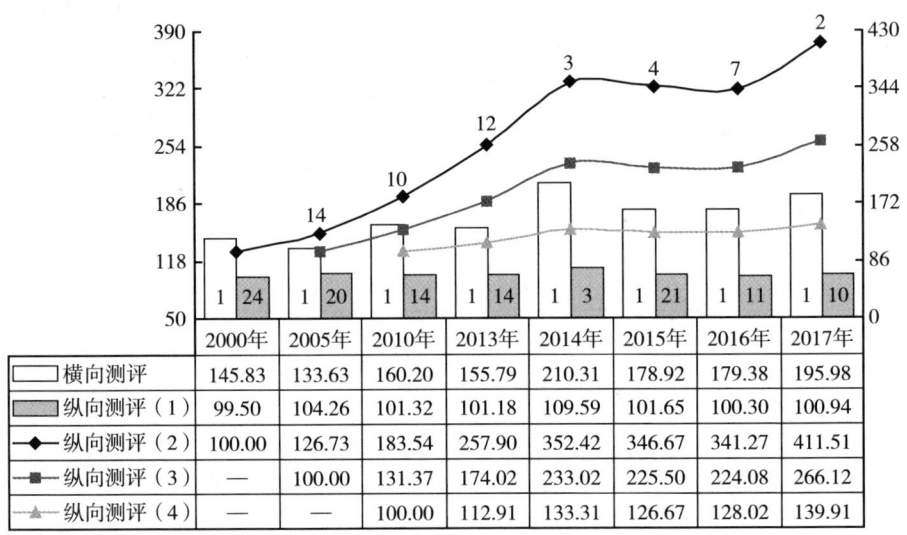

图7 2000年以来西藏文化投入增长综合指数变动态势

左轴柱形：左横向测评（无差距理想值=100）；右纵向测评（1），上年=100。右轴曲线：纵向测评（起点年基数值=100），（2）以2000年为起点，（3）以2005年为起点，（4）以2010年为起点。标注横向测评、纵向测评（1）（2）省域排行，纵向测评（2）起点年不计。

（一）各年度理想值横向测评

以文化投入人均值地区无差距、文化消费与投入同构占比无差距状态为"理想值"100，2017年西藏文化投入增长状况此项综合指数为195.98，处于省域间第1位，高于无差距理想值95.98%，也高于上年测评指数16.60个点。

各年度此项综合指数对比，全部各个年度均高于无差距理想值100；2002年、2007年、2009年、2011年、2014年、2016~2017年7个年度高于上年指数值。其中，最高值为2014年的210.31，最低值为2006年的

128.43。西藏此项综合指数在省域间排行变化，2000年为第1位，2005年与之持平，2010年与之持平，2017年与上年持平，皆为第1位。

（二）"十五"以来基数值纵向测评

以"九五"末年2000年为起点基数值100，2017年西藏文化投入增长状况此项综合指数为411.51，处于省域间第2位，高出2000年起点基数311.51%，也高出上年测评指数70.24个点。

"十五"以来各年度此项综合指数对比，全部各个年度均高于2000年起点基数值100；2002~2009年、2011~2012年、2014年、2017年12个年度高于上年指数值。其中，最高值为2017年的411.51，最低值为2001年的106.75。西藏此项综合指数在省域间排行变化，2000年起点不计，2005年为第14位，2010年为第10位，2017年从上年第7位上升为第2位。

（三）"十一五"以来基数值纵向测评

以"十五"末年2005年为起点基数值100，2017年西藏文化投入增长状况此项综合指数为266.12，处于省域间第1位，高出2005年起点基数166.12%，也高出上年测评指数42.04个点。

"十一五"以来各年度此项综合指数对比，全部各个年度均高于2005年起点基数值100；2007~2009年、2011~2012年、2014年、2017年7个年度高于上年指数值。其中，最高值为2017年的266.12，最低值为2006年的104.40。西藏此项综合指数在省域间排行变化，2005年起点不计，2010年为第7位，2017年从上年第2位上升为第1位。

（四）"十二五"以来基数值纵向测评

以"十一五"末年2010年为起点基数值100，2017年西藏文化投入增长状况此项综合指数为139.91，处于省域间第7位，高出2010年起点基数39.91%，高出上年测评指数11.89个点。

"十二五"以来各年度此项综合指数对比，全部各个年度均高于2010年起点基数值100；2012年、2014年、2016~2017年4个年度高于上年指数值。其中，最高值为2017年的139.91，最低值为2013年的112.91。西藏此项综合指数在省域间排行变化，2010年起点不计，2013年为第23位，2017年从上年第12位上升为第7位。

（五）逐年度基数值纵向测评

以上一年2016年为起点基数值100，2017年西藏文化投入增长状况此项综合指数为100.94，处于省域间第10位，高出2016年起点基数0.94%，也高出上年基于2015年基数值的测评指数0.64个点。

逐年度此项综合指数对比，2001~2017年17个年度高于自身上年起点基数值100；2001~2002年、2004~2005年、2007年、2009年、2011年、2014年、2017年9个年度高于上年指数值。其中，最高值为2009年的110.20，最低值为2000年的99.50。西藏此项综合指数在省域间排行变化，2000年为第24位，2005年为第20位，2010年为第14位，2017年从上年第11位上升为第10位。

B.7
青海：2000~2017年文化投入指数提升第1位

付丙峰*

摘　要： 2000~2017年，青海文化投入总量由1.39亿元增至37.58亿元，年均增长21.40%，显著高于全国平均增长6.07个百分点。青海综合评价排行：在省域横向测评中，处于2017年度文化投入指数排名第4位；在自身纵向测评中，处于2000~2017年文化投入指数提升第1位，2005~2017年文化投入指数提升第2位，2010~2017年文化投入指数提升第4位，2016~2017年文化投入指数提升第7位。

关键词： 青海　文化投入　综合评价

一　文化投入及其相关背景基本态势

（一）经济财政基本面背景状况

2000年以来青海文化投入总量增长及相关背景关系态势见图1。

2000~2017年，青海产值总量增长895.37%，年均增长14.47%；财政收入总量增长1384.92%，年均增长17.20%；财政支出总量增长2142.07%，年

---

* 付丙峰，云南省社会科学院科研处研究实习员，主要从事国际问题、安全问题研究。

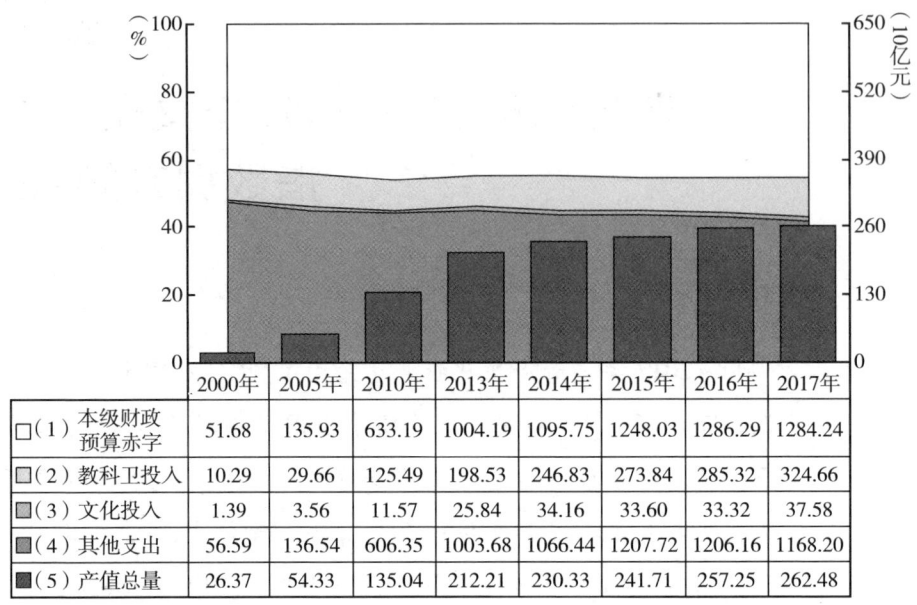

图1　2000年以来青海文化投入总量增长及相关背景关系态势

左轴面积：本级财政预算赤字（中央财政税收返还和转移支付等，"财政包干"地区可为国债份额）、教科卫投入、文化投入、其他支出总量（亿元转换为%），（2）+（3）+（4）=财政支出总量，（2）+（3）+（4）-（1）=财政收入总量，各项数值呈直观比例。右轴柱形：产值总量（10亿元，增长演算取亿元）。

均增长20.07%；教科文卫综合投入（图1中教科卫投入与文化投入之和，后同）总量增长3004.03%，年均增长22.39%；教科文卫综合投入之外财政支出统归为"其他支出"，其总量增长1964.32%，年均增长19.49%。

在此期间，青海教科文卫综合投入总量年均增长高于产值年增7.92个百分点，高于财政收入年增5.19个百分点，高于财政支出年增2.32个百分点，高于其他支出年增2.90个百分点。

"十五"以来，青海教科文卫建设作为公共服务的一个重要方面，确实处于一种极为特殊的优先发展地位。"十一五"以来，青海教科文卫综合投入增长反超明显高于其他支出增长。

（二）文化投入总量增长状况

2000年以来青海文化投入总量及相邻关系、占全国份额变动态势见图2。

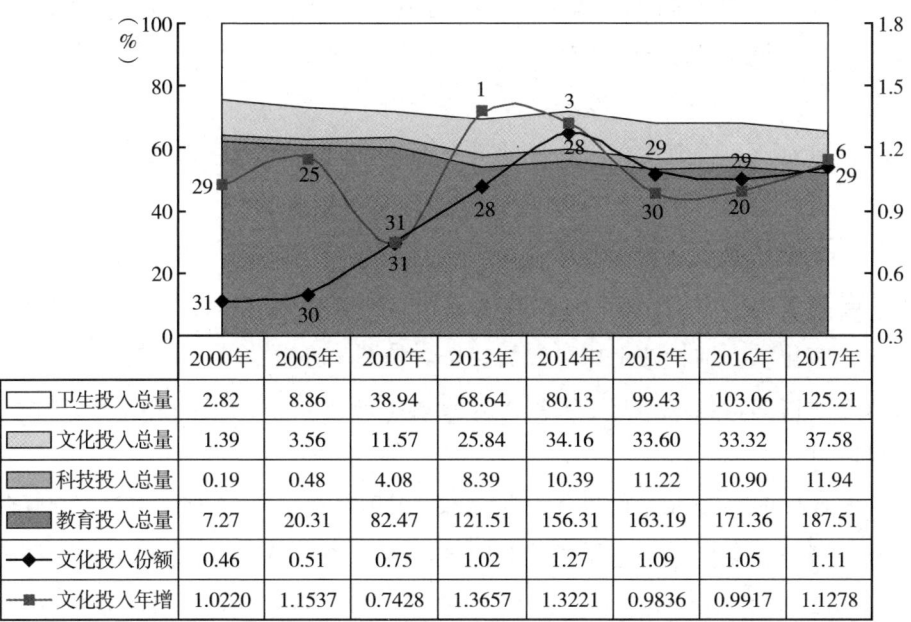

图2　2000年以来青海文化投入总量及相邻关系、占全国份额变动态势

左轴面积：教、科、文、卫投入总量（亿元转换为％），各项数值呈直观比例。右轴曲线：文化投入年增指数（上年=1，小于1为负增长，保留4位小数，正文转换为2位小数增长百分比，后同）；文化投入占全国份额（％）。标注历年增长、份额省域位次。

2000~2017年，青海文化投入总量由1.39亿元增至37.58亿元，总增长2603.60%，年均增长21.40%，省域间增长位次排序第1位。其中，"十五"期间年增20.69%，"十一五"期间年增26.58%，"十二五"以来年均增长18.33%。最高增长年度为2009年，增长57.52%；最低增长年度为2010年，增长率为-25.72%。

相比之下，青海文化投入总量年均增长高于产值年增6.93个百分点，其中"十五"期间高于产值年增5.14个百分点，"十一五"期间高于产值年增6.61个百分点,"十二五"以来高于产值年增8.37个百分点;同时高于财政收入年增4.20个百分点,其中"十五"期间高于财政收入年增5.37个百分点,"十一五"期间低于财政收入年增0.07个百分点,"十二五"以来高于财政收入年增6.16个百分点;高于财政支出年增1.33个百分点,其中"十五"期间高于财政支出年增0.70个百分点,"十一五"期间低于财政支出年增7.78个百分点,"十二五"以来高于财政支出年增7.46个百分点。

认真对比,青海文化投入总量年均增长低于教科卫三项投入年增1.11个百分点,其中"十五"期间低于教科卫投入年增2.89个百分点,"十一五"期间低于教科卫投入年增6.86个百分点,"十二五"以来高于教科卫投入年增3.79个百分点。在2000年以来青海教科文卫综合投入优先高增长当中,文化投入增长处于相对失衡状态。从图2亦可清楚、直观地看出,文化投入所占面积呈逐渐收窄之势,表明其在教科文卫综合投入中的比例份额持续降低。

与此同时,全国文化投入总量增长1029.55%,年增15.33%。2000年以来,青海文化投入总量年均增长高于全国年增6.07个百分点,占全国份额从2000年的0.46%上升至2017年的1.11%,省域间份额位次从第31位上升为第29位。

(三)人均值增长及其地区差变动状况

2000年以来青海文化投入人均值及其地区差变动态势见图3。

2000~2017年,青海文化投入人均值由27.00元增至631.04元,总增长2237.19%,年均增长20.37%,省域间增长位次排序第1位。其中,"十五"期间年增19.48%,"十一五"期间年增25.74%,"十二五"以来年均增长17.29%。最高增长年度为2009年,增长56.81%;最低增长年度为2010年,增长率为-26.32%。

与此同时,全国文化投入人均值总增长928.85%,年均增长14.70%。2000年以来,青海文化投入人均值年均增长高于全国年增5.67个百分点,

青海：2000~2017年文化投入指数提升第1位

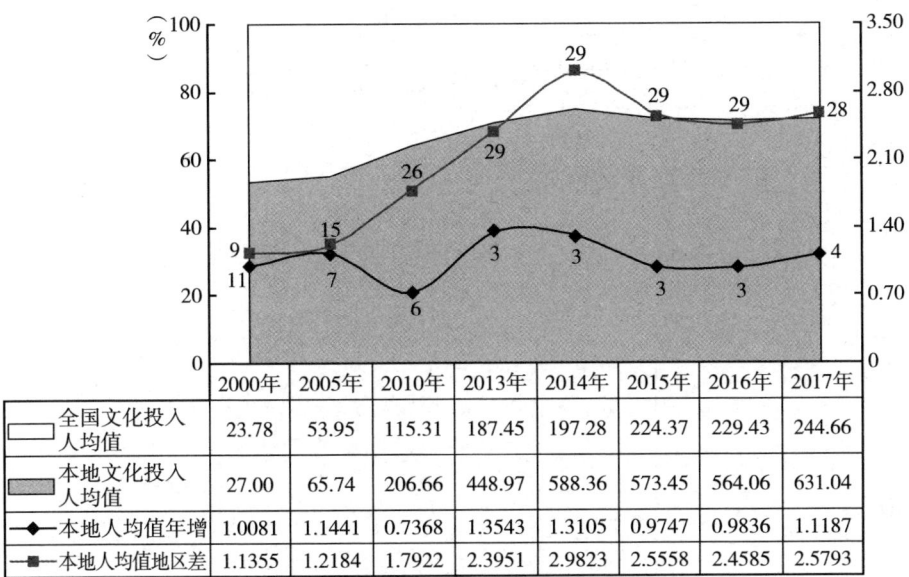

图3 2000年以来青海文化投入人均值及其地区差变动态势

左轴面积：本地、全国文化投入人均值（元转换为%），二者历年变动呈直观比例。右轴曲线：本地人均值年增指数（上年=1，小于1为负增长，由于历年人口增长，人均值年增指数略低于总量年增指数）；本地人均值地区差指数（无差距=1，保留4位小数检测细微差异）。标注人均值及其地区差省域位次。

人均绝对数值从2000年为全国人均值的113.55%上升至2017年为全国人均值的257.93%，省域间人均绝对值高低位次从第11位上升为第4位。

同期，青海文化投入人均值地区差由1.1355扩大至2.5793，扩大127.15%，省域间地区差扩减变化位次排序第31位，地区差指数大小（倒序）位次从第9位下降为第28位。其中，"十五"期间扩大7.30%，"十一五"期间扩大47.09%，"十二五"以来地区差扩大43.92%。最小地区差为2000年的1.1355，最大地区差为2014年的2.9823。

据既往历年动态推演测算，2020年青海公共文化投入人均值地区差将为2.9811，相比当前极显著扩增；2035年青海公共文化投入人均值地区差将为6.1484，相比当前继续极显著扩增。这是长期预测的理论演算值，基于既往增长态势合理推演供参考。

二 文化投入相关协调性态势

（一）相关背景变动状况

2000年以来青海文化投入相关背景比值变动态势见图4。

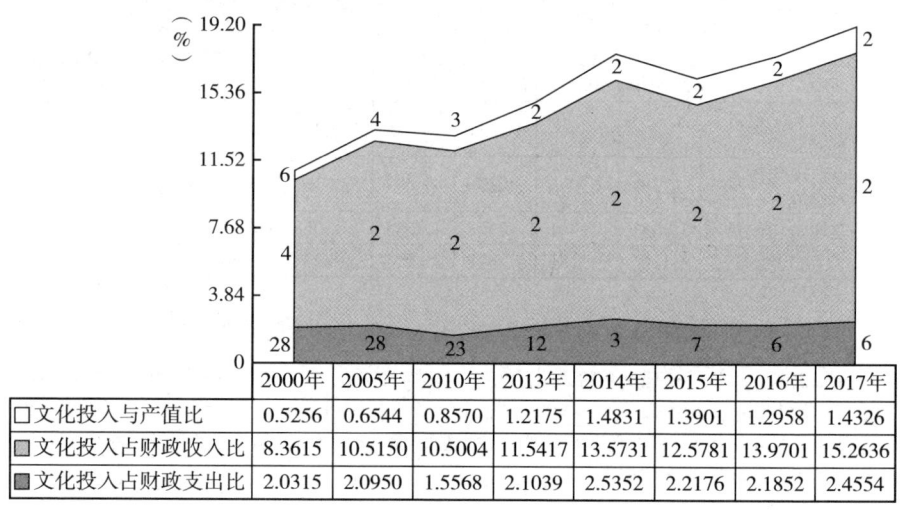

图4 2000年以来青海文化投入相关背景比值变动态势

左轴面积：文化投入与产值比、占财政收入和支出比（%），各项比值历年升降呈直观比例。比值过小保留4位小数演算，正文按惯例保留2位小数。标注各项比值省域位次。

1. 文化投入与产值比

2000~2017年，青海文化投入总量年均增长高于产值年增6.93个百分点，其中"十五"期间年增偏高5.14个百分点，"十一五"期间年增偏高6.61个百分点，"十二五"以来年均增长偏高8.37个百分点。基于二者历年不同增长，青海文化投入与产值比从0.5256%增高至1.4326%，上升0.9070个百分点，省域间升降变化位次排序第1位，比值高低位次从第6位上升为第2位。最高比值为2014年的1.48%，最低比值为2000年的0.53%。

2. 文化投入占财政收入比

2000~2017年，青海文化投入总量年均增长高于财政收入年增4.20个百分点，其中"十五"期间年增偏高5.37个百分点，"十一五"期间年增偏低0.07个百分点，"十二五"以来年均增长偏高6.16个百分点。基于二者历年不同增长，青海文化投入占财政收入比从8.36%增高至15.26%，上升6.90个百分点，省域间升降变化位次排序第1位，比值高低位次从第4位上升为第2位。最高比值为2009年的17.76%，最低比值为2000年的8.36%。

3. 文化投入占财政支出比

2000~2017年，青海文化投入总量年均增长高于财政支出年增1.33个百分点，其中"十五"期间年增偏高0.70个百分点，"十一五"期间年增偏低7.78个百分点，"十二五"以来年均增长偏高7.46个百分点。基于二者历年不同增长，青海文化投入占财政支出比从2.03%增高至2.46%，上升0.43个百分点，省域间升降变化位次排序第3位，比值高低位次从第28位上升为第6位。最高比值为2009年的3.20%，最低比值为2011年的1.48%。

（二）相邻关系变动状况

2000年以来青海文化投入相邻关系比值变动态势见图5。

1. 文化投入与教育投入比

2000~2017年，青海文化投入总量年均增长高于教育投入年增0.33个百分点，其中"十五"期间年增偏低2.12个百分点，"十一五"期间年增偏低5.77个百分点，"十二五"以来年均增长偏高5.88个百分点。基于二者历年不同增长，青海文化投入与教育投入比从19.07%增高至20.04%，上升0.97个百分点，省域间升降变化位次排序第3位，比值高低位次从第6位上升为第4位。最高比值为2009年的25.20%，最低比值为2011年的11.01%。

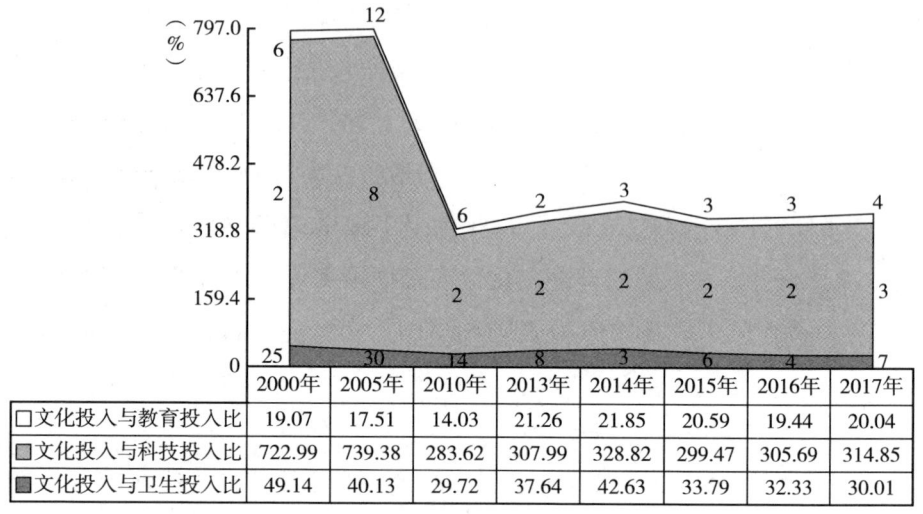

图5　2000年以来青海文化投入相邻关系比值变动态势

左轴面积：文化投入与教育、科技、卫生投入比（％），各项比值历年升降呈直观比例。标注各项比值省域位次。

2. 文化投入与科技投入比

2000~2017年，青海文化投入总量年均增长低于科技投入年增6.18个百分点，其中"十五"期间年增偏高0.33个百分点，"十一五"期间年增偏低26.84个百分点，"十二五"以来年均增长偏高1.75个百分点。基于二者历年不同增长，青海文化投入与科技投入比从722.99%降低至314.85%，下降408.14个百分点，省域间升降变化位次排序第6位，比值高低位次从第2位下降为第3位。最高比值为2006年的846.88%，最低比值为2008年的249.37%。

3. 文化投入与卫生投入比

2000~2017年，青海文化投入总量年均增长低于卫生投入年增3.60个百分点，其中"十五"期间年增偏低5.04个百分点，"十一五"期间年增偏低7.88个百分点，"十二五"以来年均增长偏高0.17个百分点。基于二者历年不同增长，青海文化投入与卫生投入比从49.14%降低为30.01%，下降19.13个百分点，省域间升降变化位次排序第5位。由于各地不同变动,青海比值高低位次从第 25 位上升为第 7 位。最高比值为 2001 年的 52.51%,最低比值为 2010 年的 29.72%。

(三)同构占比变动状况

2000 年以来青海文化消费与投入同构占比倍差变动态势见图 6。

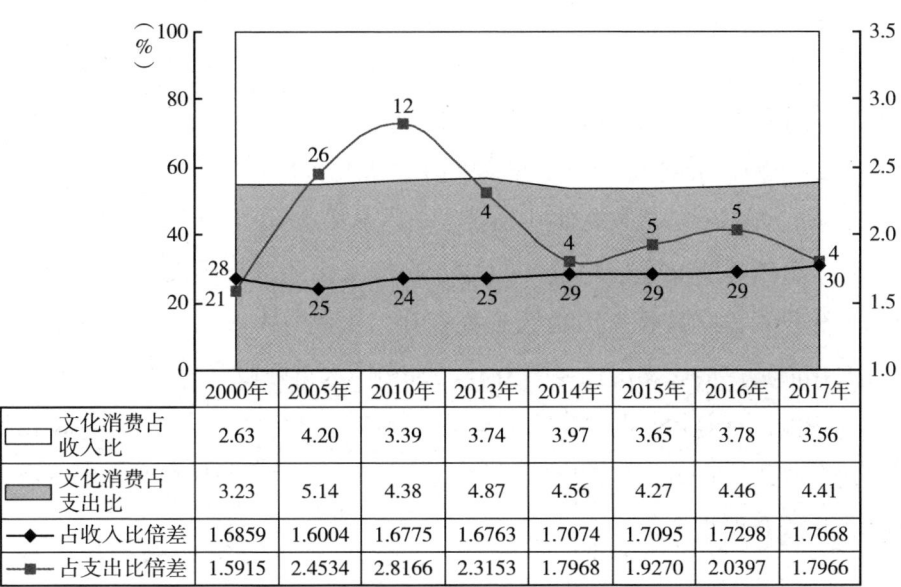

图 6　2000 年以来青海文化消费与投入同构占比倍差变动态势

左轴面积:文化消费占居民收入、总消费支出比(%),两项比值历年升降呈直观比例叠加。右轴曲线:文化消费占居民收入比与文化投入占财政收入比、文化消费占居民支出比与文化投入占财政支出比倍差指数(无差距=1,保留 4 位小数检测细微差异)。标注各项倍差省域位次。

1. 文化消费与投入占收入比

2000~2017 年,青海城乡居民文化消费占居民收入比从 2.63% 增高至 3.56%。逐年比较,最高比值为 2002 年的 4.25%,最低比值为 2000 年的 2.63%。

对照图 4,同期,青海文化投入占财政收入比上升 82.55%,2017 年比值高于文化消费占居民收入比 11.70 个百分点。二者之间占比倍差由

1.6859 增大至 1.7668，增大 4.80%，省域间增减变化位次排序第 27 位，倍差指数高低（倒序）位次从第 28 位下降为第 30 位。

2. 文化消费与投入占支出比

2000~2017 年，青海城乡居民文化消费占居民支出比从 3.23% 增高至 4.41%。逐年比较，最高比值为 2007 年的 5.26%，最低比值为 2000 年的 3.23%。

对照图 4，同期，青海文化投入占财政支出比上升 20.87%，2017 年比值低于文化消费占居民支出比 1.95 个百分点。二者之间占比倍差由 1.5915 增大至 1.7966，增大 12.89%，省域间增减变化位次排序第 5 位。由于各地不同变动，青海倍差指数高低（倒序）位次从第 21 位上升为第 4 位。

以上分析检测显示，2000 年以来，青海文化消费占居民收入比显著上升，文化投入占财政收入比也极显著上升，二者同构占比倍差指数略微增大；文化消费占居民支出比显著上升，文化投入占财政支出比也显著上升，二者同构占比倍差指数明显增大。青海文化投入占财政收入比远高于文化消费占居民收入比，占支出比则明显相反，公共文化投入与居民文化消费需求同构占比关系严重失衡。

三 2017 年文化投入纵横向双重测评

综合以上分析，2000 年以来青海文化投入总量年均增长 21.40%，显著高于全国平均增长 6.07 个百分点，人均值地区差扩大 127.15%；当地文化投入增长显著高于产值增长，也明显高于财政收入增长，亦较明显高于财政支出增长；同时略微高于教育投入增长，但显著低于科技投入增长，也明显低于卫生投入增长；文化投入占财政收入比极显著高于文化消费占居民收入比，占财政支出比却较明显低于文化消费占居民支出比。

这些都集中体现在文化投入增长综合指数测评演算之中。2000 年以来青海文化投入增长综合指数变动态势见图 7。

青海：2000~2017年文化投入指数提升第1位

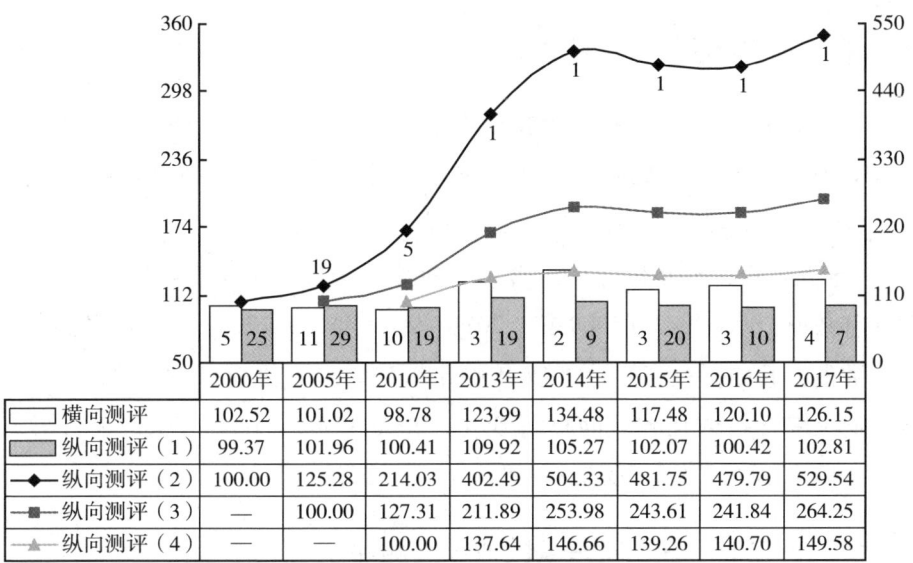

图7 2000年以来青海文化投入增长综合指数变动态势

左轴柱形：左横向测评（无差距理想值=100）；右纵向测评（1），上年=100。右轴曲线：纵向测评（起点年基数值=100），（2）以2000年为起点，（3）以2005年为起点，（4）以2010年为起点。标注横向测评、纵向测评（1）（2）省域排行，纵向测评（2）起点年不计。

（一）各年度理想值横向测评

以文化投入人均值地区无差距、文化消费与投入同构占比无差距状态为"理想值"100，2017年青海文化投入增长状况此项综合指数为126.15，处于省域间第4位，高于无差距理想值26.15%，也高于上年测评指数6.05个点。

各年度此项综合指数对比，2000~2001年、2003~2009年、2011~2017年16个年度高于无差距理想值100；2001年、2003年、2006~2009年、2011~2014年、2016~2017年12个年度高于上年指数值。其中，最高值为2009年的135.48，最低值为2002年的98.68。青海此项综合指数在省域间排行变化，2000年为第5位，2005年为第11位，2010年为第10位，2017年从上年第3位下降为第4位。

177

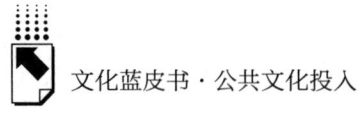

（二）"十五"以来基数值纵向测评

以"九五"末年2000年为起点基数值100，2017年青海文化投入增长状况此项综合指数为529.54，处于省域间第1位，高出2000年起点基数429.54%，也高出上年测评指数49.75个点。

"十五"以来各年度此项综合指数对比，全部各个年度均高于2000年起点基数值100；2003~2009年、2011~2014年、2017年12个年度高于上年指数值。其中，最高值为2017年的529.54，最低值为2002年的106.20。青海此项综合指数在省域间排行变化，2000年起点不计，2005年为第19位，2010年为第5位，2017年与上年持平，皆为第1位。

（三）"十一五"以来基数值纵向测评

以"十五"末年2005年为起点基数值100，2017年青海文化投入增长状况此项综合指数为264.25，处于省域间第2位，高出2005年起点基数164.25%，也高出上年测评指数22.41个点。

"十一五"以来各年度此项综合指数对比，全部各个年度均高于2005年起点基数值100；2007~2009年、2011~2014年、2017年8个年度高于上年指数值。其中，最高值为2017年的264.25，最低值为2006年的108.10。青海此项综合指数在省域间排行变化，2005年起点不计，2010年为第9位，2017年从上年第1位下降为第2位。

（四）"十二五"以来基数值纵向测评

以"十一五"末年2010年为起点基数值100，2017年青海文化投入增长状况此项综合指数为149.58，处于省域间第4位，高出2010年起点基数49.58%，也高出上年测评指数8.88个点。

"十二五"以来各年度此项综合指数对比，全部各个年度均高于2010年起点基数值100；2012~2014年、2016~2017年5个年度高于上年指数值。其中，最高值为2017年的149.58，最低值为2011年的113.11。青海此项综合指数在省域间排行变化，2010年起点不计，2013年为第2位，2017年从上年第5位上升为第4位。

（五）逐年度基数值纵向测评

以上一年2016年为起点基数值100，2017年青海文化投入增长状况此项综合指数为102.81，处于省域间第7位，高出2016年起点基数2.81%，也高出上年基于2015年基数值的测评指数2.39个点。

逐年度此项综合指数对比，2001~2006年、2008~2017年16个年度高于自身上年起点基数值100；2001年、2003年、2006年、2008~2009年、2011~2013年、2017年9个年度高于上年指数值。其中，最高值为2009年的112.63，最低值为2000年的99.37。青海此项综合指数在省域间排行变化，2000年为第25位，2005年为第29位，2010年为第19位，2017年从上年第10位上升为第7位。

B.8
湖南：2010~2017年文化投入指数提升第1位

李汶娟*

摘　要： 2000~2017年，湖南文化投入总量由9.03亿元增至148.83亿元，年均增长17.92%，较明显高于全国平均增长2.59个百分点。湖南综合评价排行：在省域横向测评中，处于2017年度文化投入指数排名第12位；在自身纵向测评中，处于2000~2017年文化投入指数提升第4位，2005~2017年文化投入指数提升第5位，2010~2017年文化投入指数提升第1位，2016~2017年文化投入指数提升第16位。

关键词： 湖南　文化投入　综合评价

一　文化投入及其相关背景基本态势

（一）经济财政基本面背景状况

2000年以来湖南文化投入总量增长及相关背景关系态势见图1。2000~2017年，湖南产值总量增长854.61%，年均增长14.19%；财政

---

* 李汶娟，云南省社会科学院国际学术交流中心主任、研究员，主要从事民族文化研究。

湖南：2010～2017年文化投入指数提升第1位

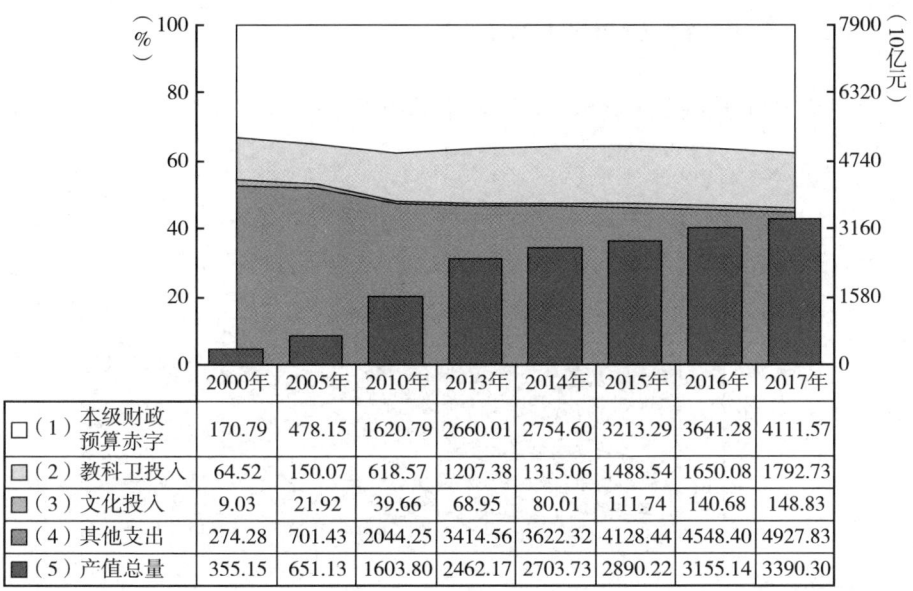

图1　2000年以来湖南文化投入总量增长及相关背景关系态势

左轴面积：本级财政预算赤字（中央财政税收返还和转移支付等，"财政包干"地区可为国债份额）、教科卫投入、文化投入、其他支出总量（亿元转换为%），（2）+（3）+（4）=财政支出总量，（2）+（3）+（4）-（1）=财政收入总量，各项数值呈直观比例。右轴柱形：产值总量（10亿元，增长演算取亿元）。

收入总量增长1457.74%，年均增长17.53%；财政支出总量增长1874.93%，年均增长19.18%；教科文卫综合投入（图1中教科卫投入与文化投入之和，后同）总量增长2539.78%，年均增长21.23%；教科文卫综合投入之外财政支出统归为"其他支出"，其总量增长1696.64%，年均增长18.52%。

在此期间，湖南教科文卫综合投入总量年均增长高于产值年增7.04个百分点，高于财政收入年增3.70个百分点，高于财政支出年增2.05个百分点，高于其他支出年增2.71个百分点。

"十五"以来，湖南教科文卫建设作为公共服务的一个重要方面，确实处于一种极为特殊的优先发展地位。"十一五"以来，湖南教科文卫综合投入增长高于其他支出增长的情况更加明显。

（二）文化投入总量增长状况

2000年以来湖南文化投入总量及相邻关系、占全国份额变动态势见图2。

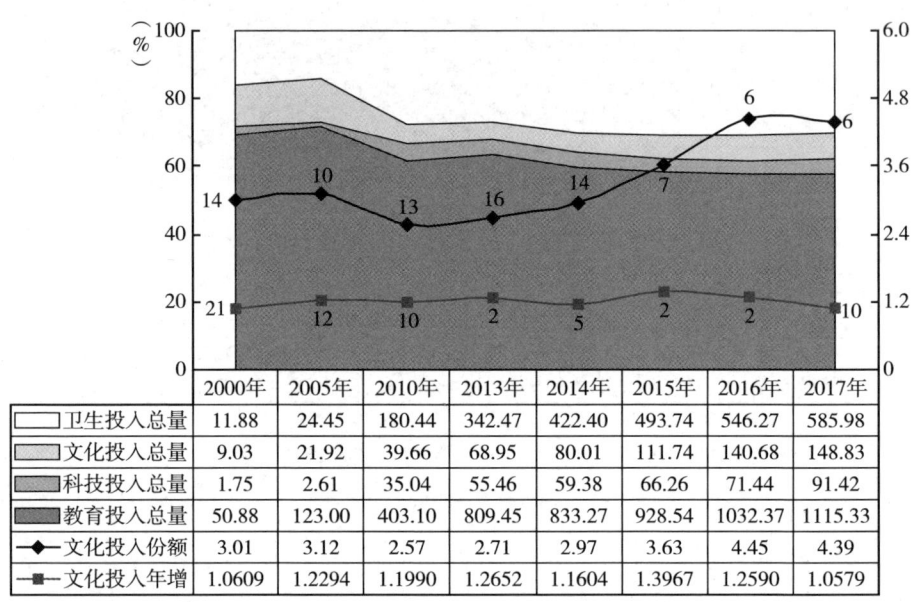

图2 2000年以来湖南文化投入总量及相邻关系、占全国份额变动态势

左轴面积：教、科、文、卫投入总量（亿元转换为%），各项数值呈直观比例。右轴曲线：文化投入年增指数（上年=1，小于1为负增长，保留4位小数，正文转换为2位小数增长百分比，后同）；文化投入占全国份额（%）。标注历年增长、份额省域位次。

2000~2017年，湖南文化投入总量由9.03亿元增至148.83亿元，总增长1548.17%，年均增长17.92%，省域间增长位次排序第6位。其中，"十五"期间年增19.41%，"十一五"期间年增12.59%，"十二五"以来年均增长20.79%。最高增长年度为2015年，增长39.67%；最低增长年度为2007年，增长率为-22.40%。

相比之下，湖南文化投入总量年均增长高于产值年增3.73个百分点，其中"十五"期间高于产值年增6.52个百分点，"十一五"期间低于产值年增7.17个百分点，"十二五"以来高于产值年增9.50个百分点；同时高于财政收入年增 0.39 个百分点，其中"十五"期间高于财政收入年增 1.98 个百分点，"十一五"期间低于财政收入年增 9.71 个百分点，"十二五"以来高于财政收入年增 6.48 个百分点；低于财政支出年增 1.26 个百分点，其中"十五"期间低于财政支出年增 0.81 个百分点，"十一五"期间低于财政支出年增 12.76 个百分点，"十二五"以来高于财政支出年增 6.53 个百分点。

认真对比，湖南文化投入总量年均增长低于教科卫三项投入年增 3.68 个百分点，其中"十五"期间高于教科卫投入年增 1.02 个百分点，"十一五"期间低于教科卫投入年增 20.16 个百分点，"十二五"以来高于教科卫投入年增 4.37 个百分点。在 2000 年以来湖南教科文卫综合投入优先高增长当中，文化投入增长处于严重失衡状态。从图 2 亦可清楚、直观地看出，文化投入所占面积呈逐渐收窄之势，表明其在教科文卫综合投入中的比例份额持续降低。

与此同时，全国文化投入总量增长 1029.55%，年增 15.33%。2000 年以来，湖南文化投入总量年均增长高于全国年增 2.59 个百分点，占全国份额从 2000 年的 3.01% 上升至 2017 年的 4.39%，省域间份额位次从第 14 位上升为第 6 位。

（三）人均值增长及其地区差变动状况

2000 年以来湖南文化投入人均值及其地区差变动态势见图 3。

2000~2017 年，湖南文化投入人均值由 13.80 元增至 217.55 元，总增长 1476.45%，年均增长 17.61%，省域间增长位次排序第 4 位。其中，"十五"期间年增 19.52%，"十一五"期间年增 12.68%，"十二五"以来年均增长 19.88%。最高增长年度为 2015 年，增长 38.71%；最低增长年度为 2007 年，增长率为 -22.58%。

与此同时，全国文化投入人均值总增长 928.85%，年均增长 14.70%。2000 年以来，湖南文化投入人均值年均增长高于全国年增 2.91 个百分点，人均绝对数值从 2000 年为全国人均值的 58.03% 上升至 2017

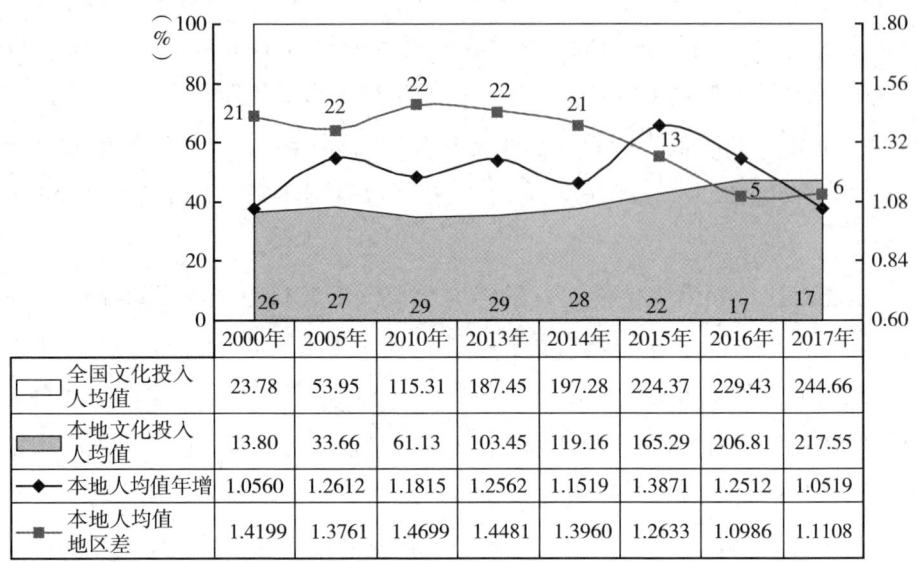

图3 2000年以来湖南文化投入人均值及其地区差变动态势

左轴面积：本地、全国文化投入人均值（元转换为%），二者历年变动呈直观比例。右轴曲线：本地人均值年增指数（上年=1，小于1为负增长，由于历年人口增长，人均值年增指数略低于总量年增指数）；本地人均值地区差指数（无差距=1，保留4位小数检测细微差异）。标注人均值及其地区差省域位次。

年为全国人均值的88.92%，省域间人均绝对值高低位次从第26位上升为第17位。

同期，湖南文化投入人均值地区差由1.4199缩小至1.1108，缩小21.77%，省域间地区差扩减变化位次排序第3位，地区差指数大小（倒序）位次从第21位上升为第6位。其中，"十五"期间缩小3.08%，"十一五"期间扩大6.82%，"十二五"以来地区差缩小24.43%。最小地区差为2016年的1.0986，最大地区差为2007年的1.5345。

据既往历年动态推演测算，2020年湖南公共文化投入人均值地区差将为1.0412，相比当前较明显缩减；2035年湖南公共文化投入人均值地区差将为1.3978，相比当前显著扩增。这是长期预测的理论演算值，基于既往增长态势合理推演供参考。

二 文化投入相关协调性态势

（一）相关背景变动状况

2000年以来湖南文化投入相关背景比值变动态势见图4。

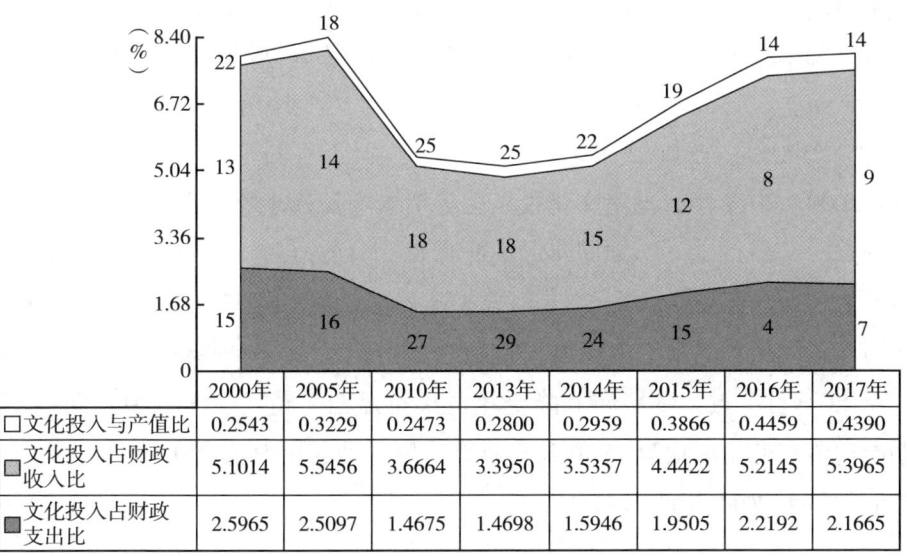

图4 2000年以来湖南文化投入相关背景比值变动态势

左轴面积：文化投入与产值比、占财政收入和支出比（%），各项比值历年升降呈直观比例。比值过小保留4位小数演算，正文按惯例保留2位小数。标注各项比值省域位次。

1. 文化投入与产值比

2000~2017年，湖南文化投入总量年均增长高于产值年增3.73个百分点，其中"十五"期间年增偏高6.52个百分点，"十一五"期间年增偏低7.17个百分点，"十二五"以来年均增长偏高9.50个百分点。基于二者历年不同增长，湖南文化投入与产值比从0.2543%增高至0.4390%，上升0.1847个百分点，省域间升降变化位次排序第7位，比值高低位次从第22位上升为第14位。最高比值为2016年的0.45%，最低比值为2007年的

0.22%。

2. 文化投入占财政收入比

2000~2017年,湖南文化投入总量年均增长高于财政收入年增0.39个百分点,其中"十五"期间年增偏高1.98个百分点,"十一五"期间年增偏低9.71个百分点,"十二五"以来年均增长偏高6.48个百分点。基于二者历年不同增长,湖南文化投入占财政收入比从5.10%增高至5.40%,上升0.30个百分点,省域间升降变化位次排序第4位,比值高低位次从第13位上升为第9位。最高比值为2003年的5.77%,最低比值为2011年的2.96%。

3. 文化投入占财政支出比

2000~2017年,湖南文化投入总量年均增长低于财政支出年增1.26个百分点,其中"十五"期间年增偏低0.81个百分点,"十一五"期间年增偏低12.76个百分点,"十二五"以来年均增长偏高6.53个百分点。基于二者历年不同增长,湖南文化投入占财政支出比从2.60%降低至2.17%,下降0.43个百分点,省域间升降变化位次排序第7位。由于各地不同变动,湖南比值高低位次从第15位上升为第7位。最高比值为2003年的2.70%,最低比值为2011年的1.27%。

(二)相邻关系变动状况

2000年以来湖南文化投入相邻关系比值变动态势见图5。

1. 文化投入与教育投入比

2000~2017年,湖南文化投入总量年均增长低于教育投入年增2.00个百分点,其中"十五"期间年增偏高0.10个百分点,"十一五"期间年增偏低14.20个百分点,"十二五"以来年均增长偏高5.14个百分点。基于二者历年不同增长,湖南文化投入与教育投入比从17.75%降低至13.34%,下降4.41个百分点,省域间升降变化位次排序第9位,比值高低位次前后保持在第10位。最高比值为2006年的18.25%,最低比值为2012年的6.75%。

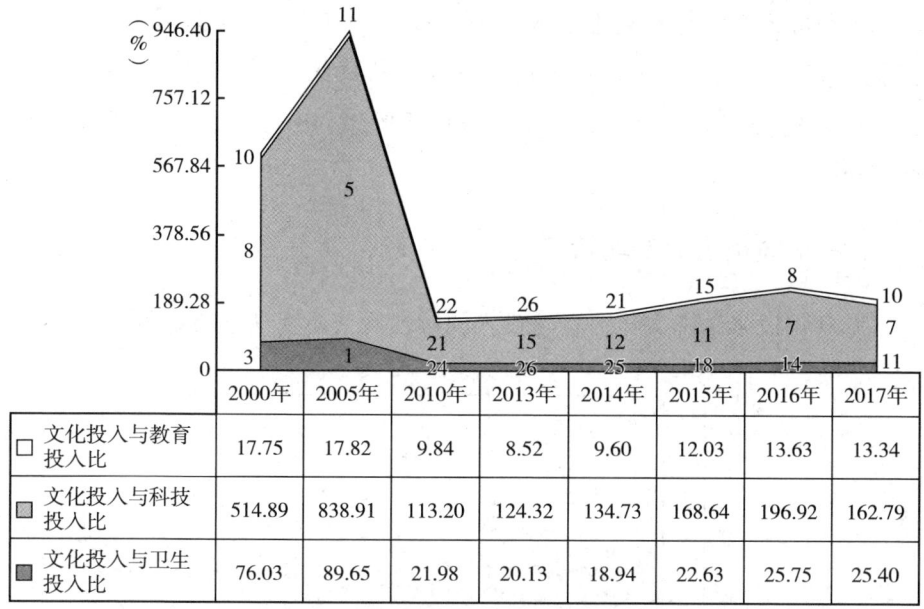

图 5　2000 年以来湖南文化投入相邻关系比值变动态势

左轴面积：文化投入与教育、科技、卫生投入比（%），各项比值历年升降呈直观比例。标注各项比值省域位次。

2. 文化投入与科技投入比

2000～2017 年，湖南文化投入总量年均增长低于科技投入年增 8.28 个百分点，其中"十五"期间年增偏高 11.09 个百分点，"十一五"期间年增偏低 55.52 个百分点，"十二五"以来年均增长偏高 6.11 个百分点。基于二者历年不同增长，湖南文化投入与科技投入比从 514.89% 降低至 162.79%，下降 352.10 个百分点，省域间升降变化位次排序第 13 位。由于各地不同变动，湖南比值高低位次从第 8 位上升为第 7 位。最高比值为 2006 年的 850.81%，最低比值为 2008 年的 95.32%。

3. 文化投入与卫生投入比

2000～2017 年，湖南文化投入总量年均增长低于卫生投入年增 7.85 个百分点，其中"十五"期间年增偏高 3.88 个百分点，"十一五"期间年增偏低 36.56 个百分点，"十二五"以来年均增长偏高 2.46 个百分点。基于二者历年不同增长,湖南文化投入与卫生投入比从76.03%降低为25.40%,下降50.63个百分点,省域间升降变化位次排序第16位,比值高低位次从第3位下降为第11位。最高比值为2003年的92.16%,最低比值为2011年的17.48%。

(三)同构占比变动状况

2000年以来湖南文化消费与投入同构占比倍差变动态势见图6。

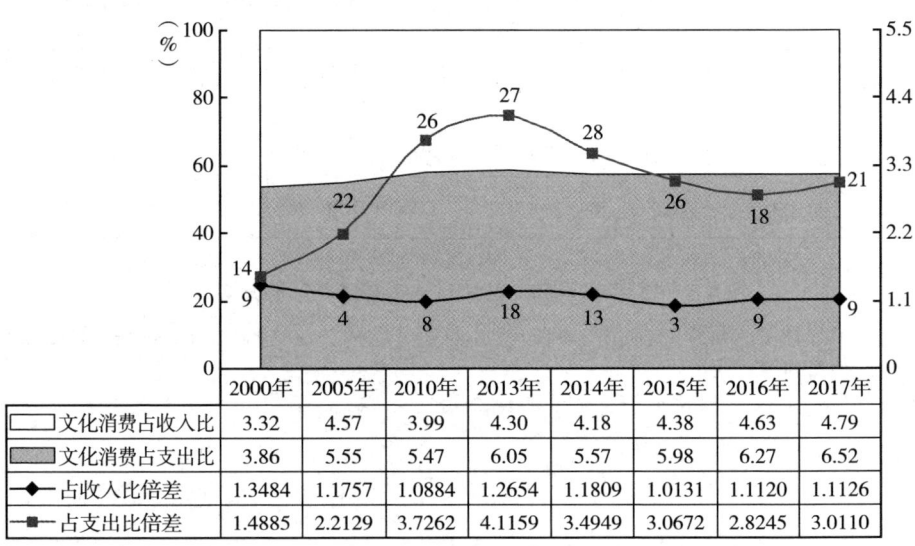

图6 2000年以来湖南文化消费与投入同构占比倍差变动态势

左轴面积:文化消费占居民收入、总消费支出比(%),两项比值历年升降呈直观比例叠加。右轴曲线:文化消费占居民收入比与文化投入占财政收入比、文化消费占居民支出比与文化投入占财政支出比倍差指数(无差距=1,保留4位小数检测细微差异)。标注各项倍差省域位次。

1. 文化消费与投入占收入比

2000~2017年,湖南城乡居民文化消费占居民收入比从3.32%增高至4.79%。逐年比较,最高比值为2017年的4.79%,最低比值为2001年的3.10%。

对照图4,同期,湖南文化投入占财政收入比上升5.78%,2017年比值高于文化消费占居民收入比0.61个百分点。二者之间占比倍差由1.3484减小至1.1126，减小17.49%，省域间增减变化位次排序第12位，倍差指数高低（倒序）位次前后保持在第9位。

2.文化消费与投入占支出比

2000~2017年，湖南城乡居民文化消费占居民支出比从3.86%增高至6.52%。逐年比较，最高比值为2017年的6.52%，最低比值为2001年的3.69%。

对照图4，同期，湖南文化投入占财政支出比下降16.56%，2017年比值低于文化消费占居民支出比4.35个百分点。二者之间占比倍差由1.4885增大至3.0110，增大102.28%，省域间增减变化位次排序第22位，倍差指数高低（倒序）位次从第14位下降为第21位。

以上分析检测显示，2000年以来，湖南文化消费占居民收入比极显著上升，文化投入占财政收入比也较明显上升，二者同构占比倍差指数明显减小；文化消费占居民支出比极显著上升，文化投入占财政支出比却明显下降，二者同构占比倍差指数极显著增大。这意味着，湖南公共文化投入增长占比变动滞后于居民文化消费需求变化态势的差距已有部分缩小。

三 2017年文化投入纵横向双重测评

综合以上分析，2000年以来湖南文化投入总量年均增长17.92%，较明显高于全国平均增长2.59个百分点，人均值地区差缩小21.77%；当地文化投入增长明显高于产值增长，也略微高于财政收入增长，但较明显低于财政支出增长；同时较明显低于教育投入增长，也显著低于科技、卫生投入增长；文化投入占财政收入比略微高于文化消费占居民收入比，占财政支出比却明显低于文化消费占居民支出比。

这些都集中体现在文化投入增长综合指数测评演算之中。2000年以来湖南文化投入增长综合指数变动态势见图7。

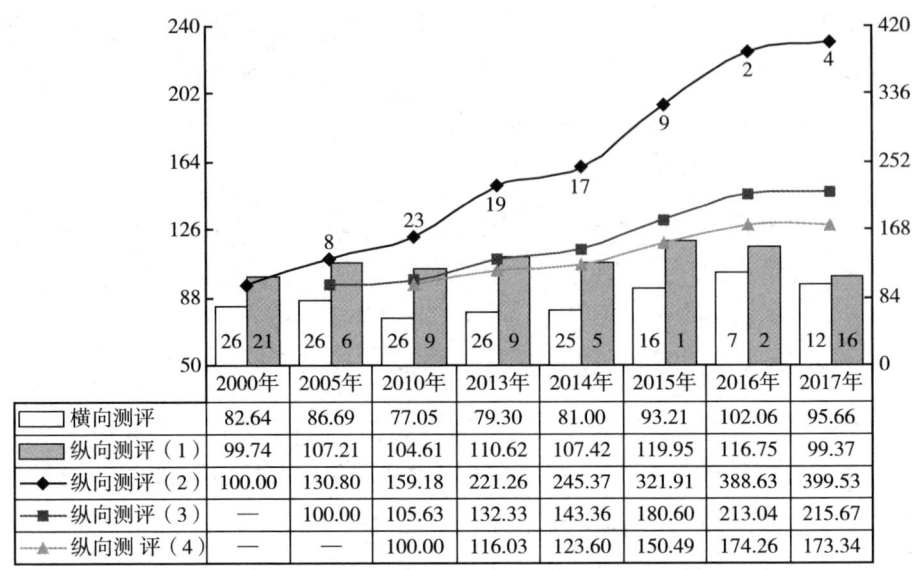

图 7　2000 年以来湖南文化投入增长综合指数变动态势

左轴柱形：左横向测评（无差距理想值=100）；右纵向测评（1），上年=100。右轴曲线：纵向测评（起点年基数值=100），（2）以 2000 年为起点，（3）以 2005 年为起点，（4）以 2010 年为起点。标注横向测评、纵向测评（1）（2）省域排行，纵向测评（2）起点年不计。

（一）各年度理想值横向测评

以文化投入人均值地区无差距、文化消费与投入同构占比无差距状态为"理想值"100，2017 年湖南文化投入增长状况此项综合指数为 95.66，处于省域间第 12 位，低于无差距理想值 4.34%，也低于上年测评指数 6.40 个点。

各年度此项综合指数对比，2016 年 1 个年度高于无差距理想值 100；2002~2003 年、2005 年、2008~2010 年、2012~2016 年 11 个年度高于上年指数值。其中，最高值为 2016 年的 102.06，最低值为 2007 年的 62.43。湖南此项综合指数在省域间排行变化，2000 年为第 26 位，2005 年与之持平，2010 年与之持平，2017 年从上年第 7 位下降为第 12 位。

（二）"十五"以来基数值纵向测评

以"九五"末年 2000 年为起点基数值 100，2017 年湖南文化投入增长状况此项综合指数为399.53，处于省域间第4位，高出2000年起点基数299.53%，也高出上年测评指数10.90个点。

"十五"以来各年度此项综合指数对比，全部各个年度均高于2000年起点基数值100；2002~2006年、2008~2017年15个年度高于上年指数值。其中，最高值为2017年的399.53，最低值为2001年的103.42。湖南此项综合指数在省域间排行变化，2000年起点不计，2005年为第8位，2010年为第23位，2017年从上年第2位下降为第4位。

（三）"十一五"以来基数值纵向测评

以"十五"末年2005年为起点基数值100，2017年湖南文化投入增长状况此项综合指数为215.67，处于省域间第5位，高出2005年起点基数115.67%，也高出上年测评指数2.63个点。

"十一五"以来各年度此项综合指数对比，2006年、2010~2017年9个年度高于2005年起点基数值100；2008~2010年、2012~2017年9个年度高于上年指数值。其中，最高值为2017年的215.67，最低值为2007年的78.37。湖南此项综合指数在省域间排行变化，2005年起点不计，2010年为第24位，2017年与上年持平，皆为第5位。

（四）"十二五"以来基数值纵向测评

以"十一五"末年2010年为起点基数值100，2017年湖南文化投入增长状况此项综合指数为173.34，处于省域间第1位，高出2010年起点基数73.34%，但低于上年测评指数0.92个点。

"十二五"以来各年度此项综合指数对比，2012~2017年6个年度高于2010年起点基数值100；2012~2016年5个年度高于上年指数值。其中，最高值为2016年的174.26，最低值为2011年的96.82。湖南此项综合指数在省域间排行变化，2010年起点不计，2013年为第17位，2017年与上年持平，皆为第1位。

（五）逐年度基数值纵向测评

以上一年2016年为起点基数值100，2017年湖南文化投入增长状况此

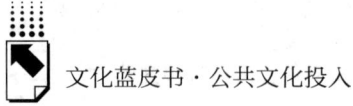

项综合指数为99.37，处于省域间第16位，低于2016年起点基数0.63%，也低于上年基于2015年基数值的测评指数17.38个点。

逐年度此项综合指数对比，2001~2006年、2008~2010年、2012~2016年14个年度高于自身上年起点基数值100；2001~2003年、2005年、2008~2009年、2012~2013年、2015年9个年度高于上年指数值。其中，最高值为2015年的119.95，最低值为2007年的75.23。湖南此项综合指数在省域间排行变化，2000年为第21位，2005年为第6位，2010年为第9位，2017年从上年第2位下降为第16位。

B.9 上海：2016~2017年文化投入指数提升第1位

王国爱*

摘　要： 2000~2017年，上海文化投入总量由11.67亿元增至191.32亿元，年均增长17.88%，较明显高于全国平均增长2.55个百分点。上海综合评价排行：在省域横向测评中，处于2017年度文化投入指数排名第2位；在自身纵向测评中，处于2000~2017年文化投入指数提升第11位，2005~2017年文化投入指数提升第8位，2010~2017年文化投入指数提升第3位，2016~2017年文化投入指数提升第1位。

关键词： 上海　文化投入　综合评价

一　文化投入及其相关背景基本态势

（一）经济财政基本面背景状况

2000年以来上海文化投入总量增长及相关背景关系态势见图1。

2000~2017年，上海产值总量增长542.04%，年均增长11.56%；财政收入总量增长1268.47%，年均增长16.64%；财政支出总量增长1140.24%，年

---

* 王国爱，云南省社会科学院民族学研究所副研究员，主要从事民族文化研究。

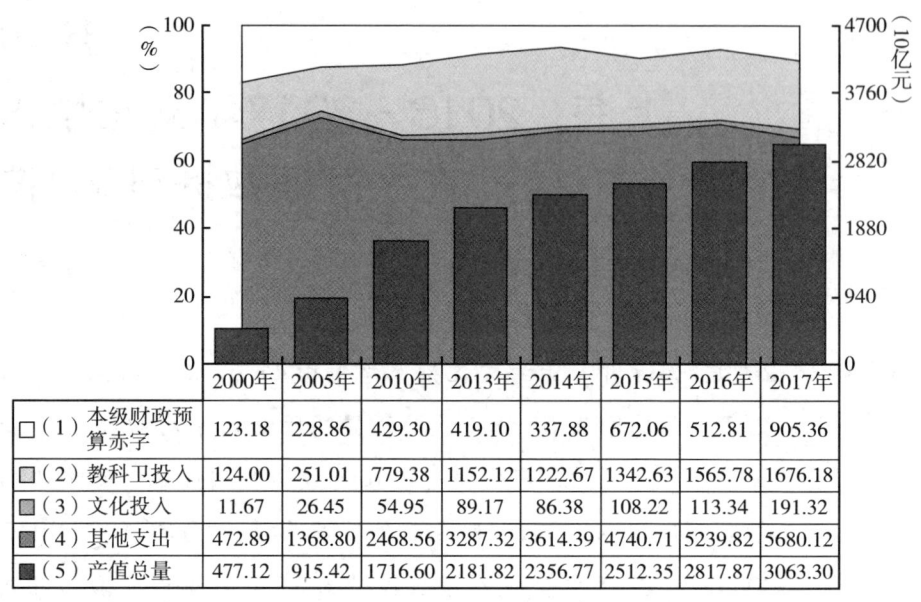

图1 2000年以来上海文化投入总量增长及相关背景关系态势

左轴面积：本级财政预算赤字（中央财政税收返还和转移支付等，"财政包干"地区可为国债份额）、教科卫投入、文化投入、其他支出总量（亿元转换为%），（2）+（3）+（4）=财政支出总量，（2）+（3）+（4）-（1）=财政收入总量，各项数值呈直观比例。右轴柱形：产值总量（10亿元，增长演算取亿元）。

均增长15.96%；教科文卫综合投入（图1中教科卫投入与文化投入之和，后同）总量增长1276.50%，年均增长16.68%；教科文卫综合投入之外财政支出统归为"其他支出"，其总量增长1101.15%，年均增长15.75%。

在此期间，上海教科文卫综合投入总量年均增长高于产值年增5.12个百分点，高于财政收入年增0.04个百分点，高于财政支出年增0.72个百分点，高于其他支出年增0.93个百分点。

"十五"以来，上海教科文卫建设作为公共服务的一个重要方面，确实处于一种极为特殊的优先发展地位。"十一五"以来，上海教科文卫综合投入增长高于其他支出增长的情况更加明显。

（二）文化投入总量增长状况

2000年以来上海文化投入总量及相邻关系、占全国份额变动态势见图2。

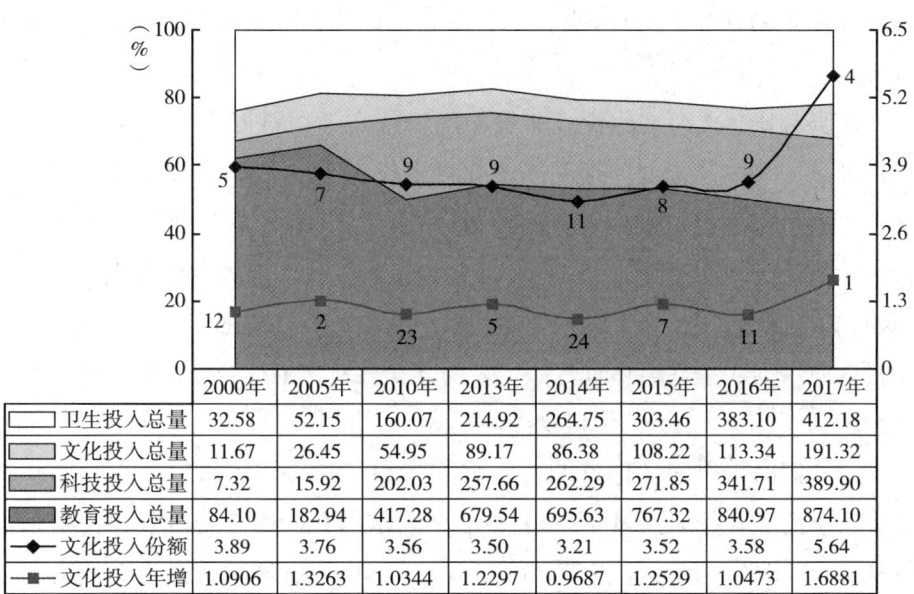

图2　2000年以来上海文化投入总量及相邻关系、占全国份额变动态势

左轴面积：教、科、文、卫投入总量（亿元转换为%），各项数值呈直观比例。右轴曲线：文化投入年增指数（上年＝1，小于1为负增长，保留4位小数，正文转换为2位小数增长百分比，后同）；文化投入占全国份额（%）。标注历年增长、份额省域位次。

2000~2017年，上海文化投入总量由11.67亿元增至191.32亿元，总增长1539.42%，年均增长17.88%，省域间增长位次排序第7位。其中，"十五"期间年增17.78%，"十一五"期间年增15.75%，"十二五"以来年均增长19.51%。最高增长年度为2017年，增长68.81%；最低增长年度为2014年，增长率为-3.13%。

相比之下，上海文化投入总量年均增长高于产值年增6.32个百分点，其中"十五"期间高于产值年增3.86个百分点，"十一五"期间高于产值年增2.35个百分点，"十二五"以来高于产值年增10.88个百分点；同时高于财政收入年增1.24个百分点,其中"十五"期间低于财政收入年增6.12个百分点,"十一五"期间高于财政收入年增0.57个百分点,"十二五"以来高于财政收入年增6.79个百分点;高于财政支出年增1.92个百分点,其中"十五"期间低于财政支出年增4.24个百分点,"十一五"期间高于财政支出年增0.81个百分点,"十二五"以来高于财政支出年增6.98个百分点。

认真对比,上海文化投入总量年均增长高于教科卫三项投入年增1.33个百分点,其中"十五"期间高于教科卫投入年增2.63个百分点,"十一五"期间低于教科卫投入年增9.68个百分点,"十二五"以来高于教科卫投入年增7.95个百分点。在2000年以来上海教科文卫综合投入优先高增当中,文化投入增长处于良性平衡状态。从图2亦可清楚、直观地看出,文化投入所占面积呈逐渐拓宽之势,表明其在教科文卫综合投入中的比例份额持续增高。

与此同时,全国文化投入总量增长1029.55%,年增15.33%。2000年以来,上海文化投入总量年均增长高于全国年增2.55个百分点,占全国份额从2000年的3.89%上升至2017年的5.64%,省域间份额位次从第5位上升为第4位。

(三)人均值增长及其地区差变动状况

2000年以来上海文化投入人均值及其地区差变动态势见图3。

2000~2017年,上海文化投入人均值由74.94元增至790.92元,总增长955.40%,年均增长14.87%,省域间增长位次排序第15位。其中,"十五"期间年增14.93%,"十一五"期间年增11.61%,"十二五"以来年均增长17.21%。最高增长年度为2017年,增长68.71%;最低增长年度为2010年,增长率为-6.72%。

与此同时,全国文化投入人均值总增长928.85%,年均增长14.70%。2000年以来,上海文化投入人均值年均增长高于全国年增0.17个百分点,人均绝对数值从2000年为全国人均值的315.14%上升至2017年为全国人均

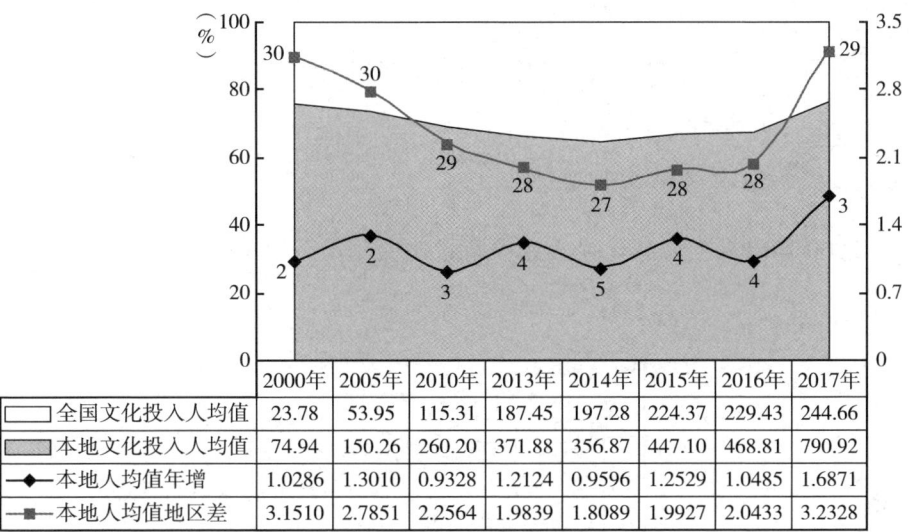

图3 2000年以来上海文化投入人均值及其地区差变动态势

左轴面积：本地、全国文化投入人均值（元转换为%），二者历年变动呈直观比例。右轴曲线：本地人均值年增指数（上年＝1，小于1为负增长，由于历年人口增长，人均值年增指数略低于总量年增指数）；本地人均值地区差指数（无差距＝1，保留4位小数检测细微差异）。标注人均值及其地区差省域位次。

值的323.27%。由于各地不同变动，上海人均绝对值高低位次从第2位下降为第3位。

同期，上海文化投入人均值地区差由3.1510扩大至3.2328，扩大2.60%，省域间地区差扩减变化位次排序第15位。由于各地不同变动，上海地区差指数大小（倒序）位次从第30位上升为第29位。其中，"十五"期间缩小11.61%，"十一五"期间缩小18.98%，"十二五"以来地区差扩大43.27%。最小地区差为2014年的1.8089，最大地区差为2007年的3.4662。

据既往历年动态推演测算，2020年上海公共文化投入人均值地区差将为3.2474，相比当前略微扩增；2035年上海公共文化投入人均值地区差将为3.3217，相比当前继续较明显扩增。这是长期预测的理论演算值，基于既往增长态势合理推演供参考。

二 文化投入相关协调性态势

(一)相关背景变动状况

2000年以来上海文化投入相关背景比值变动态势见图4。

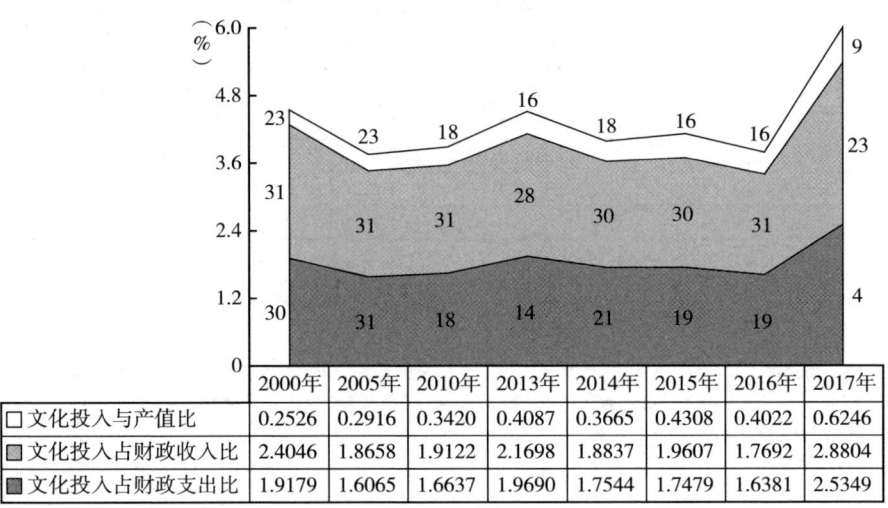

图4 2000年以来上海文化投入相关背景比值变动态势

左轴面积:文化投入与产值比、占财政收入和支出比(%),各项比值历年升降呈直观比例。比值过小保留4位小数演算,正文按惯例保留2位小数。标注各项比值省域位次。

1. 文化投入与产值比

2000~2017年,上海文化投入总量年均增长高于产值年增6.32个百分点,其中"十五"期间年增偏高3.86个百分点,"十一五"期间年增偏高2.35个百分点,"十二五"以来年均增长偏高10.88个百分点。基于二者历年不同增长,上海文化投入与产值比从0.2526%增高至0.6246%,上升0.3720个百分点,省域间升降变化位次排序第2位,比值高低位次从第23位上升到第9位。最高比值为2017年的0.62%,最低比值为2004年的0.25%。

2. 文化投入占财政收入比

2000~2017年，上海文化投入总量年均增长高于财政收入年增1.24个百分点，其中"十五"期间年增偏低6.12个百分点，"十一五"期间年增偏高0.57个百分点，"十二五"以来年均增长偏高6.79个百分点。基于二者历年不同增长，上海文化投入占财政收入比从2.40%增高至2.88%，上升0.48个百分点，省域间升降变化位次排序第3位，比值高低位次从第31位上升为第23位。最高比值为2017年的2.88%，最低比值为2016年的1.77%。

3. 文化投入占财政支出比

2000~2017年，上海文化投入总量年均增长高于财政支出年增1.92个百分点，其中"十五"期间年增偏低4.24个百分点，"十一五"期间年增偏高0.81个百分点，"十二五"以来年均增长偏高6.98个百分点。基于二者历年不同增长，上海文化投入占财政支出比从1.92%增高至2.53%，上升0.61个百分点，省域间升降变化位次排序第2位，比值高低位次从第30位上升为第4位。最高比值为2017年的2.53%，最低比值为2004年的1.44%。

（二）相邻关系变动状况

2000年以来上海文化投入相邻关系比值变动态势见图5。

1. 文化投入与教育投入比

2000~2017年，上海文化投入总量年均增长高于教育投入年增3.11个百分点，其中"十五"期间年增偏高0.96个百分点，"十一五"期间年增偏低2.18个百分点，"十二五"以来年均增长偏高8.37个百分点。基于二者历年不同增长，上海文化投入与教育投入比从13.88%增高至21.89%，上升8.01个百分点，省域间升降变化位次排序第1位，比值高低位次从第30位上升为第1位。最高比值为2017年的21.89%，最低比值为2012年的11.17%。

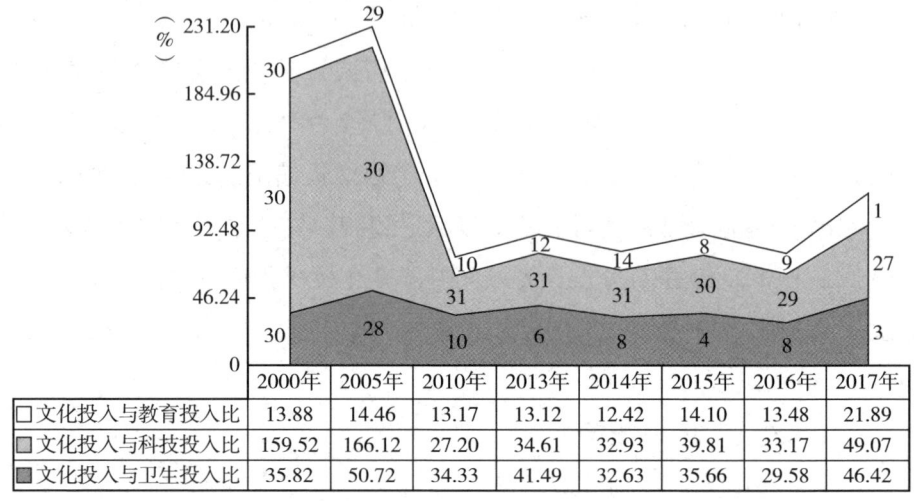

图 5　2000 年以来上海文化投入相邻关系比值变动态势

左轴面积：文化投入与教育、科技、卫生投入比（%），各项比值历年升降呈直观比例。标注各项比值省域位次。

2. 文化投入与科技投入比

2000~2017 年，上海文化投入总量年均增长低于科技投入年增 8.46 个百分点，其中"十五"期间年增偏高 0.97 个百分点，"十一五"期间年增偏低 50.47 个百分点，"十二五"以来年均增长偏高 9.66 个百分点。基于二者历年不同增长，上海文化投入与科技投入比从 159.52% 降低至 49.07%，下降 110.45 个百分点，省域间升降变化位次排序第 14 位。由于各地不同变动，上海比值高低位次从第 30 位上升为第 27 位。最高比值为 2005 年的 166.12%，最低比值为 2009 年的 24.67%。

3. 文化投入与卫生投入比

2000~2017 年，上海文化投入总量年均增长高于卫生投入年增 1.78 个百分点，其中"十五"期间年增偏高 7.91 个百分点，"十一五"期间年增偏低 9.39 个百分点，"十二五"以来年均增长偏高 5.04 个百分点。基于二者历年不同增长，上海文化投入与卫生投入比从 35.82% 增高为 46.42%，上升 10.60 个百分点，省域间升降变化位次排序第 2 位，比值高低位次从第

30位上升为第3位。最高比值为2005年的50.72%，最低比值为2016年的29.58%。

（三）同构占比变动状况

2000年以来上海文化消费与投入同构占比倍差变动态势见图6。

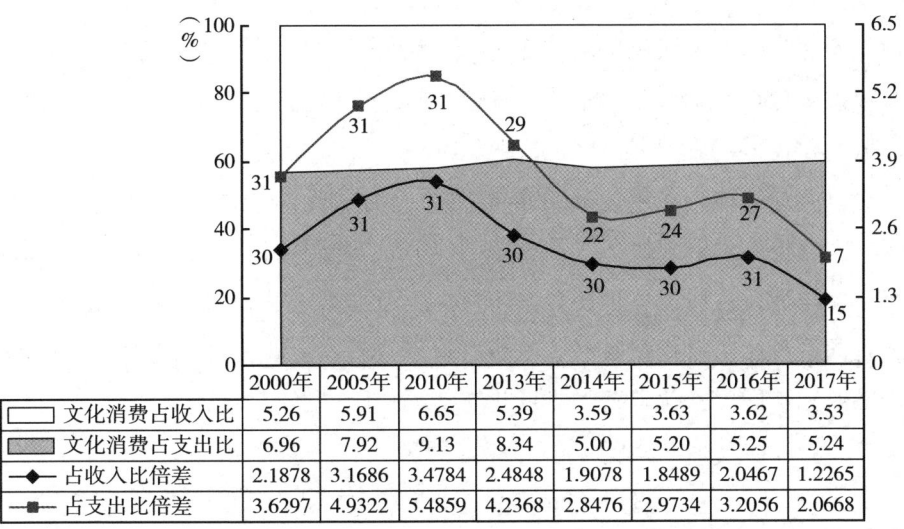

图6　2000年以来上海文化消费与投入同构占比倍差变动态势

左轴面积：文化消费占居民收入、总消费支出比（％），两项比值历年升降呈直观比例叠加。右轴曲线：文化消费占居民收入比与文化投入占财政收入比、文化消费占居民支出比与文化投入占财政支出比倍差指数（无差距＝1，保留4位小数检测细微差异）。标注各项倍差省域位次。

1. 文化消费与投入占收入比

2000～2017年，上海城乡居民文化消费占居民收入比从5.26%降低至3.53%。逐年比较，最高比值为2010年的6.65%，最低比值为2017年的3.53%。

对照图4，同期，上海文化投入占财政收入比上升19.79%，2017年比值低于文化消费占居民收入比0.65个百分点。二者之间占比倍差由2.1878减小至1.2265，减小43.94%，省域间增减变化位次排序第2位，倍差指数

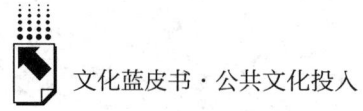

高低（倒序）位次从第30位上升为第15位。

2. 文化消费与投入占支出比

2000~2017年，上海城乡居民文化消费占居民支出比从6.96%降低至5.24%。逐年比较，最高比值为2011年的9.44%，最低比值为2014年的5.00%。

对照图4，同期，上海文化投入占财政支出比上升32.17%，2017年比值低于文化消费占居民支出比2.71个百分点。二者之间占比倍差由3.6297减小至2.0668，减小43.06%，省域间增减变化位次排序第2位，倍差指数高低（倒序）位次从第31位上升为第7位。

以上分析检测显示，2000年以来，上海文化消费占居民收入比显著下降，文化投入占财政收入比却明显上升，二者同构占比倍差指数极显著减小；文化消费占居民支出比显著下降，文化投入占财政支出比却显著上升，二者同构占比倍差指数极显著减小。这意味着，上海公共文化投入增长占比变动滞后于居民文化消费需求变化态势的差距已经明显缩小。

三 2017年文化投入纵横向双重测评

综合以上分析，2000年以来上海文化投入总量年均增长17.88%，较明显高于全国平均增长2.55个百分点，人均值地区差扩大2.60%；当地文化投入增长显著高于产值增长，也较明显高于财政收入、财政支出增长；同时明显高于教育投入增长，但显著低于科技投入增长，而较明显高于卫生投入增长；文化投入占财政收入比略微低于文化消费占居民收入比，占财政支出比更较明显低于文化消费占居民支出比。

这些都集中体现在文化投入增长综合指数测评演算之中。2000年以来上海文化投入增长综合指数变动态势见图7。

（一）各年度理想值横向测评

以文化投入人均值地区无差距、文化消费与投入同构占比无差距状态为

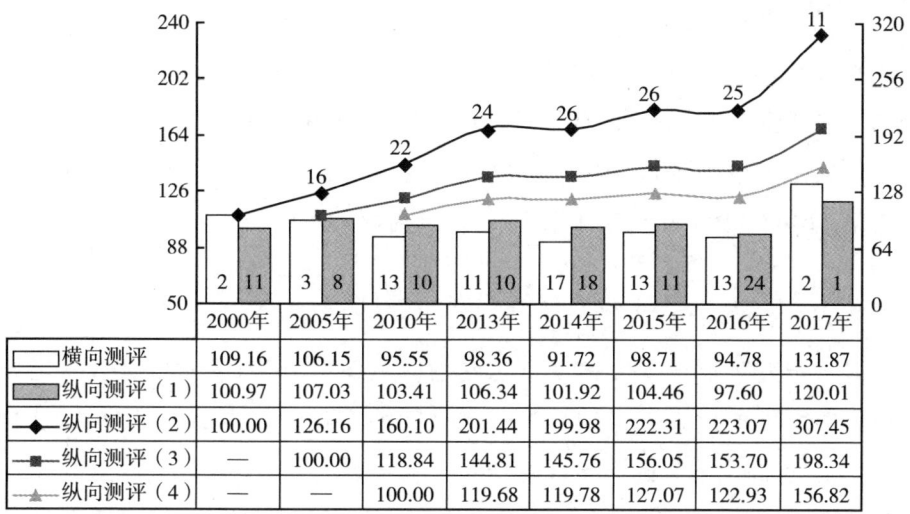

图 7　2000 年以来上海文化投入增长综合指数变动态势

左轴柱形：左横向测评（无差距理想值=100）；右纵向测评（1），上年=100。右轴曲线：纵向测评（起点年基数值=100），（2）以 2000 年为起点，（3）以 2005 年为起点，（4）以 2010 年为起点。标注横向测评、纵向测评（1）（2）省域排行，纵向测评（2）起点年不计。

"理想值"100，2017 年上海文化投入增长状况此项综合指数为 131.87，处于省域间第 2 位，高于无差距理想值 31.87%，也高于上年测评指数 37.09 个点。

各年度此项综合指数对比，2000~2003 年、2005 年、2007~2008 年、2017 年 8 个年度高于无差距理想值 100；2005 年、2007 年、2011 年、2013 年、2015 年、2017 年 6 个年度高于上年指数值。其中，最高值为 2017 年的 131.87，最低值为 2012 年的 91.03。上海此项综合指数在省域间排行变化，2000 年为第 2 位，2005 年为第 3 位，2010 年为第 13 位，2017 年从上年第 13 位上升为第 2 位。

（二）"十五"以来基数值纵向测评

以"九五"末年 2000 年为起点基数值 100，2017 年上海文化投入增长状况此项综合指数为 307.45，处于省域间第 11 位，高出 2000 年起点基数 207.45%，也高出上年测评指数 84.38 个点。

"十五"以来各年度此项综合指数对比，全部各个年度均高于2000年起点基数值100；2002~2013年、2015~2017年15个年度高于上年指数值。其中，最高值为2017年的307.45，最低值为2001年的105.60。上海此项综合指数在省域间排行变化，2000年起点不计，2005年为第16位，2010年为第22位，2017年从上年第25位上升为第11位。

（三）"十一五"以来基数值纵向测评

以"十五"末年2005年为起点基数值100，2017年上海文化投入增长状况此项综合指数为198.34，处于省域间第8位，高出2005年起点基数98.34%，也高出上年测评指数44.64个点。

"十一五"以来各年度此项综合指数对比，全部各个年度均高于2005年起点基数值100；2007~2015年、2017年10个年度高于上年指数值。其中，最高值为2017年的198.34，最低值为2006年的102.40。上海此项综合指数在省域间排行变化，2005年起点不计，2010年为第17位，2017年从上年第20位上升为第8位。

（四）"十二五"以来基数值纵向测评

以"十一五"末年2010年为起点基数值100，2017年上海文化投入增长状况此项综合指数为156.82，处于省域间第3位，高出2010年起点基数56.82%，也高出上年测评指数33.89个点。

"十二五"以来各年度此项综合指数对比，全部各个年度均高于2010年起点基数值100；2012~2015年、2017年5个年度高于上年指数值。其中，最高值为2017年的156.82，最低值为2011年的108.08。上海此项综合指数在省域间排行变化，2010年起点不计，2013年为第10位，2017年从上年第17位上升为第3位。

（五）逐年度基数值纵向测评

以上一年2016年为起点基数值100，2017年上海文化投入增长状况此项综合指数为120.01，处于省域间第1位，高出2016年起点基数20.01%，也高出上年基于2015年基数值的测评指数22.41个点。

逐年度此项综合指数对比，2000～2015年、2017年17个年度高于自身上年起点基数值100；2001年、2004～2005年、2008～2009年、2011年、2013年、2015年、2017年9个年度高于上年指数值。其中，最高值为2017年的120.01，最低值为2016年的97.60。上海此项综合指数在省域间排行变化，2000年为第11位，2005年为第8位，2010年为第10位，2017年从上年第24位上升为第1位。

B.10
福建：2010～2017年文化投入指数提升第2位

官 珏[*]

摘 要： 2000～2017年，福建文化投入总量由10.05亿元增至87.34亿元，年均增长13.56%，较明显低于全国平均增长1.77个百分点。福建综合评价排行：在省域横向测评中，处于2017年度文化投入指数排名第16位；在自身纵向测评中，处于2000～2017年文化投入指数提升第27位，2005～2017年文化投入指数提升第22位，2010～2017年文化投入指数提升第2位，2016～2017年文化投入指数提升第12位。

关键词： 福建 文化投入 综合评价

一 文化投入及其相关背景基本态势

（一）经济财政基本面背景状况

2000年以来福建文化投入总量增长及相关背景关系态势见图1。

2000～2017年，福建产值总量增长754.88%，年均增长13.45%；财政收入总量增长1099.88%，年均增长15.74%；财政支出总量增长1344.92%，年

---

[*] 官珏，云南省社会科学院东南亚研究所副研究员，主要从事民族文化、东南亚研究。

福建：2010~2017年文化投入指数提升第2位

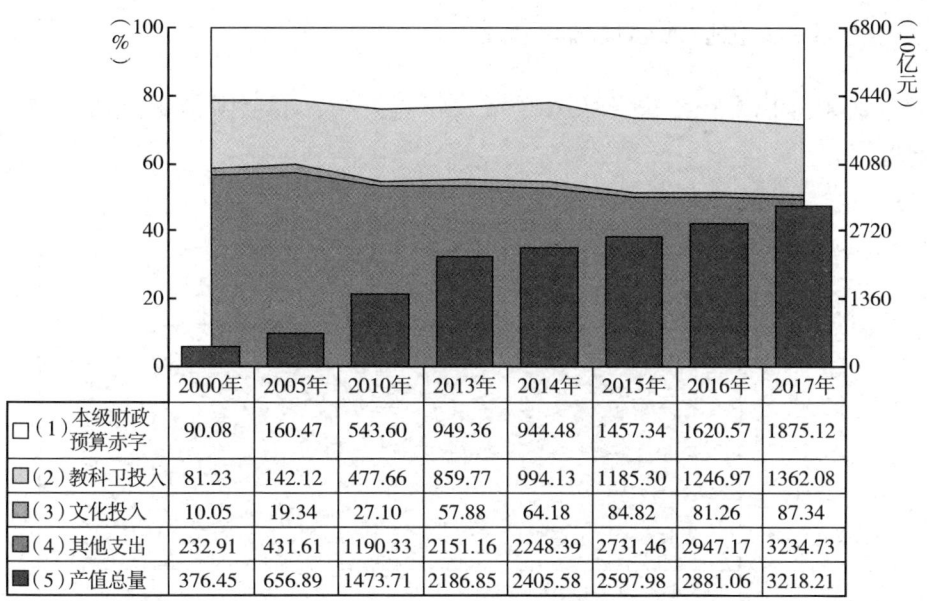

图1 2000年以来福建文化投入总量增长及相关背景关系态势

左轴面积：本级财政预算赤字（中央财政税收返还和转移支付等，"财政包干"地区可为国债份额）、教科卫投入、文化投入、其他支出总量（亿元转换为%），（2）+（3）+（4）=财政支出总量，（2）+（3）+（4）-（1）=财政收入总量，各项数值呈直观比例。右轴柱形：产值总量（10亿元，增长演算取亿元）。

均增长17.01%；教科文卫综合投入（图1中教科卫投入与文化投入之和，后同）总量增长1487.88%，年均增长17.66%；教科文卫综合投入之外财政支出统归为"其他支出"，其总量增长1288.83%，年均增长16.74%。

在此期间，福建教科文卫综合投入总量年均增长高于产值年增4.21个百分点，高于财政收入年增1.92个百分点，高于财政支出年增0.65个百分点，高于其他支出年增0.92个百分点。

"十五"以来，福建教科文卫建设作为公共服务的一个重要方面，确实处于一种极为特殊的优先发展地位。"十一五"以来，福建教科文卫综合投入增长高于其他支出增长的情况更加明显。

（二）文化投入总量增长状况

2000年以来福建文化投入总量及相邻关系、占全国份额变动态势见图2。

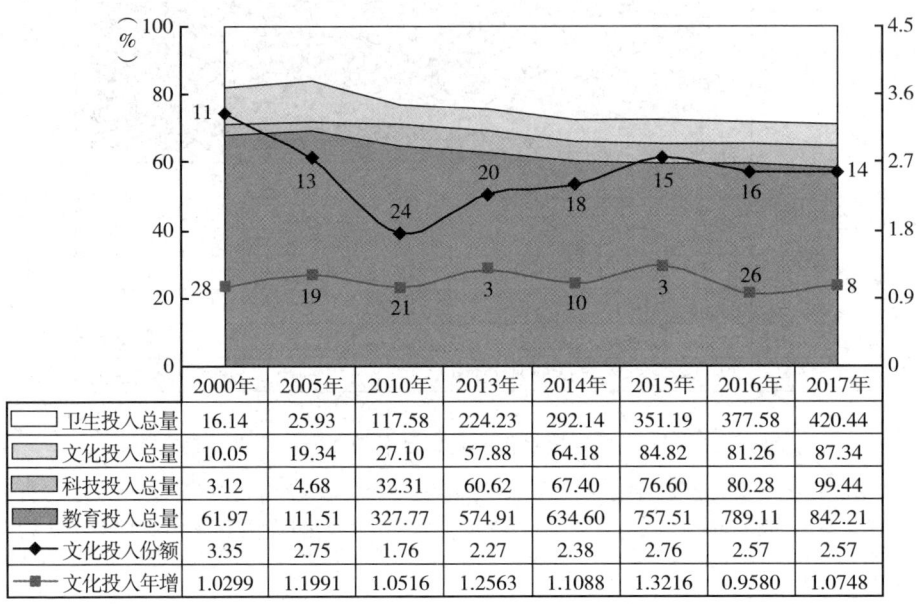

图2 2000年以来福建文化投入总量及相邻关系、占全国份额变动态势

左轴面积：教、科、文、卫投入总量（亿元转换为%），各项数值呈直观比例。右轴曲线：文化投入年增指数（上年=1，小于1为负增长，保留4位小数，正文转换为2位小数增长百分比，后同）；文化投入占全国份额（%）。标注历年增长、份额省域位次。

2000~2017年，福建文化投入总量由10.05亿元增至87.34亿元，总增长769.05%，年均增长13.56%，省域间增长位次排序第25位。其中，"十五"期间年增13.99%，"十一五"期间年增6.98%，"十二五"以来年均增长18.20%。最高增长年度为2011年，增长32.32%；最低增长年度为2007年，增长率为-23.74%。

相比之下，福建文化投入总量年均增长高于产值年增0.11个百分点，其中"十五"期间高于产值年增2.21个百分点，"十一五"期间低于产值年增10.56个百分点,"十二五"以来高于产值年增6.40个百分点;同时低于财政收入年增2.18个百分点,其中"十五"期间高于财政收入年增0.92个百分点,"十一五"期间低于财政收入年增14.65个百分点,"十二五"以来高于财政收入年增4.61个百分点;低于财政支出年增3.45个百分点,其中"十五"期间高于财政支出年增1.15个百分点,"十一五"期间低于财政支出年增16.39个百分点,"十二五"以来高于财政支出年增2.57个百分点。

认真对比,福建文化投入总量年均增长低于教科卫三项投入年增4.48个百分点,其中"十五"期间高于教科卫投入年增2.15个百分点,"十一五"期间低于教科卫投入年增20.46个百分点,"十二五"以来高于教科卫投入年增2.05个百分点。在2000年以来福建教科文卫综合投入优先高增长当中,文化投入增长处于严重失衡状态。从图2亦可清楚、直观地看出,文化投入所占面积呈逐渐收窄之势,表明其在教科文卫综合投入中的比例份额持续降低。

与此同时,全国文化投入总量增长1029.55%,年增15.33%。2000年以来,福建文化投入总量年均增长低于全国年增1.77个百分点,占全国份额从2000年的3.35%下降至2017年的2.57%,省域间份额位次从第11位下降为第14位。

(三)人均值增长及其地区差变动状况

2000年以来福建文化投入人均值及其地区差变动态势见图3。

2000~2017年,福建文化投入人均值由29.88元增至224.38元,总增长650.94%,年均增长12.59%,省域间增长位次排序第27位。其中,"十五"期间年增12.93%,"十一五"期间年增6.17%,"十二五"以来年均增长17.16%。最高增长年度为2015年,增长31.04%;最低增长年度为2007年,增长率为-24.23%。

与此同时,全国文化投入人均值总增长928.85%,年均增长14.70%。2000年以来,福建文化投入人均值年均增长低于全国年增2.11

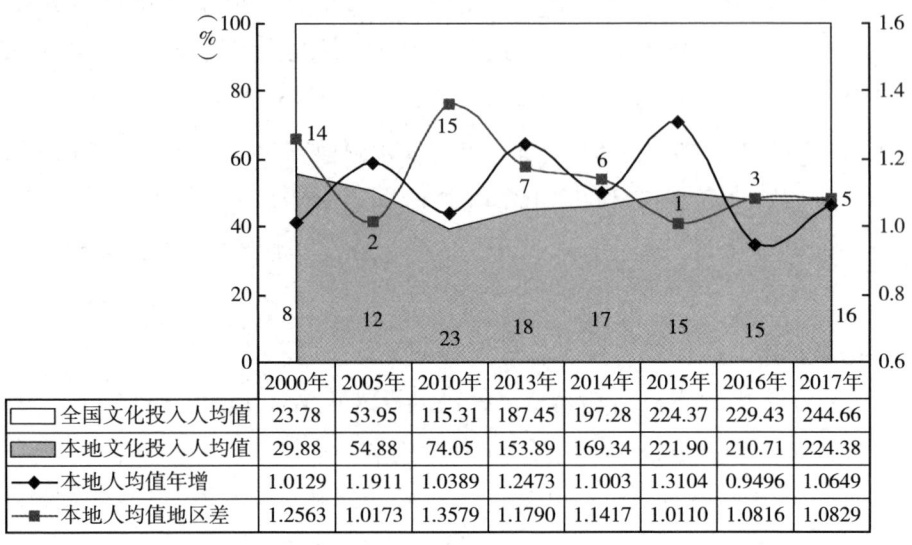

图 3　2000 年以来福建文化投入人均值及其地区差变动态势

左轴面积：本地、全国文化投入人均值（元转换为%），二者历年变动呈直观比例。右轴曲线：本地人均值年增指数（上年=1，小于1为负增长，由于历年人口增长，人均值年增指数略低于总量年增指数）；本地人均值地区差指数（无差距=1，保留4位小数检测细微差异）。标注人均值及其地区差省域位次。

个百分点，人均绝对数值从 2000 年为全国人均值的 125.65% 下降至 2017 年为全国人均值的 91.71%，省域间人均绝对值高低位次从第 8 位下降为第 16 位。

同期，福建文化投入人均值地区差由 1.2563 缩小至 1.0829，缩小 13.80%，省域间地区差扩减变化位次排序第 4 位，地区差指数大小（倒序）位次从第 14 位上升为第 5 位。其中，"十五"期间缩小 19.02%，"十一五"期间扩大 33.48%，"十二五"以来地区差缩小 20.25%。最小地区差为 2015 年的 1.0110，最大地区差为 2010 年的 1.3579。

据既往历年动态推演测算，2020 年福建公共文化投入人均值地区差将为 1.1324，相比当前略微扩增；2035 年福建公共文化投入人均值地区差将为 1.3427，相比当前继续显著扩增。这是长期预测的理论演算值，基于既往增长态势合理推演供参考。

二 文化投入相关协调性态势

（一）相关背景变动状况

2000年以来福建文化投入相关背景比值变动态势见图4。

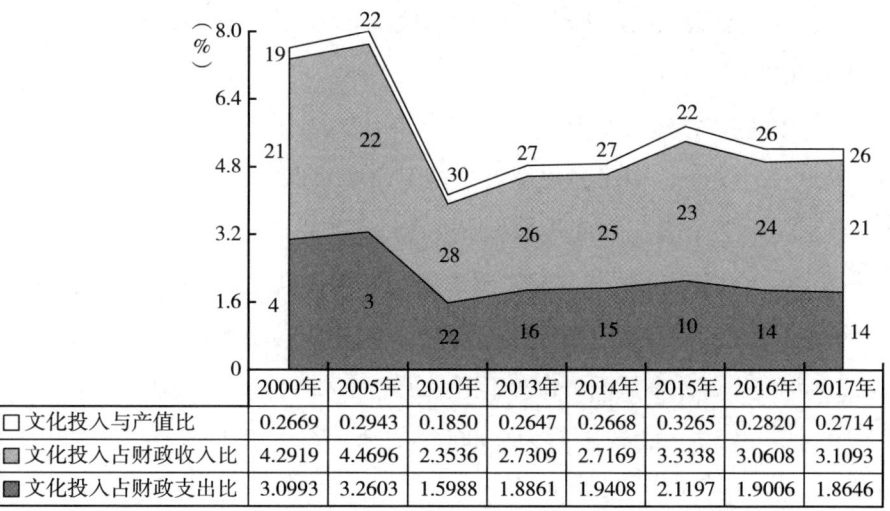

图4　2000年以来福建文化投入相关背景比值变动态势

左轴面积：文化投入与产值比、占财政收入和支出比（%），各项比值历年升降呈直观比例。比值过小保留4位小数演算，正文按惯例保留2位小数。标注各项比值省域位次。

1. 文化投入与产值比

2000~2017年，福建文化投入总量年均增长高于产值年增0.11个百分点，其中"十五"期间年增偏高2.21个百分点，"十一五"期间年增偏低10.56个百分点，"十二五"以来年均增长偏高6.40个百分点。基于二者历年不同增长，福建文化投入与产值比从0.2669%增高至0.2714%，上升0.0045个百分点，省域间升降变化位次排序第25位。由于各地不同变动，福建比值高低位次从第19位下降为第26位。最高比值为2015年的0.33%，最低比值为2010年的0.19%。

2. 文化投入占财政收入比

2000~2017年，福建文化投入总量年均增长低于财政收入年增2.18个百分点，其中"十五"期间年增偏高0.92个百分点，"十一五"期间年增偏低14.65个百分点，"十二五"以来年均增长偏高4.61个百分点。基于二者历年不同增长，福建文化投入占财政收入比从4.29%降低至3.11%，下降1.18个百分点，省域间升降变化位次排序第16位，比值高低位次前后保持在第21位。最高比值为2004年的4.83%，最低比值为2010年的2.35%。

3. 文化投入占财政支出比

2000~2017年，福建文化投入总量年均增长低于财政支出年增3.45个百分点，其中"十五"期间年增偏高1.15个百分点，"十一五"期间年增偏低16.39个百分点，"十二五"以来年均增长偏高2.57个百分点。基于二者历年不同增长，福建文化投入占财政支出比从3.10%降低至1.86%，下降1.24个百分点，省域间升降变化位次排序第21位，比值高低位次从第4位下降为第14位。最高比值为2006年的3.29%，最低比值为2010年的1.60%。

（二）相邻关系变动状况

2000年以来福建文化投入相邻关系比值变动态势见图5。

1. 文化投入与教育投入比

2000~2017年，福建文化投入总量年均增长低于教育投入年增3.03个百分点，其中"十五"期间年增偏高1.52个百分点，"十一五"期间年增偏低17.09个百分点，"十二五"以来年均增长偏高3.77个百分点。基于二者历年不同增长，福建文化投入与教育投入比从16.21%降低至10.37%，下降5.84个百分点，省域间升降变化位次排序第15位。由于各地不同变动，福建比值高低位次从第20位上升为第18位。最高比值为2006年的17.61%，最低比值为2012年的8.19%。

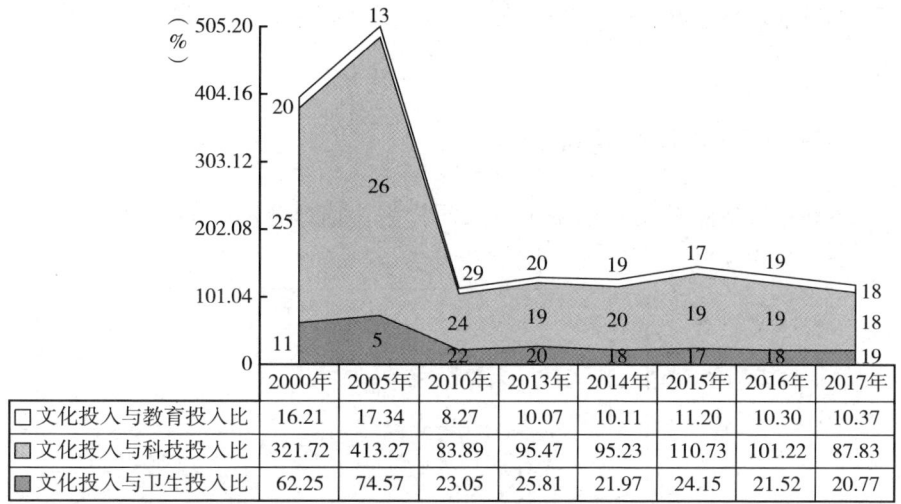

图 5　2000 年以来福建文化投入相邻关系比值变动态势

左轴面积：文化投入与教育、科技、卫生投入比（%），各项比值历年升降呈直观比例。标注各项比值省域位次。

2. 文化投入与科技投入比

2000~2017 年，福建文化投入总量年均增长低于科技投入年增 9.02 个百分点，其中"十五"期间年增偏高 5.54 个百分点，"十一五"期间年增偏低 40.19 个百分点，"十二五"以来年均增长偏高 0.78 个百分点。基于二者历年不同增长，福建文化投入与科技投入比从 321.72% 降低至 87.83%，下降 233.89 个百分点，省域间升降变化位次排序第 18 位。由于各地不同变动，福建比值高低位次从第 25 位上升为第 18 位。最高比值为 2006 年的 458.54%，最低比值为 2010 年的 83.89%。

3. 文化投入与卫生投入比

2000~2017 年，福建文化投入总量年均增长低于卫生投入年增 7.58 个百分点，其中"十五"期间年增偏高 4.04 个百分点，"十一五"期间年增偏低 28.32 个百分点，"十二五"以来年均增长偏低 1.76 个百分点。基于二者历年不同增长，福建文化投入与卫生投入比从 62.25% 降低为 20.77%，下降 41.48 个百分点，省域间升降变化位次排序第 17 位，比值高低位次从第 11 位下降为第 19 位。最高比值为 2005 年的 74.57%，最低比值为 2017 年的 20.77%。

（三）同构占比变动状况

2000 年以来福建文化消费与投入同构占比倍差变动态势见图 6。

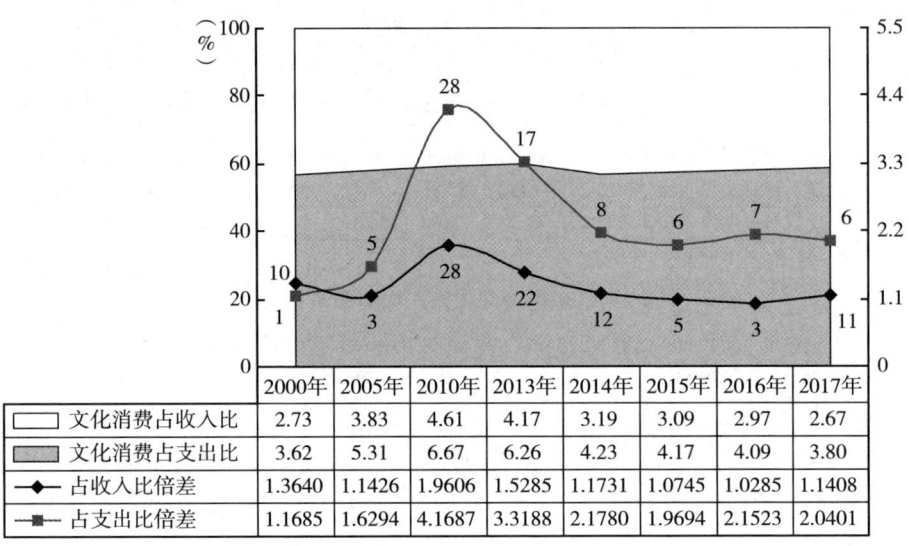

图 6　2000 年以来福建文化消费与投入同构占比倍差变动态势

左轴面积：文化消费占居民收入、总消费支出比（%），两项比值历年升降呈直观比例叠加。右轴曲线：文化消费占居民收入比与文化投入占财政收入比、文化消费占居民支出比与文化投入占财政支出比倍差指数（无差距 = 1，保留 4 位小数检测细微差异）。标注各项倍差省域位次。

1. 文化消费与投入占收入比

2000~2017 年，福建城乡居民文化消费占居民收入比从 2.73% 降低至 2.67%。逐年比较，最高比值为 2010 年的 4.61%，最低比值为 2001 年的 2.49%。

对照图 4，同期，福建文化投入占财政收入比下降 27.55%，2017 年比值高于文化消费占居民收入比 0.44 个百分点。二者之间占比倍差由 1.3640 减小至 1.1408，减小 16.36%，省域间增减变化位次排序第 13 位。由于各地不同变动，福建倍差指数高低（倒序）位次从第10位下降为第11位。

2. 文化消费与投入占支出比

2000~2017年，福建城乡居民文化消费占居民支出比从3.62%增高至3.80%。逐年比较，最高比值为2010年的6.67%，最低比值为2001年的3.42%。

对照图4，同期，福建文化投入占财政支出比下降39.84%，2017年比值低于文化消费占居民支出比1.94个百分点。二者之间占比倍差由1.1685增大至2.0401，增大74.59%，省域间增减变化位次排序第15位，倍差指数高低（倒序）位次从第1位下降为第6位。

以上分析检测显示，2000年以来，福建文化消费占居民收入比略微下降，文化投入占财政收入比也显著下降，二者同构占比倍差指数明显减小；文化消费占居民支出比略微上升，文化投入占财政支出比却显著下降，二者同构占比倍差指数极显著增大。这意味着，福建公共文化投入增长占比变动滞后于居民文化消费需求变化态势的差距已有部分缩小。

三 2017年文化投入纵横向双重测评

综合以上分析，2000年以来福建文化投入总量年均增长13.56%，较明显低于全国平均增长1.77个百分点，人均值地区差缩小13.80%；当地文化投入增长略微高于产值增长，但较明显低于财政收入增长，也明显低于财政支出增长；同时明显低于教育投入增长，也显著低于科技、卫生投入增长；文化投入占财政收入比略微高于文化消费占居民收入比，占财政支出比却较明显低于文化消费占居民支出比。

这些都集中体现在文化投入增长综合指数测评演算之中。2000年以来福建文化投入增长综合指数变动态势见图7。

（一）各年度理想值横向测评

以文化投入人均值地区无差距、文化消费与投入同构占比无差距状态

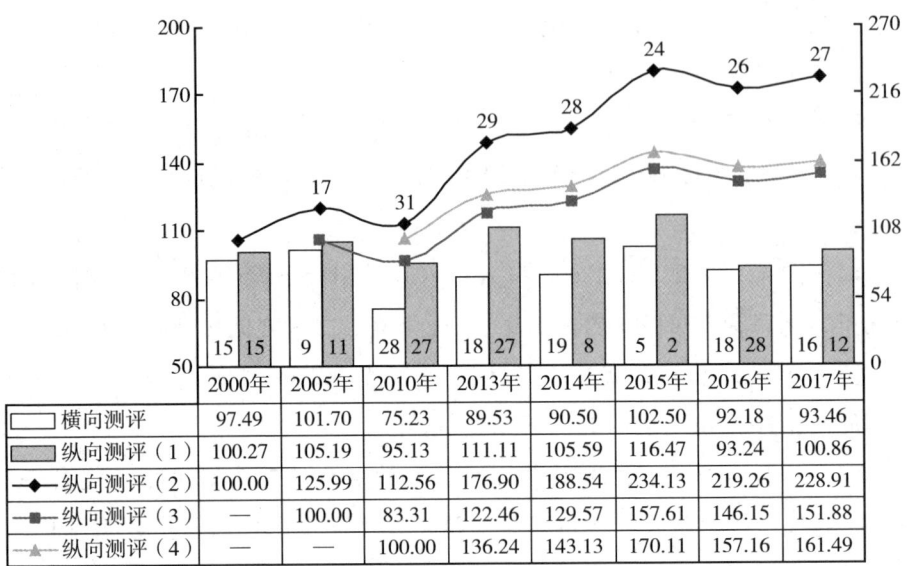

图7　2000年以来福建文化投入增长综合指数变动态势

左轴柱形：左横向测评（无差距理想值=100）；右纵向测评（1），上年=100。右轴曲线：纵向测评（起点年基数值=100），（2）以2000年为起点，（3）以2005年为起点，（4）以2010年为起点。标注横向测评、纵向测评（1）（2）省域排行，纵向测评（2）起点年不计。

为"理想值"100，2017年福建文化投入增长状况此项综合指数为93.46，处于省域间第16位，低于无差距理想值6.54%，但高于上年测评指数1.28个点。

各年度此项综合指数对比，2001年、2004~2006年、2015年5个年度高于无差距理想值100；2001年、2003~2005年、2008年、2011~2015年、2017年11个年度高于上年指数值。其中，最高值为2015年的102.50，最低值为2007年的74.03。福建此项综合指数在省域间排行变化，2000年为第15位，2005年为第9位，2010年为第28位，2017年从上年第18位上升为第16位。

（二）"十五"以来基数值纵向测评

以"九五"末年2000年为起点基数值100，2017年福建文化投入增长状况此项综合指数为228.91，处于省域间第27位，高出2000年起点基数128.91%，也高出上年测评指数9.65个点。

"十五"以来各年度此项综合指数对比，2001～2006年、2008～2017年16个年度高于2000年起点基数值100；2002～2006年、2008～2009年、2011～2015年、2017年13个年度高于上年指数值。其中，最高值为2015年的234.13，最低值为2007年的97.58。福建此项综合指数在省域间排行变化，2000年起点不计，2005年为第17位，2010年为第31位，2017年从上年第26位下降为第27位。

（三）"十一五"以来基数值纵向测评

以"十五"末年2005年为起点基数值100，2017年福建文化投入增长状况此项综合指数为151.88，处于省域间第22位，高出2005年起点基数51.88%，也高出上年测评指数5.73个点。

"十一五"以来各年度此项综合指数对比，2006年、2012～2017年7个年度高于2005年起点基数值100；2008年、2011～2015年、2017年7个年度高于上年指数值。其中，最高值为2015年的157.61，最低值为2007年的75.60。福建此项综合指数在省域间排行变化，2005年起点不计，2010年为第31位，2017年从上年第25位上升为第22位。

（四）"十二五"以来基数值纵向测评

以"十一五"末年2010年为起点基数值100，2017年福建文化投入增长状况此项综合指数为161.49，处于省域间第2位，高出2010年起点基数61.49%，也高出上年测评指数4.33个点。

"十二五"以来各年度此项综合指数对比，全部各个年度均高于2010年起点基数值100；2012～2015年、2017年5个年度高于上年指数值。其中，最高值为2015年的170.11，最低值为2011年的111.51。福建此项综合指数在省域间排行变化，2010年起点不计，2013年为第3位，2017年与上年持平，皆为第2位。

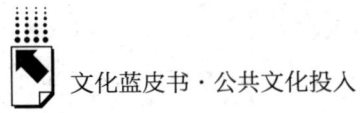

（五）逐年度基数值纵向测评

以上一年2016年为起点基数值100，2017年福建文化投入增长状况此项综合指数为100.86，处于省域间第12位，高出2016年起点基数0.86%，也高出上年基于2015年基数值的测评指数7.62个点。

逐年度此项综合指数对比，2000~2006年、2008年、2011~2015年、2017年14个年度高于自身上年起点基数值100；2001年、2003~2005年、2008年、2011~2013年、2015年、2017年10个年度高于上年指数值。其中，最高值为2015年的116.47，最低值为2007年的73.51。福建此项综合指数在省域间排行变化，2000年为第15位，2005年为第11位，2010年为第27位，2017年从上年第28位上升为第12位。

B.11
内蒙古：2016~2017年文化投入指数提升第2位

李 雪*

摘 要： 2000~2017年，内蒙古文化投入总量由6.61亿元增至116.79亿元，年均增长18.40%，明显高于全国平均增长3.07个百分点。内蒙古综合评价排行：在省域横向测评中，处于2017年度文化投入指数排名第5位；在自身纵向测评中，处于2000~2017年文化投入指数提升第3位，2005~2017年文化投入指数提升第4位，2010~2017年文化投入指数提升第8位，2016~2017年文化投入指数提升第2位。

关键词： 内蒙古 文化投入 综合评价

一 文化投入及其相关背景基本态势

（一）经济财政基本面背景状况

2000年以来内蒙古文化投入总量增长及相关背景关系态势见图1。2000~2017年，内蒙古产值总量增长945.82%，年均增长14.81%；财

---

* 李雪，云南省社会科学院哲学研究所助理研究员，主要从事文学、伦理学研究。

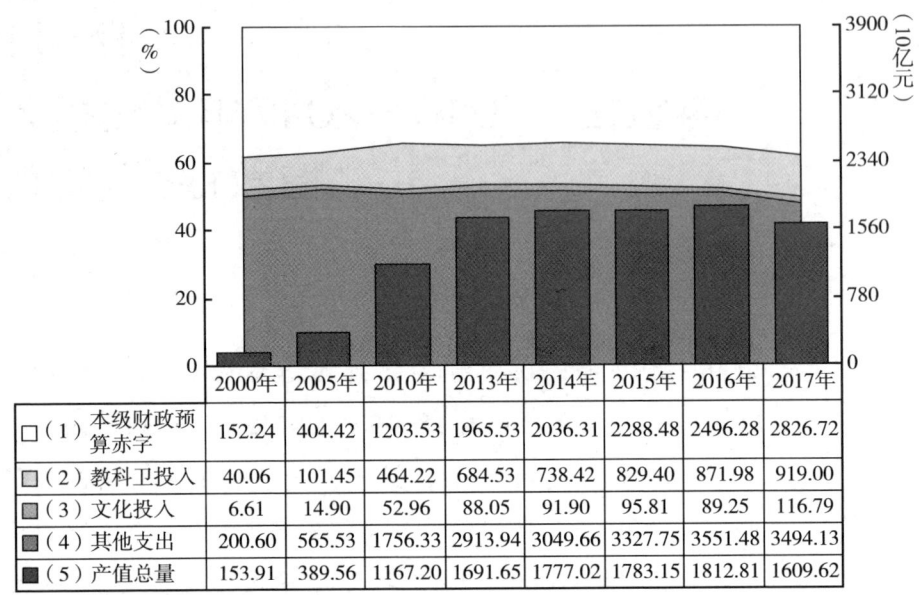

图1　2000年以来内蒙古文化投入总量增长及相关背景关系态势

左轴面积：本级财政预算赤字（中央财政税收返还和转移支付等，"财政包干"地区可为国债份额）、教科卫投入、文化投入、其他支出总量（亿元转换为%），（2）+（3）+（4）=财政支出总量，（2）+（3）+（4）-（1）=财政收入总量，各项数值呈直观比例。右轴柱形：产值总量（10亿元，增长演算取亿元）。

政收入总量增长1692.29%，年均增长18.50%；财政支出总量增长1731.98%，年均增长18.66%；教科文卫综合投入（图1中教科卫投入与文化投入之和，后同）总量增长2119.41%，年均增长20.00%；教科文卫综合投入之外财政支出统归为"其他支出"，其总量增长1641.84%，年均增长18.30%。

在此期间，内蒙古教科文卫综合投入总量年均增长高于产值年增5.19个百分点，高于财政收入年增1.50个百分点，高于财政支出年增1.34个百分点，高于其他支出年增1.70个百分点。

"十五"以来，内蒙古教科文卫建设作为公共服务的一个重要方面，确实处于一种极为特殊的优先发展地位。"十一五"以来，内蒙古教科文卫综合投入增长高于其他支出增长的情况更加明显。

（二）文化投入总量增长状况

2000年以来内蒙古文化投入总量及相邻关系、占全国份额变动态势见图2。

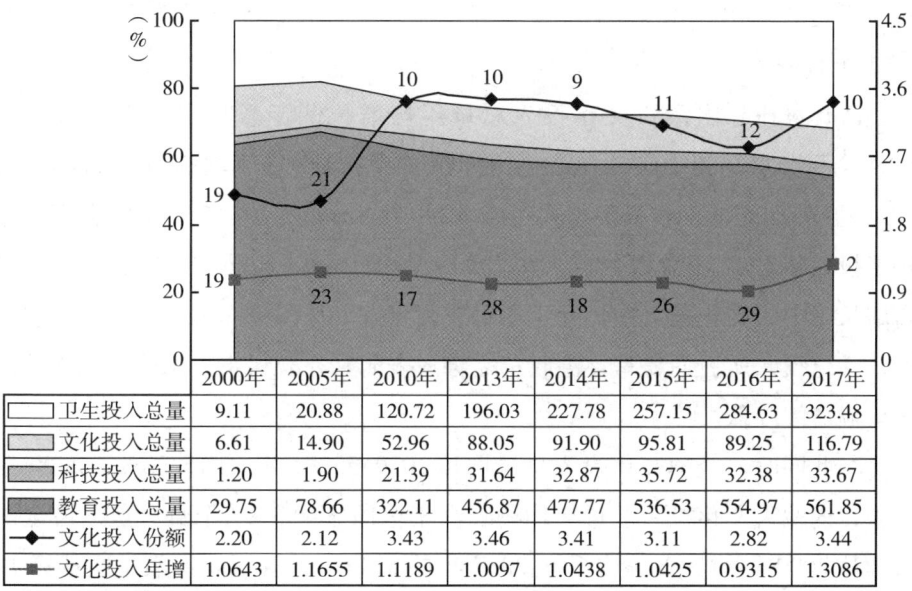

图2　2000年以来内蒙古文化投入总量及相邻关系、占全国份额变动态势

左轴面积：教、科、文、卫投入总量（亿元转换为%），各项数值呈直观比例。右轴曲线：文化投入年增指数（上年=1，小于1为负增长，保留4位小数，正文转换为2位小数增长百分比，后同）；文化投入占全国份额（%）。标注历年增长、份额省域位次。

2000~2017年，内蒙古文化投入总量由6.61亿元增至116.79亿元，总增长1666.87%，年均增长18.40%，省域间增长位次排序第5位。其中，"十五"期间年增17.65%，"十一五"期间年增28.87%，"十二五"以来年均增长11.96%。最高增长年度为2009年，增长49.67%；最低增长年度为2016年，增长率为-6.85%。

相比之下，内蒙古文化投入总量年均增长高于产值年增3.59个百分点，其中"十五"期间低于产值年增2.76个百分点，"十一五"期间高于产值年增4.33个百分点，"十二五"以来高于产值年增7.26个百分点；同时低于财政收入年增0.10个百分点，其中"十五"期间低于财政收入年增6.25个百分点，"十一五"期间低于财政收入年增2.12个百分点，"十二五"以来高于财政收入年增5.09个百分点；低于财政支出年增0.26个百分点，其中"十五"期间低于财政支出年增4.84个百分点，"十一五"期间高于财政支出年增1.64个百分点，"十二五"以来高于财政支出年增1.61个百分点。

认真对比，内蒙古文化投入总量年均增长低于教科卫三项投入年增1.84个百分点，其中"十五"期间低于教科卫投入年增2.77个百分点，"十一五"期间低于教科卫投入年增6.68个百分点，"十二五"以来高于教科卫投入年增1.71个百分点。在2000年以来内蒙古教科文卫综合投入优先高增长当中，文化投入增长处于相对失衡状态。从图2亦可清楚、直观地看出，文化投入所占面积呈逐渐收窄之势，表明其在教科文卫综合投入中的比例份额持续降低。

与此同时，全国文化投入总量增长1029.55%，年增15.33%。2000年以来，内蒙古文化投入总量年均增长高于全国年增3.07个百分点，占全国份额从2000年的2.20%上升至2017年的3.44%，省域间份额位次从第19位上升为第10位。

（三）人均值增长及其地区差变动状况

2000年以来内蒙古文化投入人均值及其地区差变动态势见图3。

2000~2017年，内蒙古文化投入人均值由27.92元增至462.64元，总增长1557.02%，年均增长17.96%，省域间增长位次排序第3位。其中，"十五"期间年增17.48%，"十一五"期间年增28.21%，"十二五"以来年均增长11.47%。最高增长年度为2009年，增长49.14%；最低增长年度为2016年，增长率为-7.13%。

与此同时，全国文化投入人均值总增长928.85%，年均增长14.70%。2000年以来，内蒙古文化投入人均值年均增长高于全国年增3.26个百分点，人均绝对数值从2000年为全国人均值的117.41%上升至

内蒙古：2016~2017年文化投入指数提升第2位

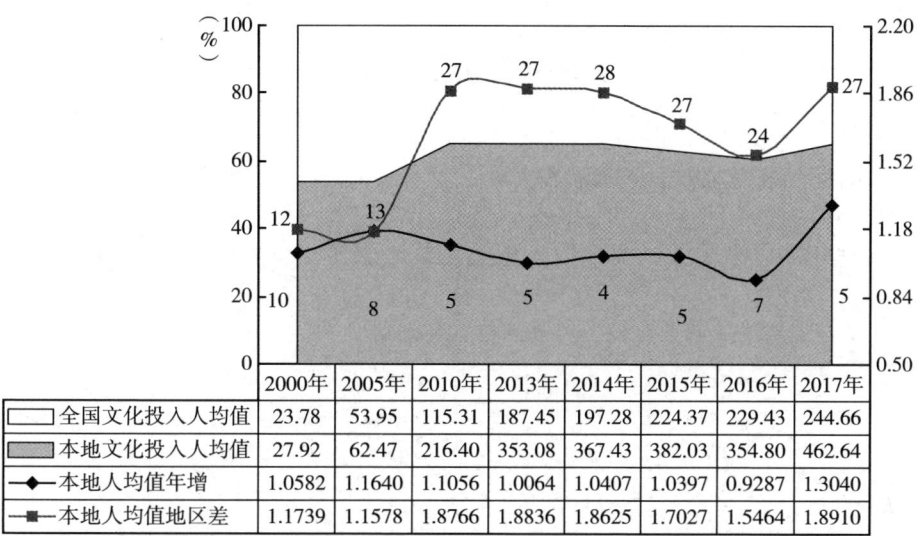

图3　2000年以来内蒙古文化投入人均值及其地区差变动态势

左轴面积：本地、全国文化投入人均值（元转换为%），二者历年变动呈直观比例。右轴曲线：本地人均值年增指数（上年=1，小于1为负增长，由于历年人口增长，人均值年增指数略低于总量年增指数）；本地人均值地区差指数（无差距=1，保留4位小数检测细微差异）。标注人均值及其地区差省域位次。

2017年为全国人均值的189.10%，省域间人均绝对值高低位次从第10位上升为第5位。

同期，内蒙古文化投入人均值地区差由1.1739扩大至1.8910，扩大61.09%，省域间地区差扩减变化位次排序第29位，地区差指数大小（倒序）位次从第12位下降为第27位。其中，"十五"期间缩小1.37%，"十一五"期间扩大62.08%，"十二五"以来地区差扩大0.77%。最小地区差为2005年的1.1578，最大地区差为2012年的2.0889。

据既往历年动态推演测算，2020年内蒙古公共文化投入人均值地区差将为2.0570，相比当前明显扩增；2035年内蒙古公共文化投入人均值地区差将为3.1326，相比当前继续极显著扩增。这是长期预测的理论演算值，基于既往增长态势合理推演供参考。

二 文化投入相关协调性态势

（一）相关背景变动状况

2000年以来内蒙古文化投入相关背景比值变动态势见图4。

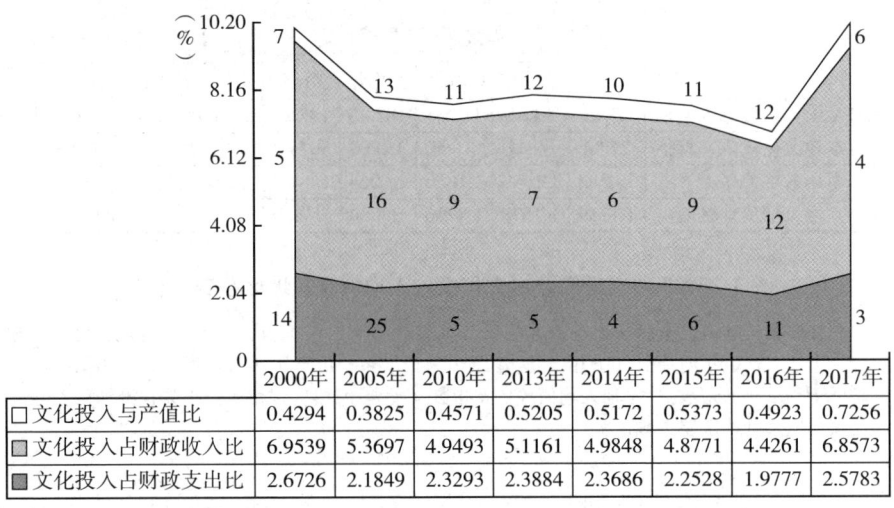

图4 2000年以来内蒙古文化投入相关背景比值变动态势

左轴面积：文化投入与产值比、占财政收入和支出比（％），各项比值历年升降呈直观比例。比值过小保留4位小数演算，正文按惯例保留2位小数。标注各项比值省域位次。

1. 文化投入与产值比

2000~2017年，内蒙古文化投入总量年均增长高于产值年增3.59个百分点，其中"十五"期间年增偏低2.76个百分点，"十一五"期间年增偏高4.33个百分点，"十二五"以来年均增长偏高7.26个百分点。基于二者历年不同增长，内蒙古文化投入与产值比从0.4294％增高至0.7256％，上升0.2962个百分点，省域间升降变化位次排序第9位，比值高低位次从第7位上升为第6位。最高比值为2017年的0.73％，最低比值为2005年的0.38％。

2. 文化投入占财政收入比

2000~2017年，内蒙古文化投入总量年均增长低于财政收入年增0.10个百分点，其中"十五"期间年增偏低6.25个百分点，"十一五"期间年增偏低2.12个百分点，"十二五"以来年均增长偏高5.09个百分点。基于二者历年不同增长，内蒙古文化投入占财政收入比从6.95%降低至6.86%，下降0.09个百分点，省域间升降变化位次排序第8位。由于各地不同变动，内蒙古比值高低位次从第5位上升为第4位。最高比值为2002年的8.47%，最低比值为2016年的4.43%。

3. 文化投入占财政支出比

2000~2017年，内蒙古文化投入总量年均增长低于财政支出年增0.26个百分点，其中"十五"期间年增偏低4.84个百分点，"十一五"期间年增偏高1.64个百分点，"十二五"以来年均增长偏高1.61个百分点。基于二者历年不同增长，内蒙古文化投入占财政支出比从2.67%降低至2.58%，下降0.09个百分点，省域间升降变化位次排序第4位。由于各地不同变动，内蒙古比值高低位次从第14位上升为第3位。最高比值为2000年的2.67%，最低比值为2016年的1.98%。

（二）相邻关系变动状况

2000年以来内蒙古文化投入相邻关系比值变动态势见图5。

1. 文化投入与教育投入比

2000~2017年，内蒙古文化投入总量年均增长低于教育投入年增0.47个百分点，其中"十五"期间年增偏低3.82个百分点，"十一五"期间年增偏低3.70个百分点，"十二五"以来年均增长偏高3.69个百分点。基于二者历年不同增长，内蒙古文化投入与教育投入比从22.21%降低至20.79%，下降1.42个百分点，省域间升降变化位次排序第4位，比值高低位次前后保持在第3位。最高比值为2000年的22.21%，最低比值为2008年的15.32%。

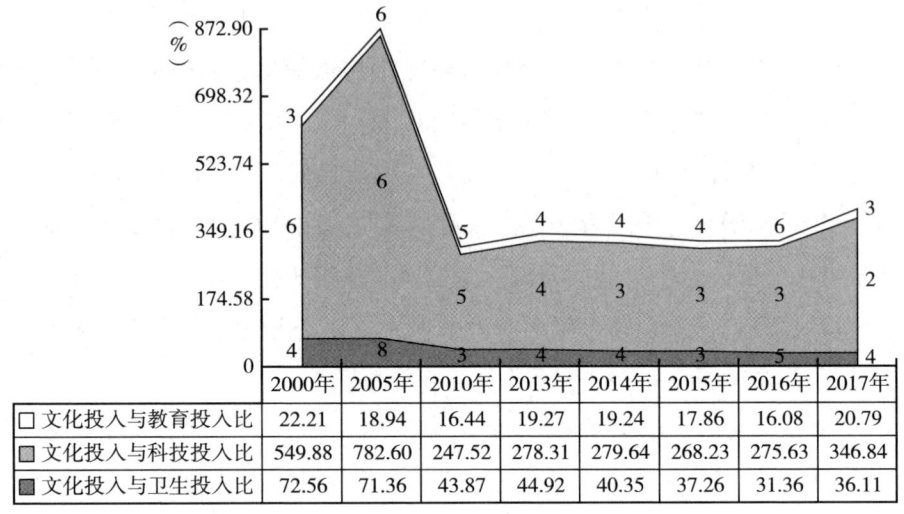

图5 2000年以来内蒙古文化投入相邻关系比值变动态势

左轴面积：文化投入与教育、科技、卫生投入比（%），各项比值历年升降呈直观比例。标注各项比值省域位次。

2. 文化投入与科技投入比

2000～2017年，内蒙古文化投入总量年均增长低于科技投入年增3.27个百分点，其中"十五"期间年增偏高8.02个百分点，"十一五"期间年增偏低33.42个百分点，"十二五"以来年均增长偏高5.26个百分点。基于二者历年不同增长，内蒙古文化投入与科技投入比从549.88%降低至346.84%，下降203.04个百分点，省域间升降变化位次排序第1位。由于各地不同变动，内蒙古比值高低位次从第6位上升为第2位。最高比值为2006年的869.16%，最低比值为2008年的205.84%。

3. 文化投入与卫生投入比

2000～2017年，内蒙古文化投入总量年均增长低于卫生投入年增4.97个百分点，其中"十五"期间年增偏低0.39个百分点，"十一五"期间年增偏低13.17个百分点，"十二五"以来年均增长偏低3.16个百分点。基于二者历年不同增长，内蒙古文化投入与卫生投入比从72.56%降低为36.11%，下降36.45个百分点，省域间升降变化位次排序第8位，比值高低位次前后保持在第4位。最高比值为2002年的76.95%，最低比值为2016年的31.36%。

（三）同构占比变动状况

2000年以来内蒙古文化消费与投入同构占比倍差变动态势见图6。

1. 文化消费与投入占收入比

2000~2017年，内蒙古城乡居民文化消费占居民收入比从3.13%增高至3.32%。逐年比较，最高比值为2007年的4.94%，最低比值为2001年的3.10%。

对照图4，同期，内蒙古文化投入占财政收入比下降1.39%，2017年比值高于文化消费占居民收入比3.54个百分点。二者之间占比倍差由1.5500减小至1.5161，减小2.19%，省域间增减变化位次排序第22位。由于各地不同变动，内蒙古倍差指数高低（倒序）位次从第25位下降为第27位。

2. 文化消费与投入占支出比

2000~2017年，内蒙古城乡居民文化消费占居民支出比从4.04%增高至4.62%。逐年比较，最高比值为2008年的6.51%，最低比值为2000年的4.04%。

对照图4，同期，内蒙古文化投入占财政支出比下降3.53%，2017年比值低于文化消费占居民支出比2.04个百分点。二者之间占比倍差由1.5104增大至1.7930，增大18.71%，省域间增减变化位次排序第6位。由于各地不同变动，内蒙古倍差指数高低（倒序）位次从第17位上升为第3位。

以上分析检测显示，2000年以来，内蒙古文化消费占居民收入比较明显上升，文化投入占财政收入比却略微下降，二者同构占比倍差指数略微减小；文化消费占居民支出比明显上升，文化投入占财政支出比却略微下降，二者同构占比倍差指数明显增大。这意味着，内蒙古公共文化投入增长占比变动滞后于居民文化消费需求变化态势的差距已有部分缩小。

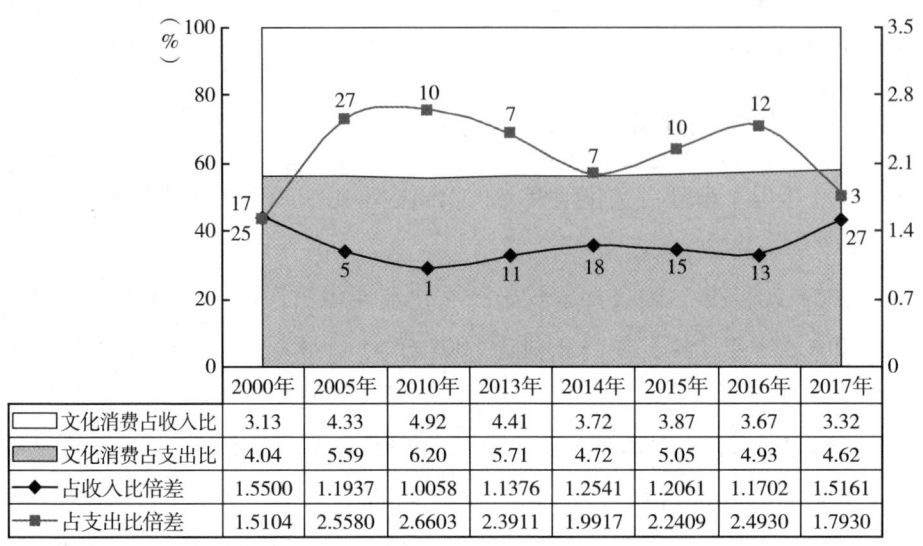

图6　2000年以来内蒙古文化消费与投入同构占比倍差变动态势

左轴面积：文化消费占居民收入、总消费支出比（%），两项比值历年升降呈直观比例叠加。右轴曲线：文化消费占居民收入比与文化投入占财政收入比、文化消费占居民支出比与文化投入占财政支出比倍差指数（无差距=1，保留4位小数检测细微差异）。标注各项倍差省域位次。

三　2017年文化投入纵横向双重测评

综合以上分析，2000年以来内蒙古文化投入总量年均增长18.40%，明显高于全国平均增长3.07个百分点，人均值地区差扩大61.09%；当地文化投入增长明显高于产值增长，但略微低于财政收入、财政支出增长；同时略微低于教育投入增长，也明显低于科技、卫生投入增长；文化投入占财政收入比明显高于文化消费占居民收入比，占财政支出比却较明显低于文化消费占居民支出比。

这些都集中体现在文化投入增长综合指数测评演算之中。2000年以来内蒙古文化投入增长综合指数变动态势见图7。

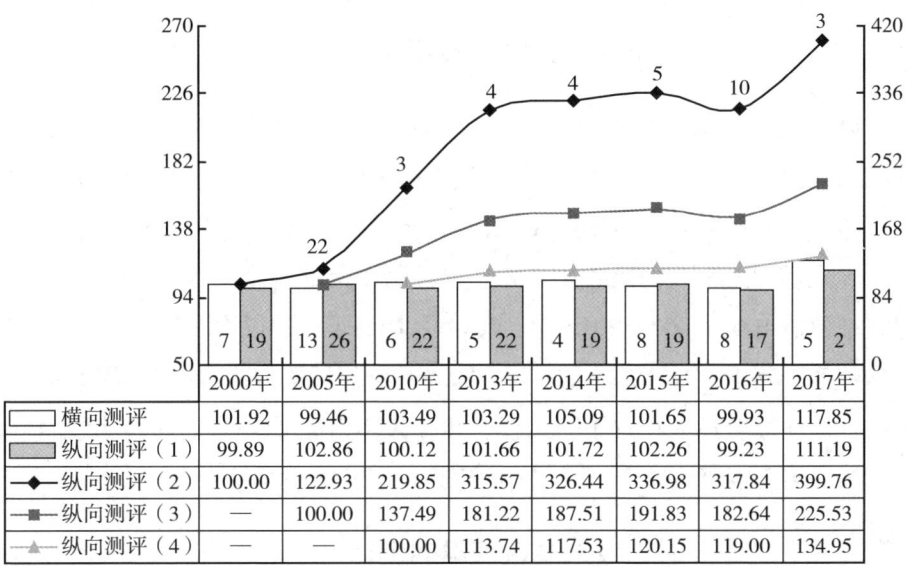

图7 2000年以来内蒙古文化投入增长综合指数变动态势

左轴柱形：左横向测评（无差距理想值＝100）；右纵向测评（1），上年＝100。右轴曲线：纵向测评（起点年基数值＝100），（2）以2000年为起点，（3）以2005年为起点，（4）以2010年为起点。标注横向测评、纵向测评（1）（2）省域排行，纵向测评（2）起点年不计。

（一）各年度理想值横向测评

以文化投入人均值地区无差距、文化消费与投入同构占比无差距状态为"理想值"100，2017年内蒙古文化投入增长状况此项综合指数为117.85，处于省域间第5位，高于无差距理想值17.85%，也高于上年测评指数17.92个点。

各年度此项综合指数对比，2000~2004年、2006~2007年、2009~2015年、2017年15个年度高于无差距理想值100；2001~2002年、2004年、2006~2007年、2009年、2011~2012年、2014年、2017年10个年度高于上年指数值。其中，最高值为2017年的117.85，最低值为2008年的97.61。内蒙古此项综合指数在省域间排行变化，2000年为第7位，2005年为第13位，2010年为第6位，2017年从上年第8位上升为第5位。

229

（二）"十五"以来基数值纵向测评

以"九五"末年2000年为起点基数值100，2017年内蒙古文化投入增长状况此项综合指数为399.76，处于省域间第3位，高出2000年起点基数299.76%，也高出上年测评指数81.92个点。

"十五"以来各年度此项综合指数对比，全部各个年度均高于2000年起点基数值100；2002~2012年、2014~2015年、2017年14个年度高于上年指数值。其中，最高值为2017年的399.76，最低值为2001年的104.57。内蒙古此项综合指数在省域间排行变化，2000年起点不计，2005年为第22位，2010年为第3位，2017年从上年第10位上升为第3位。

（三）"十一五"以来基数值纵向测评

以"十五"末年2005年为起点基数值100，2017年内蒙古文化投入增长状况此项综合指数为225.53，处于省域间第4位，高出2005年起点基数125.53%，也高出上年测评指数42.89个点。

"十一五"以来各年度此项综合指数对比，全部各个年度均高于2005年起点基数值100；2007~2012年、2014~2015年、2017年9个年度高于上年指数值。其中，最高值为2017年的225.53，最低值为2006年的104.61。内蒙古此项综合指数在省域间排行变化，2005年起点不计，2010年为第4位，2017年从上年第9位上升为第4位。

（四）"十二五"以来基数值纵向测评

以"十一五"末年2010年为起点基数值100，2017年内蒙古文化投入增长状况此项综合指数为134.95，处于省域间第8位，高出2010年起点基数34.95%，也高出上年测评指数15.95个点。

"十二五"以来各年度此项综合指数对比，全部各个年度均高于2010年起点基数值100；2012年、2014~2015年、2017年4个年度高于上年指数值。其中，最高值为2017年的134.95，最低值为2011年的105.92。内蒙古此项综合指数在省域间排行变化，2010年起点不计，2013年为第20位，2017年从上年第23位上升为第8位。

（五）逐年度基数值纵向测评

以上一年2016年为起点基数值100，2017年内蒙古文化投入增长状况此项综合指数为111.19，处于省域间第2位，高出2016年起点基数11.19%，也高出上年基于2015年基数值的测评指数11.96个点。

逐年度此项综合指数对比，2001~2015年、2017年16个年度高于自身上年起点基数值100；2001年、2004年、2006年、2009年、2011~2012年、2014~2015年、2017年9个年度高于上年指数值。其中，最高值为2017年的111.19，最低值为2016年的99.23。内蒙古此项综合指数在省域间排行变化，2000年为第19位，2005年为第26位，2010年为第22位，2017年从上年第17位上升为第2位。

B.12
北京：2017年度文化投入指数排名第3位

代 丽*

摘 要： 2000~2017年，北京文化投入总量由9.26亿元增至208.96亿元，年均增长20.12%，明显高于全国平均增长4.79个百分点。北京综合评价排行：在省域横向测评中，处于2017年度文化投入指数排名第3位；在自身纵向测评中，处于2000~2017年文化投入指数提升第9位，2005~2017年文化投入指数提升第7位，2010~2017年文化投入指数提升第12位，2016~2017年文化投入指数提升第13位。

关键词： 北京 文化投入 综合评价

一 文化投入及其相关背景基本态势

（一）经济财政基本面背景状况

2000年以来北京文化投入总量增长及相关背景关系态势见图1。

2000~2017年，北京产值总量增长786.27%，年均增长13.69%；财政收入总量增长1474.14%，年均增长17.60%；财政支出总量增长1440.53%，年

---

* 代丽，云南省社会科学院信息中心网站编辑部主任、助理研究员，主要从事发展社会学、社会福利与社会保障、文化消费研究。

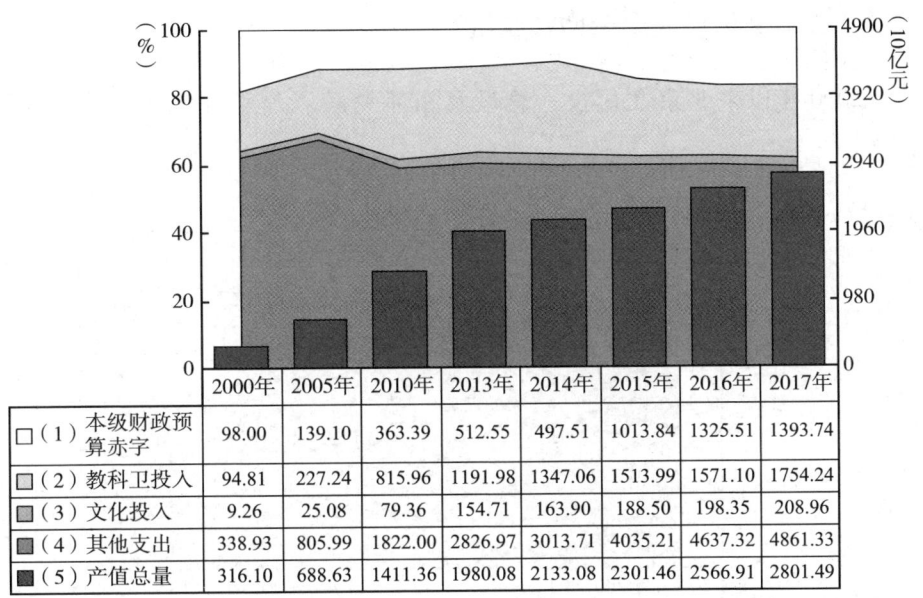

图1　2000年以来北京文化投入总量增长及相关背景关系态势

左轴面积：本级财政预算赤字（中央财政税收返还和转移支付等，"财政包干"地区可为国债份额）、教科卫投入、文化投入、其他支出总量（亿元转换为%），（2）+（3）+（4）=财政支出总量，（2）+（3）+（4）-（1）=财政收入总量，各项数值呈直观比例。右轴柱形：产值总量（10亿元，增长演算取亿元）。

均增长17.45%；教科文卫综合投入（图1中教科卫投入与文化投入之和，后同）总量增长1786.42%，年均增长18.86%；教科文卫综合投入之外财政支出统归为"其他支出"，其总量增长1334.32%，年均增长16.96%。

在此期间，北京教科文卫综合投入总量年均增长高于产值年增5.17个百分点，高于财政收入年增1.26个百分点，高于财政支出年增1.41个百分点，高于其他支出年增1.90个百分点。

"十五"以来，北京教科文卫建设作为公共服务的一个重要方面，确实处于一种极为特殊的优先发展地位。"十一五"以来，北京教科文卫综合投入增长高于其他支出增长的情况更加明显。

（二）文化投入总量增长状况

2000年以来北京文化投入总量及相邻关系、占全国份额变动态势见图2。

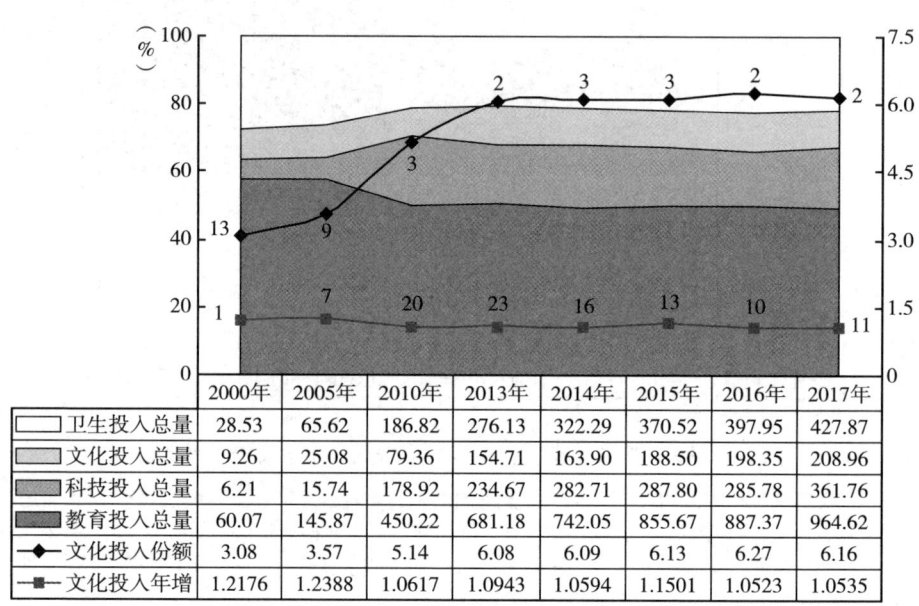

图2 2000年以来北京文化投入总量及相邻关系、占全国份额变动态势

左轴面积：教、科、文、卫投入总量（亿元转换为%），各项数值呈直观比例。右轴曲线：文化投入年增指数（上年＝1，小于1为负增长，保留4位小数，正文转换为2位小数增长百分比，后同）；文化投入占全国份额（%）。标注历年增长、份额省域位次。

2000~2017年，北京文化投入总量由9.26亿元增至208.96亿元，总增长2156.59%，年均增长20.12%，省域间增长位次排序第2位。其中，"十五"期间年增22.05%，"十一五"期间年增25.91%，"十二五"以来年均增长14.83%。最高增长年度为2007年，增长72.74%；最低增长年度为2016年，增长5.23%。

相比之下，北京文化投入总量年均增长高于产值年增6.43个百分点，其中"十五"期间高于产值年增5.20个百分点，"十一五"期间高于产值年增10.48个百分点,"十二五"以来高于产值年增4.54个百分点;同时高于财政收入年增2.52个百分点,其中"十五"期间高于财政收入年增0.40个百分点,"十一五"期间高于财政收入年增5.22个百分点,"十二五"以来高于财政收入年增2.14个百分点;高于财政支出年增2.67个百分点,其中"十五"期间高于财政支出年增3.02个百分点,"十一五"期间高于财政支出年增5.15个百分点,"十二五"以来高于财政支出年增0.77个百分点。

认真对比,北京文化投入总量年均增长高于教科卫三项投入年增1.39个百分点,其中"十五"期间高于教科卫投入年增2.95个百分点,"十一五"期间低于教科卫投入年增3.22个百分点,"十二五"以来高于教科卫投入年增3.28个百分点。在2000年以来北京教科文卫综合投入优先高增长当中,文化投入增长处于良性平衡状态。从图2亦可清楚、直观地看出,文化投入所占面积呈逐渐拓宽之势,表明其在教科文卫综合投入中的比例份额持续增高。

与此同时,全国文化投入总量增长1029.55%,年增15.33%。2000年以来,北京文化投入总量年均增长高于全国年增4.79个百分点,占全国份额从2000年的3.08%上升至2017年的6.16%,省域间份额位次从第13位上升为第2位。

(三)人均值增长及其地区差变动状况

2000年以来北京文化投入人均值及其地区差变动态势见图3。

2000~2017年,北京文化投入人均值由70.87元增至962.11元,总增长1257.57%,年均增长16.58%,省域间增长位次排序第9位。其中,"十五"期间年增18.49%,"十一五"期间年增20.87%,"十二五"以来年均增长12.30%。最高增长年度为2007年,增长67.63%;最低增长年度为2010年,增长率为-1.46%。

与此同时,全国文化投入人均值总增长928.85%,年均增长14.70%。2000年以来,北京文化投入人均值年均增长高于全国年增1.88

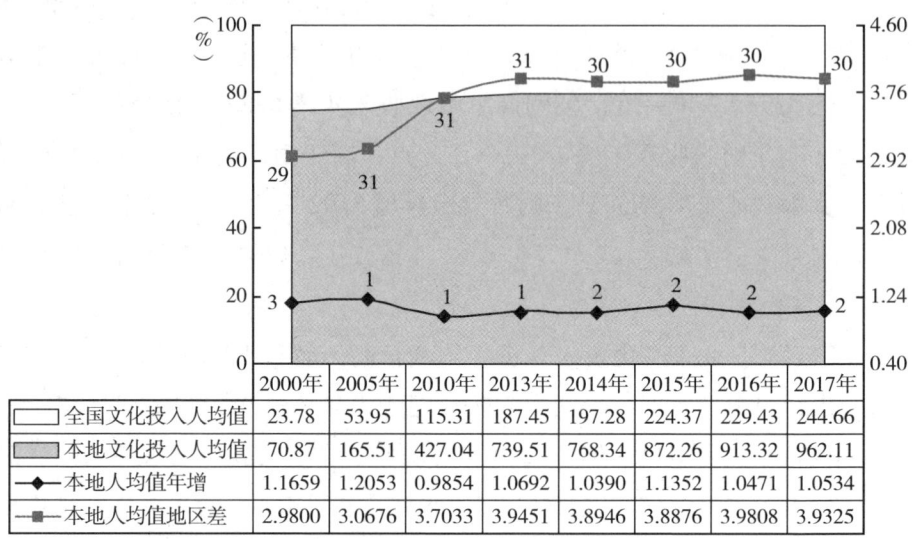

图3 2000年以来北京文化投入人均值及其地区差变动态势

左轴面积：本地、全国文化投入人均值（元转换为%），二者历年变动呈直观比例。右轴曲线：本地人均值年增指数（上年=1，小于1为负增长，由于历年人口增长，人均值年增指数略低于总量年增指数）；本地人均值地区差指数（无差距=1，保留4位小数检测细微差异）。标注人均值及其地区差省域位次。

个百分点，人均绝对数值从2000年为全国人均值的298.02%上升至2017年为全国人均值的393.24%，省域间人均绝对值高低位次从第3位上升为第2位。

同期，北京文化投入人均值地区差由2.9800扩大至3.9325，扩大31.96%，省域间地区差扩减变化位次排序第27位，地区差指数大小（倒序）位次从第29位下降为第30位。其中，"十五"期间扩大2.94%，"十一五"期间扩大20.72%，"十二五"以来地区差扩大6.19%。最小地区差为2001年的2.9478，最大地区差为2007年的4.8933。

据既往历年动态推演测算，2020年北京公共文化投入人均值地区差将为4.1297，相比当前明显扩增；2035年北京公共文化投入人均值地区差将为5.2748，相比当前继续极显著扩增。这是长期预测的理论演算值，基于既往增长态势合理推演供参考。

二 文化投入相关协调性态势

(一) 相关背景变动状况

2000年以来北京文化投入相关背景比值变动态势见图4。

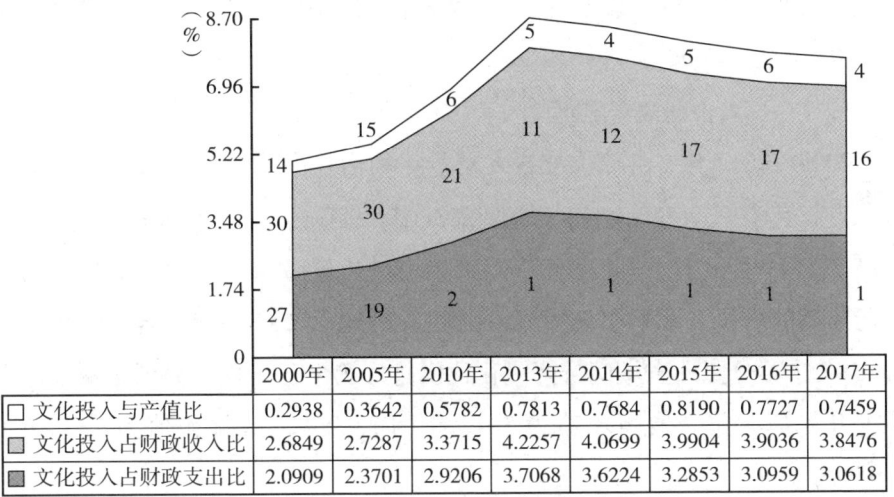

图4 2000年以来北京文化投入相关背景比值变动态势

左轴面积：文化投入与产值比、占财政收入和支出比(%)，各项比值历年升降呈直观比例。比值过小保留4位小数演算，正文按惯例保留2位小数。标注各项比值省域位次。

1. 文化投入与产值比

2000~2017年，北京文化投入总量年均增长高于产值年增6.43个百分点，其中"十五"期间年增偏高5.20个百分点，"十一五"期间年增偏高10.48个百分点，"十二五"以来年均增长偏高4.54个百分点。基于二者历年不同增长，北京文化投入与产值比从0.2938%增高至0.7459%，上升0.4521个百分点，省域间升降变化位次排序第3位，比值高低位次从第14位上升为第4位。最高比值为2015年的0.82%，最低比值为2000年的0.29%。

2. 文化投入占财政收入比

2000~2017年，北京文化投入总量年均增长高于财政收入年增2.52个百分点，其中"十五"期间年增偏高0.40个百分点，"十一五"期间年增偏高5.22个百分点，"十二五"以来年均增长偏高2.14个百分点。基于二者历年不同增长，北京文化投入占财政收入比从2.68%增高至3.85%，上升1.17个百分点，省域间升降变化位次排序第2位，比值高低位次从第30位上升为第16位。最高比值为2012年的4.26%，最低比值为2001年的2.53%。

3. 文化投入占财政支出比

2000~2017年，北京文化投入总量年均增长高于财政支出年增2.67个百分点，其中"十五"期间年增偏高3.02个百分点，"十一五"期间年增偏高5.15个百分点，"十二五"以来年均增长偏高0.77个百分点。基于二者历年不同增长，北京文化投入占财政支出比从2.09%增高至3.06%，上升0.97个百分点，省域间升降变化位次排序第1位，比值高低位次从第27位上升为第1位。最高比值为2012年的3.84%，最低比值为2001年的2.05%。

（二）相邻关系变动状况

2000年以来北京文化投入相邻关系比值变动态势见图5。

1. 文化投入与教育投入比

2000~2017年，北京文化投入总量年均增长高于教育投入年增2.38个百分点，其中"十五"期间年增偏高2.63个百分点，"十一五"期间年增偏高0.63个百分点，"十二五"以来年均增长偏高3.33个百分点。基于二者历年不同增长，北京文化投入与教育投入比从15.42%增高至21.66%，上升6.24个百分点，省域间升降变化位次排序第2位，比值高低位次从第21位上升为第2位。最高比值为2013年的22.71%，最低比值为2000年的15.42%。

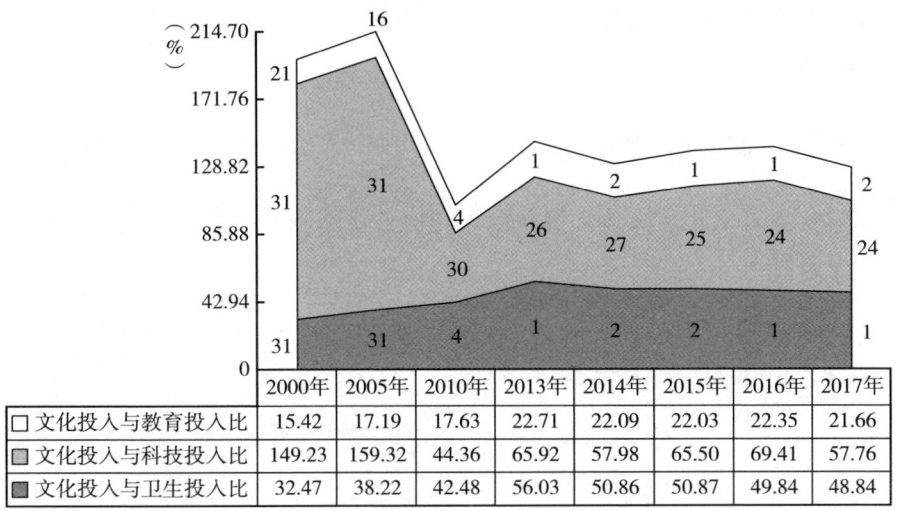

图 5　2000 年以来北京文化投入相邻关系比值变动态势

左轴面积：文化投入与教育、科技、卫生投入比（%），各项比值历年升降呈直观比例。标注各项比值省域位次。

2. 文化投入与科技投入比

2000~2017 年，北京文化投入总量年均增长低于科技投入年增 6.89 个百分点，其中"十五"期间年增偏高 1.61 个百分点，"十一五"期间年增偏低 36.69 个百分点，"十二五"以来年均增长偏高 4.25 个百分点。基于二者历年不同增长，北京文化投入与科技投入比从 149.23% 降低至 57.76%，下降 91.47 个百分点，省域间升降变化位次排序第 10 位。由于各地不同变动，北京比值高低位次从第 31 位上升为第 24 位。最高比值为 2002 年的 161.58%，最低比值为 2010 年的 44.36%。

3. 文化投入与卫生投入比

2000~2017 年，北京文化投入总量年均增长高于卫生投入年增 2.85 个百分点，其中"十五"期间年增偏高 3.92 个百分点，"十一五"期间年增偏高 2.63 个百分点，"十二五"以来年均增长偏高 2.26 个百分点。基于二者历年不同增长，北京文化投入与卫生投入比从 32.47% 增高为 48.84%，上升 16.37 个百分点，省域间升降变化位次排序第 1 位，比值高低位次从第

31位上升为第1位。最高比值为2013年的56.03%，最低比值为2000年的32.47%。

（三）同构占比变动状况

2000年以来北京文化消费与投入同构占比倍差变动态势见图6。

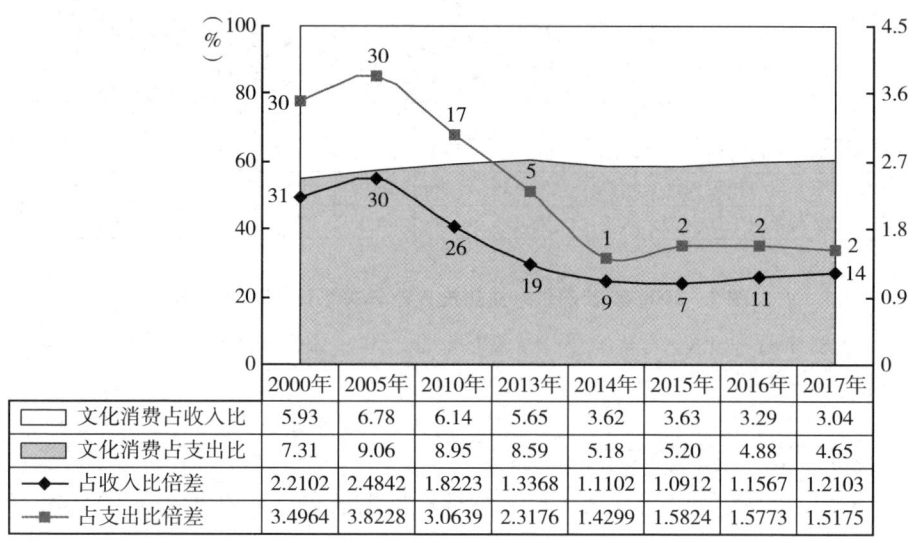

图6 2000年以来北京文化消费与投入同构占比倍差变动态势

	2000年	2005年	2010年	2013年	2014年	2015年	2016年	2017年
文化消费占收入比	5.93	6.78	6.14	5.65	3.62	3.63	3.29	3.04
文化消费占支出比	7.31	9.06	8.95	8.59	5.18	5.20	4.88	4.65
占收入比倍差	2.2102	2.4842	1.8223	1.3368	1.1102	1.0912	1.1567	1.2103
占支出比倍差	3.4964	3.8228	3.0639	2.3176	1.4299	1.5824	1.5773	1.5175

左轴面积：文化消费占居民收入、总消费支出比（%），两项比值历年升降呈直观比例叠加。右轴曲线：文化消费占居民收入比与文化投入占财政收入比、文化消费占居民支出比与文化投入占财政支出比倍差指数（无差距=1，保留4位小数检测细微差异）。标注各项倍差省域位次。

1. 文化消费与投入占收入比

2000~2017年，北京城乡居民文化消费占居民收入比从5.93%降低至3.04%。逐年比较，最高比值为2006年的7.33%，最低比值为2017年的3.04%。

对照图4，同期，北京文化投入占财政收入比上升43.31%，2017年比值高于文化消费占居民收入比0.81个百分点。二者之间占比倍差由2.2102减小至1.2103，减小45.24%，省域间增减变化位次排序第1位，倍差指数高低（倒序）位次从第31位上升为第14位。

2. 文化消费与投入占支出比

2000~2017年，北京城乡居民文化消费占居民支出比从7.31%降低至4.65%。逐年比较，最高比值为2006年的9.92%，最低比值为2017年的4.65%。

对照图4，同期，北京文化投入占财政支出比上升46.43%，2017年比值低于文化消费占居民支出比1.59个百分点。二者之间占比倍差由3.4964减小至1.5175，减小56.60%，省域间增减变化位次排序第1位，倍差指数高低（倒序）位次从第30位上升为第2位。

以上分析检测显示，2000年以来，北京文化消费占居民收入比极显著下降，文化投入占财政收入比却极显著上升，二者同构占比倍差指数极显著减小；文化消费占居民支出比显著下降，文化投入占财政支出比却极显著上升，二者同构占比倍差指数极显著减小。这意味着，北京公共文化投入增长占比变动滞后于居民文化消费需求变化态势的差距已经明显缩小。

三　2017年文化投入纵横向双重测评

综合以上分析，2000年以来北京文化投入总量年均增长20.12%，明显高于全国平均增长4.79个百分点，人均值地区差扩大31.96%；当地文化投入增长显著高于产值增长，也较明显高于财政收入、财政支出增长；同时较明显高于教育投入增长，但显著低于科技投入增长，而较明显高于卫生投入增长；文化投入占财政收入比略微高于文化消费占居民收入比，占财政支出比却较明显低于文化消费占居民支出比。

这些都集中体现在文化投入增长综合指数测评演算之中。2000年以来北京文化投入增长综合指数变动态势见图7。

（一）各年度理想值横向测评

以文化投入人均值地区无差距、文化消费与投入同构占比无差距状态为

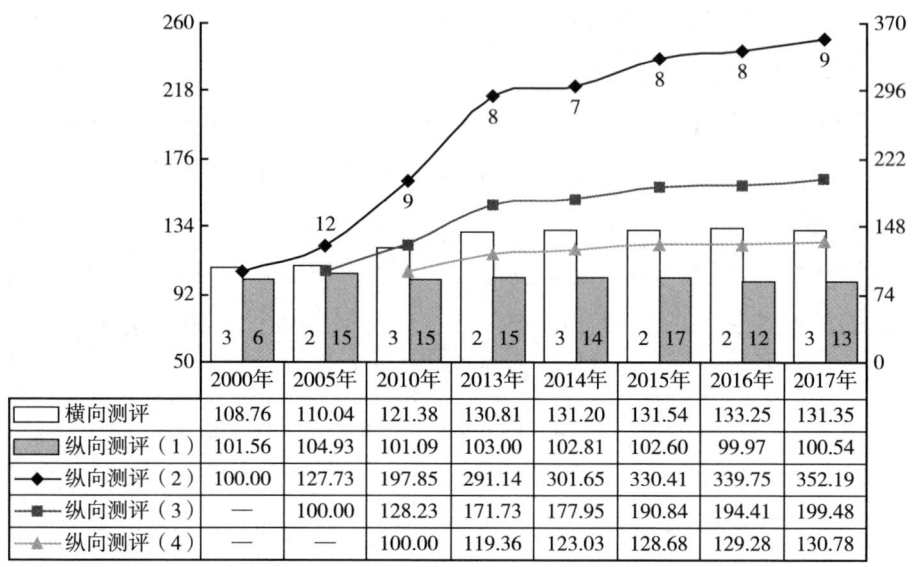

图7 2000年以来北京文化投入增长综合指数变动态势

左轴柱形：左横向测评（无差距理想值=100）；右纵向测评（1），上年=100。右轴曲线：纵向测评（起点年基数值=100），（2）以2000年为起点，（3）以2005年为起点，（4）以2010年为起点。标注横向测评、纵向测评（1）（2）省域排行，纵向测评（2）起点年不计。

"理想值"100，2017年北京文化投入增长状况此项综合指数为131.35，处于省域间第3位，高于无差距理想值31.35%，但低于上年测评指数1.90个点。

各年度此项综合指数对比，全部各个年度均高于无差距理想值100；2002年、2004~2007年、2012年、2014~2016年9个年度高于上年指数值。其中，最高值为2007年的153.21，最低值为2003年的107.90。北京此项综合指数在省域间排行变化，2000年为第3位，2005年为第2位，2010年为第3位，2017年从上年第2位下降为第3位。

（二）"十五"以来基数值纵向测评

以"九五"末年2000年为起点基数值100，2017年北京文化投入增长状况此项综合指数为352.19，处于省域间第9位，高出2000年起点基数252.19%，也高出上年测评指数12.44个点。

"十五"以来各年度此项综合指数对比,全部各个年度均高于2000年起点基数值100;2002~2009年、2011~2017年15个年度高于上年指数值。其中,最高值为2017年的352.19,最低值为2001年的104.94。北京此项综合指数在省域间排行变化,2000年起点不计,2005年为第12位,2010年为第9位,2017年从上年第8位下降为第9位。

(三)"十一五"以来基数值纵向测评

以"十五"末年2005年为起点基数值100,2017年北京文化投入增长状况此项综合指数为199.48,处于省域间第7位,高出2005年起点基数99.48%,也高出上年测评指数5.07个点。

"十一五"以来各年度此项综合指数对比,全部各个年度均高于2005年起点基数值100;2007~2009年、2011~2017年10个年度高于上年指数值。其中,最高值为2017年的199.48,最低值为2006年的103.23。北京此项综合指数在省域间排行变化,2005年起点不计,2010年为第8位,2017年从上年第6位下降为第7位。

(四)"十二五"以来基数值纵向测评

以"十一五"末年2010年为起点基数值100,2017年北京文化投入增长状况此项综合指数为130.78,处于省域间第12位,高出2010年起点基数30.78%,也高出上年测评指数1.50个点。

"十二五"以来各年度此项综合指数对比,全部各个年度均高于2010年起点基数值100;2012年、2014~2017年5个年度高于上年指数值。其中,最高值为2017年的130.78,最低值为2011年的107.06。北京此项综合指数在省域间排行变化,2010年起点不计,2013年为第11位,2017年从上年第11位下降为第12位。

(五)逐年度基数值纵向测评

以上一年2016年为起点基数值100,2017年北京文化投入增长状况此

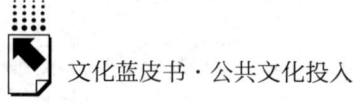

项综合指数为100.54,处于省域间第13位,高出2016年起点基数0.54%,也高出上年基于2015年基数值的测评指数0.57个点。

逐年度此项综合指数对比,2000~2015年、2017年17个年度高于自身上年起点基数值100;2001年、2004~2005年、2007年、2009年、2011~2012年、2017年8个年度高于上年指数值。其中,最高值为2012年的116.65,最低值为2016年的99.97。北京此项综合指数在省域间排行变化,2000年为第6位,2005年为第15位,2010年与之持平,2017年从上年第12位下降为第13位。

B.13
海南：2005～2017年文化投入指数提升第3位

念鹏帆[*]

摘　要： 2000～2017年，海南文化投入总量由1.65亿元增至29.86亿元，年均增长18.57%，明显高于全国平均增长3.24个百分点。海南综合评价排行：在省域横向测评中，处于2017年度文化投入指数排名第7位；在自身纵向测评中，处于2000～2017年文化投入指数提升第5位，2005～2017年文化投入指数提升第3位，2010～2017年文化投入指数提升第14位，2016～2017年文化投入指数提升第6位。

关键词： 海南　文化投入　综合评价

一　文化投入及其相关背景基本态势

（一）经济财政基本面背景状况

2000年以来海南文化投入总量增长及相关背景关系态势见图1。

2000～2017年，海南产值总量增长747.10%，年均增长13.39%；财政收入总量增长1619.67%，年均增长18.22%；财政支出总量增长

---

[*] 念鹏帆，云南省社会科学院信息中心研究实习员，主要从事传播与社会研究。

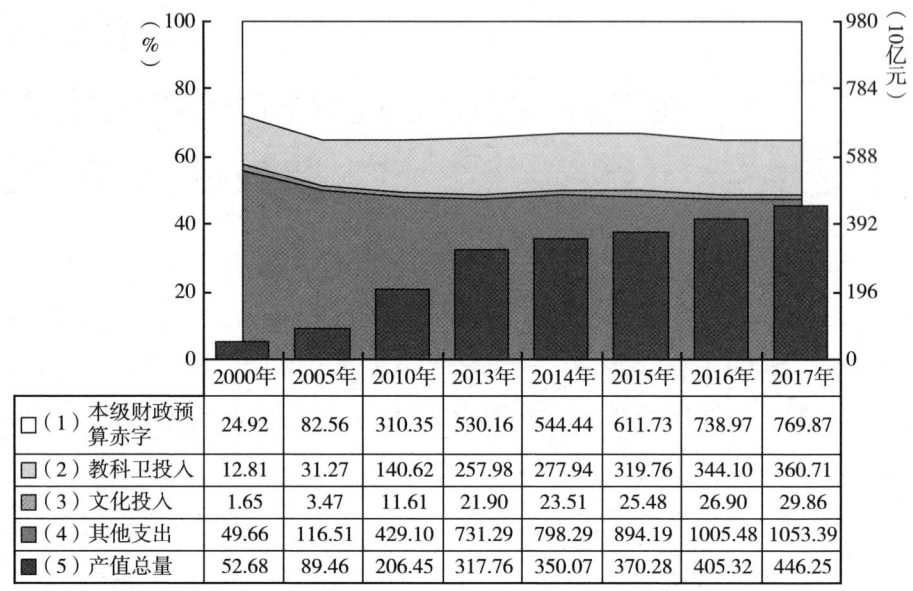

图1　2000年以来海南文化投入总量增长及相关背景关系态势

左轴面积：本级财政预算赤字（中央财政税收返还和转移支付等，"财政包干"地区可为国债份额）、教科卫投入、文化投入、其他支出总量（亿元转换为%），（2）+（3）+（4）=财政支出总量，（2）+（3）+（4）-（1）=财政收入总量，各项数值呈直观比例。右轴柱形：产值总量（10亿元，增长演算取亿元）。

2151.98%，年均增长20.11%；教科文卫综合投入（图1中教科卫投入与文化投入之和，后同）总量增长2601.11%，年均增长21.40%；教科文卫综合投入之外财政支出统归为"其他支出"，其总量增长2021.20%，年均增长19.68%。

在此期间，海南教科文卫综合投入总量年均增长高于产值年增8.01个百分点，高于财政收入年增3.18个百分点，高于财政支出年增1.29个百分点，高于其他支出年增1.72个百分点。

"十五"以来，海南教科文卫建设作为公共服务的一个重要方面，确实处于一种极为特殊的优先发展地位。"十一五"以来，海南教科文卫综合投入增长高于其他支出增长的情况更加明显。

（二）文化投入总量增长状况

2000年以来海南文化投入总量及相邻关系、占全国份额变动态势见图2。

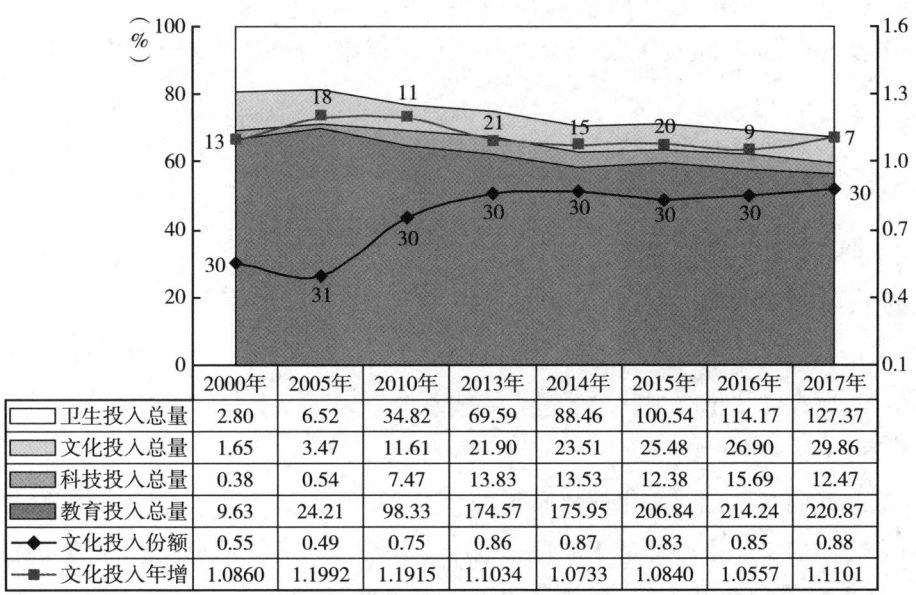

图2 2000年以来海南文化投入总量及相邻关系、占全国份额变动态势

左轴面积：教、科、文、卫投入总量（亿元转换为%），各项数值呈直观比例。右轴曲线：文化投入年增指数（上年=1，小于1为负增长，保留4位小数，正文转换为2位小数增长百分比，后同）；文化投入占全国份额（%）。标注历年增长、份额省域位次。

2000~2017年，海南文化投入总量由1.65亿元增至29.86亿元，总增长1709.70%，年均增长18.57%，省域间增长位次排序第4位。其中，"十五"期间年增16.03%，"十一五"期间年增27.32%，"十二五"以来年均增长14.45%。最高增长年度为2008年，增长49.31%；最低增长年度为2016年，增长5.57%。

相比之下，海南文化投入总量年均增长高于产值年增5.18个百分点，其中"十五"期间高于产值年增4.86个百分点，"十一五"期间高于产值年增9.11个百分点,"十二五"以来高于产值年增2.81个百分点;同时高于财政收入年增0.35个百分点,其中"十五"期间高于财政收入年增4.16个百分点,"十一五"期间低于财政收入年增4.27个百分点,"十二五"以来高于财政收入年增0.55个百分点;低于财政支出年增1.54个百分点,其中"十五"期间低于财政支出年增2.69个百分点,"十一五"期间低于财政支出年增3.58个百分点,"十二五"以来高于财政支出年增0.57个百分点。

认真对比,海南文化投入总量年均增长低于教科卫三项投入年增3.12个百分点,其中"十五"期间低于教科卫投入年增3.51个百分点,"十一五"期间低于教科卫投入年增7.76个百分点,"十二五"以来高于教科卫投入年增0.05个百分点。在2000年以来海南教科文卫综合投入优先高增长当中,文化投入增长处于严重失衡状态。从图2亦可清楚、直观地看出,文化投入所占面积呈逐渐收窄之势,表明其在教科文卫综合投入中的比例份额持续降低。

与此同时,全国文化投入总量增长1029.55%,年增15.33%。2000年以来,海南文化投入总量年均增长高于全国年增3.24个百分点,占全国份额从2000年的0.55%上升至2017年的0.88%,省域间份额位次前后保持在第30位。

(三)人均值增长及其地区差变动状况

2000年以来海南文化投入人均值及其地区差变动态势见图3。

2000~2017年,海南文化投入人均值由21.29元增至324.07元,总增长1422.17%,年均增长17.37%,省域间增长位次排序第6位。其中,"十五"期间年增14.62%,"十一五"期间年增26.05%,"十二五"以来年均增长13.44%。最高增长年度为2008年,增长47.73%;最低增长年度为2016年,增长4.79%。

与此同时,全国文化投入人均值总增长928.85%,年均增长14.70%。2000年以来,海南文化投入人均值年均增长高于全国年增2.67

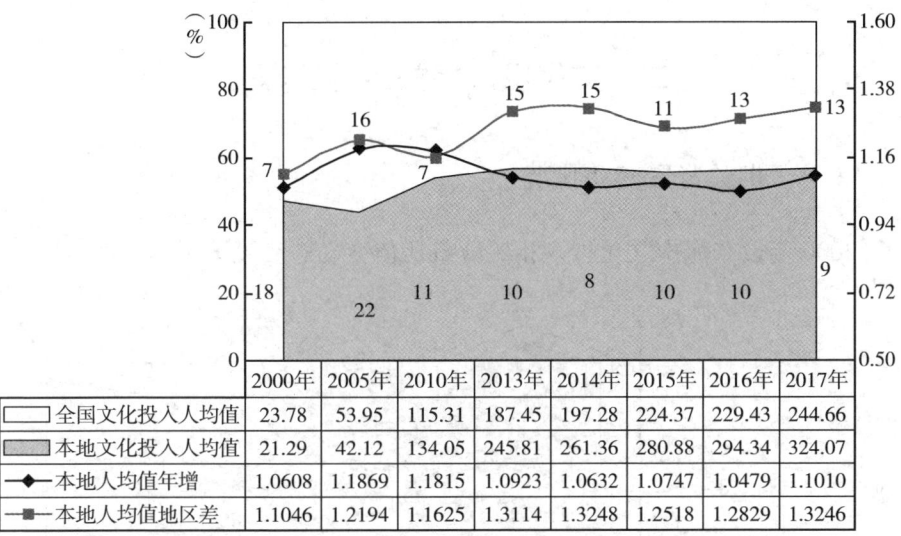

图3 2000年以来海南文化投入人均值及其地区差变动态势

左轴面积：本地、全国文化投入人均值（元转换为%），二者历年变动呈直观比例。右轴曲线：本地人均值年增指数（上年=1，小于1为负增长，由于历年人口增长，人均值年增指数略低于总量年增指数）；本地人均值地区差指数（无差距=1，保留4位小数检测细微差异）。标注人均值及其地区差省域位次。

个百分点，人均绝对数值从2000年为全国人均值的89.53%上升至2017年为全国人均值的132.46%，省域间人均绝对值高低位次从第18位上升为第9位。

同期，海南文化投入人均值地区差由1.1046扩大至1.3246，扩大19.92%，省域间地区差扩减变化位次排序第24位，地区差指数大小（倒序）位次从第7位下降为第13位。其中，"十五"期间扩大10.39%，"十一五"期间缩小4.67%，"十二五"以来地区差扩大13.94%。最小地区差为2008年的1.0298，最大地区差为2011年的1.3500。

据既往历年动态推演测算，2020年海南公共文化投入人均值地区差将为1.4193，相比当前较明显扩增；2035年海南公共文化投入人均值地区差将为2.0051，相比当前继续极显著扩增。这是长期预测的理论演算值，基于既往增长态势合理推演供参考。

二 文化投入相关协调性态势

(一)相关背景变动状况

2000年以来海南文化投入相关背景比值变动态势见图4。

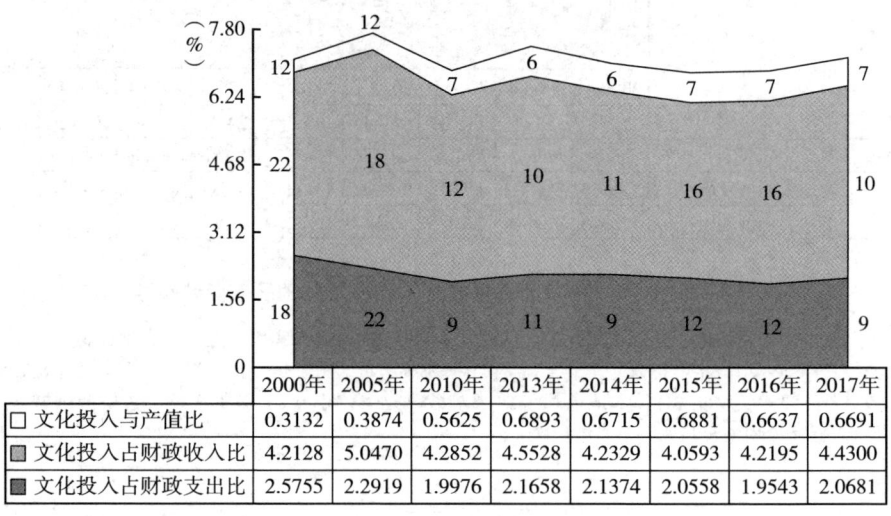

图4 2000年以来海南文化投入相关背景比值变动态势

左轴面积：文化投入与产值比、占财政收入和支出比（％），各项比值历年升降呈直观比例。比值过小保留4位小数演算，正文按惯例保留2位小数。标注各项比值省域位次。

1. 文化投入与产值比

2000~2017年，海南文化投入总量年均增长高于产值年增5.18个百分点，其中"十五"期间年增偏高4.86个百分点，"十一五"期间年增偏高9.11个百分点，"十二五"以来年均增长偏高2.81个百分点。基于二者历年不同增长，海南文化投入与产值比从0.3132%增高至0.6691%，上升0.3559个百分点，省域间升降变化位次排序第4位，比值高低位次从第12位上升为第7位。最高比值为2012年的0.70%，最低比值为2000年的0.31%。

2. 文化投入占财政收入比

2000~2017年,海南文化投入总量年均增长高于财政收入年增0.35个百分点,其中"十五"期间年增偏高4.16个百分点,"十一五"期间年增偏低4.27个百分点,"十二五"以来年均增长偏高0.55个百分点。基于二者历年不同增长,海南文化投入占财政收入比从4.21%增高至4.43%,上升0.22个百分点,省域间升降变化位次排序第6位,比值高低位次从第22位上升为第10位。最高比值为2009年的5.47%,最低比值为2015年的4.06%。

3. 文化投入占财政支出比

2000~2017年,海南文化投入总量年均增长低于财政支出年增1.54个百分点,其中"十五"期间年增偏低2.69个百分点,"十一五"期间年增偏低3.58个百分点,"十二五"以来年均增长偏高0.57个百分点。基于二者历年不同增长,海南文化投入占财政支出比从2.58%降低至2.07%,下降0.51个百分点,省域间升降变化位次排序第9位。由于各地不同变动,海南比值高低位次从第18位上升为第9位。最高比值为2000年的2.58%,最低比值为2007年的1.86%。

(二)相邻关系变动状况

2000年以来海南文化投入相邻关系比值变动态势见图5。

1. 文化投入与教育投入比

2000~2017年,海南文化投入总量年均增长低于教育投入年增1.66个百分点,其中"十五"期间年增偏低4.22个百分点,"十一五"期间年增偏低5.03个百分点,"十二五"以来年均增长偏高2.19个百分点。基于二者历年不同增长,海南文化投入与教育投入比从17.15%降低至13.52%,下降3.63个百分点,省域间升降变化位次排序第8位。由于各地不同变动,海南比值高低位次从第13位上升为第8位。最高比值为2001年的17.21%,最低比值为2007年的11.32%。

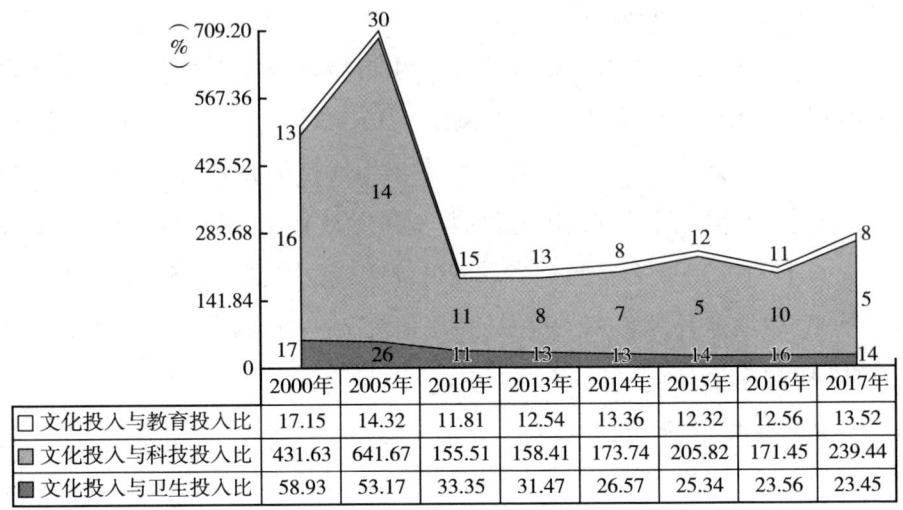

图5 2000年以来海南文化投入相邻关系比值变动态势

左轴面积：文化投入与教育、科技、卫生投入比（%），各项比值历年升降呈直观比例。标注各项比值省域位次。

2. 文化投入与科技投入比

2000~2017年，海南文化投入总量年均增长低于科技投入年增4.23个百分点，其中"十五"期间年增偏高8.75个百分点，"十一五"期间年增偏低41.80个百分点，"十二五"以来年均增长偏高6.85个百分点。基于二者历年不同增长，海南文化投入与科技投入比从431.63%降低至239.44%，下降192.19个百分点，省域间升降变化位次排序第2位。由于各地不同变动，海南比值高低位次从第16位上升为第5位。最高比值为2005年的641.67%，最低比值为2008年的151.57%。

3. 文化投入与卫生投入比

2000~2017年，海南文化投入总量年均增长低于卫生投入年增6.61个百分点，其中"十五"期间年增偏低2.39个百分点，"十一五"期间年增偏低12.48个百分点，"十二五"以来年均增长偏低5.90个百分点。基于二者历年不同增长，海南文化投入与卫生投入比从58.93%降低为23.45%，下降35.48个百分点，省域间升降变化位次排序第11位。由于各地不同变动,海南比值高低位次从第17位上升为第14位。最高比值为2001年的65.26%,最低比值为2017年的23.45%。

(三)同构占比变动状况

2000年以来海南文化消费与投入同构占比倍差变动态势见图6。

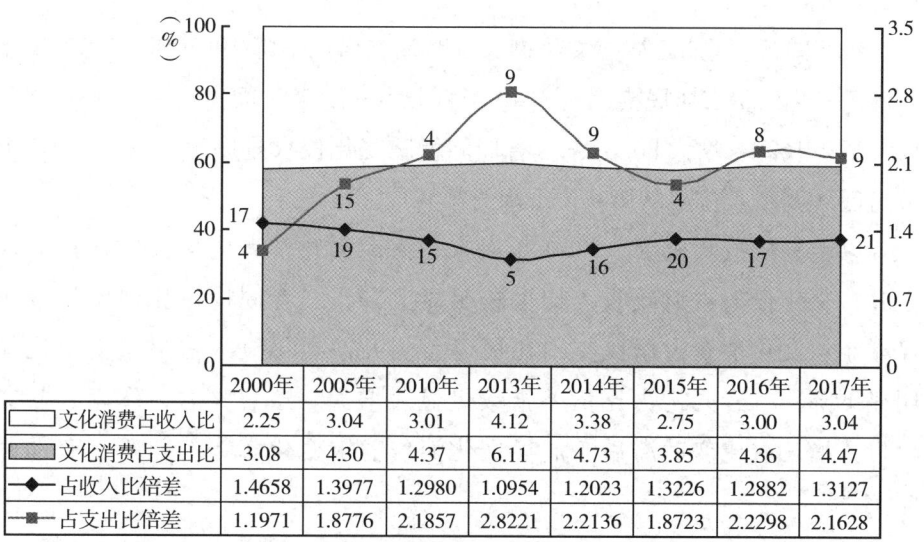

图6 2000年以来海南文化消费与投入同构占比倍差变动态势

左轴面积:文化消费占居民收入、总消费支出比(%),两项比值历年升降呈直观比例叠加。右轴曲线:文化消费占居民收入比与文化投入占财政收入比、文化消费占居民支出比与文化投入占财政支出比倍差指数(无差距=1,保留4位小数检测细微差异)。标注各项倍差省域位次。

1. 文化消费与投入占收入比

2000~2017年,海南城乡居民文化消费占居民收入比从2.25%增高至3.04%。逐年比较,最高比值为2013年的4.12%,最低比值为2000年的2.25%。

对照图4,同期,海南文化投入占财政收入比上升5.16%,2017年比值高于文化消费占居民收入比1.39个百分点。二者之间占比倍差由1.4658减小至1.3127,减小10.44%,省域间增减变化位次排序第17

位。由于各地不同变动，海南倍差指数高低（倒序）位次从第17位下降为第21位。

2. 文化消费与投入占支出比

2000~2017年，海南城乡居民文化消费占居民支出比从3.08%增高至4.47%。逐年比较，最高比值为2013年的6.11%，最低比值为2000年的3.08%。

对照图4，同期，海南文化投入占财政支出比下降19.70%，2017年比值低于文化消费占居民支出比2.40个百分点。二者之间占比倍差由1.1971增大至2.1628，增大80.67%，省域间增减变化位次排序第17位，倍差指数高低（倒序）位次从第4位下降为第9位。

以上分析检测显示，2000年以来，海南文化消费占居民收入比显著上升，文化投入占财政收入比也较明显上升，二者同构占比倍差指数明显减小；文化消费占居民支出比极显著上升，文化投入占财政支出比却明显下降，二者同构占比倍差指数极显著增大。这意味着，海南公共文化投入增长占比变动滞后于居民文化消费需求变化态势的差距已有部分缩小。

三 2017年文化投入纵横向双重测评

综合以上分析，2000年以来海南文化投入总量年均增长18.57%，明显高于全国平均增长3.24个百分点，人均值地区差扩大19.92%；当地文化投入增长明显高于产值增长，也略微高于财政收入增长，但较明显低于财政支出增长；同时较明显低于教育投入增长，也明显低于科技投入增长，亦显著低于卫生投入增长；文化投入占财政收入比较明显高于文化消费占居民收入比，占财政支出比却较明显低于文化消费占居民支出比。

这些都集中体现在文化投入增长综合指数测评演算之中。2000年以来海南文化投入增长综合指数变动态势见图7。

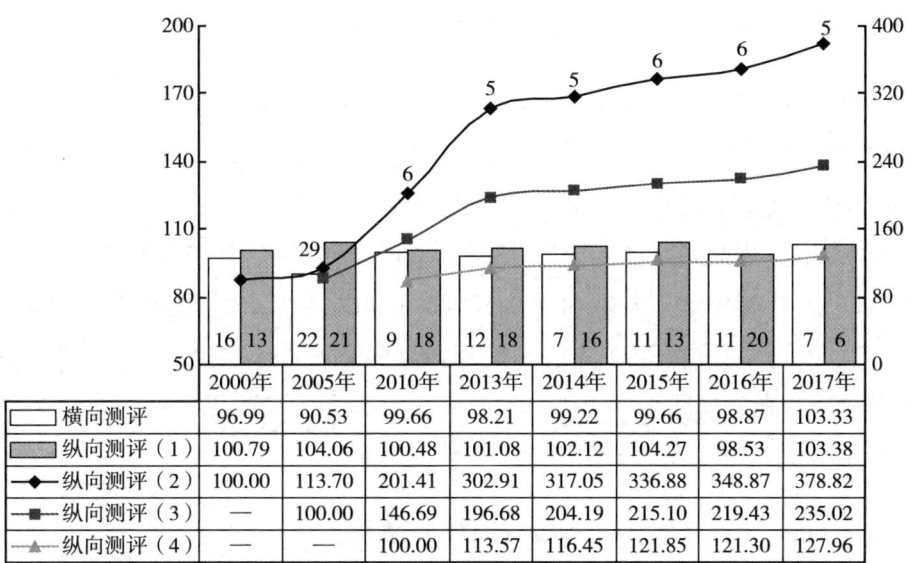

图7 2000年以来海南文化投入增长综合指数变动态势

左轴柱形：左横向测评（无差距理想值=100）；右纵向测评（1），上年=100。右轴曲线：纵向测评（起点年基数值=100），（2）以2000年为起点，（3）以2005年为起点，（4）以2010年为起点。标注横向测评、纵向测评（1）（2）省域排行，纵向测评（2）起点年不计。

（一）各年度理想值横向测评

以文化投入人均值地区无差距、文化消费与投入同构占比无差距状态为"理想值"100，2017年海南文化投入增长状况此项综合指数为103.33，处于省域间第7位，高于无差距理想值3.33%，也高于上年测评指数4.46个点。

各年度此项综合指数对比，2008~2009年、2011年、2017年4个年度高于无差距理想值100；2004年、2008~2009年、2011年、2014~2015年、2017年7个年度高于上年指数值。其中，最高值为2011年的103.59，最低值为2007年的87.26。海南此项综合指数在省域间排行变化，2000年为第16位，2005年为第22位，2010年为第9位，2017年从上年第11位上升为第7位。

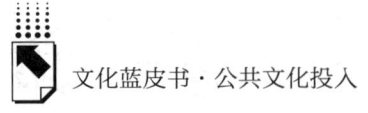

（二）"十五"以来基数值纵向测评

以"九五"末年2000年为起点基数值100，2017年海南文化投入增长状况此项综合指数为378.82，处于省域间第5位，高出2000年起点基数278.82%，也高出上年测评指数29.95个点。

"十五"以来各年度此项综合指数对比，2001年、2004～2017年15个年度高于2000年起点基数值100；2003～2017年15个年度高于上年指数值。其中，最高值为2017年的378.82，最低值为2002年的98.39。海南此项综合指数在省域间排行变化，2000年起点不计，2005年为第29位，2010年为第6位，2017年从上年第6位上升为第5位。

（三）"十一五"以来基数值纵向测评

以"十五"末年2005年为起点基数值100，2017年海南文化投入增长状况此项综合指数为235.02，处于省域间第3位，高出2005年起点基数135.02%，也高出上年测评指数15.59个点。

"十一五"以来各年度此项综合指数对比，2006年、2008～2017年11个年度高于2005年起点基数值100；2008～2017年10个年度高于上年指数值。其中，最高值为2017年的235.02，最低值为2007年的99.85。海南此项综合指数在省域间排行变化，2005年起点不计，2010年为第3位，2017年从上年第4位上升为第3位。

（四）"十二五"以来基数值纵向测评

以"十一五"末年2010年为起点基数值100，2017年海南文化投入增长状况此项综合指数为127.96，处于省域间第14位，高出2010年起点基数27.96%，也高出上年测评指数6.66个点。

"十二五"以来各年度此项综合指数对比，全部各个年度均高于2010年起点基数值100；2012～2015年、2017年5个年度高于上年指数值。其中，最高值为2017年的127.96，最低值为2011年的108.74。海南此项综合指数在省域间排行变化,2010年起点不计,2013年为第21位,2017年从上年第19位上升为第14位。

(五)逐年度基数值纵向测评

以上一年2016年为起点基数值100,2017年海南文化投入增长状况此项综合指数为103.38,处于省域间第6位,高出2016年起点基数3.38%,也高出上年基于2015年基数值的测评指数4.85个点。

逐年度此项综合指数对比,2000~2001年、2003~2006年、2008~2015年、2017年15个年度高于自身上年起点基数值100;2003~2004年、2008年、2011年、2014~2015年、2017年7个年度高于上年指数值。其中,最高值为2008年的119.35,最低值为2002年的97.50。海南此项综合指数在省域间排行变化,2000年为第13位,2005年为第21位,2010年为第18位,2017年从上年第20位上升为第6位。

B.14
河北：2016～2017年文化投入指数提升第4位

殷思华*

摘　要： 2000～2017年，河北文化投入总量由10.73亿元增至103.19亿元，年均增长14.24%，较明显低于全国平均增长1.09个百分点。河北综合评价排行：在省域横向测评中，处于2017年度文化投入指数排名第22位；在自身纵向测评中，处于2000～2017年文化投入指数提升第23位，2005～2017年文化投入指数提升第24位，2010～2017年文化投入指数提升第5位，2016～2017年文化投入指数提升第4位。

关键词： 河北　文化投入　综合评价

一　文化投入及其相关背景基本态势

（一）经济财政基本面背景状况

2000年以来河北文化投入总量增长及相关背景关系态势见图1。

2000～2017年，河北产值总量增长574.39%，年均增长11.88%；财政收入总量增长1199.98%，年均增长16.29%；财政支出总量增长1497.72%，年

---

* 殷思华，云南师范大学教育科学与管理学院讲师，主要从事文化教育学研究。

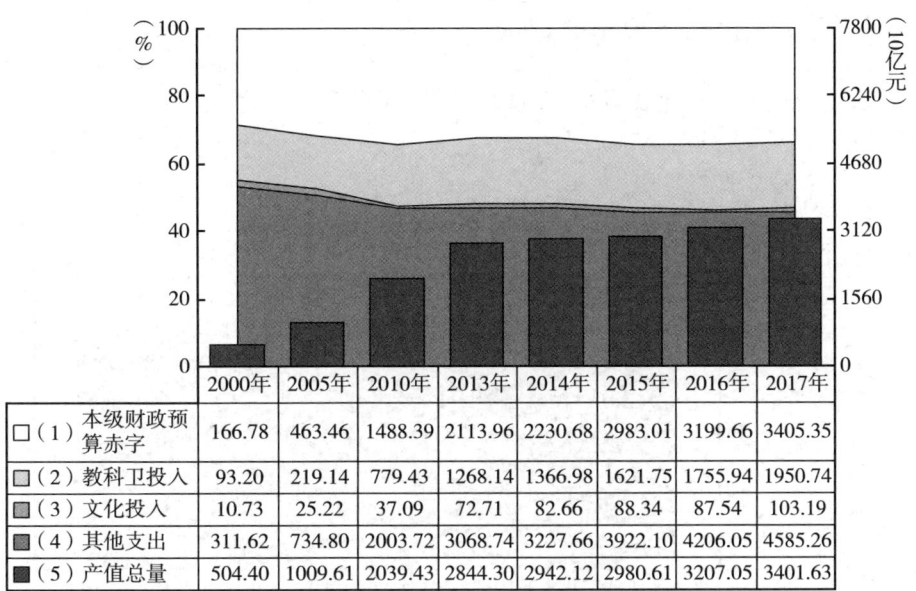

图 1　2000 年以来河北文化投入总量增长及相关背景关系态势

左轴面积：本级财政预算赤字（中央财政税收返还和转移支付等，"财政包干"地区可为国债份额）、教科卫投入、文化投入、其他支出总量（亿元转换为%），（2）+（3）+（4）= 财政支出总量，（2）+（3）+（4）-（1）= 财政收入总量，各项数值呈直观比例。右轴柱形：产值总量（10 亿元，增长演算取亿元）。

均增长 17.70%；教科文卫综合投入（图 1 中教科卫投入与文化投入之和，后同）总量增长 1876.45%，年均增长 19.19%；教科文卫综合投入之外财政支出统归为"其他支出"，其总量增长 1371.43%，年均增长 17.14%。

在此期间，河北教科文卫综合投入总量年均增长高于产值年增 7.31 个百分点，高于财政收入年增 2.90 个百分点，高于财政支出年增 1.49 个百分点，高于其他支出年增 2.05 个百分点。

"十五"以来，河北教科文卫建设作为公共服务的一个重要方面，确实处于一种极为特殊的优先发展地位。"十一五"以来，河北教科文卫综合投入增长高于其他支出增长的情况更加明显。

（二）文化投入总量增长状况

2000年以来河北文化投入总量及相邻关系、占全国份额变动态势见图2。

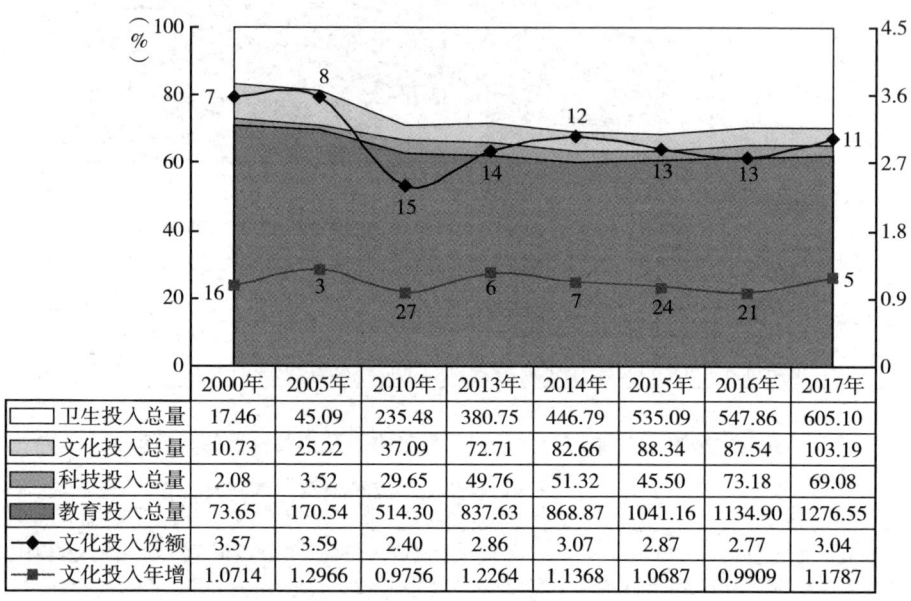

图2 2000年以来河北文化投入总量及相邻关系、占全国份额变动态势

左轴面积：教、科、文、卫投入总量（亿元转换为%），各项数值呈直观比例。右轴曲线：文化投入年增指数（上年=1，小于1为负增长，保留4位小数，正文转换为2位小数增长百分比，后同）；文化投入占全国份额（%）。标注历年增长、份额省域位次。

2000~2017年，河北文化投入总量由10.73亿元增至103.19亿元，总增长861.70%，年均增长14.24%，省域间增长位次排序第24位。其中，"十五"期间年增18.64%，"十一五"期间年增8.02%，"十二五"以来年均增长15.74%。最高增长年度为2008年，增长39.74%；最低增长年度为2007年，增长率为-27.95%。

相比之下，河北文化投入总量年均增长高于产值年增2.36个百分点，其中"十五"期间高于产值年增3.75个百分点，"十一五"期间低于产值年增7.08个百分点,"十二五"以来高于产值年增8.16个百分点;同时低于财政收入年增2.05个百分点,其中"十五"期间高于财政收入年增2.94个百分点,"十一五"期间低于财政收入年增12.88个百分点,"十二五"以来高于财政收入年增2.23个百分点;低于财政支出年增3.46个百分点,其中"十五"期间低于财政支出年增0.06个百分点,"十一五"期间低于财政支出年增15.54个百分点,"十二五"以来高于财政支出年增2.73个百分点。

认真对比,河北文化投入总量年均增长低于教科卫三项投入年增5.35个百分点,其中"十五"期间低于教科卫投入年增0.01个百分点,"十一五"期间低于教科卫投入年增20.87个百分点,"十二五"以来高于教科卫投入年增1.74个百分点。在2000年以来河北教科文卫综合投入优先高增长当中,文化投入增长处于严重失衡状态。从图2亦可清楚、直观地看出,文化投入所占面积呈逐渐收窄之势,表明其在教科文卫综合投入中的比例份额持续降低。

与此同时,全国文化投入总量增长1029.55%,年增15.33%。2000年以来,河北文化投入总量年均增长低于全国年增1.09个百分点,占全国份额从2000年的3.57%下降至2017年的3.04%,省域间份额位次从第7位下降为第11位。

(三)人均值增长及其地区差变动状况

2000年以来河北文化投入人均值及其地区差变动态势见图3。

2000~2017年,河北文化投入人均值由16.14元增至137.68元,总增长753.04%,年均增长13.44%,省域间增长位次排序第22位。其中,"十五"期间年增18.00%,"十一五"期间年增7.15%,"十二五"以来年均增长14.88%。最高增长年度为2008年,增长38.83%;最低增长年度为2007年,增长率为-28.43%。

与此同时,全国文化投入人均值总增长928.85%,年均增长14.70%。2000年以来,河北文化投入人均值年均增长低于全国年增1.26

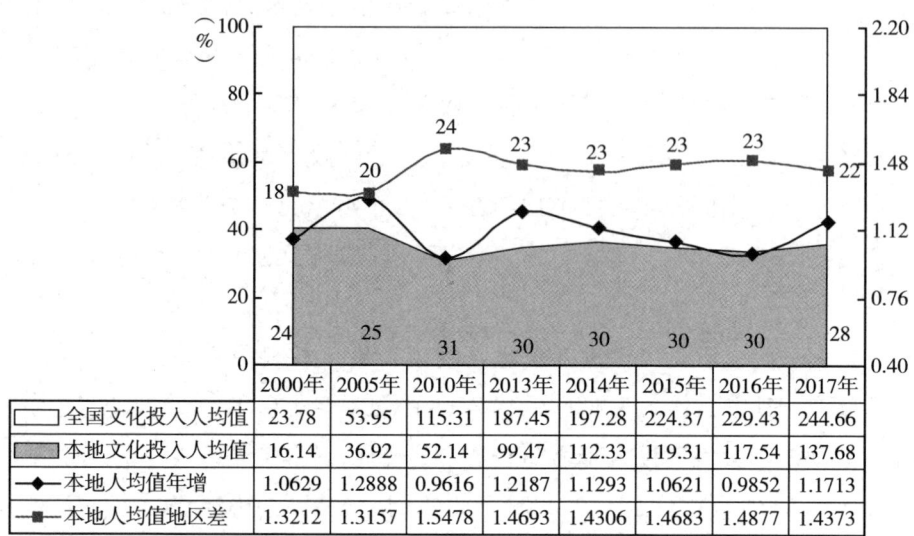

图3 2000年以来河北文化投入人均值及其地区差变动态势

左轴面积：本地、全国文化投入人均值（元转换为%），二者历年变动呈直观比例。右轴曲线：本地人均值年增指数（上年=1，小于1为负增长，由于历年人口增长，人均值年增指数略低于总量年增指数）；本地人均值地区差指数（无差距=1，保留4位小数检测细微差异）。标注人均值及其地区差省域位次。

个百分点，人均绝对数值从2000年为全国人均值的67.87%下降至2017年为全国人均值的56.27%，省域间人均绝对值高低位次从第24位下降为第28位。

同期，河北文化投入人均值地区差由1.3212扩大至1.4373，扩大8.79%，省域间地区差扩减变化位次排序第19位，地区差指数大小（倒序）位次从第18位下降为第22位。其中，"十五"期间缩小0.42%，"十一五"期间扩大17.64%，"十二五"以来地区差缩小7.14%。最小地区差为2005年的1.3157，最大地区差为2007年的1.5602。

据既往历年动态推演测算，2020年河北公共文化投入人均值地区差将为1.4556，相比当前略微扩增；2035年河北公共文化投入人均值地区差将为1.5386，相比当前继续较明显扩增。这是长期预测的理论演算值，基于既往增长态势合理推演供参考。

二 文化投入相关协调性态势

(一) 相关背景变动状况

2000年以来河北文化投入相关背景比值变动态势见图4。

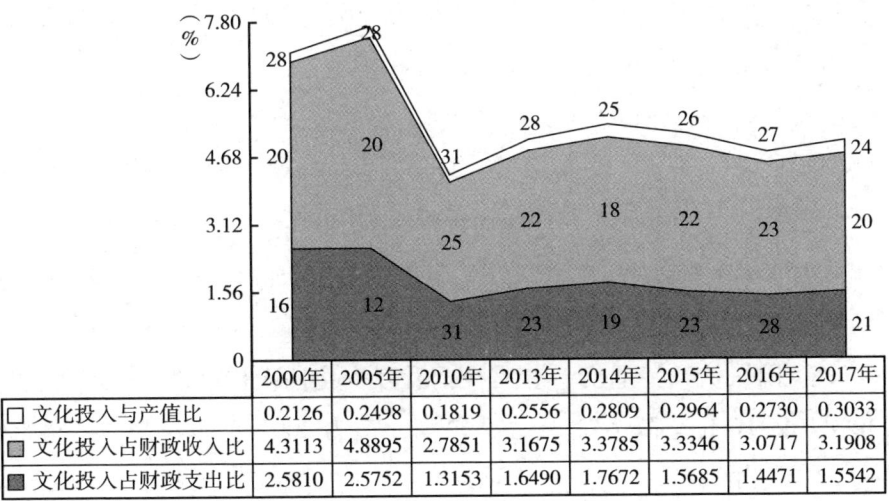

图4 2000年以来河北文化投入相关背景比值变动态势

左轴面积：文化投入与产值比、占财政收入和支出比（%），各项比值历年升降呈直观比例。比值过小保留4位小数演算，正文按惯例保留2位小数。标注各项比值省域位次。

1. 文化投入与产值比

2000~2017年，河北文化投入总量年均增长高于产值年增2.36个百分点，其中"十五"期间年增偏高3.75个百分点，"十一五"期间年增偏低7.08个百分点，"十二五"以来年均增长偏高8.16个百分点。基于二者历年不同增长，河北文化投入与产值比从0.2126%增高至0.3033%，上升0.0907个百分点，省域间升降变化位次排序第12位，比值高低位次从第28位上升为第24位。最高比值为2017年的0.30%，最低比值为2007年的0.15%。

2. 文化投入占财政收入比

2000~2017年，河北文化投入总量年均增长低于财政收入年增2.05个百分点，其中"十五"期间年增偏高2.94个百分点，"十一五"期间年增偏低12.88个百分点，"十二五"以来年均增长偏高2.23个百分点。基于二者历年不同增长，河北文化投入占财政收入比从4.31%降低至3.19%，下降1.12个百分点，省域间升降变化位次排序第15位，比值高低位次前后保持在第20位。最高比值为2003年的5.07%，最低比值为2007年的2.63%。

3. 文化投入占财政支出比

2000~2017年，河北文化投入总量年均增长低于财政支出年增3.46个百分点，其中"十五"期间年增偏低0.06个百分点，"十一五"期间年增偏低15.54个百分点，"十二五"以来年均增长偏高2.73个百分点。基于二者历年不同增长，河北文化投入占财政支出比从2.58%降低至1.55%，下降1.03个百分点，省域间升降变化位次排序第20位，比值高低位次从第16位下降为第21位。最高比值为2002年的2.64%，最低比值为2010年的1.32%。

（二）相邻关系变动状况

2000年以来河北文化投入相邻关系比值变动态势见图5。

1. 文化投入与教育投入比

2000~2017年，河北文化投入总量年均增长低于教育投入年增4.03个百分点，其中"十五"期间年增偏高0.35个百分点，"十一五"期间年增偏低16.68个百分点，"十二五"以来年均增长偏高1.87个百分点。基于二者历年不同增长，河北文化投入与教育投入比从14.56%降低至8.08%，下降6.48个百分点，省域间升降变化位次排序第21位。由于各地不同变动，河北比值高低位次从第27位上升为第23位。最高比值为2006年的15.20%，最低比值为2012年的6.85%。

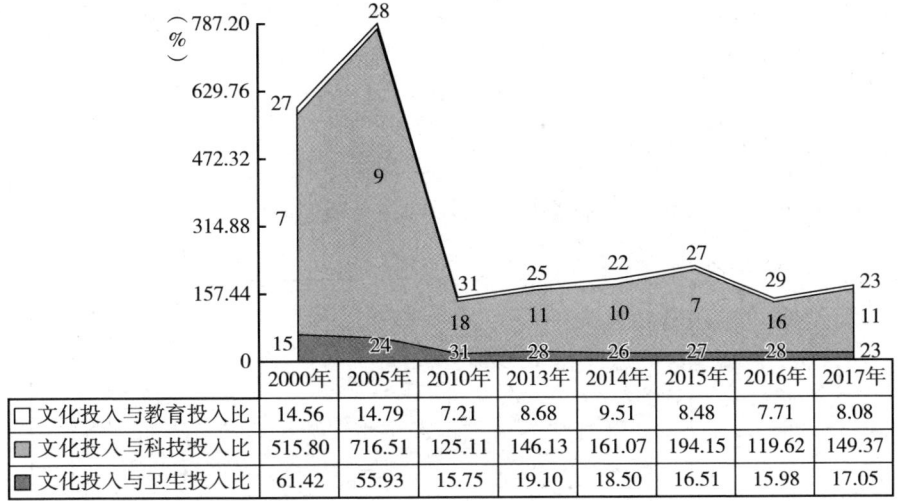

图5　2000年以来河北文化投入相邻关系比值变动态势

左轴面积：文化投入与教育、科技、卫生投入比（%），各项比值历年升降呈直观比例。标注各项比值省域位次。

2. 文化投入与科技投入比

2000~2017年，河北文化投入总量年均增长低于科技投入年增8.64个百分点，其中"十五"期间年增偏高7.54个百分点，"十一五"期间年增偏低45.12个百分点，"十二五"以来年均增长偏高2.90个百分点。基于二者历年不同增长，河北文化投入与科技投入比从515.80%降低至149.37%，下降366.43个百分点，省域间升降变化位次排序第16位，比值高低位次从第7位下降为第11位。最高比值为2006年的724.37%，最低比值为2007年的119.25%。

3. 文化投入与卫生投入比

2000~2017年，河北文化投入总量年均增长低于卫生投入年增8.95个百分点，其中"十五"期间年增偏低2.25个百分点，"十一五"期间年增偏低31.16个百分点，"十二五"以来年均增长偏高1.31个百分点。基于二者历年不同增长，河北文化投入与卫生投入比从61.42%降低为17.05%，下降44.37个百分点，省域间升降变化位次排序第26位，比值高低位次从第 15 位下降为第 23 位。最高比值为 2002 年的 61.72%，最低比值为 2010 年的 15.75%。

（三）同构占比变动状况

2000 年以来河北文化消费与投入同构占比倍差变动态势见图 6。

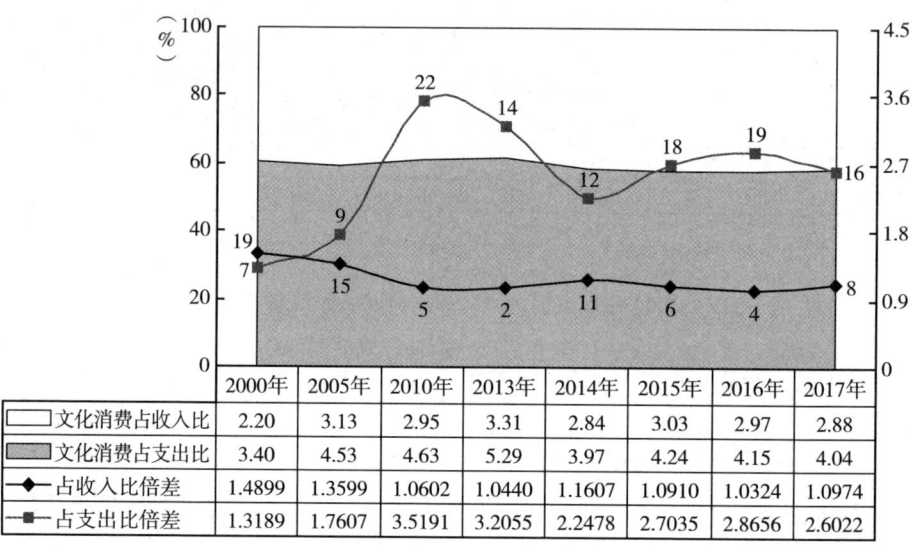

图 6 2000 年以来河北文化消费与投入同构占比倍差变动态势

左轴面积：文化消费占居民收入、总消费支出比（%），两项比值历年升降呈直观比例叠加。右轴曲线：文化消费占居民收入比与文化投入占财政收入比、文化消费占居民支出比与文化投入占财政支出比倍差指数（无差距＝1，保留 4 位小数检测细微差异）。标注各项倍差省域位次。

1. 文化消费与投入占收入比

2000~2017 年，河北城乡居民文化消费占居民收入比从 2.20% 增高至 2.88%。逐年比较，最高比值为 2009 年的 3.38%，最低比值为 2001 年的 1.84%。

对照图 4，同期，河北文化投入占财政收入比下降 25.99%，2017 年比值高于文化消费占居民收入比 0.31 个百分点。二者之间占比倍差由 1.4899 减小至 1.0974，减小 26.34%，省域间增减变化位次排序第 7 位，倍差指数高低（倒序）位次从第19位上升为第8位。

2. 文化消费与投入占支出比

2000~2017年，河北城乡居民文化消费占居民支出比从3.40%增高至4.04%。逐年比较，最高比值为2013年的5.29%，最低比值为2001年的2.87%。

对照图4，同期，河北文化投入占财政支出比下降39.78%，2017年比值低于文化消费占居民支出比2.49个百分点。二者之间占比倍差由1.3189增大至2.6022，增大97.30%，省域间增减变化位次排序第21位，倍差指数高低（倒序）位次从第7位下降为第16位。

以上分析检测显示，2000年以来，河北文化消费占居民收入比显著上升，文化投入占财政收入比却显著下降，二者同构占比倍差指数显著减小；文化消费占居民支出比明显上升，文化投入占财政支出比却显著下降，二者同构占比倍差指数极显著增大。这意味着，河北公共文化投入增长占比变动滞后于居民文化消费需求变化态势的差距已有部分缩小。

三 2017年文化投入纵横向双重测评

综合以上分析，2000年以来河北文化投入总量年均增长14.24%，较明显低于全国平均增长1.09个百分点，人均值地区差扩大8.79%；当地文化投入增长较明显高于产值增长，但较明显低于财政收入增长，也明显低于财政支出增长；同时明显低于教育投入增长，也显著低于科技、卫生投入增长；文化投入占财政收入比略微高于文化消费占居民收入比，占财政支出比却较明显低于文化消费占居民支出比。

这些都集中体现在文化投入增长综合指数测评演算之中。2000年以来河北文化投入增长综合指数变动态势见图7。

（一）各年度理想值横向测评

以文化投入人均值地区无差距、文化消费与投入同构占比无差距状态为

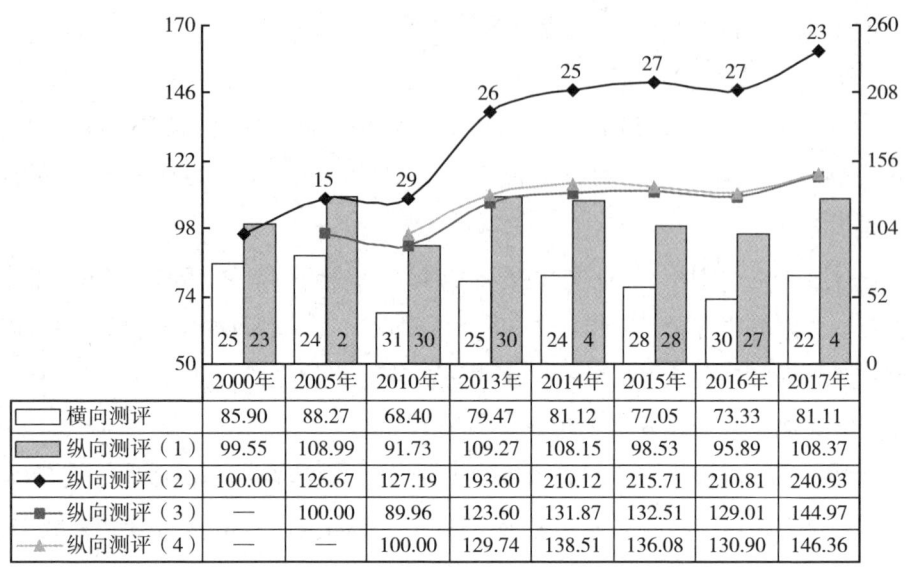

图7 2000年以来河北文化投入增长综合指数变动态势

左轴柱形：左横向测评（无差距理想值=100）；右纵向测评（1），上年=100。右轴曲线：纵向测评（起点年基数值=100），（2）以2000年为起点，（3）以2005年为起点，（4）以2010年为起点。标注横向测评、纵向测评（1）（2）省域排行，纵向测评（2）起点年不计。

"理想值"100，2017年河北文化投入增长状况此项综合指数为81.11，处于省域间第22位，低于无差距理想值18.89%，但高于上年测评指数7.78个点。

各年度此项综合指数对比，全部各个年度均低于无差距理想值100；2001年、2005年、2008年、2011年、2013~2014年、2017年7个年度高于上年指数值。其中，最高值为2005年的88.27，最低值为2007年的60.41。河北此项综合指数在省域间排行变化，2000年为第25位，2005年为第24位，2010年为第31位，2017年从上年第30位上升为第22位。

（二）"十五"以来基数值纵向测评

以"九五"末年2000年为起点基数值100，2017年河北文化投入增长状况此项综合指数为240.93，处于省域间第23位，高出2000年起点基数140.93%，也高出上年测评指数30.12个点。

"十五"以来各年度此项综合指数对比，2001~2006年、2008~2017年16个年度高于2000年起点基数值100；2002~2006年、2008~2009年、2011~2015年、2017年13个年度高于上年指数值。其中，最高值为2017年的240.93，最低值为2007年的93.97。河北此项综合指数在省域间排行变化，2000年起点不计，2005年为第15位，2010年为第29位，2017年从上年第27位上升为第23位。

（三）"十一五"以来基数值纵向测评

以"十五"末年2005年为起点基数值100，2017年河北文化投入增长状况此项综合指数为144.97，处于省域间第24位，高出2005年起点基数44.97%，也高出上年测评指数15.96个点。

"十一五"以来各年度此项综合指数对比，2006年、2011~2017年8个年度高于2005年起点基数值100；2008~2009年、2011~2015年、2017年8个年度高于上年指数值。其中，最高值为2017年的144.97，最低值为2007年的72.65。河北此项综合指数在省域间排行变化，2005年起点不计，2010年为第29位，2017年从上年第28位上升为第24位。

（四）"十二五"以来基数值纵向测评

以"十一五"末年2010年为起点基数值100，2017年河北文化投入增长状况此项综合指数为146.36，处于省域间第5位，高出2010年起点基数46.36%，也高出上年测评指数15.46个点。

"十二五"以来各年度此项综合指数对比，全部各个年度均高于2010年起点基数值100；2012~2014年、2017年4个年度高于上年指数值。其中，最高值为2017年的146.36，最低值为2011年的115.25。河北此项综合指数在省域间排行变化，2010年起点不计，2013年为第5位，2017年从上年第10位上升为第5位。

（五）逐年度基数值纵向测评

以上一年2016年为起点基数值100，2017年河北文化投入增长状况此项综合指数为108.37，处于省域间第4位，高出2016年起点基数8.37%，也高出上年基于2015年基数值的测评指数12.48个点。

逐年度此项综合指数对比，2001~2006年、2008~2009年、2011~2014年、2017年13个年度高于自身上年起点基数值100；2001年、2004~2005年、2008年、2011年、2013年、2017年7个年度高于上年指数值。其中，最高值为2008年的113.17，最低值为2007年的72.30。河北此项综合指数在省域间排行变化，2000年为第23位，2005年为第2位，2010年为第30位，2017年从上年第27位上升为第4位。

B.15
甘肃：2017年度文化投入指数排名第6位

刘娟娟*

摘　要： 2000~2017年，甘肃文化投入总量由5.75亿元增至64.59亿元，年均增长15.29%，略微低于全国平均增长0.04个百分点。甘肃综合评价排行：在省域横向测评中，处于2017年度文化投入指数排名第6位；在自身纵向测评中，处于2000~2017年文化投入指数提升第15位，2005~2017年文化投入指数提升第10位，2010~2017年文化投入指数提升第19位，2016~2017年文化投入指数提升第8位。

关键词： 甘肃　文化投入　综合评价

一　文化投入及其相关背景基本态势

（一）经济财政基本面背景状况

2000年以来甘肃文化投入总量增长及相关背景关系态势见图1。

2000~2017年，甘肃产值总量增长608.51%，年均增长12.21%；财政收入总量增长1231.15%，年均增长16.45%；财政支出总量增长1655.53%，年

---

* 刘娟娟，云南农业职业技术学院工程学院讲师，主要从事民族文化研究。

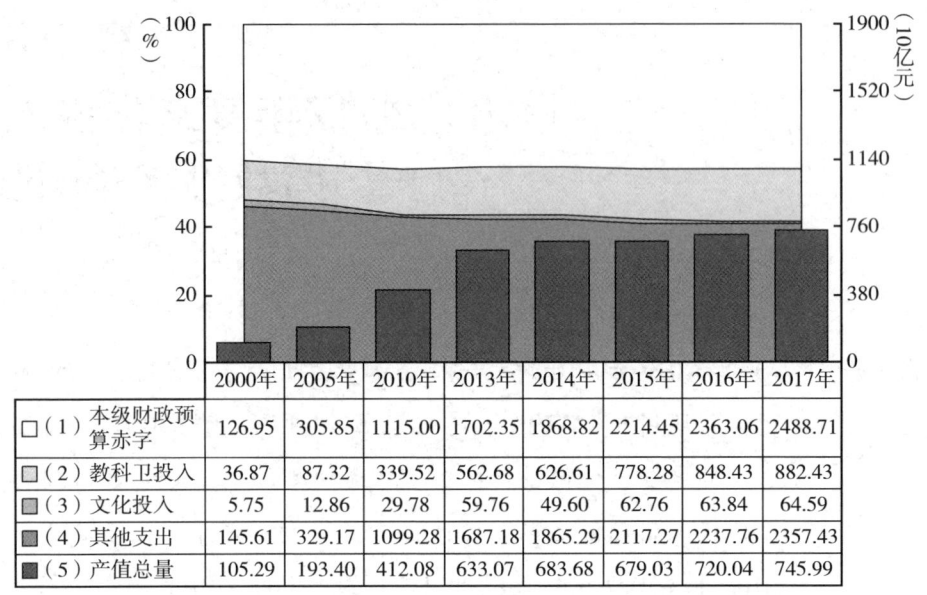

图 1　2000 年以来甘肃文化投入总量增长及相关背景关系态势

左轴面积：本级财政预算赤字（中央财政税收返还和转移支付等，"财政包干"地区可为国债份额）、教科卫投入、文化投入、其他支出总量（亿元转换为%），（2）+（3）+（4）=财政支出总量，（2）+（3）+（4）-（1）=财政收入总量，各项数值呈直观比例。右轴柱形：产值总量（10亿元，增长演算取亿元）。

均增长 18.36%；教科文卫综合投入（图 1 中教科卫投入与文化投入之和，后同）总量增长 2121.49%，年均增长 20.01%；教科文卫综合投入之外财政支出统归为"其他支出"，其总量增长 1519.00%，年均增长 17.80%。

在此期间，甘肃教科文卫综合投入总量年均增长高于产值年增 7.80 个百分点，高于财政收入年增 3.56 个百分点，高于财政支出年增 1.65 个百分点，高于其他支出年增 2.21 个百分点。

"十五"以来，甘肃教科文卫建设作为公共服务的一个重要方面，确实处于一种极为特殊的优先发展地位。"十一五"以来，甘肃教科文卫综合投入增长高于其他支出增长的情况更加明显。

（二）文化投入总量增长状况

2000年以来甘肃文化投入总量及相邻关系、占全国份额变动态势见图2。

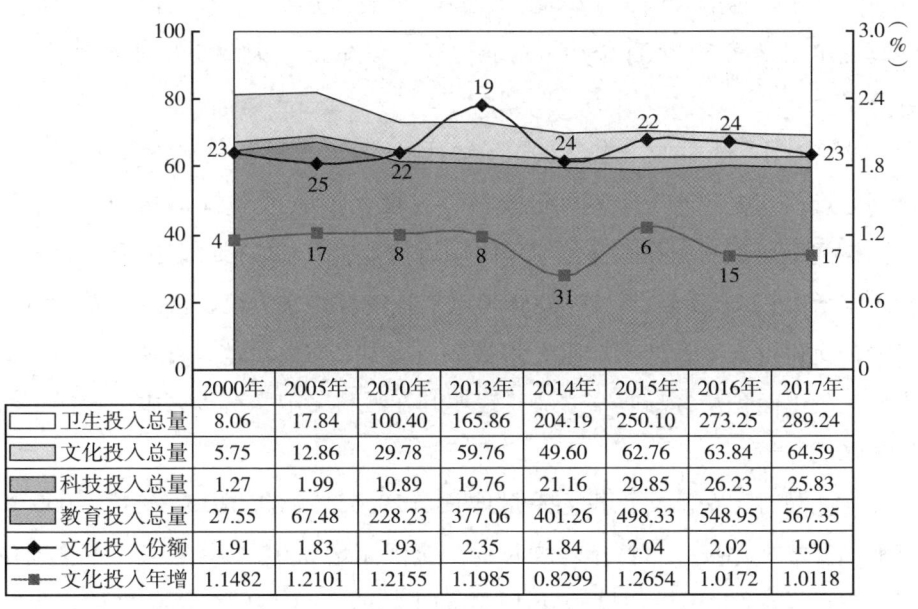

图 2　2000 年以来甘肃文化投入总量及相邻关系、占全国份额变动态势

左轴面积：教、科、文、卫投入总量（亿元转换为%），各项数值呈直观比例。右轴曲线：文化投入年增指数（上年＝1，小于1为负增长，保留4位小数，正文转换为2位小数增长百分比，后同）；文化投入占全国份额（%）。标注历年增长、份额省域位次。

2000～2017年，甘肃文化投入总量由 5.75 亿元增至 64.59 亿元，总增长 1023.30%，年均增长 15.29%，省域间增长位次排序第 18 位。其中，"十五"期间年增 17.47%，"十一五"期间年增 18.29%，"十二五"以来年均增长 11.70%。最高增长年度为 2012 年，增长 50.79%；最低增长年度为 2014 年，增长率为 -17.01%。

相比之下，甘肃文化投入总量年均增长高于产值年增 3.08 个百分点，其中"十五"期间高于产值年增 4.54 个百分点，"十一五"期间高于产年增1.96个百分点,"十二五"以来高于产值年增2.85个百分点;同时低于财政收入年增1.16个百分点,其中"十五"期间高于财政收入年增2.42个百分点,"十一五"期间低于财政收入年增5.12个百分点,"十二五"以来低于财政收入年增0.98个百分点;低于财政支出年增3.07个百分点,其中"十五"期间低于财政支出年增0.46个百分点,"十一五"期间低于财政支出年增9.59个百分点,"十二五"以来低于财政支出年增0.58个百分点。

认真对比,甘肃文化投入总量年均增长低于教科卫三项投入年增5.25个百分点,其中"十五"期间低于教科卫投入年增1.35个百分点,"十一五"期间低于教科卫投入年增12.91个百分点,"十二五"以来低于教科卫投入年增2.92个百分点。在2000年以来甘肃教科文卫综合投入优先高增长当中,文化投入增长处于严重失衡状态。从图2亦可清楚、直观地看出,文化投入所占面积呈逐渐收窄之势,表明其在教科文卫综合投入中的比例份额持续降低。

与此同时,全国文化投入总量增长1029.55%,年增15.33%。2000年以来,甘肃文化投入总量年均增长低于全国年增0.04个百分点,占全国份额从2000年的1.91%下降至2017年的1.90%,省域间份额位次前后保持在第23位。

(三)人均值增长及其地区差变动状况

2000年以来甘肃文化投入人均值及其地区差变动态势见图3。

2000~2017年,甘肃文化投入人均值由22.55元增至246.72元,总增长994.10%,年均增长15.11%,省域间增长位次排序第14位。其中,"十五"期间年增16.95%,"十一五"期间年增18.36%,"十二五"以来年均增长11.57%。最高增长年度为2012年,增长50.28%;最低增长年度为2014年,增长率为-17.22%。

与此同时,全国文化投入人均值总增长928.85%,年均增长14.70%。2000年以来,甘肃文化投入人均值年均增长高于全国年增0.41

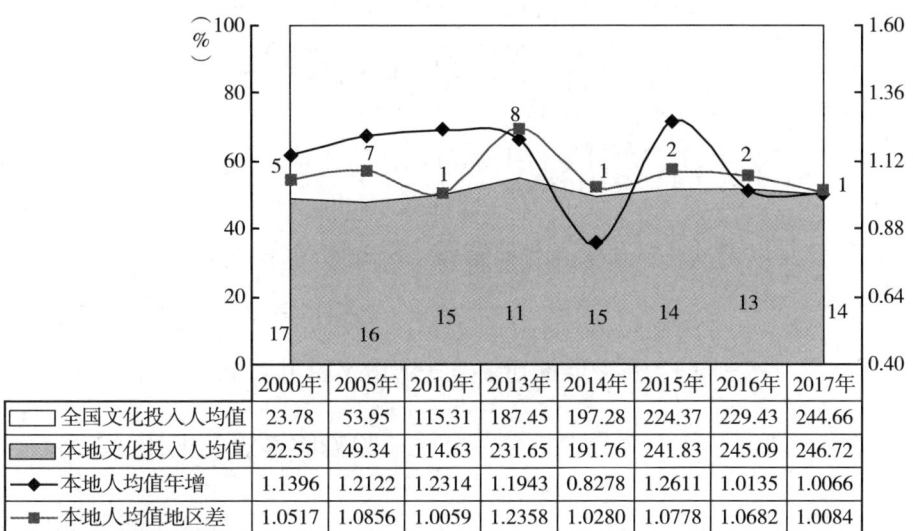

图3 2000年以来甘肃文化投入人均值及其地区差变动态势

左轴面积：本地、全国文化投入人均值（元转换为%），二者历年变动呈直观比例。右轴曲线：本地人均值年增指数（上年=1，小于1为负增长，由于历年人口增长，人均值年增指数略低于总量年增指数）；本地人均值地区差指数（无差距=1，保留4位小数检测细微差异）。标注人均值及其地区差省域位次。

个百分点，人均绝对数值从2000年为全国人均值的94.83%上升至2017年为全国人均值的100.84%，省域间人均绝对值高低位次从第17位上升为第14位。

同期，甘肃文化投入人均值地区差由1.0517缩小至1.0084，缩小4.12%，省域间地区差扩减变化位次排序第10位，地区差指数大小（倒序）位次从第5位上升为第1位。其中，"十五"期间扩大3.22%，"十一五"期间缩小7.34%，"十二五"以来地区差扩大0.25%。最小地区差为2010年的1.0059，最大地区差为2013年的1.2358。

据既往历年动态推演测算，2020年甘肃公共文化投入人均值地区差将为1.0194，相比当前略微扩增；2035年甘肃公共文化投入人均值地区差将为1.0762，相比当前继续较明显扩增。这是长期预测的理论演算值，基于既往增长态势合理推演供参考。

二 文化投入相关协调性态势

（一）相关背景变动状况

2000年以来甘肃文化投入相关背景比值变动态势见图4。

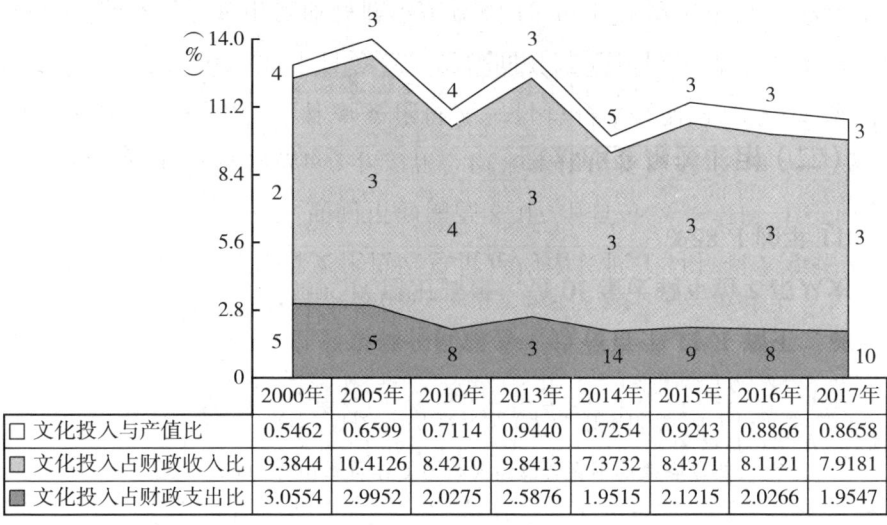

	2000年	2005年	2010年	2013年	2014年	2015年	2016年	2017年
□ 文化投入与产值比	0.5462	0.6599	0.7114	0.9440	0.7254	0.9243	0.8866	0.8658
■ 文化投入占财政收入比	9.3844	10.4126	8.4210	9.8413	7.3732	8.4371	8.1121	7.9181
■ 文化投入占财政支出比	3.0554	2.9952	2.0275	2.5876	1.9515	2.1215	2.0266	1.9547

图4 2000年以来甘肃文化投入相关背景比值变动态势

左轴面积：文化投入与产值比、占财政收入和支出比（%），各项比值历年升降呈直观比例。比值过小保留4位小数演算，正文按惯例保留2位小数。标注各项比值省域位次。

1. 文化投入与产值比

2000~2017年，甘肃文化投入总量年均增长高于产值年增3.08个百分点，其中"十五"期间年增偏高4.54个百分点，"十一五"期间年增偏高1.96个百分点，"十二五"以来年均增长偏高2.85个百分点。基于二者历年不同增长，甘肃文化投入与产值比从0.5462%增高至0.8658%，上升0.3196个百分点，省域间升降变化位次排序第10位，比值高低位次从第4位上升第3位。最高比值为2013年的0.94%，最低比值为2000年的0.55%。

2. 文化投入占财政收入比

2000~2017年，甘肃文化投入总量年均增长低于财政收入年增1.16个百分点，其中"十五"期间年增偏高2.42个百分点，"十一五"期间年增偏低5.12个百分点，"十二五"以来年均增长偏低0.98个百分点。基于二者历年不同增长，甘肃文化投入占财政收入比从9.38%降低至7.92%，下降1.46个百分点，省域间升降变化位次排序第14位，比值高低位次从第2位下降为第3位。最高比值为2006年的11.45%，最低比值为2008年的7.34%。

3. 文化投入占财政支出比

2000~2017年，甘肃文化投入总量年均增长低于财政支出年增3.07个百分点，其中"十五"期间年增偏低0.46个百分点，"十一五"期间年增偏低9.59个百分点，"十二五"以来年均增长偏低0.58个百分点。基于二者历年不同增长，甘肃文化投入占财政支出比从3.06%降低至1.95%，下降1.11个百分点，省域间升降变化位次排序第17位，比值高低位次从第5位下降为第10位。最高比值为2006年的3.06%，最低比值为2011年的1.85%。

（二）相邻关系变动状况

2000年以来甘肃文化投入相邻关系比值变动态势见图5。

1. 文化投入与教育投入比

2000~2017年，甘肃文化投入总量年均增长低于教育投入年增4.19个百分点，其中"十五"期间年增偏低2.15个百分点，"十一五"期间年增偏低9.31个百分点，"十二五"以来年均增长偏低2.19个百分点。基于二者历年不同增长，甘肃文化投入与教育投入比从20.88%降低至11.38%，下降9.50个百分点，省域间升降变化位次排序第23位，比值高低位次从第4位下降为第14位。最高比值为2000年的20.88%，最低比值为2008年的10.63%。

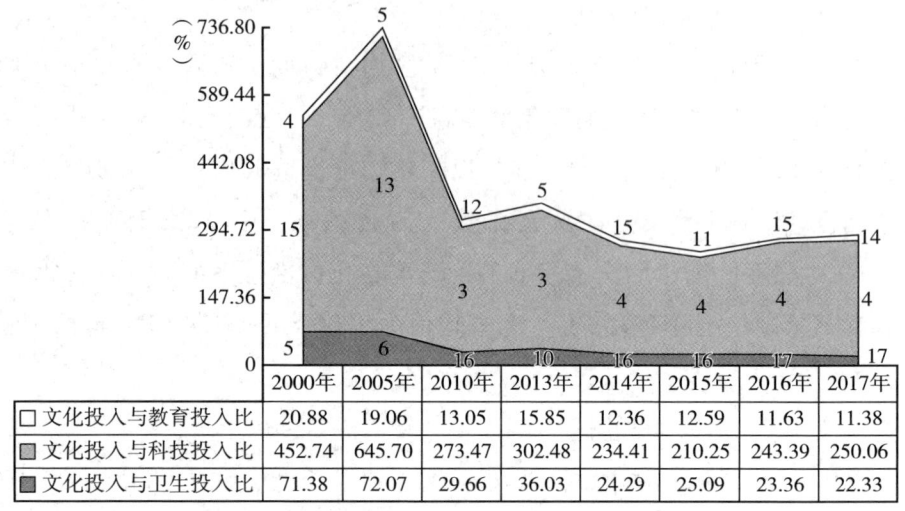

图 5　2000 年以来甘肃文化投入相邻关系比值变动态势

左轴面积：文化投入与教育、科技、卫生投入比（%），各项比值历年升降呈直观比例。标注各项比值省域位次。

2. 文化投入与科技投入比

2000～2017 年，甘肃文化投入总量年均增长低于科技投入年增 4.10 个百分点，其中"十五"期间年增偏高 8.07 个百分点，"十一五"期间年增偏低 22.20 个百分点，"十二五"以来年均增长偏低 1.43 个百分点。基于二者历年不同增长，甘肃文化投入与科技投入比从 452.74% 降低至 250.06%，下降 202.68 个百分点，省域间升降变化位次排序第 3 位。由于各地不同变动，甘肃比值高低位次从第 15 位上升为第 4 位。最高比值为 2006 年的 691.63%，最低比值为 2008 年的 205.26%。

3. 文化投入与卫生投入比

2000～2017 年，甘肃文化投入总量年均增长低于卫生投入年增 8.15 个百分点，其中"十五"期间年增偏高 0.25 个百分点，"十一五"期间年增偏低 22.99 个百分点，"十二五"以来年均增长偏低 4.62 个百分点。基于二者历年不同增长，甘肃文化投入与卫生投入比从 71.38% 降低为 22.33%，下降 49.05 个百分点，省域间升降变化位次排序第 20 位，比值高低位次从第5位下降为第17位。最高比值为2004年的79.24%，最低比值为2017年的22.33%。

（三）同构占比变动状况

2000年以来甘肃文化消费与投入同构占比倍差变动态势见图6。

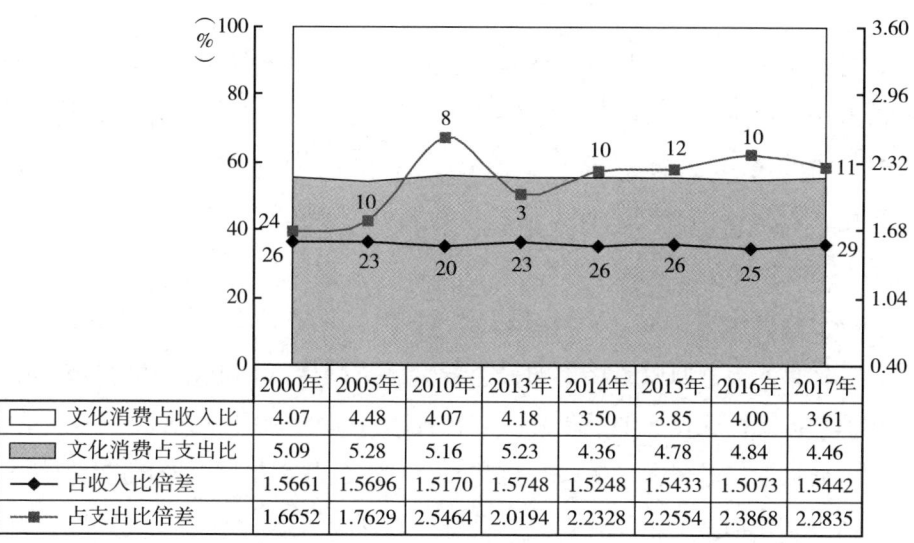

图6　2000年以来甘肃文化消费与投入同构占比倍差变动态势

左轴面积：文化消费占居民收入、总消费支出比（%），两项比值历年升降呈直观比例叠加。右轴曲线：文化消费占居民收入比与文化投入占财政收入比、文化消费占居民支出比与文化投入占财政支出比倍差指数（无差距=1，保留4位小数检测细微差异）。标注各项倍差省域位次。

1. 文化消费与投入占收入比

2000~2017年，甘肃城乡居民文化消费占居民收入比从4.07%降低至3.61%。逐年比较，最高比值为2002年的4.60%，最低比值为2014年的3.50%。

对照图4，同期，甘肃文化投入占财政收入比下降15.62%，2017年比值高于文化消费占居民收入比4.31个百分点。二者之间占比倍差由1.5661减小至1.5442，减小1.40%，省域间增减变化位次排序第24位。

由于各地不同变动，甘肃倍差指数高低（倒序）位次从第26位下降为第29位。

2. 文化消费与投入占支出比

2000~2017年，甘肃城乡居民文化消费占居民支出比从5.09%降低至4.46%。逐年比较，最高比值为2002年的5.89%，最低比值为2014年的4.36%。

对照图4，同期，甘肃文化投入占财政支出比下降36.02%，2017年比值低于文化消费占居民支出比2.51个百分点。二者之间占比倍差由1.6652增大至2.2835，增大37.13%，省域间增减变化位次排序第10位。由于各地不同变动，甘肃倍差指数高低（倒序）位次从第24位上升为第11位。

以上分析检测显示，2000年以来，甘肃文化消费占居民收入比明显下降，文化投入占财政收入比也明显下降，二者同构占比倍差指数略微减小；文化消费占居民支出比明显下降，文化投入占财政支出比也显著下降，二者同构占比倍差指数显著增大。这意味着，甘肃公共文化投入增长占比变动滞后于居民文化消费需求变化态势的差距已有部分缩小。

三 2017年文化投入纵横向双重测评

综合以上分析，2000年以来甘肃文化投入总量年均增长15.29%，略微低于全国平均增长0.04个百分点，人均值地区差缩小4.12%；当地文化投入增长明显高于产值增长，但较明显低于财政收入增长，也明显低于财政支出增长；同时明显低于教育、科技投入增长，亦显著低于卫生投入增长；文化投入占财政收入比明显高于文化消费占居民收入比，占财政支出比却较明显低于文化消费占居民支出比。

这些都集中体现在文化投入增长综合指数测评演算之中。2000年以来甘肃文化投入增长综合指数变动态势见图7。

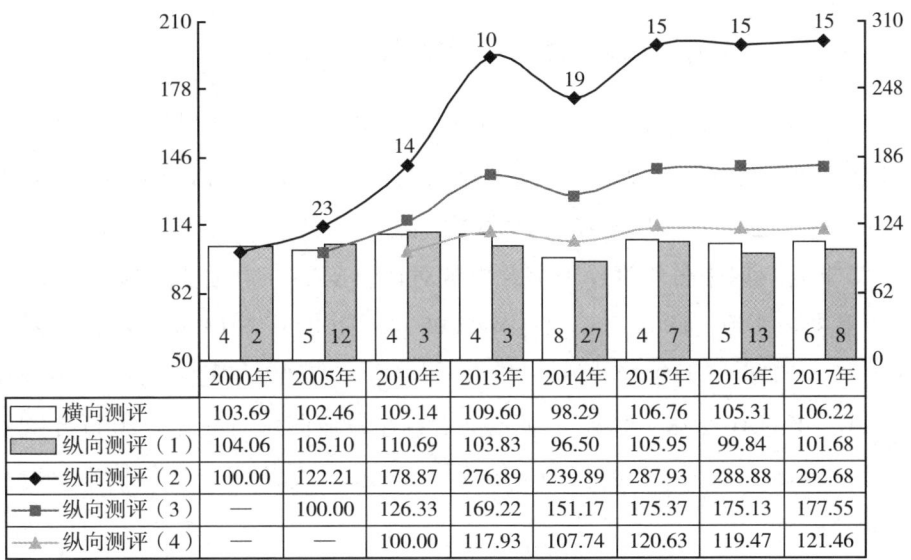

图 7　2000 年以来甘肃文化投入增长综合指数变动态势

左轴柱形：左横向测评（无差距理想值＝100）；右纵向测评（1），上年＝100。右轴曲线：纵向测评（起点年基数值＝100），（2）以 2000 年为起点，（3）以 2005 年为起点，（4）以 2010 年为起点。标注横向测评、纵向测评（1）（2）省域排行，纵向测评（2）起点年不计。

（一）各年度理想值横向测评

以文化投入人均值地区无差距、文化消费与投入同构占比无差距状态为"理想值"100，2017 年甘肃文化投入增长状况此项综合指数为106.22，处于省域间第 6 位，高于无差距理想值 6.22%，也高于上年测评指数 0.91 个点。

各年度此项综合指数对比，2000～2002 年、2004～2006 年、2009～2010 年、2012～2013 年、2015～2017 年 13 个年度高于无差距理想值 100；2002 年、2004～2006 年、2008～2010 年、2012 年、2015 年、2017 年 10 个年度高于上年指数值。其中，最高值为 2012 年的 114.67，最低值为 2007 年的 91.20。甘肃此项综合指数在省域间排行变化，2000 年为第 4 位，2005 年为第 5 位，2010 年为第 4 位，2017 年从上年第 5 位下降为第 6 位。

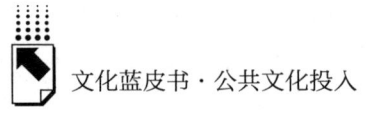

(二)"十五"以来基数值纵向测评

以"九五"末年2000年为起点基数值100,2017年甘肃文化投入增长状况此项综合指数为292.68,处于省域间第15位,高出2000年起点基数192.68%,也高出上年测评指数3.80个点。

"十五"以来各年度此项综合指数对比,全部各个年度均高于2000年起点基数值100;2002年、2004~2006年、2008~2013年、2015~2017年13个年度高于上年指数值。其中,最高值为2017年的292.68,最低值为2001年的102.28。甘肃此项综合指数在省域间排行变化,2000年起点不计,2005年为第23位,2010年为第14位,2017年与上年持平,皆为第15位。

(三)"十一五"以来基数值纵向测评

以"十五"末年2005年为起点基数值100,2017年甘肃文化投入增长状况此项综合指数为177.55,处于省域间第10位,高出2005年起点基数77.55%,也高出上年测评指数2.42个点。

"十一五"以来各年度此项综合指数对比,2006年、2008~2017年11个年度高于2005年起点基数值100;2008~2010年、2012~2013年、2015年、2017年7个年度高于上年指数值。其中,最高值为2017年的177.55,最低值为2007年的91.50。甘肃此项综合指数在省域间排行变化,2005年起点不计,2010年为第11位,2017年从上年第12位上升为第10位。

(四)"十二五"以来基数值纵向测评

以"十一五"末年2010年为起点基数值100,2017年甘肃文化投入增长状况此项综合指数为121.46,处于省域间第19位,高出2010年起点基数21.46%,也高出上年测评指数1.99个点。

"十二五"以来各年度此项综合指数对比,2012~2017年6个年度高于2010年起点基数值100;2012~2013年、2015年、2017年4个年度高于上年指数值。其中，最高值为2017年的121.46，最低值为2011年的95.29。甘肃此项综合指数在省域间排行变化，2010年起点不计，2013年为第15位，2017年从上年第21位上升为第19位。

（五）逐年度基数值纵向测评

以上一年2016年为起点基数值100，2017年甘肃文化投入增长状况此项综合指数为101.68，处于省域间第8位，高出2016年起点基数1.68%，也高出上年基于2015年基数值的测评指数1.84个点。

逐年度此项综合指数对比，2000~2002年、2004~2006年、2008~2010年、2012~2013年、2015年、2017年13个年度高于自身上年起点基数值100；2002年、2004~2006年、2008~2010年、2012年、2015年、2017年10个年度高于上年指数值。其中，最高值为2012年的117.71，最低值为2007年的84.43。甘肃此项综合指数在省域间排行变化，2000年为第2位，2005年为第12位，2010年为第3位，2017年从上年第13位上升为第8位。

B.16 吉林：2017年度文化投入指数排名第8位

李毅亭[*]

摘　要： 2000~2017年，吉林文化投入总量由6.09亿元增至70.69亿元，年均增长15.51%，略微高于全国平均增长0.18个百分点。吉林综合评价排行：在省域横向测评中，处于2017年度文化投入指数排名第8位；在自身纵向测评中，处于2000~2017年文化投入指数提升第14位，2005~2017年文化投入指数提升第17位，2010~2017年文化投入指数提升第20位，2016~2017年文化投入指数提升第9位。

关键词： 吉林　文化投入　综合评价

一　文化投入及其相关背景基本态势

（一）经济财政基本面背景状况

2000年以来吉林文化投入总量增长及相关背景关系态势见图1。

2000~2017年，吉林产值总量增长665.80%，年均增长12.72%；财政收入总量增长1066.24%，年均增长15.55%；财政支出总量增长

---

[*] 李毅亭，云南民族大学民俗学硕士研究生，参与导师主持相关研究工作，研究方向为多样性的民族节庆研究。

吉林：2017年度文化投入指数排名第8位

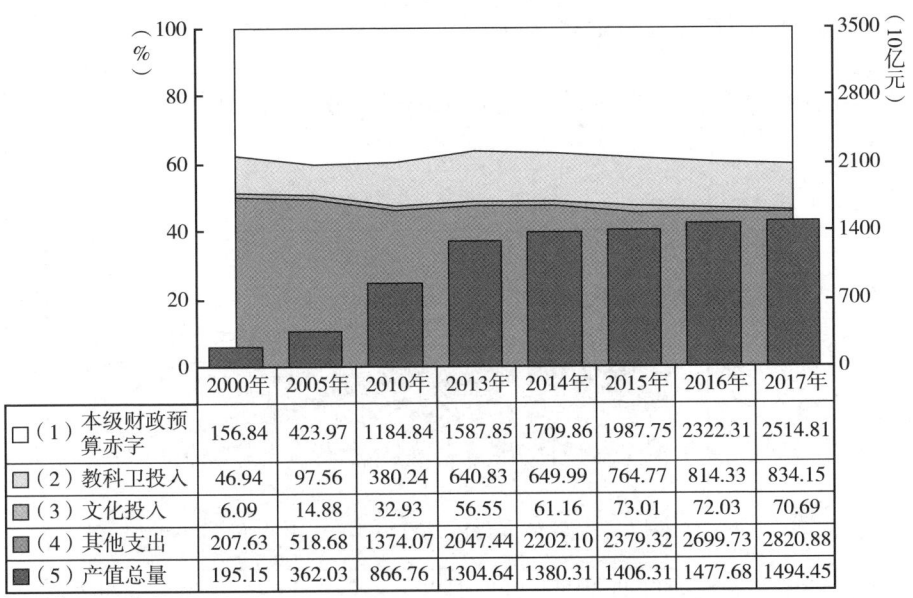

图1　2000年以来吉林文化投入总量增长及相关背景关系态势

左轴面积：本级财政预算赤字（中央财政税收返还和转移支付等，"财政包干"地区可为国债份额）、教科文卫投入、文化投入、其他支出总量（亿元转换为%），（2）+（3）+（4）=财政支出总量，（2）+（3）+（4）-（1）=财政收入总量，各项数值呈直观比例。右轴柱形：产值总量（10亿元，增长演算取亿元）。

1329.29%，年均增长16.94%；教科文卫综合投入（图1中教科文卫投入与文化投入之和，后同）总量增长1605.96%，年均增长18.16%；教科文卫综合投入之外财政支出统归为"其他支出"，其总量增长1258.61%，年均增长16.59%。

在此期间，吉林教科文卫综合投入总量年均增长高于产值年增5.44个百分点，高于财政收入年增2.61个百分点，高于财政支出年增1.22个百分点，高于其他支出年增1.57个百分点。

"十五"以来，吉林教科文卫建设作为公共服务的一个重要方面，确实处于一种极为特殊的优先发展地位。"十一五"以来，吉林教科文卫综合投入增长高于其他支出增长的情况更加明显。

（二）文化投入总量增长状况

2000年以来吉林文化投入总量及相邻关系、占全国份额变动态势见图2。

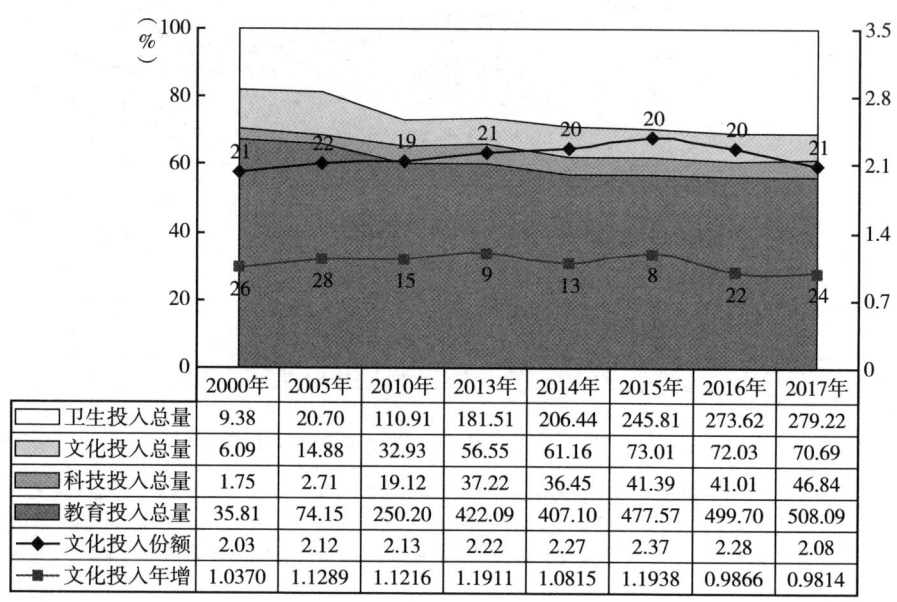

图2　2000年以来吉林文化投入总量及相邻关系、占全国份额变动态势

左轴面积：教、科、文、卫投入总量（亿元转换为%），各项数值呈直观比例。右轴曲线：文化投入年增指数（上年=1，小于1为负增长，保留4位小数，正文转换为2位小数增长百分比，后同）；文化投入占全国份额（%）。标注历年增长、份额省域位次。

2000~2017年，吉林文化投入总量由6.09亿元增至70.69亿元，总增长1060.76%，年均增长15.51%，省域间增长位次排序第16位。其中，"十五"期间年增19.56%，"十一五"期间年增17.22%，"十二五"以来年均增长11.53%。最高增长年度为2011年，增长34.36%；最低增长年度为2017年，增长率为-1.86%。

相比之下，吉林文化投入总量年均增长高于产值年增2.79个百分点，其中"十五"期间高于产值年增6.40个百分点，"十一五"期间低于产值年增1.86个百分点,"十二五"以来高于产值年增3.44个百分点;同时低于财政收入年增0.04个百分点,其中"十五"期间高于财政收入年增4.75个百分点,"十一五"期间低于财政收入年增6.58个百分点,"十二五"以来高于财政收入年增1.04个百分点;低于财政支出年增1.43个百分点,其中"十五"期间高于财政支出年增0.22个百分点,"十一五"期间低于财政支出年增5.92个百分点,"十二五"以来高于财政支出年增0.47个百分点。

认真对比,吉林文化投入总量年均增长低于教科卫三项投入年增2.93个百分点,其中"十五"期间高于教科卫投入年增3.80个百分点,"十一五"期间低于教科卫投入年增14.05个百分点,"十二五"以来低于教科卫投入年增0.35个百分点。在2000年以来吉林教科文卫综合投入优先高增长当中,文化投入增长处于明显失衡状态。从图2亦可清楚、直观地看出,文化投入所占面积呈逐渐收窄之势,表明其在教科文卫综合投入中的比例份额持续降低。

与此同时,全国文化投入总量增长1029.55%,年增15.33%。2000年以来,吉林文化投入总量年均增长高于全国年增0.18个百分点,占全国份额从2000年的2.03%上升至2017年的2.08%,省域间份额位次前后保持在第21位。

(三)人均值增长及其地区差变动状况

2000年以来吉林文化投入人均值及其地区差变动态势见图3。

2000~2017年,吉林文化投入人均值由22.81元增至259.42元,总增长1037.31%,年均增长15.37%,省域间增长位次排序第13位。其中,"十五"期间年增19.19%,"十一五"期间年增16.96%,"十二五"以来年均增长11.64%。最高增长年度为2011年,增长34.13%;最低增长年度为2017年,增长率为-1.20%。

与此同时,全国文化投入人均值总增长928.85%,年均增长14.70%。2000年以来,吉林文化投入人均值年均增长高于全国年增0.67个百分

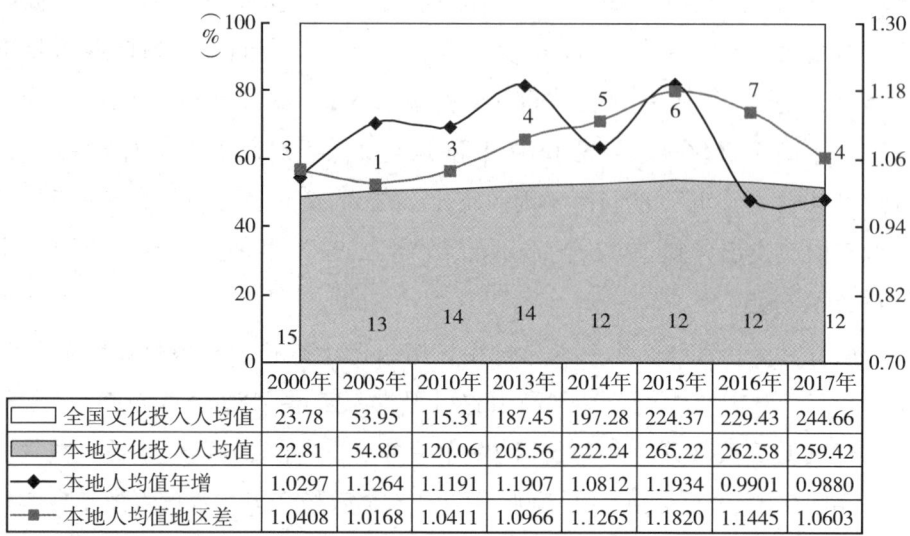

图 3　2000 年以来吉林文化投入人均值及其地区差变动态势

左轴面积：本地、全国文化投入人均值（元转换为%），二者历年变动呈直观比例。右轴曲线：本地人均值年增指数（上年=1，小于 1 为负增长，由于历年人口增长，人均值年增指数略低于总量年增指数）；本地人均值地区差指数（无差距=1，保留 4 位小数检测细微差异）。标注人均值及其地区差省域位次。

点，人均绝对数值从 2000 年为全国人均值的 95.92% 上升至 2017 年为全国人均值的 106.03%，省域间人均绝对值高低位次从第 15 位上升为第 12 位。

同期，吉林文化投入人均值地区差由 1.0408 扩大至 1.0603，扩大 1.87%，省域间地区差扩减变化位次排序第 14 位，地区差指数大小（倒序）位次从第 3 位下降为第 4 位。其中，"十五"期间缩小 2.31%，"十一五"期间扩大 2.39%，"十二五"以来地区差扩大 1.84%。最小地区差为 2005 年的 1.0168，最大地区差为 2008 年的 1.2483。

据既往历年动态推演测算，2020 年吉林公共文化投入人均值地区差将为 1.0793，相比当前略微扩增；2035 年吉林公共文化投入人均值地区差将为 1.1790，相比当前继续较明显扩增。这是长期预测的理论演算值，基于既往增长态势合理推演供参考。

二 文化投入相关协调性态势

(一)相关背景变动状况

2000年以来吉林文化投入相关背景比值变动态势见图4。

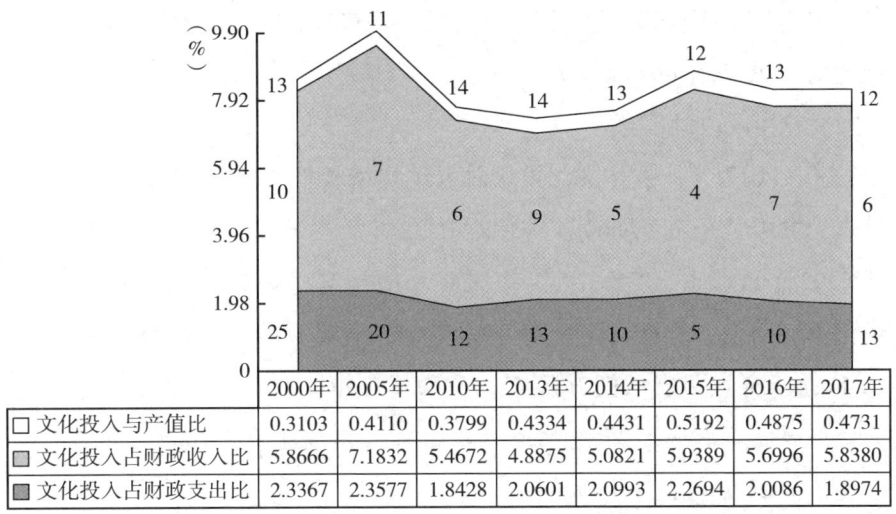

图4　2000年以来吉林文化投入相关背景比值变动态势

左轴面积:文化投入与产值比、占财政收入和支出比(%),各项比值历年升降呈直观比例。比值过小保留4位小数演算,正文按惯例保留2位小数。标注各项比值省域位次。

1. 文化投入与产值比

2000~2017年,吉林文化投入总量年均增长高于产值年增2.79个百分点,其中"十五"期间年增偏高6.40个百分点,"十一五"期间年增偏低1.86个百分点,"十二五"以来年均增长偏高3.44个百分点。基于二者历年不同增长,吉林文化投入与产值比从0.3103%增高至0.4731%,上升0.1628个百分点,省域间升降变化位次排序第11位,比值高低位次从第13位上升为第12位。最高比值为2015年的0.52%,最低比值为2000年的0.31%。

2. 文化投入占财政收入比

2000~2017年，吉林文化投入总量年均增长低于财政收入年增0.04个百分点，其中"十五"期间年增偏高4.75个百分点，"十一五"期间年增偏低6.58个百分点，"十二五"以来年均增长偏高1.04个百分点。基于二者历年不同增长，吉林文化投入占财政收入比从5.87%降低至5.84%，下降0.03个百分点，省域间升降变化位次排序第7位。由于各地不同变动，吉林比值高低位次从第10位上升为第6位。最高比值为2004年的7.93%，最低比值为2012年的4.56%。

3. 文化投入占财政支出比

2000~2017年，吉林文化投入总量年均增长低于财政支出年增1.43个百分点，其中"十五"期间年增偏高0.22个百分点，"十一五"期间年增偏低5.92个百分点，"十二五"以来年均增长偏高0.47个百分点。基于二者历年不同增长，吉林文化投入占财政支出比从2.34%降低至1.90%，下降0.44个百分点，省域间升降变化位次排序第8位。由于各地不同变动，吉林比值高低位次从第25位上升为第13位。最高比值为2004年的2.60%，最低比值为2010年的1.84%。

（二）相邻关系变动状况

2000年以来吉林文化投入相邻关系比值变动态势见图5。

1. 文化投入与教育投入比

2000~2017年，吉林文化投入总量年均增长低于教育投入年增1.38个百分点，其中"十五"期间年增偏高3.89个百分点，"十一五"期间年增偏低10.32个百分点，"十二五"以来年均增长偏高0.88个百分点。基于二者历年不同增长，吉林文化投入与教育投入比从17.01%降低至13.91%，下降3.10个百分点，省域间升降变化位次排序第7位。由于各地不同变动，吉林比值高低位次从第17位上升为第7位。最高比值为2004年的21.70%，最低比值为2012年的10.53%。

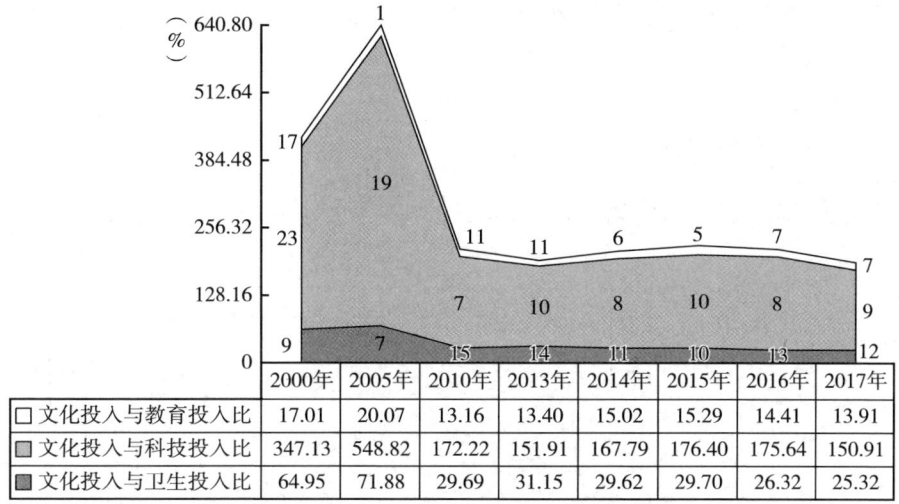

图5 2000年以来吉林文化投入相邻关系比值变动态势

左轴面积：文化投入与教育、科技、卫生投入比（%），各项比值历年升降呈直观比例。标注各项比值省域位次。

2. 文化投入与科技投入比

2000~2017年，吉林文化投入总量年均增长低于科技投入年增5.82个百分点，其中"十五"期间年增偏高10.42个百分点，"十一五"期间年增偏低30.59个百分点，"十二五"以来年均增长偏低2.13个百分点。基于二者历年不同增长，吉林文化投入与科技投入比从347.13%降低至150.91%，下降196.22个百分点，省域间升降变化位次排序第7位。由于各地不同变动，吉林比值高低位次从第23位上升为第9位。最高比值为2004年的575.40%，最低比值为2017年的150.91%。

3. 文化投入与卫生投入比

2000~2017年，吉林文化投入总量年均增长低于卫生投入年增6.58个百分点，其中"十五"期间年增偏高2.41个百分点，"十一五"期间年增偏低22.67个百分点，"十二五"以来年均增长偏低2.57个百分点。基于二者历年不同增长，吉林文化投入与卫生投入比从64.95%降低为25.32%，下降39.63个百分点，省域间升降变化位次排序第13位，比值高低位次从第 9 位下降为第 12 位。最高比值为 2004 年的 77.45%，最低比值为 2017 年的 25.32%。

（三）同构占比变动状况

2000 年以来吉林文化消费与投入同构占比倍差变动态势见图 6。

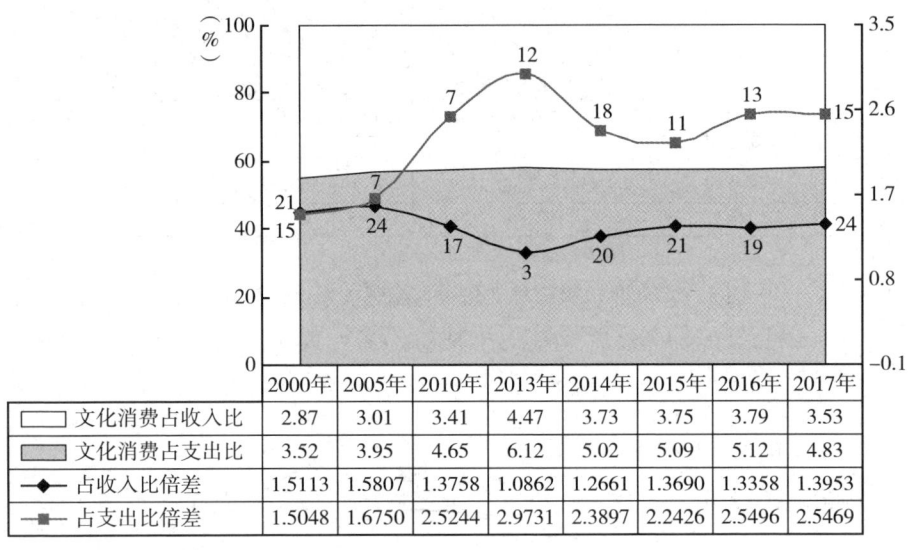

图 6　2000 年以来吉林文化消费与投入同构占比倍差变动态势

左轴面积：文化消费占居民收入、总消费支出比（%），两项比值历年升降呈直观比例叠加。右轴曲线：文化消费占居民收入比与文化投入占财政收入比、文化消费占居民支出比与文化投入占财政支出比倍差指数（无差距=1，保留4位小数检测细微差异）。标注各项倍差省域位次。

1. 文化消费与投入占收入比

2000~2017 年，吉林城乡居民文化消费占居民收入比从 2.87% 增高至 3.53%。逐年比较，最高比值为 2013 年的 4.47%，最低比值为 2009 年的 2.53%。

对照图 4，同期，吉林文化投入占财政收入比下降 0.49%，2017 年比值高于文化消费占居民收入比 2.31 个百分点。二者之间占比倍差由 1.5113 减小至 1.3953，减小 7.68%，省域间增减变化位次排序第 19 位。由于各地不同变动，吉林倍差指数高低（倒序）位次从第21位下降为第24位。

2.文化消费与投入占支出比

2000~2017年，吉林城乡居民文化消费占居民支出比从3.52%增高至4.83%。逐年比较，最高比值为2013年的6.12%，最低比值为2009年的3.29%。

对照图4，同期，吉林文化投入占财政支出比下降18.80%，2017年比值低于文化消费占居民支出比2.93个百分点。二者之间占比倍差由1.5048增大至2.5469，增大69.25%，省域间增减变化位次排序第14位，倍差指数高低（倒序）位次前后保持在第15位。

以上分析检测显示，2000年以来，吉林文化消费占居民收入比显著上升，文化投入占财政收入比却略微下降，二者同构占比倍差指数较明显减小；文化消费占居民支出比显著上升，文化投入占财政支出比却明显下降，二者同构占比倍差指数极显著增大。这意味着，吉林公共文化投入增长占比变动滞后于居民文化消费需求变化态势的差距已有部分缩小。

三 2017年文化投入纵横向双重测评

综合以上分析，2000年以来吉林文化投入总量年均增长15.51%，略微高于全国平均增长0.18个百分点，人均值地区差扩大1.87%；当地文化投入增长较明显高于产值增长，但略微低于财政收入增长，也较明显低于财政支出增长；同时较明显低于教育投入增长，也明显低于科技投入增长，亦显著低于卫生投入增长；文化投入占财政收入比较明显高于文化消费占居民收入比，占财政支出比却较明显低于文化消费占居民支出比。

这些都集中体现在文化投入增长综合指数测评演算之中。2000年以来吉林文化投入增长综合指数变动态势见图7。

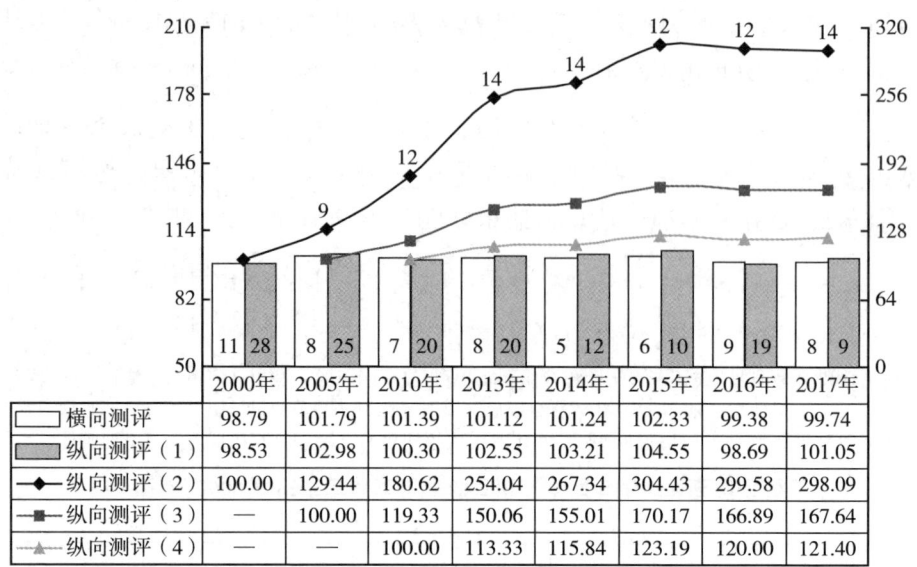

图7 2000年以来吉林文化投入增长综合指数变动态势

左轴柱形：左横向测评（无差距理想值=100）；右纵向测评（1），上年=100。右轴曲线：纵向测评（起点年基数值=100），（2）以2000年为起点，（3）以2005年为起点，（4）以2010年为起点。标注横向测评、纵向测评（1）（2）省域排行，纵向测评（2）起点年不计。

（一）各年度理想值横向测评

以文化投入人均值地区无差距、文化消费与投入同构占比无差距状态为"理想值"100，2017年吉林文化投入增长状况此项综合指数为99.74，处于省域间第8位，低于无差距理想值0.26%，但高于上年测评指数0.36个点。

各年度此项综合指数对比，2002~2008年、2010~2011年、2013~2015年12个年度高于无差距理想值100；2002~2003年、2006年、2008年、2010~2011年、2013~2015年、2017年10个年度高于上年指数值。其中，最高值为2003年的105.50，最低值为2001年的96.97。吉林此项综合指数在省域间排行变化，2000年为第11位，2005年为第8位，2010年为第7位，2017年从上年第9位上升为第8位。

(二)"十五"以来基数值纵向测评

以"九五"末年 2000 年为起点基数值 100,2017 年吉林文化投入增长状况此项综合指数为 298.09,处于省域间第 14 位,高出 2000 年起点基数 198.09%,但低于上年测评指数 1.49 个点。

"十五"以来各年度此项综合指数对比,全部各个年度均高于 2000 年起点基数值 100;2002~2015 年 14 个年度高于上年指数值。其中,最高值为 2015 年的 304.43,最低值为 2001 年的 101.48。吉林此项综合指数在省域间排行变化,2000 年起点不计,2005 年为第 9 位,2010 年为第 12 位,2017 年从上年第 12 位下降为第 14 位。

(三)"十一五"以来基数值纵向测评

以"十五"末年 2005 年为起点基数值 100,2017 年吉林文化投入增长状况此项综合指数为 167.64,处于省域间第 17 位,高出 2005 年起点基数 67.64%,也高出上年测评指数 0.75 个点。

"十一五"以来各年度此项综合指数对比,全部各个年度均高于 2005 年起点基数值 100;2008~2015 年、2017 年 9 个年度高于上年指数值。其中,最高值为 2015 年的 170.17,最低值为 2007 年的 101.98。吉林此项综合指数在省域间排行变化,2005 年起点不计,2010 年为第 15 位,2017 年从上年第 14 位下降为第 17 位。

(四)"十二五"以来基数值纵向测评

以"十一五"末年 2010 年为起点基数值 100,2017 年吉林文化投入增长状况此项综合指数为 121.40,处于省域间第 20 位,高出 2010 年起点基数 21.40%,也高出上年测评指数 1.40 个点。

"十二五"以来各年度此项综合指数对比,全部各个年度均高于 2010 年起点基数值 100;2012~2015 年、2017 年 5 个年度高于上年指数值。其中,最高值为 2015 年的 123.19,最低值为 2011 年的 106.07。吉林此项综合指数在省域间排行变化,2010年起点不计,2013年为第22位,2017年与上年持平,皆为第20位。

(五)逐年度基数值纵向测评

以上一年2016年为起点基数值100,2017年吉林文化投入增长状况此项综合指数为101.05,处于省域间第9位,高出2016年起点基数1.05%,也高出上年基于2015年基数值的测评指数2.36个点。

逐年度此项综合指数对比,2001~2006年、2008~2015年、2017年15个年度高于自身上年起点基数值100;2001~2003年、2006年、2008~2009年、2011年、2014~2015年、2017年10个年度高于上年指数值。其中,最高值为2003年的108.19,最低值为2007年的97.03。吉林此项综合指数在省域间排行变化,2000年为第28位,2005年为第25位,2010年为第20位,2017年从上年第19位上升为第9位。

B.17 湖北：2010~2017年文化投入指数提升第9位

马文慧[*]

摘　要： 2000~2017年，湖北文化投入总量由9.88亿元增至95.26亿元，年均增长14.26%，较明显低于全国平均增长1.07个百分点。湖北综合评价排行：在省域横向测评中，处于2017年度文化投入指数排名第24位；在自身纵向测评中，处于2000~2017年文化投入指数提升第19位，2005~2017年文化投入指数提升第12位，2010~2017年文化投入指数提升第9位，2016~2017年文化投入指数提升第25位。

关键词： 湖北　文化投入　综合评价

一　文化投入及其相关背景基本态势

（一）经济财政基本面背景状况

2000年以来湖北文化投入总量增长及相关背景关系态势见图1。2000~2017年，湖北产值总量增长900.68%，年均增长14.51%；财政

---

[*] 马文慧，云南民族大学民俗学硕士研究生，参与导师主持相关研究工作，研究方向为中国传统民居建筑研究。

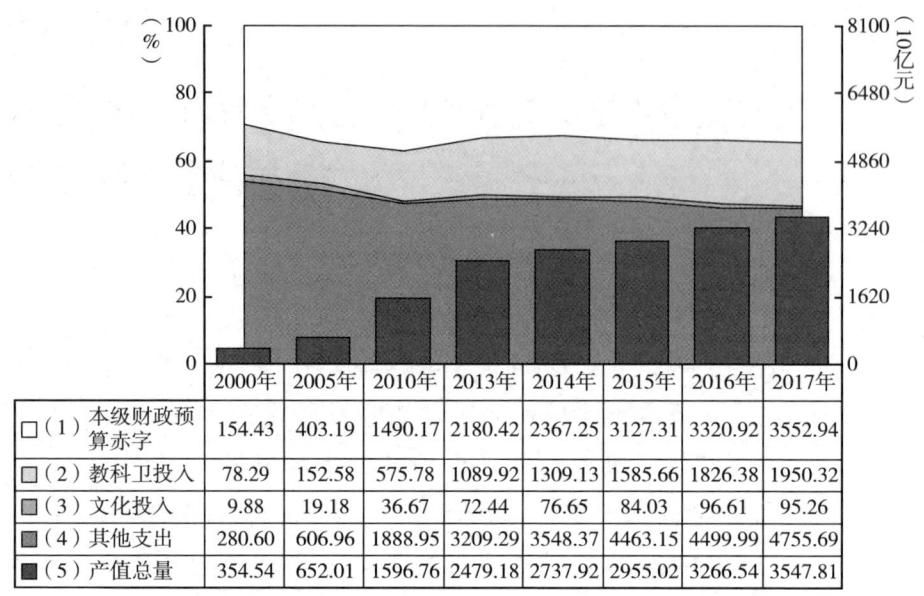

图 1　2000 年以来湖北文化投入总量增长及相关背景关系态势

左轴面积：本级财政预算赤字（中央财政税收返还和转移支付等，"财政包干"地区可为国债份额）、教科卫投入、文化投入、其他支出总量（亿元转换为%），（2）+（3）+（4）= 财政支出总量，（2）+（3）+（4）-（1）= 财政收入总量，各项数值呈直观比例。右轴柱形：产值总量（10 亿元，增长演算取亿元）。

收入总量增长 1415.43%，年均增长 17.34%；财政支出总量增长 1744.31%，年均增长 18.70%；教科文卫综合投入（图 1 中教科卫投入与文化投入之和，后同）总量增长 2220.03%，年均增长 20.32%；教科文卫综合投入之外财政支出统归为"其他支出"，其总量增长 1594.83%，年均增长 18.11%。

在此期间，湖北教科文卫综合投入总量年均增长高于产值年增 5.81 个百分点，高于财政收入年增 2.98 个百分点，高于财政支出年增 1.62 个百分点，高于其他支出年增 2.21 个百分点。

"十五"以来，湖北教科文卫建设作为公共服务的一个重要方面，确实处于一种极为特殊的优先发展地位。"十一五"以来，湖北教科文卫综合投入增长高于其他支出增长的情况更加明显。

（二）文化投入总量增长状况

2000年以来湖北文化投入总量及相邻关系、占全国份额变动态势见图2。

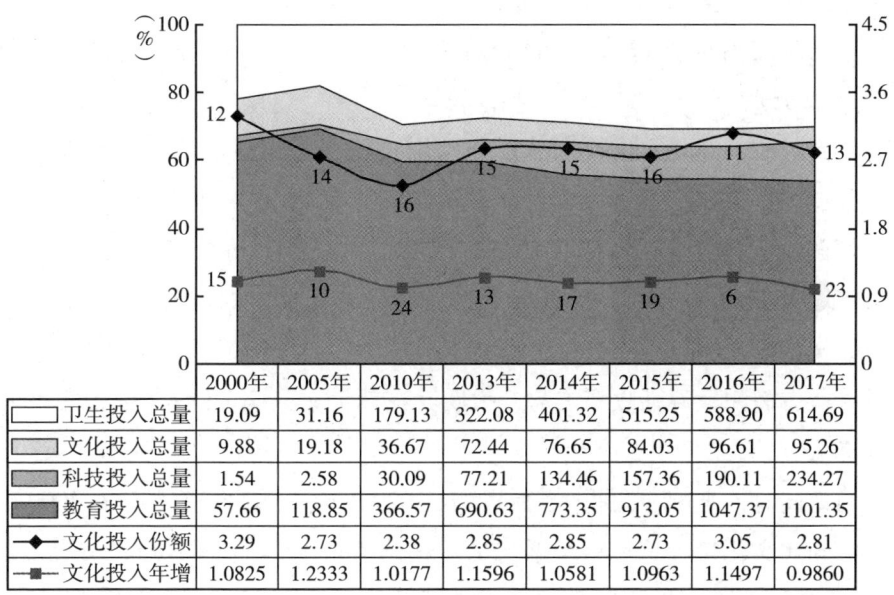

图2 2000年以来湖北文化投入总量及相邻关系、占全国份额变动态势

左轴面积：教、科、文、卫投入总量（亿元转换为%），各项数值呈直观比例。右轴曲线：文化投入年增指数（上年=1，小于1为负增长，保留4位小数，正文转换为2位小数增长百分比，后同）；文化投入占全国份额（%）。标注历年增长、份额省域位次。

2000~2017年，湖北文化投入总量由9.88亿元增至95.26亿元，总增长864.17%，年均增长14.26%，省域间增长位次排序第23位。其中，"十五"期间年增14.19%，"十一五"期间年增13.84%，"十二五"以来年均增长14.61%。最高增长年度为2009年，增长42.71%；最低增长年度为2017年，增长率为-1.40%。

相比之下，湖北文化投入总量年均增长低于产值年增0.25个百分点，其中"十五"期间高于产值年增1.23个百分点，"十一五"期间低于产值年增5.78个百分点,"十二五"以来高于产值年增2.53个百分点;同时低于财政收入年增3.08个百分点,其中"十五"期间高于财政收入年增2.32个百分点,"十一五"期间低于财政收入年增8.07个百分点,"十二五"以来低于财政收入年增3.53个百分点;低于财政支出年增4.44个百分点,其中"十五"期间低于财政支出年增1.93个百分点,"十一五"期间低于财政支出年增12.45个百分点,"十二五"以来低于财政支出年增0.75个百分点。

认真对比,湖北文化投入总量年均增长低于教科卫三项投入年增6.56个百分点,其中"十五"期间低于教科卫投入年增0.09个百分点,"十一五"期间低于教科卫投入年增16.58个百分点,"十二五"以来低于教科卫投入年增4.43个百分点。在2000年以来湖北教科文卫综合投入优先高增长当中,文化投入增长处于严重失衡状态。从图2亦可清楚、直观地看出,文化投入所占面积呈逐渐收窄之势,表明其在教科文卫综合投入中的比例份额持续降低。

与此同时,全国文化投入总量增长1029.55%,年增15.33%。2000年以来,湖北文化投入总量年均增长低于全国年增1.07个百分点,占全国份额从2000年的3.29%下降至2017年的2.81%,省域间份额位次从第12位下降为第13位。

(三)人均值增长及其地区差变动状况

2000年以来湖北文化投入人均值及其地区差变动态势见图3。

2000~2017年,湖北文化投入人均值由16.61元增至161.63元,总增长873.09%,年均增长14.32%,省域间增长位次排序第19位。其中,"十五"期间年增14.51%,"十一五"期间年增14.39%,"十二五"以来年均增长14.14%。最高增长年度为2009年,增长42.44%;最低增长年度为2017年,增长率为-1.82%。

与此同时,全国文化投入人均值总增长928.85%,年均增长14.70%。2000年以来,湖北文化投入人均值年均增长低于全国年增0.38个百分点,

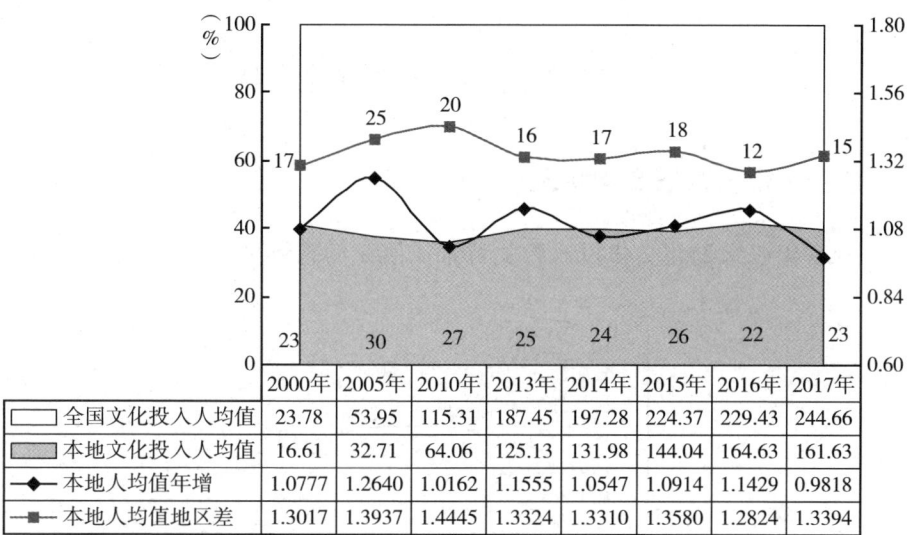

图3 2000年以来湖北文化投入人均值及其地区差变动态势

左轴面积：本地、全国文化投入人均值（元转换为%），二者历年变动呈直观比例。右轴曲线：本地人均值年增指数（上年=1，小于1为负增长，由于历年人口增长，人均值年增指数略低于总量年增指数）；本地人均值地区差指数（无差距=1，保留4位小数检测细微差异）。标注人均值及其地区差省域位次。

人均绝对数值从2000年为全国人均值的69.85%下降至2017年为全国人均值的66.06%，省域间人均绝对值高低位次前后保持在第23位。

同期，湖北文化投入人均值地区差由1.3017扩大至1.3394，扩大2.90%，省域间地区差扩减变化位次排序第16位。由于各地不同变动，湖北地区差指数大小（倒序）位次从第17位上升为第15位。其中，"十五"期间扩大7.07%，"十一五"期间扩大3.64%，"十二五"以来地区差缩小7.28%。最小地区差为2016年的1.2824，最大地区差为2008年的1.4650。

据既往历年动态推演测算，2020年湖北公共文化投入人均值地区差将为1.3458，相比当前略微扩增；2035年湖北公共文化投入人均值地区差将为1.3771，相比当前继续略微扩增。这是长期预测的理论演算值，基于既往增长态势合理推演供参考。

二 文化投入相关协调性态势

（一）相关背景变动状况

2000年以来湖北文化投入相关背景比值变动态势见图4。

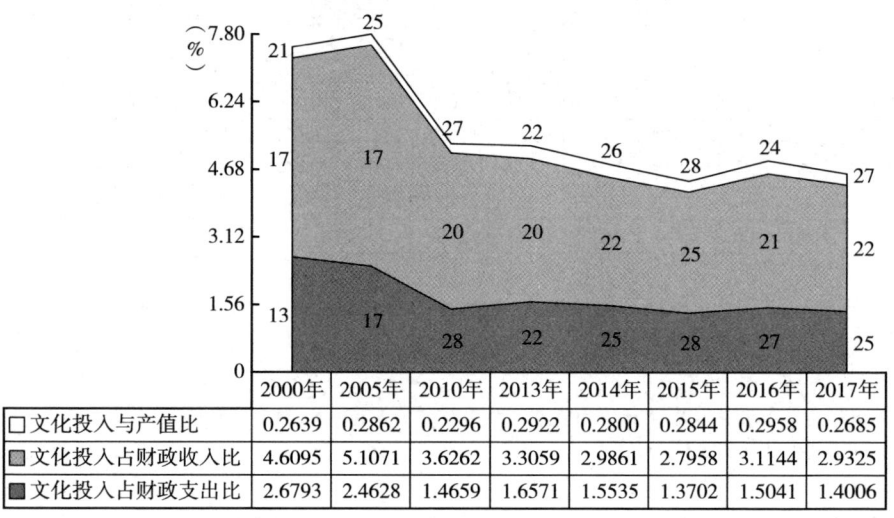

图4 2000年以来湖北文化投入相关背景比值变动态势

左轴面积：文化投入与产值比、占财政收入和支出比（％），各项比值历年升降呈直观比例。比值过小保留4位小数演算，正文按惯例保留2位小数。标注各项比值省域位次。

1. 文化投入与产值比

2000~2017年，湖北文化投入总量年均增长低于产值年增0.25个百分点，其中"十五"期间年增偏高1.23个百分点，"十一五"期间年增偏低5.78个百分点，"十二五"以来年均增长偏高2.53个百分点。基于二者历年不同增长，湖北文化投入与产值比从0.2639％增高至0.2685％，上升0.0046个百分点，省域间升降变化位次排序第26位。由于各地不同变动，湖北比值高低位次从第21位下降为第27位。最高比值为2006年的0.32％，最低比值为2008年的0.22％。

2. 文化投入占财政收入比

2000~2017年，湖北文化投入总量年均增长低于财政收入年增3.08个百分点，其中"十五"期间年增偏高2.32个百分点，"十一五"期间年增偏低8.07个百分点，"十二五"以来年均增长偏低3.53个百分点。基于二者历年不同增长，湖北文化投入占财政收入比从4.61%降低至2.93%，下降1.68个百分点，省域间升降变化位次排序第25位，比值高低位次从第17位下降为第22位。最高比值为2003年的5.36%，最低比值为2015年的2.80%。

3. 文化投入占财政支出比

2000~2017年，湖北文化投入总量年均增长低于财政支出年增4.44个百分点，其中"十五"期间年增偏低1.93个百分点，"十一五"期间年增偏低12.45个百分点，"十二五"以来年均增长偏低0.75个百分点。基于二者历年不同增长，湖北文化投入占财政支出比从2.68%降低至1.40%，下降1.28个百分点，省域间升降变化位次排序第26位，比值高低位次从第13位下降为第25位。最高比值为2000年的2.68%，最低比值为2015年的1.37%。

（二）相邻关系变动状况

2000年以来湖北文化投入相邻关系比值变动态势见图5。

1. 文化投入与教育投入比

2000~2017年，湖北文化投入总量年均增长低于教育投入年增4.69个百分点，其中"十五"期间年增偏低1.37个百分点，"十一五"期间年增偏低11.43个百分点，"十二五"以来年均增长偏低2.41个百分点。基于二者历年不同增长，湖北文化投入与教育投入比从17.14%降低至8.65%，下降8.49个百分点，省域间升降变化位次排序第27位，比值高低位次从第14位下降为第22位。最高比值为2000年的17.14%，最低比值为2012年的8.53%。

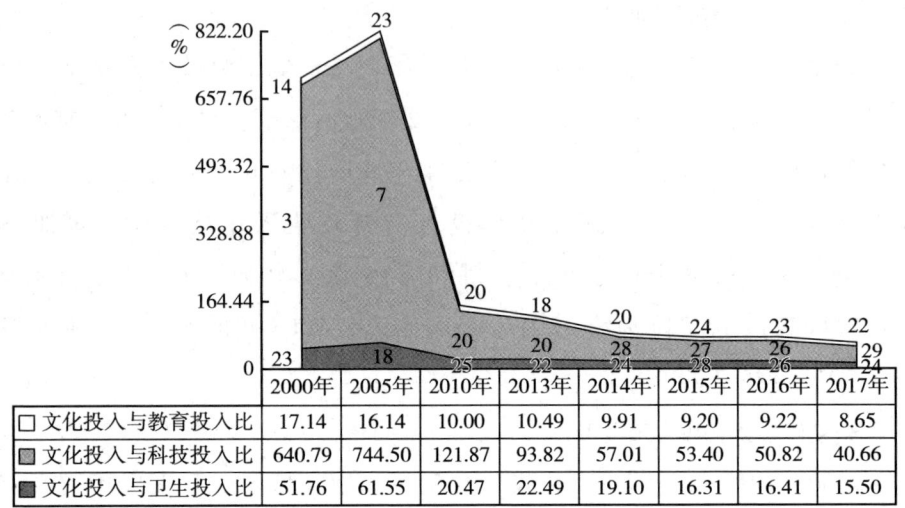

图5　2000年以来湖北文化投入相邻关系比值变动态势

左轴面积：文化投入与教育、科技、卫生投入比（%），各项比值历年升降呈直观比例。标注各项比值省域位次。

2. 文化投入与科技投入比

2000~2017年，湖北文化投入总量年均增长低于科技投入年增20.13个百分点，其中"十五"期间年增偏高3.32个百分点，"十一五"期间年增偏低49.60个百分点，"十二五"以来年均增长偏低19.46个百分点。基于二者历年不同增长，湖北文化投入与科技投入比从640.79%降低至40.66%，下降600.13个百分点，省域间升降变化位次排序第30位，比值高低位次从第3位下降为第29位。最高比值为2006年的828.14%，最低比值为2017年的40.66%。

3. 文化投入与卫生投入比

2000~2017年，湖北文化投入总量年均增长低于卫生投入年增8.40个百分点，其中"十五"期间年增偏高3.89个百分点，"十一五"期间年增偏低28.04个百分点，"十二五"以来年均增长偏低4.65个百分点。基于二者历年不同增长，湖北文化投入与卫生投入比从51.76%降低为15.50%，下降36.26个百分点，省域间升降变化位次排序第22位，比值高低位次从第 23 位下降为第 24 位。最高比值为 2005 年的 61.55%，最低比值为 2017 年的 15.50%。

（三）同构占比变动状况

2000 年以来湖北文化消费与投入同构占比倍差变动态势见图 6。

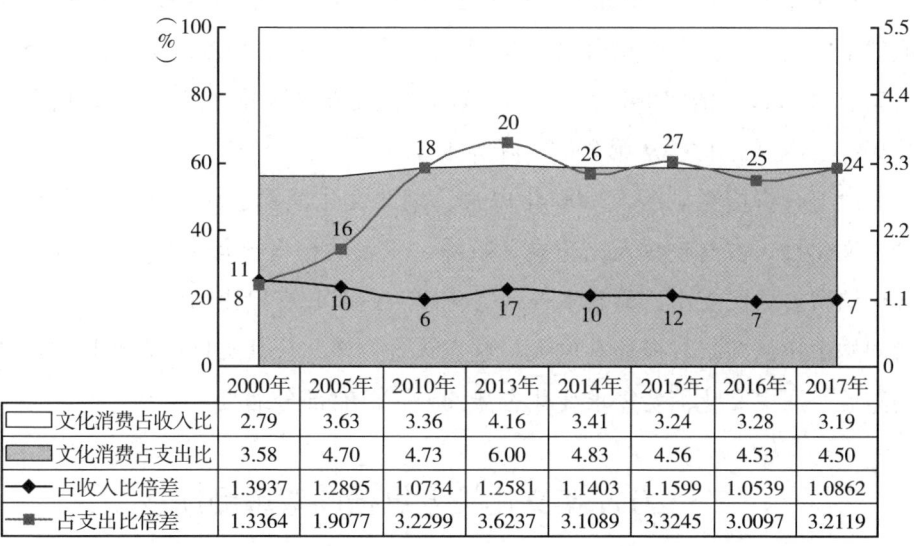

图 6　2000 年以来湖北文化消费与投入同构占比倍差变动态势

左轴面积：文化消费占居民收入、总消费支出比（%），两项比值历年升降呈直观比例叠加。右轴曲线：文化消费占居民收入比与文化投入占财政收入比、文化消费占居民支出比与文化投入占财政支出比倍差指数（无差距 = 1，保留 4 位小数检测细微差异）。标注各项倍差省域位次。

1. 文化消费与投入占收入比

2000~2017 年，湖北城乡居民文化消费占居民收入比从 2.79% 增高至 3.19%。逐年比较，最高比值为 2013 年的 4.16%，最低比值为 2000 年的 2.79%。

对照图 4，同期，湖北文化投入占财政收入比下降 36.38%，2017 年比值低于文化消费占居民收入比 0.26 个百分点。二者之间占比倍差由 1.3937 减小至 1.0862，减小 22.06%，省域间增减变化位次排序第 9 位，倍差指数高低（倒序）位次从第11位上升为第7位。

2. 文化消费与投入占支出比

2000~2017年，湖北城乡居民文化消费占居民支出比从3.58%增高至4.50%。逐年比较，最高比值为2013年的6.00%，最低比值为2000年的3.58%。

对照图4，同期，湖北文化投入占财政支出比下降47.73%，2017年比值低于文化消费占居民支出比3.10个百分点。二者之间占比倍差由1.3364增大至3.2119，增大140.34%，省域间增减变化位次排序第26位，倍差指数高低（倒序）位次从第8位下降为第24位。

以上分析检测显示，2000年以来，湖北文化消费占居民收入比明显上升，文化投入占财政收入比却显著下降，二者同构占比倍差指数显著减小；文化消费占居民支出比显著上升，文化投入占财政支出比却极显著下降，二者同构占比倍差指数极显著增大。这意味着，湖北公共文化投入增长占比变动滞后于居民文化消费需求变化态势的差距已有部分缩小。

三 2017年文化投入纵横向双重测评

综合以上分析，2000年以来湖北文化投入总量年均增长14.26%，较明显低于全国平均增长1.07个百分点，人均值地区差扩大2.90%；当地文化投入增长略微低于产值增长，也明显低于财政收入、财政支出增长；同时明显低于教育投入增长，也极显著低于科技投入增长，亦显著低于卫生投入增长；文化投入占财政收入比略微低于文化消费占居民收入比，占财政支出比更明显低于文化消费占居民支出比。

这些都集中体现在文化投入增长综合指数测评演算之中。2000年以来湖北文化投入增长综合指数变动态势见图7。

（一）各年度理想值横向测评

以文化投入人均值地区无差距、文化消费与投入同构占比无差距状态为

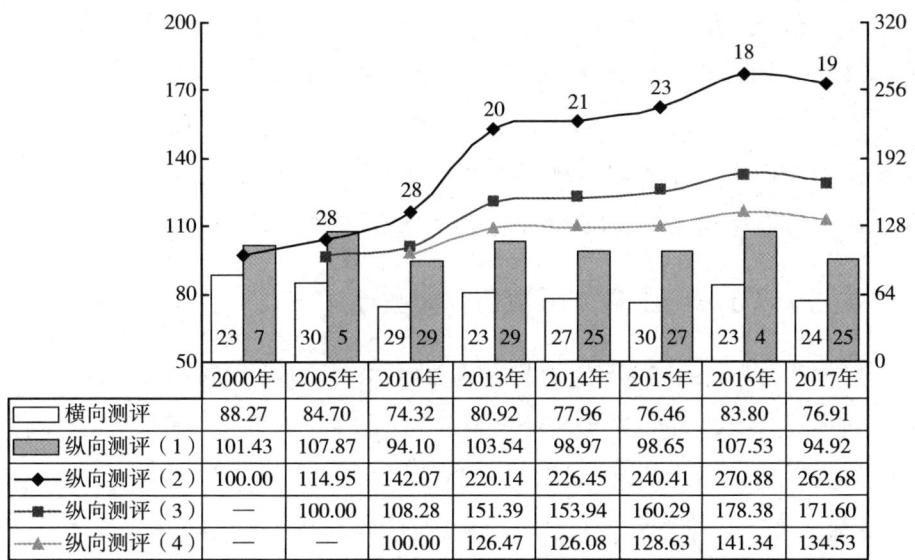

图7 2000年以来湖北文化投入增长综合指数变动态势

左轴柱形：左横向测评（无差距理想值=100）；右纵向测评（1），上年=100。右轴曲线：纵向测评（起点年基数值=100），（2）以2000年为起点，（3）以2005年为起点，（4）以2010年为起点。标注横向测评、纵向测评（1）（2）省域排行，纵向测评（2）起点年不计。

"理想值"100，2017年湖北文化投入增长状况此项综合指数为76.91，处于省域间第24位，低于无差距理想值23.09%，也低于上年测评指数6.89个点。

各年度此项综合指数对比，全部各个年度均低于无差距理想值100；2005~2006年、2009年、2011~2012年、2016年6个年度高于上年指数值。其中，最高值为2000年的88.27，最低值为2008年的71.71。湖北此项综合指数在省域间排行变化，2000年为第23位，2005年为第30位，2010年为第29位，2017年从上年第23位下降为第24位。

（二）"十五"以来基数值纵向测评

以"九五"末年2000年为起点基数值100，2017年湖北文化投入增长状况此项综合指数为262.68，处于省域间第19位，高出2000年起点基数162.68%，但低于上年测评指数8.20个点。

"十五"以来各年度此项综合指数对比,全部各个年度均高于2000年起点基数值100;2002~2006年、2009年、2011~2016年12个年度高于上年指数值。其中,最高值为2016年的270.88,最低值为2001年的100.44。湖北此项综合指数在省域间排行变化,2000年起点不计,2005年为第28位,2010年与之持平,2017年从上年第18位下降为第19位。

(三)"十一五"以来基数值纵向测评

以"十五"末年2005年为起点基数值100,2017年湖北文化投入增长状况此项综合指数为171.60,处于省域间第12位,高出2005年起点基数71.60%,但低于上年测评指数6.78个点。

"十一五"以来各年度此项综合指数对比,2006年、2009~2017年10个年度高于2005年起点基数值100;2009年、2011~2016年7个年度高于上年指数值。其中,最高值为2016年的178.38,最低值为2008年的95.38。湖北此项综合指数在省域间排行变化,2005年起点不计,2010年为第22位,2017年从上年第11位下降为第12位。

(四)"十二五"以来基数值纵向测评

以"十一五"末年2010年为起点基数值100,2017年湖北文化投入增长状况此项综合指数为134.53,处于省域间第9位,高出2010年起点基数34.53%,但低于上年测评指数6.81个点。

"十二五"以来各年度此项综合指数对比,全部各个年度均高于2010年起点基数值100;2012~2013年、2015~2016年4个年度高于上年指数值。其中,最高值为2016年的141.34,最低值为2011年的107.83。湖北此项综合指数在省域间排行变化,2010年起点不计,2013年为第7位,2017年从上年第4位下降为第9位。

(五)逐年度基数值纵向测评

以上一年2016年为起点基数值100,2017年湖北文化投入增长状况此项综合指数为94.92，处于省域间第25位，低于2016年起点基数5.08%，也低于上年基于2015年基数值的测评指数12.61个点。

逐年度此项综合指数对比，2000~2003年、2005~2006年、2009年、2011~2013年、2016年11个年度高于自身上年起点基数值100；2002~2003年、2005年、2009年、2011~2012年、2016年7个年度高于上年指数值。其中，最高值为2009年的115.56，最低值为2008年的91.01。湖北此项综合指数在省域间排行变化，2000年为第7位，2005年为第5位，2010年为第29位，2017年从上年第4位下降为第25位。

Abstract

From 2000 to 2017, the national total expenditure for public culture increased from 30.029 billion yuan to 339.193 billion yuan, with an average annual growth of 15.33%. The culture investment growth was certainly higher than GDP growth; it was slightly lower than the fiscal revenue growth, and slightly lower than the fiscal expenditure growth; it was certainly lower than the education investment growth, and remarkably lower than the science & technology investment growth, as well as remarkably lower than the health investment growth. The regional disparity of the culture investment was extended by 12.14%. The ratio of culture expenditure to fiscal revenues was certainly lower than that of the cultural consumption to the residents' income, the ratio of culture expenditure to fiscal expenditure was more certainly lower than that of the cultural consumption to the residents' expenditure. Public cultural expenditure growth remarkably lags behind the demand changes of the residents' cultural consumption.

At the same time, the total culture investment increased with annual average of more than 15% in 21 provinces, in 3 of which by over 20%: Qinghai, Beijing, Tibet, Hainan and Inner Mongolia ranked top 5 in the total growth. The per capita value of culture investment increased with annual average of more than 15% in 14 provinces, in 1 of which by over 20%: Qinghai, Tibet, Inner Mongolia, Hunan and Shaanxi ranked top 5 in the per capita value growth. The rankings of the comprehensive evaluation of the culture investment growth across the provinces are as follows: In the lateral evaluation of ideal value without urban-rural and regional gaps, Tibet, Shanghai, Beijing, Qinghai and Inner Mongolia ranked top five in the "2017 annual culture investment index leaders"; In the vertical evaluation of self-base value throughout the past years, Qinghai, Tibet, Inner Mongolia, Hunan and Hainan ranked top five in the "2000 – 2017 culture investment index runners-up"; Tibet, Qinghai, Hainan, Inner Mongolia and

Hunan ranked top five in the "2005 – 2017 culture investment index runners-up"; Hunan, Fujian, Shanghai, Qinghai and Hebei ranked top five in the "2010 – 2017 culture investment index runners-up"; Shanghai, Inner Mongolia, Guangdong, Hebei and Tianjin ranked top five in the "2016 – 2017 culture investment index runners-up".

With the ultimate goal of resolving the unbalanced and inadequate development, the expected growth target of the countrywide culture investment to 2020 are estimated as follows: Based upon the average growth rate of "natural growth" from 2000 to 2017, the expected target of the countrywide culture investment should be 520.300 billion yuan; if it should get the ought-to-be growth at the best ratio over the years in terms of the productive value, the fiscal expenditure, the E. S. C. H. (education, science & technology, culture, health) input and the culture investment, it would reach 986.844 billion yuan; if the balanced isomorphism proportion of culture investment and consumption should come true, it would reach 1212.533 billion yuan; if the ideal growth of the equal culture investment should realize, it would reach 2347.616 billion yuan. By using the required annual growth rate to 2020 to measure the gap of all kinds of growth target respectively, the rankings of the various provinces are as follows: Shanghai, Beijing, Inner Mongolia, Qinghai and Liaoning rank top five in the growth target of best ratio; Qinghai, Beijing, Tibet, Inner Mongolia and Shaanxi rank top five in the growth target of isomorphism proportion; Tibet, Beijing, Shanghai, Qinghai and Inner Mongolia rank top five in the growth target of equalization.

Contents

I General Report

B. 1 The Comprehensive Evaluation on China's Public
Culture Investment and Its Growth Target
—The Test from 2000 to 2017 and the Measurement to 2020
Wang Ya'nan, Fang Yu, Yuan Chunsheng and Zhao Juan / 001

   1. The Countrywide Public Culture Investment
      and its Relevant Background / 003
   2. The Relevant Coordination Situation of the Countrywide
      Public Culture Investment / 009
   3. The Longitudinal and Lateral Measurements
      of the Countrywide Public Culture Investment to 2017 / 015
   4. The Analysis on the Coordinated Growth Gap
      of the Countrywide Public Culture Investment / 018
   5. The Growth Target Measurement of the Countrywide
      Public Culture Investment to 2020 / 025

Abstract: From 2000 to 2017, the national total expenditure for public culture increased from 30.029 billion yuan to 339.193 billion yuan, with an average annual growth of 15.33%. The highest values of the composite index of longitudinal evaluation in each Five-Year Plan period mostly appeard in 2017; however it didn't continuously improve but showing ups and downs. In the lateral evaluation, the gap of the ideal value has always been very obvious and the comprehensive index declined slightly from time to time. By in-depth testing the culture investment related to its economic and financial background, the similarities to the expenditure for education, science & technology and health, the coordination with residents' culture consumption, and the regional balance of all kinds of per capita value calculation, we can reveal the headway and the gaps: (1) The culture investment growth was certainly higher than GDP growth; it was slightly lower than the fiscal revenue growth, and slightly lower than the fiscal expenditure growth; it was certainly lower than the education investment growth, and remarkably lower than the science & technology investment growth, as well as remarkably lower than the health investment growth. (2) Besides the culture investment, the regional disparity of all the other kinds of data has narrowed; the regional disparity of the culture investment was extended by 12.14%. It is gradually becoming a reality, not just a pursuit that the whole country has achieved economic and financial "balanced growth" and "equal growth" in the expenditure for education, science & technology and health. (3) The ratio of culture expenditure to fiscal revenues was certainly lower than that of the cultural consumption to the residents' income, the ratio of culture expenditure to fiscal expenditure was more certainly lower than that of the cultural consumption to the residents' expenditure. Public cultural expenditure growth remarkably lags behind the demand changes of the residents' cultural consumption.

Keywords: Culture Investment; Comprehensive Evaluation; Gap Test; Growth Targe

Ⅱ Technical Report and Comprehensive Analysis

B.2 Technical Report on The Growth Evaluation System
 of China's Public Culture Investment
 —*Concurring the Analysis of Basic Situation from 2000 to 2017*
  Wang Ya'nan, Liu Ting, Wang Yang and Wei Haiyan / 028

Abstract: This paper is the technical report on "The Growth Evaluation

System of China's Public Culture Investment". Based on the available data from 2000 to 2017, it explains the basic data source, the data deduction method, the related numerical relationship, evaluation system design and the specific index calculation. Thus, it analyses the situation of the cultural investment growth in the whole country and each region reflected by various data facts. By putting the culture investment growth into interrelated background of the economic and financial growth, into the adjacent relation of the E. S. C. H. (education, science & technology, culture, health) expenditure growth, into the isomorphism proportion of public culture investment and residents' cultural consumption, and into the regional differences of the per capita value of culture investment, this evaluation system aims to roundly assess the growth coordination and equalization of culture investment, thus to get the applicable comprehensive evaluation index under the current statistical system meanwhile realizing commensurability, comparability and repeatability.

Keywords: Culture Investment; Growth Trends; Comprehensive Test; Index of Measuring

B. 3　The Gap Measurement for the Ought-to-be Growth
　　　of China's Public Culture Investment
　　　　—*Analysis of Related Coordination and Balance in 2017*
　　　　　　　　　　　　　　Wang Ya'nan, Zhao Juan and Guo Na / 060

Abstract: In terms of technology and methods, the technical report focuses on the quality assessments of the coordination and balance of the public culture investment growth, the explanation of the method design and calculus technology processing; this paper emphasizes on the gap measurement for the coordination and balance of the public culture investment growth, which measures all the kinds of ought-to-be target and the ideal gap of the growth target. From the data range, the general report and ranking report mainly analyze the dynamic situation since

2000 and the expected growth target to 2020: this paper mainly measures the current annual ought-to-be growth gap and makes comparison among different provinces.

Keywords: Public Culture; Investment Growth; Relativity Test; Gap measuring

B. 4 Ranking on Comprehensive Evaluation of the Culture Investment Growth across the Provinces
—The Vertical Measure Since 2000 and the Lateral Measure for 2017
Wang Ya'nan, Fang Yu, Deng Yunfei and Wei Haiyan / 089

Abstract: From 2000 to 2017, the total culture investment increased with annual average of more than 15% in 21 provinces, in 3 of which by over 20%: Qinghai, Beijing, Tibet, Hainan and Inner Mongolia ranked top 5 in the total growth. The per capita value of culture investment increased with annual average of more than 15% in 14 provinces, in 1 of which by over 20%: Qinghai, Tibet, Inner Mongolia, Hunan and Shaanxi ranked top 5 in the per capita value growth. The rankings of the comprehensive evaluation of the culture investment growth across the provinces are as follows: In the lateral evaluation of ideal value without urban-rural and regional gaps, Tibet, Shanghai, Beijing, Qinghai and Inner Mongolia ranked top five in the "2017 annual culture investment index leaders"; In the vertical evaluation of self-base value throughout the past years, Qinghai, Tibet, Inner Mongolia, Hunan and Hainan ranked top five in the "2000 −2017 culture investment index runners-up"; Tibet, Qinghai, Hainan, Inner Mongolia and Hunan ranked top five in the "2005 −2017 culture investment index runners-up"; Hunan, Fujian, Shanghai, Qinghai and Hebei ranked top five in the "2010 −2017 culture investment index runners-up"; Shanghai, Inner Mongolia, Guangdong, Hebei and Tianjin ranked top five in the "2016 −2017 culture investment index runners-up".

Keywords: Across the Provinces; Culture Investment; Test Since 2000; Comprehensive Evaluation; The Index Ranking

B.5 The Ought-to-be Target of Culture Investment Growth across Various Provinces
——The Expected Growth Measure from 2018 to 2020

Wang Ya'nan, Liu Ting and Shen Zongtao / 122

Abstract: With the ultimate goal of resolving the unbalanced and inadequate development, the expected growth target of the countrywide culture investment to 2020 are estimated as follows: Based upon the average growth rate of "natural growth" from 2000 to 2017, the expected target of the countrywide culture investment should be 520.300 billion yuan; if it should get the ought-to-be growth at the best ratio over the years in terms of the productive value, the fiscal expenditure, the E. S. C. H. (education, science & technology, culture, health) input and the culture investment, it would reach 986.844 billion yuan; if the balanced isomorphism proportion of culture investment and consumption should come true, it would reach 1212.533 billion yuan; if the ideal growth of the equal culture investment should realize, it would reach 2347.616 billion yuan. By using the required annual growth rate to 2020 to measure the gap of all kinds of growth target respectively, the rankings of the various provinces are as follows: Shanghai, Beijing, Inner Mongolia, Qinghai and Liaoning rank top five in the growth target of best ratio; Qinghai, Beijing, Tibet, Inner Mongolia and Shaanxi rank top five in the growth target of isomorphism proportion; Tibet, Beijing, Shanghai, Qinghai and Inner Mongolia rank top five in the growth target of equalization.

Keywords: Across the Provinces; Culture Investment; Growth Target; Ranking Measure

III Reports on Provinces

B. 6 Tibet: Ranked the 1st in the 2017 Annual Culture

Investment Index Leaders *Kong Zhijian* / 154

Abstract: From 2000 to 2017, Tibet's total expenditure for public culture increased from 0.201 billion yuan to 4.493 billion yuan, with an average annual growth of 20.05%, which was evidently 4.72 percentage point higher than the national average growth. The comprehensive evaluation of Tibet: In the provincial lateral evaluation, Tibet was ranked 1st in the 2017 annual culture investment index leaders; In the vertical evaluation of self-base value, Tibet was ranked 2nd in the 2000 −2017 culture investment index runners-up, 1st in the 2005 −2017, 7th in the 2010 −2017 and 10th in the 2016 −2017.

Keywords: Tibet; Culture Investment; Comprehensive Evaluation

B. 7 Qinghai: Ranked the 1st in the 2000 −2017 Culture

Investment Index Runners-up *Fu Bingfeng* / 167

Abstract: From 2000 to 2017, Qinghai's total expenditure for public culture increased from 0.139 billion yuan to 3.758 billion yuan, with an average annual growth of 21.40%, which was remarkably 6.07 percentage point higher than the national average growth. The comprehensive evaluation of Qinghai: In the provincial lateral evaluation, Qinghai was ranked 4th in the 2017 annual culture investment index leaders; In the vertical evaluation of self-base value, Qinghai was ranked 1st in the 2000 −2017 culture investment index runners-up, 2nd in the 2005 −2017, 4th in the 2010 −2017 and 7th in the 2016 −2017.

Keywords: Qinghai; Culture Investment; Comprehensive Evaluation

B.8 Hunan: Ranked the 1st in the 2010 −2017 Culture Investment Index Runners-up
Li Wenjuan / 180

Abstract: From 2000 to 2017, Hunan's total expenditure for public culture increased from 0.903 billion yuan to 14.883 billion yuan, with an average annual growth of 17.92%, which was certainly 2.59 percentage point higher than the national average growth. The comprehensive evaluation of Hunan: In the provincial lateral evaluation, Hunan was ranked 12th in the 2017 annual culture investment index leaders; In the vertical evaluation of self-base value, Hunan was ranked 4th in the 2000 −2017 culture investment index runners-up, 5th in the 2005 −2017, 1st in the 2010 −2017 and 16th in the 2016 −2017.

Keywords: Hunan; Culture Investment; Comprehensive Evaluation

B.9 Shanghai: Ranked the 1st in the 2016 −2017 Culture Investment Index Runners-up
Wang Guoai / 193

Abstract: From 2000 to 2017, Shanghai's total expenditure for public culture increased from 1.167 billion yuan to 19.132 billion yuan, with an average annual growth of 17.88%, which was certainly 2.55 percentage point higher than the national average growth. The comprehensive evaluation of Shanghai: In the provincial lateral evaluation, Shanghai was ranked 2nd in the 2017 annual culture investment index leaders; In the vertical evaluation of self-base value, Shanghai was ranked 11th in the 2000 −2017 culture investment index runners-up, 8th in the 2005 −2017, 3rd in the 2010 −2017 and 1st in the 2016 −2017.

Keywords: Shanghai; Culture Investment; Comprehensive Evaluation

Contents

B.10 Fujian: Ranked the 2nd in the 2010 −2017 Culture Investment Index Runners-up   *Gong Jue / 206*

Abstract: From 2000 to 2017, Fujian's total expenditure for public culture increased from 1.005 billion yuan to 8.734 billion yuan, with an average annual growth of 13.56%, which was certainly 1.77 percentage point lower than the national average growth. The comprehensive evaluation of Fujian: In the provincial lateral evaluation, Fujian was ranked 16th in the 2017 annual culture investment index leaders: In the vertical evaluation of self-base value, Fujian was ranked 27th in the 2000 −2017 culture investment index runners-up, 22nd in the 2005 −2017, 2nd in the 2010 −2017 and 12th in the 2016 −2017.

Keywords: Fujian; Culture Investment; Comprehensive Evaluation

B.11 Inner Mongolia: Ranked the 2nd in the 2016 −2017 Culture Investment Index Runners-up   *Li Xue / 219*

Abstract: From 2000 to 2017, Inner Mongolia's total expenditure for public culture increased from 0.661 billion yuan to 11.679 billion yuan, with an average annual growth of 18.40%, which was evidently 3.07 percentage point higher than the national average growth. The comprehensive evaluation of Inner Mongolia: In the provincial lateral evaluation, Inner Mongolia was ranked 5th in the 2017 annual culture investment index leaders: In the vertical evaluation of self-base value, Inner Mongolia was ranked 3rd in the 2000 −2017 culture investment index runners-up, 4th in the 2005 −2017, 8th in the 2010 −2017 and 2nd in the 2016 −2017.

Keywords: Inner Mongolia; Culture Investment; Comprehensive Evaluation

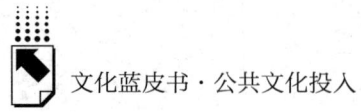

文化蓝皮书·公共文化投入

B.12　Beijing: Ranked the 3rd in the 2017 Annual
　　　Culture Investment Index Leaders　　　　　　Dai li / 232

Abstract: From 2000 to 2017, Beijing's total expenditure for public culture increased from 0.926 billion yuan to 20.896 billion yuan, with an average annual growth of 20.12%, which was evidently 4.79 percentage point higher than the national average growth. The comprehensive evaluation of Beijing: In the provincial lateral evaluation, Beijing was ranked 3rd in the 2017 annual culture investment index leaders; In the vertical evaluation of self-base value, Beijing was ranked 9th in the 2000 -2017 culture investment index runners-up, 7th in the 2005 -2017, 12th in the 2010 -2017 and 13th in the 2016 -2017.

Keywords: Beijing; Culture Investment; Comprehensive Evaluation

B.13　Hainan: Ranked the 3rd in the 2005 -2017
　　　Culture Investment Index Runners-up　　　Nian Pengfan / 245

Abstract: From 2000 to 2017, Hainan's total expenditure for public culture increased from 0.165 billion yuan to 2.986 billion yuan, with an average annual growth of 18.57%, which was evidently 3.24 percentage point higher than the national average growth. The comprehensive evaluation of Hainan: In the provincial lateral evaluation, Hainan was ranked 7th in the 2017 annual culture investment index leaders; In the vertical evaluation of self-base value, Hainan was ranked 5th in the 2000 -2017 culture investment index runners-up, 3rd in the 2005 -2017, 14th in the 2010 -2017 and 6th in the 2016 -2017.

Keywords: Hainan; Culture Investment; Comprehensive Evaluation

Contents

B.14 Hebei: Ranked the 4th in the 2016 −2017 Culture
Investment Index Runners-up *Yin Sihua* / 258

Abstract: From 2000 to 2017, Hebei's total expenditure for public culture increased from 1.073 billion yuan to 10.319 billion yuan, with an average annual growth of 14.24%, which was certainly 1.09 percentage point lower than the national average growth. The comprehensive evaluation of Hebei: In the provincial lateral evaluation, Hebei was ranked 22nd in the 2017 annual culture investment index leaders; In the vertical evaluation of self-base value, Hebei was ranked 23rd in the 2000 −2017 culture investment index runners-up, 24th in the 2005 −2017, 5th in the 2010 −2017 and 4th in the 2016 −2017.

Keywords: Hebei; Culture Investment; Comprehensive Evaluation

B.15 Gansu: Ranked the 6th in the 2017 Annual Culture
Investment Index Leaders *Liu Juanjuan* / 271

Abstract: From 2000 to 2017, Gansu's total expenditure for public culture increased from 0.575 billion yuan to 6.459 billion yuan, with an average annual growth of 15.29%, which was slightly 0.04 percentage point lower than the national average growth. The comprehensive evaluation of Gansu: In the provincial lateral evaluation, Gansu was ranked 6th in the 2017 annual culture investment index leaders; In the vertical evaluation of self-base value, Gansu was ranked 15th in the 2000 −2017 culture investment index runners-up, 10th in the 2005 −2017, 19th in the 2010 −2017 and 8th in the 2016 −2017.

Keywords: Gansu; Culture Investment; Comprehensive Evaluation

B.16 Jilin: Ranked the 8th in the 2017 Annual Culture
Investment Index Leaders　　　　　　　　　　*Li Yiting / 284*

Abstract: From 2000 to 2017, Jilin's total expenditure for public culture increased from 0.609 billion yuan to 7.069 billion yuan, with an average annual growth of 15.51%, which was slightly 0.18 percentage point higher than the national average growth. The comprehensive evaluation of Jilin: In the provincial lateral evaluation, Jilin was ranked 8th in the 2017 annual culture investment index leaders; In the vertical evaluation of self-base value, Jilin was ranked 14th in the 2000 −2017 culture investment index runners-up, 17th in the 2005 −2017, 20th in the 2010 −2017 and 9th in the 2016 −2017.

Keywords: Jilin; Culture Investment; Comprehensive Evaluation

B.17 Hubei: Ranked the 9th in the 2010 −2017 Culture
Investment Index Runners-up　　　　　　　　*Ma Wenhui / 297*

Abstract: From 2000 to 2017, Hubei's total expenditure for public culture increased from 0.988 billion yuan to 9.526 billion yuan, with an average annual growth of 14.26%, which was certainly 1.07 percentage point lower than the national average growth. The comprehensive evaluation of Hubei: In the provincial lateral evaluation, Hubei was ranked 24th in the 2017 annual culture investment index leaders; In the vertical evaluation of self-base value, Hubei was ranked 19th in the 2000 −2017 culture investment index runners-up, 12th in the 2005 −2017, 9th in the 2010 −2017 and 25th in the 2016 −2017.

Keywords: Hubei; Culture Investment; Comprehensive Evaluation

权威报告·一手数据·特色资源

皮书数据库
ANNUAL REPORT(YEARBOOK) DATABASE

当代中国经济与社会发展高端智库平台

所获荣誉

- 2016年,入选"'十三五'国家重点电子出版物出版规划骨干工程"
- 2015年,荣获"搜索中国正能量 点赞2015""创新中国科技创新奖"
- 2013年,荣获"中国出版政府奖·网络出版物奖"提名奖
- 连续多年荣获中国数字出版博览会"数字出版·优秀品牌"奖

成为会员

通过网址www.pishu.com.cn访问皮书数据库网站或下载皮书数据库APP,进行手机号码验证或邮箱验证即可成为皮书数据库会员。

会员福利

- 已注册用户购书后可免费获赠100元皮书数据库充值卡。刮开充值卡涂层获取充值密码,登录并进入"会员中心"—"在线充值"—"充值卡充值",充值成功即可购买和查看数据库内容。
- 会员福利最终解释权归社会科学文献出版社所有。

数据库服务热线:400-008-6695
数据库服务QQ:2475522410
数据库服务邮箱:database@ssap.cn
图书销售热线:010-59367070/7028
图书服务QQ:1265056568
图书服务邮箱:duzhe@ssap.cn

社会科学文献出版社 皮书系列
卡号:131179746158
密码:

S 基本子库
SUB DATABASE

中国社会发展数据库（下设12个子库）

全面整合国内外中国社会发展研究成果，汇聚独家统计数据、深度分析报告，涉及社会、人口、政治、教育、法律等12个领域，为了解中国社会发展动态、跟踪社会核心热点、分析社会发展趋势提供一站式资源搜索和数据分析与挖掘服务。

中国经济发展数据库（下设12个子库）

基于"皮书系列"中涉及中国经济发展的研究资料构建，内容涵盖宏观经济、农业经济、工业经济、产业经济等12个重点经济领域，为实时掌控经济运行态势、把握经济发展规律、洞察经济形势、进行经济决策提供参考和依据。

中国行业发展数据库（下设17个子库）

以中国国民经济行业分类为依据，覆盖金融业、旅游、医疗卫生、交通运输、能源矿产等100多个行业，跟踪分析国民经济相关行业市场运行状况和政策导向，汇集行业发展前沿资讯，为投资、从业及各种经济决策提供理论基础和实践指导。

中国区域发展数据库（下设6个子库）

对中国特定区域内的经济、社会、文化等领域现状与发展情况进行深度分析和预测，研究层级至县及县以下行政区，涉及地区、区域经济体、城市、农村等不同维度。为地方经济社会宏观态势研究、发展经验研究、案例分析提供数据服务。

中国文化传媒数据库（下设18个子库）

汇聚文化传媒领域专家观点、热点资讯，梳理国内外中国文化发展相关学术研究成果、一手统计数据，涵盖文化产业、新闻传播、电影娱乐、文学艺术、群众文化等18个重点研究领域。为文化传媒研究提供相关数据、研究报告和综合分析服务。

世界经济与国际关系数据库（下设6个子库）

立足"皮书系列"世界经济、国际关系相关学术资源，整合世界经济、国际政治、世界文化与科技、全球性问题、国际组织与国际法、区域研究6大领域研究成果，为世界经济与国际关系研究提供全方位数据分析，为决策和形势研判提供参考。

法律声明

"皮书系列"（含蓝皮书、绿皮书、黄皮书）之品牌由社会科学文献出版社最早使用并持续至今，现已被中国图书市场所熟知。"皮书系列"的相关商标已在中华人民共和国国家工商行政管理总局商标局注册，如LOGO（ ）、皮书、Pishu、经济蓝皮书、社会蓝皮书等。"皮书系列"图书的注册商标专用权及封面设计、版式设计的著作权均为社会科学文献出版社所有。未经社会科学文献出版社书面授权许可，任何使用与"皮书系列"图书注册商标、封面设计、版式设计相同或者近似的文字、图形或其组合的行为均系侵权行为。

经作者授权，本书的专有出版权及信息网络传播权等为社会科学文献出版社享有。未经社会科学文献出版社书面授权许可，任何就本书内容的复制、发行或以数字形式进行网络传播的行为均系侵权行为。

社会科学文献出版社将通过法律途径追究上述侵权行为的法律责任，维护自身合法权益。

欢迎社会各界人士对侵犯社会科学文献出版社上述权利的侵权行为进行举报。电话：010-59367121，电子邮箱：fawubu@ssap.cn。

社会科学文献出版社